이 도서의 국립중앙도서관 출판예정도서목록(CIP)은
서지정보유통지원시스템 홈페이지(http://seoji.nl.go.kr)와
국가자료공동목록시스템(http://www.nl.go.kr/kolisnet)에서
이용하실 수 있습니다.(CIP제어번호: CIP2018022183)

The Garden Awakening

생명의 정원

세계 최고의
정원디자이너
메리 레이놀즈가
알려 주는
야생 정원 만들기의
모든 것

메리 레이놀즈 지음 | 루스 에반스 그림
김민주, 김우인, 박아영 옮김

木水冊房 | 목수책방

일러두기

- 괄호로 처리한 작은 글자는 모두 이해를 돕기 위한 번역자 주다.
- 본문에 나오는 식물의 한글 이름은 국가표준식물목록(www.nature.go.kr) '식물명 검색'으로 찾아 표기했으며, 나와 있지 않은 식물 중에 우리에게 익숙하지 않은 식물은 학명이나 영문 이름을 발음 나는 대로 표기했다.
- 아일랜드 전통을 소중하게 여기는 저자의 의도를 드러내기 위해, 책 속에 등장하는 아일랜드어는 가능한 한 그대로 살려 표기했다.
- 책에 나오는 정원 설계도의 축약 비율은 원서의 수치를 그대로 표기했다. 원서(165x234mm)보다 작은 국내서의 판형(152x195mm)을 감안해서 보아야 한다.
- 본문에 언급되는 도서 중 한국에서 출간된 책은 한국어 제목으로 표기했다.
- 본문의 일부 그림은 번역자(김민주)가 메리 레이놀즈가 제안한 방법을 사용해 가드닝 워크숍을 진행하며 직접 그린 것을 사용했다.
- '후글컬처' 등 일부 외국어는 외국어표기법에는 맞지 않으나 많이 통용되는 단어 그대로 사용했다.

식물 학명 읽는 법

전 세계적으로 통용되는 식물의 학명은 속명과 종명으로 표기한다. 앞에 나오는 속명은 대문자, 뒤에 나오는 종명은 소문자로 시작하며, 모두 이탤릭체로 표기한다. 인간이 개입해 만들어진 새로운 재배종은 속명과 종명 뒤에 재배종 고유의 이름이 더 붙으며, 작은따옴표를 붙이고 대문자로 시작한다. 속명과 종명 사이에 알파벳 x가 붙으면, 속이 서로 다른 식물이 수분이 되어 탄생한 잡종교배종이다. 자연 상태에서 이루어진 교배종의 경우 x가 맨 앞에 위치한다.

"이 책을 내가 가장 사랑하는 두 사람
퍼디아Ferdia와 루비 레이놀즈Ruby Reynolds에게 바친다.
이 소중하고도 신비로운 생명들을 낳아
키울 수 있었던 나는 정말 행운아다.
이 아이들의 세계에서 매일 아침
깨어나는 것은 엄청난 축복이다."

자연을 사랑하는 내 동족들을 향한 감사의 인사

친절하고 현명한 멋진 매니저이자 친구인 클레어 리드비터Claire Leadbitter와 이 책의 일러스트를 아름답게 그려 준 엄청난 재능을 가진 작가 루스 에반스Ruth Evans에게 깊은 감사의 마음을 전한다. 루스의 작품에서는 놀랍도록 부드러운 지구의 에너지가 뿜어져 나온다. 책이라는 종이 정원을 누비며 아름다운 이미지 작업을 해 준 클레어와 루스를 영원히 잊지 않을 것이다. 이 두 명의 강인한 여성들과 함께 일하게 되어 영광이다.

이 책의 편집자이자 나의 오랜 영웅 래리 콘Larry Korn에게도 무척 고맙다. 책을 쓰는 동안에 래리의 지도와 지혜가 담긴 조언을 들을 수 있어서 큰 축복이었다. 그는 책이 완성되어 꽃 필 때까지 영양분을 제공하고 용기를 북돋아 주었다. 당신에게 어떤 말로 이 고마운 마음을 표현할 수 있을까? "자연을 지키는 훌륭한 녹색 전사, 당신은 정말 최고입니다!"

나이얼Niall, 리사Lisa, 린지Lindsey, 메간Megan 그리고 정성을 다해 이 책을 전 세계에 소개하고 있는 그린북스Green Books 관계자 모두에게도 감사의 인사를 전한다. 글린 브리지워터Glyn Bridgewater는 아름답고 사려 깊은 방식으로 이 책의 디자인을 맡아 주었다.

이 자리에 절대로 빼먹을 수 없는 소중한 사람들이 있다. 큰 오빠 폴 레이놀즈Paul Reynolds와 그의 아내 수재너Susanna, 내 머릿속을 들락거리면서 작가의 세계로 들어가기 위한 문을 열어 준 시애틀에 사는 폴의 비즈니스 파트너 데클란 오웬즈Declan Owens, 내 삶의 생명줄 같은 큰 언니 머레이드Mairéad, 안야Áine, 그리고 그의 남편 조Joe, 나의 남자 형제인 오인Eoin과 거 레이놀즈Ger Reynolds 그리고 그들의 아내 케비나Kevina와 마르티나Martina에게도 감사를 전한다.

케리Kerry 지역 라스모어Rathmore 마을에 살고 있는 팻 오코너Pat O'Connor도 언급하지 않을 수 없다. 건강하게 살아갈 수 있도록 힘을 주는 팻에게 어떤 말로 감사의 인사를 전해야 할지 모르겠다("당신을 향한 나의 인사는 이제 시작에 불과해요"). 그리고 마리아Maria와 존 롤린스John Rawlins에게 전폭적이고 지속적인 후견인이 되어 주어 고맙다고 말하고 싶다.

수년 동안 내 원고를 읽어 주고 격려해 주었던 소중한 친구들, 마르케타 이글로바Marketa Irglova, 카렌 앨리슨Karen Allison, 에일린 케일러Eileen Kelliher, 에델 오브라이언Edel O'brien, 파울라Paula와 토니 헤이든Tony Hayden, 실라 맥날리Sheila MacNally, 이본느 맥기네스Yvonne McGuinness가 떠오른다. 전문가적인 지도와 지혜를 나누어 준 브레다 엔라이트Breda Enright, 로렌 윌리암스Lauren Williams, 셰이무스 킹Séamus King 그리고 격려를 아끼지 않은 멋진 아일랜드 뮤지션 맥 콤콘 아이오메이어Mac Colm Con Iomaire에게도 특별한 감사 인사를 전한다. 토르 코튼Tor Cotton, 안야 베리Áine Berry, 시본 오리어리Siobhán O'Leary, 레이첼 워드Rachel Ward, 그라냐Gráinne와 패디 펜톤Paddy Fenton, 마틴 커스버트슨Martin Cuthbertson, 브루스 앨리슨Bruce Allison, 디어드리 티한Deirdre Teahan, 에이리시 맥베이Eilish McVeigh, 델라 오도노휴Della O'Donoghue, 레슬리 드베인Lesley Devane, 미셸 플래너리Michelle

Flannery, 안야Áine와 존 오코너John O'Connor, 조Joe, 클레어의 친적 리지Izzy와 엘리 도일Ellie Doyle, 진 할터 프렌다Jenn Halter Prenda, 크리스티 콜라드Christy Collard, 리비Libby와 패디 미간Paddy Meegan, 제임스 알렉산더-싱클레어James Alexander-Sinclair, 마리아 마뉴엘 스토커Maria Manuel Stocker, 캐서린 드 커시Catherine de Courcey, 조이스 맥기비Joyce McGreevy, 조 물라리Joe Mullaly, 개비 스미스Gaby Smyth, 응원해 주는 앤드류 스미스Andrew Smith, 용기에 박수를 보내 주는 비비안 드 커시Vivienne de Courcy. 나와 함께 길을 걸어 준 모든 사람들에게 감사와 사랑을 보낸다.

그리고 웩스퍼드Wexford가문, 린다Linda와 제이크 가넷Jake Garnett, 제니스 오리건 콘로이Janice O'regan Conroy, 카멜Carmel과 패트릭 놀란Patrick Nolan, 존 페팃John Pettit, 클라우디아 오브라이언Claudia O'Brien 그리고 어머니와 아버지 가문의 모든 친척들에게 감사하다. 그린북스와 연결해 준 제인 파워스Jane Powers, 짧은 서신으로 글쓰기의 즐거움을 발견할 수 있게 해 준 길리스 맥키논Gillies Mackinnon에게도 고맙다. 내게 필요한 모든 것을 주신 어머니와 아버지 두 분에게 영원한 축복의 말을 보낸다. 아멘.

마지막으로 눈에 보이면서도, 보이지 않는 존재인 자연이라는 가족에게 감사의 마음을 전한다. 자연은 내 심장이자 꿈이며, 내 존재의 이유다.

Grá agus Ómós.

사랑과 존경의 마음을 담아.

추천사

메리 레이놀즈의 정원은 보기 아름다울 뿐만 아니라 여느 정원과는 다른 느낌이 있다. 메리의 정원을 거닐다 보면, 인간과 자연이 한 가족처럼 함께 어우러져 살던 때로 돌아갈 수 있을 것만 같은 느낌이 든다. 사람들은 여전히 그 시절을 기억하고 있지만, 아직 무의식 속에 잠재되어 있다. 메리의 책 《생명의 정원The Garden Awakening》은 기분 좋은 방식으로 "오래 된 길, 오랫동안 방치되고 잊힌 길"을 따라 무의식의 장소로 우리를 안내한다. 메리는 아일랜드의 오래된 전통적인 방법들과 성스러운 무늬와 상징물, 그리고 의도intention의 힘을 결합했다. 또한 자연이 본래의 모습을 자유롭고 충만하게 드러내는 장소를 창조할 수 있도록 유기적인 관리법들을 소개한다. 그 과정에서 땅을 지키는 정원사는 자연과 분리되면서 생긴 고통스러운 아픔이 치유되는 개인적인 변화를 경험하게 된다.

이 책은 실용적이면서도 철학적이며 영적인 책이다. 땅을 건강하게 회복시킬 수 있는 단계적인 접근 방법을 안내하고 있으며, 그 과정에서 본래 우리 자신의 모습을 발견하게 한다. 메리는 아일랜드라는 특정 지역에 살면서 아일랜드의 조상들로부터 영감을 받았지만, 정원을 만드는 그의 접근법은 지역을 불문하고 보편적인 방법이다. 따라서 넓은 장소든, 도심 속의 좁은 장소든 가리지 않고 어디에나 적용할 수 있다. 무엇보다 땅의 필요와 소망이 무엇인지 주의 깊게 듣고, 그것을 자신의 것과 잘 융합하는 것이 중요하다.

메리의 메시지는 하나의 비전이자 희망이다. 메리의 정원 만들기는 건강하고 풍요로운 세상 속에서 사람과 자연 그리고 모든 형태의 생명체들이 평화롭게 하나가 되어 살 수 있는 밝은 미래를 만드는 방법을 보여 줄 것이다.

래리 콘, 2016

글을 시작하며

자연에 몰입해 있다 보면 모든 것이 단순 명료해진다. 삶의 복잡한 문제들은 녹아서 사라지고, 진실한 지금 이 순간과 내가 신이라고 부르는 현존現存만이 남는다. 자연 안에서는 그 안의 모든 생명체에 우리 자신을 비추어 볼 수 있다. 불어오는 모든 바람과 떨어지는 빗방울 속에서도 나를 볼 수 있으며, 바로 그 순간 그 자리에서 평화를 찾을 수 있다. 여기가 바로 우리의 진정한 고향이다.

야생의 장소가 아직 남아 있을 때까지만 해도 대지의 영靈들은 자연 안에서 자유롭게 흘러 다니고 있었고, 그 안에는 조화와 균형이 존재했다. 또한 사람들은 진실한 자신의 모습 그대로 세상에 받아들여지고 있다고 느꼈다. 현대 사회의 우리는 과거의 올바른 길에서 벗어났다. 이제 다시 그 길을 찾아야만 한다.

오래 된 길, 오랫동안 방치되고 잊힌 길이 우리가 다시 집으로 돌아오기를 인내심을 가지고 기다리고 있다.

자연은 기꺼이 우리에게 열려 있다.

contents

3. 숲정원

4. 대안적인 관리 방법

1.

생명력 회복하기

Restoring Wellness

"진실은 언젠가 드러난다."

Ní féidir an dubh a chur ina gheal, ach seal.

나는 항상 까마귀를 좋아했다. 멋진 까마귀 가족들은 우리 부모님의 농장 밖에 자리한 물푸레나무에 앉아, 편안함과 고요함이 부드럽게 퍼져나가는 저녁이 될 때까지 온종일 깍깍 소리를 내며 수다를 떨곤 했다. 그러던 어느 날, 꿈속에 까마귀가 등장하기 시작했고, 그 꿈은 내가 정원디자인에 흥미를 잃어 가게 된 이유, 그 불편한 진실을 드러냈다.

이 인상적인 꿈은 자연 속에서 시간을 보내던 어린 시절의 나를 떠올리게 했다. 꿈은 내가 조경디자이너landscape designer로 일할 때, 더 이상 똑같은 방식으로 정원을 디자인 할 수 없다고 깨닫게 해 주었다. 무엇인가 잘못되었다고 느꼈다.

꿈속에서 나는 까마귀가 되어 숲과 언덕 위를 날아다녔다. 어디선가 내 이름을 부르는 소리가 들려왔다. 나를 부르는 목소리의 근원지를 찾아서 이끼 낀 바위와 고대의 삼림지역, 골풀과 갈대로 출렁이는 들판을 지나 개울과 강 위로 날아 내려갔다. 새가 된 나는 아주 작은 것들을 보고 들을 수 있는 능력이 있었다. 매우 선명한 이미지와 소리가 느껴졌다. 개울에서 물이 콸콸 솟아오르고, 나뭇잎끼리 부딪히는 소리가 들렸다. 바람은 나의 몸을 둘러싸며 춤을 추었다. 쥐들은 종종걸음으로 풀로 덮인 목초지 안으로 들어갔고, 자연의 생명력이 나무의 몸통으로 빨려 들어가는 것이 보였다.

나의 이름을 부르는 목소리는 계속해서 더 커졌다. 숲 근처에서 들려오는 것 같았다. 통나무 위에 앉아 나를 기다리고 있는 그 외로운 존재를 향해, 나를 부르는 목소리를 따라 나무 사이를 가로질러 날아갔다. 그곳에 가까워지자 갑자기 소리가 더 커졌다. 이윽고 한 여인의 머리 위에 멈추어 섰다. 나는 푸른 색의 인간 형상을 하고 있는 내 자신을 내려다보며 그 시간과 공간 속에 얼어붙고 말았다. 그 여인은 커다란 나뭇가지에 기댄 채, 새의 모습을 한 나를 올려다보며 미소 지었다. 아무 말도 하지 않았지만 왠지 모르게 그 여인의 모습은 내 고민을 풀어 주기 위한 열쇠 같았다. 그리고 모든 것이 열렸다.

그 순간 갑자기 꿈이 테이프가 뒤로 감기듯이, 마치 하늘에 있는 커다란 청소기에 붙잡힌 것처럼 그림 밖으로 빨려 들어갔다.

그리고 꿈에서 깨어난 순간, 정원을 만들면서 고민해 왔던 딜레마가 맑게 울리는 벨소리처럼 선명해졌다. 나는 더 이상 예쁜 정원을 만들면 안 된다는 사실을 깨달았다. 지금의 정원은 벌거벗은 임금님이 되어 버렸다. 무언가 잘못되었지만, 그 누구도 말해 주지 않았다.

자연과 땅이 해답이었다. 기존의 정원은 정물화 그림처럼 인위적으로 조작되고 통제된 공간이었다. 길들여지지 않은 자연과는 다른 빈곤한 모습으로, 섬세하면서도 강인한 피부를 지닌 어머니 지구의 모습과는 달랐다. 어떤 이유에서인지 사람들이 정원을 대하는 방식을 따르다 보면 그곳은 죽은 땅이 되어 버렸다.

사람들은 정원을 만드는 일gardening에 매력을 느낀다. 자연과 연결된다고 느끼기 때문일 것이다. '정원'과 '자연'은 거의 동일한 말처럼 여겨지지만, 실제로 이 둘 사이의 공통점은 더 이상 많지 않다. 우리는 정원과 자연 사이에서 벌어지는 강렬한 전투 같은 분열을 보게 된다. 이 전투에서 정원사는 고된 노동과 방대한 양의 화학물질을 사용한다. 이런 정원사에 대항해 자연이 선택한 무기는 전복 전략과 게릴라 전투다.

당연하게도, 시간은 언제나 자연의 편이다.

많은 노력에도 불구하고, 결국 나는 정원디자인을 하면서 자연과 조화를 이루지 못했다는 사실을 받아들였다. 나의 실험이 실패했다는 것을 깨닫고 지난 20년 동안 지속했던 정원디자인 경험을 바탕으로 두 가지 결정을 내렸다. 이 두 개의 결정은 내가 하던 모든 일들을 다시 실험하게 만들었으며, 이 책을 쓰도록 이끌었다.

첫째, 나는 퍼즐의 가장 중요한 부분을 놓치고 있었다. 내 정원은 에너지가 자유롭게 흐르는 아름다운 공간이었지만 땅은 내가 디자인 한 모습대로 남아 있고 싶어 하지 않았다. 사람들은 정원을 지속적으로 통제하면서 새로운 식물이 자라지 못하게 했다. 하지만 땅은 자기만의 고유한 의도를 가지고 있다. 자연은 나름의 계획을 세우고 있었으며, 나는 그것이 무엇인지를 배워야만 했다. 정원 관리는 어머니 자연이 자기다운 모습으로 있으려는 의지에 대항하는 싸움이다. 나는 어머니 자연에 대항하는 대신, 그 에너지와 함께 일하는 법을 이해해야만 했다.

둘째, 땅을 책임지는 과정에서 적극적인 역할을 맡지 않는 사람을 위해 정원디자인을 계속할 수 없다고 판단했다. 정원사는 정원을 관리하는 일로부터 언젠가는 분리되어 걸어 나와야 하는 존재이기 때문에 정원디자인을 의뢰한 고객과 자연 사이의 유대를 만들 수 없다. 결국 고객들은 자신이 소유한 지구의 작은 공간과 의미 있는 관계를 직접 형성하고 유지해야만 한다.

나는 만약 사람들이 다른 방식으로 정원에 접근한다면, 정원이 특별해질 수 있음을 깨달았다. 만약 정원을 만들 때, 자연이 그녀 본래의 모습으로 표현될 수 있도록 정원에 초대하고, 땅을 치유하면서 본래의 균형을 되찾는다면 신비로운 일이 일어날 것이다. 자연은 감성적이고 육체적인 차원에서 생명력 넘치게 소통하기 시작할 것이다. 정원은 안전하고, 풍요롭고, 평화를 느끼는 공간-당신만의 성소가 될 것이다. 일단 한번 깨닫고, 사랑과 존중을 받기 시작하면 자연은 다른 대다수의 사람들이 오랜 세월동안 느껴 보지 못한 방식으로 당신을 받아들일 것이다. 신비로운 문이 우리를 위해 열릴 것이다.

이 책은 땅과 소통하는 아일랜드의 오래된 방식을 소개한다. 다시금 땅에 생명을 불어넣을 수 있도록, 실용적인 방법을 차근차근히 단계별로 안내한다. 책에서 보여 주는 방법은 나의 고향 아일랜드의 전통문화를 바탕으로 하고 있지만, 전통을 지키던 전 세계의 사람들이 수천만 년 전부터 해 오던 방식과 유사하다. 그들은 우리 DNA 깊은 곳에 전통의 생활방식을 각인시켜 놓았다.

우리는 그 뿌리를 기억하고 다시 구축해야만 한다. 발아래의 땅과 분리된 삶을 살아온 결과, 고통이 생겨났다는 것을 인정하기 위해서 말이다. 어머니 지구 또한 우리만큼 이 상실감을 느끼고 있다. 현재 우리가 일하는 농장의 땅과 도심의 공원 그리고 정원은 생명체로서 거의 죽어 있는 상태다. 하지만 꺼져 버린 생명을 회복시키기에 늦지 않았다. 아직 늦지 않았다.

성스러운
장소

나는 평생 동안 특정한 분위기를 추구하면서 살아왔다. 그 분위기란 앞 장에서 이야기 한 까마귀 꿈같은 것이다. 몸을 둘러싼 주변에서 생명이 샘솟는 느낌, 자연의 에너지-이것을 어떻게 설명해야 할지 모르겠지만, 적어도 이 글을 읽는 많은 사람들은 내 말을 이해할 거라고 확신한다. 설령 지금 당장 그 느낌을 떠올리지 못한다 해도 말이다.

나는 복합적인 감각으로 그것을 경험한다. 진동하는 생명력에서 느껴지는 활기찬 의식 그리고 집으로 돌아온 듯한 친숙하고 편안함 느낌이 섞여 있다. 적어도 시골에서는 어디에서나 그 생명력이 아주 조금은 느껴지는데, 특히나 특정 장소에서는 다른 곳보다 더 강력한 에너지가 느껴지곤 한다. 어렸을 때부터 그 이유가 궁금했다. 나이가 들어 어른이 된 이후에는 정원에서 그런 강력한 에너지를 느낄 수 없는 이유가 궁금해졌다.

이 생기 넘치는 활기찬 분위기는 야생의 자연 경관에서 찾을 수 있다. 더 이상 사람들과 상호 작용하지 않는 자연이나, 애초에 한 번도 사람과 접점이 없었던 곳 말이다. 이러한 곳들은 과거의 한 때 농사를 지었거나, 사람의 손길을 탄 적이 있으나 오랜 세월 방치된 곳이었다. 자연은 긴 시간 동안 천천히 자신을 회복하면서 원시의 영혼이 돌아올 수 있는 장소가 되었다. 건강한 삼림지대는 야생의 풍요로운 에너지를 가지고 있으며 특히 산악지대는 더욱더 강한 힘을 지니고 있다. 이는 아마도 산악지대는 사람이 접근하기 어려워서일 것이다.

야생이 살아 있는 곳에서는 강렬한 분위기를 느낄 수 있다. 방해받지 않고 방치되었던 자연은 그저 자신이 지닌 생명력을 발휘하며 살아나가고 있을 뿐이다. 그곳은 자유롭게 흐르는 지구의 생명력을 느낄 수 있는 장소다. 당신은 그 힘과 활력을 직접적으로 느낄 수 있다. 스스로를 무감각한 사람이라고 주장하는 사람이 있을지라도, 우리 모두는 자연이 주는 에너지와 평화, 설렘을 느낄 수 있다. 또한 야생의 공간에 발을 들여놓는다는 사실에 두려움을 느낄 수도 있다. 야생의 공간이 활기를 북돋아 주고 기쁨을 안겨 준다 해도 슬픔, 고통, 위험, 혹은 어두움과 같은 감정 또한 그 안에 섞여 있을 수 있다.

야생의 특정 장소에는 내가 처음에는 이해하지 못했던 에너지가 흐른다. 그곳은 '성스러운 장소'라 불린다. 성스러운 장소에는 고대 유적지의 원형 돌 석상이 놓여 있기도 하고, 오래된 기독교 문화의 한 측면을 보여 주는 거룩한 샘물터, 교회, 고대 수도원 또는 그 잔해, 기도하는 언덕 등도 포함된다. 희미하게 가려진 야생의 장소에만 이런 공간들이 있는 것은 아니다. 대부분 활짝 개방된 들판에 있다. 이런 장소들 중에 어떤 곳은 다른 곳과 달리 특별한 분위기가 없기도 했다. 나는 무엇이 이러한 에너지의 차이를 만들어 내는지 궁금했다.

아일랜드 땅에 기독교가 유입되면서부터 지구와 소통이 단절되기 시작했고, 아일랜드의 고통스러운 역사가 시작되었다. 그리고 오늘날까지 그 영향이 이어지고 있다. 이전까지 아일랜드 사람들은 자연과 조화를 이루면서 살고 있었다. 땅이 가지고 있는 힘과 중요성을 이해하고 존중했다. 그러나 기독교인들에게 지구에서 벌어지는 이번 생生은 다음 생을 위한 준비에 지나지 않았다. 보통 사람들이 내일의 성공을 위해 목표를 달성하기 좋아하는 것처럼, 그들은 땅을 함부로 대하고 남용해도 괜찮다고 믿었다.

그러나 아일랜드에는 기독교가 아닌 다른 뿌리 깊은 믿음이 있었기에, 똑똑한 기독교인들은 아일랜드 사람들의 믿음을 아무리 악랄한 방식으로 막아도 별 소용이 없다는 사실을 알고 있었다. 기독교인들은 느리고 점진적 방식의 정권 탈취가 가능하도록 지구를 토대로 한 토착 믿음과 기독교 신앙을 한데 섞었으며, 결국 토착 믿음의 뿌리를 뽑아내는데 성공했다. 그러나 완전히는 아니었다.

나는 어떤 연구조사를 하면서 한 가지 사실을 깨달았다. 기독교와 기독교가 아닌 믿음이 서로 다른 문화에서 생겨났지만, 양쪽 모두가 성스러운 장소를 창조하는 방법을 이해하고 있었다는 사실이다. 나는 그 근거와 방법을 이해하고 싶었다. 그리고 그 지식을 사용해 내 정원에서도 똑같은 마법을 일으키고 싶다는 강렬한 열망을 품게 되었다.

아일랜드는 성스러운 장소를 찾아 조사하기에 더없이 좋은 나라다. 왜냐하면 성스러운 장소가 사방에 널려 있기 때문이다. 길을 걸어가다가 성스러운 돌에 걸려 넘어지고, 신성한 우물에 빠지는 일이 흔하게 벌어진다. 울퉁불퉁한 들판을 걸어가다가 땅의 틈 속으로 빠져 버렸는데 사실은 그곳이 지하묘소인 경우도 있다.

이처럼 아일랜드에는 에너지를 느낄 수 있는 성스러운 장소들이 많이 있다. 이러한 장소의 공기는 대체로 강렬하며, 밀도가 높은 분위기가 감돈다. 그래서 그곳을 지나는 사람은 완벽하게 정신이 각성된 상태로 그 환경을 통과하게 된다. 이러한 성스러운 장소는 현실 세계와 영혼의 세계 사이에 드리워진 막이 매우 얇다. 나는 이런 장소들이 마음에 특정한 의도를 품은 사람들이 그 에너지를 땅에 담아서 구조물을 세우고, 땅을 변화시켜 만든 곳이라는 사실을 발견했다. 성스러운 장소 중에는 수천 년 전의 에너지가 희석되지 않고 그대로 남아 있는 곳도 있고, 반대로 사라지고 없는 장소도 있다.

사람들은 자신의 영혼과 자연이 연결되어 있다는 사실을 재확인하고 싶은 열망을 가지고 특정한 장소를 찾는다. 어떤 이들은 하루 동안 또는 주말을 이용해 야생의 경관을 접할 수 있는 아름다운 장소로 여행을 떠난다. 그러나 정원과 공원을 방문한 사람들은 진짜 자연을 위태로운 방식으로 단순화시켜 놓은 경관에 만족해야만 한다. 정원과 공원은 진정한 자연에서 느낄 수 있는 따스하고 밝은 빛과 자연이 제공하는 치유의 힘을 아주 적게나마 비슷하게 가지고 있는 정도다.

나는 이 책이 모든 사람들을 자연과 직접적으로 연결시켜 줄 수 있기를 바란다. 무한한 에너지에 접속할 수 있는 쉽고 간단한 체계를 전할 수 있기를 희망한다. 이 책은 당신의 정원에 자연의 에너지를 손쉽게 불러들일 수 있도록 도울 것이다.

"자연Nature은

정원Nurture보다 강하다."

Is treise an dúchas ná an oiliúint.

요정의 에너지, 가이아(그리스 신화에 나오는 대지의 여신)의 존재, 여신, 어머니 지구. 전 세계 모든 문화권에는 자연 안에 있는 생명력을 깨닫고 이해하며 만들어진 이름이 있다.

어린이들이 팅커벨의 존재를 믿지 않으면 팅커벨이 죽을 것이라는 피터팬의 주장을 기억하는가? 피터팬의 말에 따르면, 요정은 어린이들이 그 존재를 믿을 때에만 존재할 수 있다. "어린이들이 '나는 요정을 믿지 않아'라고 말할 때마다, 어딘가에 존재하던 요정들이 쓰러져 죽는다." 이 말은 보이지 않는 세상이 존재하는 방식을 보여 주는 훌륭한 예다.

우리는 우리의 존재를 인정하는 사람이 있을 때 비로소 존재한다. 세상이 우리의 존재를 부정한다면 우리는 시들어 죽게 될 것이다.

13세기 로마 황제 프레데릭 2세Frederick II는 잔혹하게도 고아들을 대상으로 언어를 박탈하는 실험을 했다. 그는 유아기의 아기들이 아무런 말도 듣지 못한 채 자라게 될 경우, 어떠한 언어를 구사할지 발견하고자 했다. 이 실험은 프란시스칸 수사Franciscan monk(1209년 아씨시의 성 프란시스가 설립한 가톨릭 교회 내의 수도단체) 살림베네 드 아담Salimbene de Adam의 저서 《크로니클Chronicle》에 기록되어 있는데, 그의 기록에 따르면 결국 불쌍한 아기들은 모두 죽고 말았다. 그는 프레데릭 2세가 "유모와 간호사가 아기들에게 젖을 주고, 목욕을 시켜 주기는 했지만 말은 건네지는 못하게 했다"고 기록하고 있다.

인간이 다른 생명체에게 할 수 있는 최악의 행동은 바로 무시다. 미워하는 것이 무시하는 것보다 오히려 낫다. 적어도 존재를 인정은 하기 때문이다.

만약 땅이 오랜 시간 동안 그대로 방치되어 있었다면, 그곳은 야생성이 충만한 자유로운 모습으로 돌아갈 것이다. 마치 야생의 동물처럼 자급자족할 수 있는 독립된 존재가 되어 갈 것이다. 식물, 동물, 미생물로 구성된 생태계가 균형을 잡아 가면서 고유한 힘을 지닌 공동체가 되어 자연을 발전시켜 나갈 것이다. 그러나 길들여지지 않은 땅을 개간해서 활용할 경우, 그 땅은 그곳에 살거나 일하고자 하는 사람의 의도에 의존하게 된다. 건강하고, 자급자족이 가능한 땅을 만들기 위해서는 아이에게 주는 것과 같은 사랑과 관심을 주어야 한다.

땅은 그 위에서 일하는 사람들과 유대관계를 형성한다. 일단 이 유대관계가 만들어진 이후, 땅을 무시하게 되면 자연스럽게 피해가 뒤따른다. 마치 아이처럼 말이다. 오늘날 많은 면적의 땅은 사람들이 자신의 존재를 잊어버렸다고 느낀다. 그래서 자연은 자기 스스로를 치유하기 시작했다. 사람들이 더 이상 자연을 믿지 않고, 느끼지 않기 때문이다. 사람들은 사람과 자연의 유대관계가 없고, 사람을 필요로 하지 않는, 농사지은 적이 없는 곳에만 주목하는 것 같다. 내가 잃어버린 기회들이라고 부르는 가능성이 그곳에 있다. 땅은 가족이나 마찬가지다. 당신과 땅이 함께 유대관계를 형성할 수도 있지만 당신이 노력하지 않는 이상, 유대관계는 좀처럼 형성되지 않는다. 양질의 관계가 유대의 힘과 질을 결정한다.

우리 모두가 함께 둘러앉아 주의를 기울여서 '이야기 속 요정을 믿는 일'을 계속해 나가고, 함께 일하는 땅 곳곳에서 생명의 에너지가 드러날 수 있도록 용기를 북돋는다면, 우리의 집과 가족 그리고 우리 자신에게 치유의 힘, 지구의 마법 에너지를 불어넣을 수 있다.

정원은 우리 자신을 위한 선물이다. 또한 정원은 우리의 스승이 될 수도 있다. 우리는 이 작은 지구행성의 수호자로서 자연과 손을 잡고 서로를 건강하게 만드는 방법을 배울 수 있다. 인정과 존경 그리고 사랑을 받은 흙, 식물, 나무의 모든 요소들은 지구 전체에 치유의 에너지를 나누어 준다.

자연은 우리에게 우주 만물의 통합이 무엇인지 가르쳐 준다. 사람은 역동성과 균형이 조화롭게 통합된 생태계를 창조할 수 있다. 통합된 생태계는 지구에 지속성을 가져다주며, 사람이 지구의 다른 생명체와 조화를 이루면서 살 수 있도록 양육한다. 정원에 자연의 생명력이 살아나게 하는 '녹색 손가락을 지닌 이들'(green-fingered는 원예에 재능이 있는, 화초를 잘 기르는, 이라는 의미가 있다)의 혁명이 필요하다. 혁명은 자신이 살고 있는 땅을 사랑하고 존중하도록 격려하면서 시작된다.

정원은 자연의 일부이지, 그 반대가 아니다.

사람 또한 그러하다.

뿌리 찾기

"당신의 발이 마음이 향하는 곳으로 데려갈 것이다."

An áit a bhfuil do chroí is ann a thabharfas do chosa thú.

사람은 짧은 기간 동안 작은 면적의 땅을 '나의 정원'이라고 부르면서 지키는 수호자일 뿐이다. 땅은 소유하는 것이 아니며, 소유할 수도 없다. 사람의 몸은 지구의 일부로 만들어졌으며 결국에는 땅으로 돌아간다. 하지만 땅은 끝까지 살아남아 있을 것이다.

사람으로 살기 위해 필요한 모든 자원과 자양분은 지구, 지구 안에 있는 흙, 대기, 태양 그리고 저 우주 너머의 별들에게서 받은 것이다. 사람은 지구 위를 걸어 다니는 작은 존재에 불과하다.

세상에는 나와 공명하면서 자신을 향해 끌어당기는 특정한 장소가 있다. 사람들은 자신이 속할 곳, 집처럼 느껴지는 곳, 자신에게 딱 들어맞고 편안하게 뿌리를 내릴 수 있는 곳을 찾기 위해 평생을 바치기도 한다. 우리를 숨 쉬게 하는 땅의 모습이 곧 우리 자신이며, 자연은 언제나 우리가 집으로 돌아오기를 기다리고 있다.

땅은 사람이 이해할 수 없는 방식으로 사람과 연결된다. 사람들은 각자 자신의 개성을 반영한 각기 다른 공간에 끌린다. 모든 풍경이 저마다 다른 개성을 가지고 있으며, 그곳에 살고 있는 사람들이 문화적 형태를 갖추는데 도움을 준다.

아일랜드를 예로 들어 보자. 아일랜드 사람들은 성격이 꽤나 괴팍하다. 매력적인 동시에 참을성이 없고, 거만하며, 열정적이고, 변덕을 잘 부리며, 화려하고, 거리낌이 없다. 가끔씩 길들여진 것처럼 보이지만 표면 아래에는 항상 야생성이 존재한다. 심지어 사람들의 머리카락 끝에서도 아일랜드에 존재하는 슬픔을 느낄 수가 있다. 우리 아일랜드 사람들은 영혼과 강한 유대관계를 맺고 있으며, 마법과 기도, 저주를 믿는 고유의 전통이 있다. 아일랜드 사람들에게는 깊은 슬픔이 깃들어 있다. 아일랜드의 풍경은 이와 같은 특성을 그대로 반영하고 있으며, 다시 그 슬픈 풍경이 사람들에게 그대로 비추어진다. 땅과 그 땅에 사는 사람들은 서로의 건강과 행복을 있는 그대로 비추어 주는 거울이다. 아일랜드의 조상들은 이 사실을 분명하게 깨닫고 있었다. 사람은 땅을 치유하면서 자기 자신을 치유한다. 이렇게 우리 자신을 치유하다 보면 땅이 스스로를 치유하려고 할 때 무엇을 필요로 하는지 보다 명확히 알 수 있게 된다.

땅의 특징은 특정한 지역 안에서 더 두드러진다. 각각의 지역에는 그만의 뚜렷한 풍경과 독특한 에너지가 있으며, 그 지역의 사람들은 고유한 말투와 표현방식을 사용한다. 어떤 지역은 그곳에 사는 사람들처럼 평평하고, 열려 있고, 온화하며, 대지가 안정적으로 터를 잡고 있다. 반면 어떤 지역은 그곳에 사는 사람들처럼 극적이고, 오래된 고대의 문화가 남아 있으며, 옛 이야기와 신화가 엄숙한 분위기 속에 가득 차 있다.

최근 아일랜드에는 다른 나라에서 이민 온 사람들이 많이 살고 있다. 새로운 이민자들은 자신의 고유한 개성을 반영할 수 있는 삶의 터전을 찾는데, 이를 지켜보는 것은 상당히 흥미진진한 일이다. 왜냐하면 많은 경우, 새로운 정착지가 될 땅은 이제 막 정착하게 된 땅의 수호자인 사람들과 마찬가지로 새로운 지원과 치유가 필요한 곳이기 때문이다.

15년 전 어느 날, 땅에는 고유한 개성이 있다는 확고한 생각이 내 마음에 떠올랐다. 당시 나는 새로 산 반짝거리는 밴을 타고 돌아다니면서 아일랜드 시골에 위치한 오두막집의 정원을 개조하는 작업을 하고 있었다. 처음으로 TV 방송과 함께 정원을 개조하는 일이었는데, 예산이 정말 적었다. 내가 할 수 있는 일은 필요한 만큼 가능한 한 많이 '구걸하고, 빌리고, 그래도 안 되면 훔치는' 것이었다. 정원 완성까지 이틀이 남은 시점이었기 때문에 정말 엄청난 부담감을 느꼈다.

개조해야 할 시골 오두막집을 향해 급히 운전해 가면서 길가의 돌담을 따라 숲을 지나가던 중, 나무들 위로 작고 푸른 언덕이 떠오르는 것이 보였다. 갑자기 나의 눈에 언덕 꼭대기에 자리한 오래된 참나무가 들어왔다. 밑동이 꼬여 있는 꽈배기 모양으로 썩어 가고 있었는데, 그 '흥미로운 형태'가 아름다워 보였다. 나는 마음속으로 오두막집 정원 어디에 이 참나무 토막을 놓으면 좋을지, 완벽한 장소를 상상해 보았다. 계획하고 있었던 작은 돌담과 참나무가 한데 어우러지면 멋질 것 같았다. 나는 길가에 차를 세우고, 썩어 가는 나무토막을 향해 오래된 담을 넘고 언덕을 기어 올라갔다. 이윽고 그 나무토막을 들어 올려 어깨에 걸쳐 멨다. 하면 안 된다는 것을 알면서도 결국 해 버리고 말았던 어린 시절이 떠올라 걱정이 들었다. 하지만 곧 대수롭지 않게 그 순간을 넘겼다.

언덕 아래로 걸어 내려가는데 주변의 모든 것이 고요해졌다. 무겁고 유쾌하지 않은 심판의 분위기가 느껴지는 적막이었다. 하지만 이를 무시하고 다시 담을 넘어 언덕에서 내려왔다. 차 뒷좌석에 나무토막을 조심스럽게 내려놓고 앞자리 운전석에 앉았다. 자동차 열쇠를 돌려 시동을 걸었는데, 차가 움직이지 않았다. 새로 산 지 5주 밖에 되지 않은 밴이 완전히 사망해 버렸다. 이전에는 한 번도 이런 문제가 없었다. 운전대와 열쇠를 이리저리 돌려 보았지만 소용이 없어, 결국 동네 정비소에 전화를 걸어 견인트럭을 요청했다.

그때 나를 둘러싼 대기의 분위기가 묘한 느낌으로 바뀌었다. 그것을 묘사할 수 있는 유일한 표현은 '의기양양해 하는' 느낌이랄까.

그리고 나는 깨달았다. 참나무 토막을 가져가기 전에 요청의 말과 존경을 표현했어야만 했다는 것을. 당시의 나는 그런 행동을 우습게 여겼다. 고작 쓸모없어진 나무의 일부일 뿐이라고 생각했다. 그러나 무엇을 잘못했는지 깨닫게 된 이상, 무시할 수 없었다. 결국 이 깨달음이 진실이라는 것을 서서히 받아들였다. 나는 조심스럽게 차에서 나무토막을 꺼내어 원래 있던 자리에 돌려놓았다. 하지만 그날 나의 행동은 용서받지 못했다. 그날 자연을 향한 나의 존경심이 너무나도 부족했다는 느낌이 강하게 들었다. 좀 더 잘 생각하고 행동해야 했다.

결국 정비소 차량이 도착했고 차량 검사를 받았다. 접지선이 풀어져서 문제가 생겼다고 했다. 나는 메시지를 받은 셈이다. 이는 강한 자부심과 정의에 관한 분명한 감각을 가지고 있으며, 장난치기를 좋아하는 대지가 보낸 메시지였다. 이전에는 만난 적이 없었던, 자연이 보낸 미묘한 징후였다.

땅의 생명력 회복시키기

땅의 생명력을 회복시키기 위한 방법을 이해하려면 원래 가지고 있던 관점을 바꾸어야 할지도 모른다. 계속해서 강조하지만, 땅은 살아 있는 존재다. 이는 물리적 차원에서 분명한 사실이다. 땅이 건강하다면, 무수히 많은 생명체들이 그 표면에서 숨을 쉬며 살아간다. 살아 있다는 말은 당신과 내가 살아 있는 것처럼 땅도 의식을 가지고 있고 상처 받을 수 있으며, 고통, 사랑, 화, 흥분, 슬픔, 비탄을 느끼며, 아플 때도 있고 다시 건강해지기도 한다는 뜻이다. 이것이 내 존재의 핵심이다. 내가 할 수 있는 유일한 행동은 이 진실을 당신과 나누는 일이다.

지구는 독특한 신체구조와 개성 있는 감성을 지닌 다양한 구성원들로 이루어져 있다. 각각의 사람들이 고유한 개성을 가지고 있는 것과 마찬가지다. 땅의 어떤 부분도 똑같지 않다. 각각의 정원은 건강 회복을 위한 맞춤 전략이 필요하며, 정원을 지키는 수호자 사람만이 그 계획을 어떻게 세우면 되는지 알 수 있다.

목표는 당신과 당신의 정원이 이어지는 것이다. 그리고 깊은 차원에서 연결되는 것이다. 만약 자신의 책임을 다른 사람에게 전가한다면 목표를 이룰 수 없다. 그런 이유에서 나는, 자기 정원과 연결되려고 노력하지 않는 사람을 위해서는 정원디자인을 하지 않게 되었다.

자연과 함께 정원을 공동 창조하는 첫 번째 단계에는 땅을 치유하는 작업이 포함된다. 사람과 땅은 서로를 비추는 거울이다. 따라서 땅을 치유하는 작업은 사람들이 진정한 자기 자신으로 되돌아가는 재생의 길로 이어진다.

치유 작업에는 기적 같은 순간적 변화란 없다. 이는 느리고 지속적인 과정이다. 굳게 마음을 먹고, 의식을 집중해 빛을 향해 계속 나아간다면 결국 목표에 도달할 것이다. 삶의 모든 어두운 영역에 빛을 밝히기로 마음먹는다면, 용기 있게 두려움에 맞서면서 힘을 내어 역경을 마주한다면, 그곳에 회복과 성장이 자리할 것이다.

땅 또한 마찬가지다. 시간이 걸리겠지만 땅의 상처를 인정하고, 해방시키고, 치료한다면 긍정적인 결과를 보게 될 것이다. 장애물은 사라지고 땅이 지닌 본래의 활기와 풍요가 넘칠 것이다.

땅의 치유는 지구 전체와 연결되는 큰 그림 속에서 이루어진다. 물리적 차원에서만 문제를 해결할 수 없다. 의식적으로든 무의식적으로든 물리적 증상을 유발한 원인을 찾아서 바꾸어야 한다. 그러지 않으면 문제의 원점으로 되돌아가거나 다른 형태의 문제로 나타난다.

예를 들어, 오랜 세월 동안 땅을 잘못 사용했거나 방치해 두었다면 단순히 표면의 흙을 다른 것으로 대체한다고 해서 문제가 해결되지 않는다. 마법처럼 한 순간에 모든 문제가 바뀌기를 기대하면 안 된다. 반드시 현재의 상태를 먼저 점검한 다음, 문제의 원인을 철저하게 파악하고 바꾸어야만 한다.

나는 정원과 땅을 살아 있는 몸이라 여긴다. 사람의 몸과는 다른 차원이지만 땅도 사람처럼 몸에 스트레스가 쌓인다. 나는 이 문제를 해결하기 위해 땅을 주요한 세 가지 차원-에너지 또는 영적 차원의 몸the energetic or spiritual body(에너지체), 감정적 차원의 몸the emotional body(감정체), 그리고 물리적 차원의 몸the physical body(신체)으로 구분해 바라본다.

땅의 '에너지체' 재설정하기

땅의 경계선을 명확히 깨닫고, 다시 그 선을 그리면서 시작하도록 하자. 이 행위는 땅의 에너지뿐만이 아니라 사람이 가지고 있는 에너지에도 집중하게 한다. 땅의 에너지가 자유롭게 흐르지 못할 때에는, 물리적 영역에서 다양한 문제점들이 드러난다.

땅의 경계선 알리기

정원의 경계선을 표시하는 행위는 사람의 무의식적인 결심을 알리는 것으로, 앞으로 정원으로 만들 땅과의 관계를 드러내 보이는 일이다. 작은 도시정원이든 대규모 농장이든 상관없다.

과거 아일랜드에서는 1년 단위로 땅의 가장자리를 걸어 다니면서 경계선을 알리는 의식을 거행했다. 나이 많은 세대들은 이러한 의식을 치르면서 이웃과 경계선 때문에 논란이 생기는 일을 피할 수 있다고 믿었다. 경계선 알리기를 하면서 땅은 어떤 사람이 어느 선까지만 일하는지, 또 다른 이웃들은 어디서부터 일하기 시작하는지를 알 수 있었다.

정원의 범위를 결정하는데 집중하면서 전체 경계선을 걸어라. 이 행위는 땅에게, 땅과 사람이 진실한 모습이 되기 위해 치유 작업을 한다는 사실을 알려 주는 것이다.

땅에게 왜 걷고 있는지 그 의도를 말하는 일은 중요하다. 반드시 어떤 소리를 내거나 노래를 불러야 한다. 마음속에서 우러나오는 다른 방법을 사용할 수도 있다. 전통적인 '땅 치유사land healer'는 같은 목적으로 드럼을 치면서 전 세계를 돌아다닌다. 아일랜드에서는 보통 보란bodhrán이라는 작은 전통 북을 친다. 돌을 사용할 때도 있는데, 두 개의 돌을 맞부딪치면 특별한 소리가 난다. 그 소리가 땅 속으로 들어가 울려 퍼지면서, 고여 있었던 탁한 기운을 몰아낸다. 기독교 전통에서는 땅의 평화를 빌며 축복하려는 의도로 땅 가장자리를 돌면서 성수를 뿌리도록 권장한다.

앞서 언급한 의식을 변형한 모든 개인적 의식 또한 공간의 에너지를 강력하게 붙잡아 둔다. 그리고 당신의 정원이 그 경계선 안에 속하도록 할 것이다. 이러한 소속감은 소유권과는 다른 의미에서 땅의 가족 또는 수호자가 느끼는 감정을 의미한다. 사람은 결코 땅을 소유할 수 없다. 이는 부모가 자식을 소유할 수 없는 것과 마찬가지다.

에너지 보호를 목적으로 경계선 가장자리에 울타리를 치거나 나무를 심으면, 가족적인 소속감과 유대감이 한층 견고해진다. 산울타리(산나무를 촘촘히 심어 만든 울타리)와 나무는 주변의 위협으로부터 공간을 안전하게 지켜 준다.

일단 정원의 가장자리에 울타리를 치게 되면, 땅을 살아 있는 개별적 존재로 대할 수 있다. 모든 사물에는 그것을 둘러싼 에너지 장이 있다. 사람의 에너지 장 흐름이 막혀 있을 경우, 희귀 질환이나 유행성 질환이 발생할 수 있으며 무언가 잘못되었다는 느낌을 받게 된다. 이처럼 땅속 에너지의 흐름이 자유롭지 못할 경우, 막힌 에너지는 물리적 차원에서 아픈 증상으로 나타난다.

사실 나는 땅이 사람을 선택한다는 생각이 들 때가 많다. 땅을 사람이라고 했을 때, 땅이 당신의 개별적인 특징을 그대로 비춘다는 사실을 눈치 챌 수 있을 것이다. 또한 당신의 상처와 장애가 정원의 모습과 일치한다는 사실도 발견할 수 있다. 땅은 당신의 삶과 가족관계를 위해 어떤 노력을 기울여야 하는지를 여실히 보여 준다.

땅의 '감정체' 다루기

"눈에 보이는 것이 항상 진실은 아니다."

Ní mar a síltear a bítear.

상담 치료, 정신과 진료 그리고 부모의 따뜻한 보살핌에는 하나의 공통된 사실이 있다. 그것은 바로 사람을 치유하는 힘이 '경청'에서 나온다는 사실이다. 과거의 트라우마 또는 아픔 때문에 도움이 필요한 사람이 만족할 만한 문제 해결을 원한다면, 반드시 누군가가 그의 이야기를 들어주어야 한다. 즉, 고통이 해결되려면 누군가 귀 기울여 들어주어야만 하며, 치유가 일어나려면 제2의 인물이 그 고통을 입증해 주어야 한다.

나는 상담가도 정신과 의사도 아니기 때문에 어린 두 자녀를 둔 부모로서 육아를 예로 들어 설명해 보겠다. 아이가 어떤 경험 때문에 트라우마가 생겼거나 깊은 상처를 받았을 때, 누구도 그 이야기를 들어주지 않고 '잊어버려', '그만 울어'라는 식으로 말하며 고통을 무시하면, 아이는 자신의 감정을 묻어 버릴 것이다. 왜냐하면 자신의 감정 표출이 받아들여지지 않았기 때문이다. 하지만 파묻어 버린 감정은 기쁜 감정 만큼이나 중요하다. 어른들은 많은 시간과 에너지를 자신의 생각과 감정을 표출하는데 사용한다. 그리고 그 생각과 감정이 건강하고,

행복하게 균형 잡힐 수 있도록 노력한다.

땅도 같은 방식으로 작용한다. 만약 땅의 일부분이 존중받지 못하는 방식으로 손상되었거나 황폐화 되었다면, 그 때문에 발생한 피해가 땅 내부에 쌓인다. 기존에 없던 파괴가 생겨났기 때문에 더욱더 사람은 땅이 오염되면서 생긴 무거운 기운과 불편함을 선명하게 느끼게 된다. 이와 마찬가지로 새로운 트라우마가 생긴 사람의 고통은 알아보기가 쉽다. 지속된 고통은 그 사람이 인생을 살아가는 동안 보이지 않는 내면에 묻힌다. 하지만 그 결과, 아픈 증상과 반응 패턴이 계속 나타난다. 주변 사람은 상처 입은 사람의 연약하고 불행한 태도와, 때때로 어둡고 폭력적이기까지 한 행동을 느낄 수 있다. 결국 사람들은 오염된 땅의 일부분과 일생을 함께한다. 시간이 흐름에 따라 땅은 표면을 치유해 나갈 수는 있겠지만 깊은 고통은 그대로 남아 있다.

내가 생각한 가장 좋은 예를 들어 보겠다. 당신이 상업적인 삼림지대에 떨어졌다고 가정해 보자. 현대의 벌목 방식은 무자비하기 때문에 벌목이 이루어진 이후의 땅은 즉각적으로 트라우마를 드러낸다. 결국 그 지역은 겉으로 보았을 때는 대단히 성장한 것처럼 보이지만, 실은 그곳에 보이지 않는 피해와 고통스러운 감정이 계속 남아 있다.

땅의 어떤 부분은 다른 부분과는 달리 고통에 잘 저항하기도 한다. 마치 하나의 사건을 겪었지만 어떤 사람들은 평생 트라우마를 가지고 살고, 어떤 사람들은 조금도 영향을 받지 않은 것처럼 보이듯이. 사람이나 땅에 따라 힘들었던 경험으로부터 쉽게 벗어나는 경우도 있지만, 습관이 될 때까지 곁에서 간호해 주고 아픔을 직면하라고 강요해야 하는 경우도 있다.

'경청을 통한 치유'는 갇혀 있던 감정을 마음에서 풀어놓는 대단히 단순한 방법으로, 사람과 땅 양쪽에 적용할 수 있다. 이 과정이 일어나도록 허용하려면 먼저 자기의 중심을 찾아야 한다. 그리고 내적 대화를 잠시 중단하고 휴식을 취해야 한다. 대부분의 사람들이 머릿속으로 많은 생각과 망상을 좇아다니면서 산다. 명상을 할 줄 안다면 지금부터 내가 하는 설명이 도움이 될 것이다. 명상 경험이 없는 사람을 위하여 내가 가장 좋아하는, 마음을 고요히 만드는 명상법을 설명하도록 하겠다. 다만 자신에게 잘 맞는 방법으로 해야 한다는 점을 명심해야 한다. 내가 제시하는 방법은 다양한 방법 중 하나일 뿐이다.

자연을 기반으로 한 명상 연습

편안함을 느끼는 나무 한 그루를 찾아라. 그곳은 명상을 하는 동안에 조용히 방해받지 않을 수 있는 장소여야 한다. 가능하다면 맨발로 나무를 등지고 앉거나 서 있는다. 인자한 나무의 에너지는 당신과 대지가 부드럽게 연결될 수 있도록 이끌어 줄 것이다. 나무는 전 생애 동안 명상을 한다. 말하자면 나무는 우리의 위대한 스승이자 연장자다.

별난 소리로 들릴지 모르겠으나 명상을 시작하기 전, 세상에 있는 부정적인 에너지로부터 자기 자신을 어떻게 보호하면 좋을지 고려해야 한다. 사람이 보는 빛은 완전한 전자기장의 내부에서 반사되는 빛의 일부분이다. 눈은 전자기장의 빈도를 감지한 다음, 뇌에 전자신호를 보내고 뇌는 그것을 다시 3차원의 이미지로 해독한다. 사람은 전체의 극히 일부분의 빛만 볼 뿐이며, 실제로는 즉각적으로 감지하지 못하는 많은 에너지에 둘러싸여 있다.

가이아, 하나님, 부처, 알라 또는 다른 무언가를 믿는 다양한 사람들이 있다. 강력하고 순수한 에너지를 부르기만 한다면 그 대상이 무엇인지는 그다지 중요하지 않다. 나를 감싸 안고 보호하고 있다고 믿고 있는 그 힘에게 요청하기만 하면 된다. 그것이 당신 등 뒤의 나무일 수도 있다. 나를 응원하고 보호하고 있는 에너지가 느껴진다면, 이제 그 다음 여정을 향해 떠날 준비가 된 것이다.

단, 보호기도와 관련해 명심해야 할 것이 있다. 보호기도에는 강력한 힘이 있고, 처음에는 신비한 마법을 부리기도 하지만 기도는 늘 규칙적이고 꾸준히 해야만 한다. 나는 이 사실을 곧잘 까먹는데, 훈련이 잘 되어 있는 사람들은 일상생활 속에서 잘 지켜 나갈 수 있다. 만약 크리스털 또는 돌로 만든 액세서리를 자기만의 개인적인 상징물로 가지고 있다면, 직접적으로 당신을 위한 보호를 요청하라. 그 상징물을 지니고 있는 한, 지속적인 보호를 받을 것이다. 때로는 기도를 해제하고 재설정해야 할 수도 있다.

이제 잠시 눈을 감는다. 코끝의 들숨과 날숨을 알아채고 지켜보라. 스스로를 등 뒤에 있는 나무라고 상상하라. 당신 발에서 나무가 뿌리를 내리고 있다. 숨을 쉴 때마다 지구 깊숙한 곳으로 뿌리를 뻗는다. 밝고 하얀 빛이 머리 위로 들어왔다가 몸과 다리 아랫부분을 통과한다고 상상해 보라. 숨을 들이마실 때 그 하얀 빛이 몸 전체의 시스템을 통과한다. 숨을 내쉴 때, 그 빛은 뿌리를 거쳐 모든 스트레스를 땅속으로 흘려보낸다. 이 명상은 지구가 당신을 돕는 것만큼 지구에도 많은 도움을 준다. 나는 이와 같은 방식으로 직접적인 생각과 소원을 지구에 전달하고, 생명체에게 빛을 비추는 상상을 하는 것이 실질적이고 긍정적인 영향을 끼친다고 믿는다. 나에게 영혼과 마법의 세계는, 눈으로 보는 물질세계처럼 항상 존재해 왔다.

이렇게 명상을 하면서 명확하게 집중된 의식을 느끼게 되면, 그 다음에는 어렸을 때부터 가지고 있던 사랑스러운 기억에 의식을 집중해 본다. 모든 사람이 행복한 어린 시절을 보낸 것은 아니기 때문에 인생에서 따뜻함과 기쁨을 느꼈던 순간 하나를 찾기만 하면 된다. 아름다운 푸른 하늘을 바라보면서 감사함을 느낀 순간일 수도 있고, 따뜻하고 편안한 침대 속에 지친 몸을 파묻고 잠에 빠져들었던 순간일 수도 있다. 편안한 감정으로 자기 자신을 채우고, 감정의 팔레트를 깨끗이 정화하면서, 땅이 전하는 감각을 맞이할 준비를 하라.

땅 밟기

어떤 음식을 먹었는지에 따라 감각이 둔해질 수도 있으므로 공복 상태로 땅의 소리에 귀를 기울이는 연습을 해야 한다.

천천히 조심스럽게 땅 위를 걷는다. 땅의 가장자리를 먼저 돌다가, 시계 반대 방향으로 나선형을 그리면서 중앙을 향해 걸어 들어가라. 가능하면 맨발로 걷는다.

대지의 감정을 '경청'할 목적으로, 에너지를 땅 속으로 집어넣을 때 내면에서 어떤 감정이 일어나는지 주의 깊게 듣고 느껴라. 참을성을 가지고 현재에 머물러라. 발밑에 있는 '아이'의 감정에 귀를 기울여라.

어쩌면 슬프고, 화나고, 두려운 감정이 들 수도 있고, 만족스러운 감정 이외에 다양한 대지의 감정을 느낄 수도 있다. 미묘한 느낌이기 때문에 스스로 꾸며 낸 감정이라 생각할지도 모른다. 그러나 당신이 꾸며 낸 감정이 아니다. 대지의 감정 메시지를 전달받으려면 자기중심적인 사고방식을 우회할 필요가 있다. 대지의 감정이 과거에 있었던 개인적인 경험과 트라우마를 떠올리게 할 수도 있다. 또는 지난 세월 동안 땅에서 벌어졌던 일들에 관한 선명한 이미지일지도 모른다. 그것이 무엇이든 자기 안에서 일어나는 감정을 신뢰하라.

누구에게도 도움이 되지 않는 감정을 붙잡고 있지 마라. 단지 알아채고 느낀 다음, 떠나보내라. 그 감정은 당신이 지켜야 할 것이 아니다. 풀어 보내고 끝내라. 그것이 지금 당신이 해야 할 일이다. 꼭 필요하다면, 떠오른 장면과 감정을 종이에 써 내려간 다음, 그 종이를 태우고 마음에서 털어 버려라.

만약 별다른 나쁜 감정 없이 만족감만 느껴진다면 그 땅은 풍요로운 곳이다. 그곳에는 아무런 문제가 없다는 뜻이기 때문에 아무것도 느껴지지 않는다고 해서 실패했다고 느낄 필요는 없다.

지구에 뿌리내리기 - 그라운딩 하기

땅의 소리를 듣는 작업이 끝났다면 그라운딩grounding을 해야 한다. 자기 자신에게 초점을 맞추는 센터링centering과는 대조적인 일이다. 그라운딩은 지구에 뿌리를 내리기 위해 내면의 에너지를 지구 안쪽으로 집중시키는 작업이다. 그라운딩은 안정감과 견고함을 이끌어 내는 반면, 센터링은 자신의 에너지를 몸 안쪽으로 끌어당긴다. 센터링을 하면 마음 에너지와 연결된다. 마음 에너지는 고요하며, 지성적이고, 섬세하다. 만약 맨발로 작업했다면 아무런 문제가 없을 것이다. 맨발이 아니었다면 맨발과 맨손으로 땅 위에 누워서 휴식을 취한다. 즉시 지구와 연결되기 위해 그라운딩을 해야 한다면, 가장 쉬운 방법으로 뱃속이 든든해질 수 있도록 음식을 먹어라.

땅의 '신체' 회복시키기

"나뭇가지는 울타리가 되어 살아 있지만,
그것을 심었던 사람은 죽고 없다."

Maireann an chraobh ar an bhfál ach ní mhaireann an lámh do chuir.

오랜 세월 정원디자이너로 일하면서 내가 작업했던 대부분의 땅이 신체(물질)적으로 열악한 상태에 놓여 있었다는 것을 알게 되었다. 아마도 긴 세월에 걸쳐 흙을 지나치게 많이 사용했을 수도 있고, 신규 건축공사를 하려고 쓰레기 매립지로 사용했을 수도 있다. 사람들은 장기간에 걸쳐 다양한 방식으로 땅을 망가뜨려 왔다. 이제는 책임지고 땅을 회복시켜야 한다. 망가진 땅을 회복시키려면 땅을 위 아래 두 가지 층위로 나누어서 각각 다른 작업을 해야 한다.

땅 표면

화학비료를 사용하는 관행농업이 시행되기 이전의 아일랜드는 매해 가을이면 푸른 목초지에 하얀 버섯들이 가득했다. 아버지는 우리 형제들을 시켜 바구니 한 가득 버섯을 따오게 했다. 수확한 버섯을 가지고 집에 돌아오면 그것을 얇게 자른 후 짭짤한 버터로 튀겨 먹었다.

천국에 있는 듯한 기가 막힌 맛이었다. 그러나 오늘날 현대화 된 농장에서는 더 이상 들판에 핀 버섯을 볼 수가 없다. 경운기로 땅을 뒤집고, 화학비료를 투입하고, 농약을 뿌리면서 평화롭게 균형 잡혀 있던 자연의 생태계는 파괴되고 말았다.

지금은 흙이 거의 죽어 있는 상태나 다름없다. 농부와 정원사가 현대식 농장과 정원에서 땅을 경운할 때, 땅에 어떤 이변이 생기는지를 관찰하다 보면 그 사실을 잘 확인할 수 있다. 현대식 농업을 시행하기 전에는 밭을 갈아서 새로운 고랑을 만들 때 흙 안에 살고 있는 지렁이 같은 작은 생명체들이 밖으로 드러났다. 흙 속의 작은 생명체들은 새들이 날아와서 배불리 쪼아 먹을 수 있도록 땅 위에 카펫처럼 펼쳐졌다. 정원에서도 마찬가지였다. 새들은 정원사가 일을 마치고 떠나기를 기다렸다가 땅 위에 드러난 지렁이를 먹기 위해 신나게 날아들었다. 그러나 오늘날에는 아무리 새로운 밭을 만들어도 그 위로 날아드는 새를 볼 수 없다.

물론 잘 관리된 정원의 경우에는 갓 파 놓은 흙 위에 앉아 있는 새를 볼 수도 있겠지만, 흙 안에 지렁이 같은 무척추동물은 거의 살고 있지 않다. 사람들은 끊임없이 땅을 착취하고 또 착취했다. 오늘날 땅에서 자라는 식물은 반복적으로 주입되는 산업적으로 만들어진 화학비료에 전적으로 의존하고 있다.

땅을 경운해서 흙을 햇빛에 노출시키는 일은 사람의 피부를 벗겨내는 일과 비슷하다. 식물은 땅이 침식되지 않도록 보호하고, 산소와 물을 자유롭게 순환시키면서 양질의 토양 구조를 유지하게 한다. 그런데 사람이 땅을 경운하게 되면 땅 아래의 무수히 많은 층위들이 뒤섞인다. 미생물군은 혼란에 빠지고, 식물의 먹이가 되어 주는, 땅 속에 길게 늘어서 있던 버섯균과 유기물질들은 빠른 속도로 연소되어 버린다. 흙 속 미생물들은 소량의 산소만으로 호흡을 한다. 그런데 흙을 경운하면 산소에 과잉 노출된 미생물들이 죽어 버린다.

1그램의 건강한 흙에는 40억 개의 박테리아가 존재하며, 파괴되지 않은 1제곱미터의 흙은 문자 그대로 수천 킬로미터 길이의 버섯균이 단단하게 붙잡고 있다. 버섯균이 모여서 과일 형태를 띠게 된 균사체가 바로 버섯이다. 나무를 비롯한 다양한 풀들은 수많은 버섯들과 공생 관계를 형성하고 있다. 식물은 광합성 작용을 해서 탄수화물carbohydrates을 생산하고, 뿌리는 이를 균으로 전달한다. 그 결과 균사체는 땅 속의 거대한 지하 네트워크를 이용해 영양분을 얻고, 그것을 다시 뿌리에 전달한다. 균사체는 수많은 접속으로 뿌리의 흡수 영역을 효과적으로 증가시킨다. 또한 식물이 흡수하기에 적합하도록 영양분을 분해하는 효소를 분비하기도 한다.

오랜 시간 동안 자연농법(무경운, 무비료, 무농약, 무제초) 방식의 정원 가꾸기와 농사법 연구가 심도 깊게 진행되었다. 자연농법을 처음 시작할 당시에는 약간의 조정기간을 거치는데, 그 결과는 장기적으로 드러난다. 자연농법을 시도한 결과, 흙은 더 건강하고 풍요로워지며 살충제 사용은 감소되거나 중단된다. 또한 토양 침식이 예방되고 양분 흡수와 수분 함유율이 높아지면서 땅심이 향상된다.

자연농법은 흙이 이산화탄소를 대기 중으로 발산하지 않고 더 많이 저장할 수 있도록 만들어 준다.

사람이 흙을 경운하기 시작하면서부터 자연의 선물인 흙이 주는 풍요로움은 인간과 멀어지게 되었다. 그 결과 사람은 화학비료를 직접 땅에 투입해야 하는 책임을 지게 되었다. 사실 이는 그다지 놀라운 일은 아니다. 마치 어린 아이가 자신이 부모보다 더 많은 것을 알고 있다고 착각하듯이 사람이 땅보다 많이 알고 있다고 착각하는 것과 같다.

식물 그리고 식물이 분해되면서 형성된 흙의 작은 층위들은 '살아 있는 지구의 몸'의 피부가 된다. 피부 이외의 모든 것-뼈, 폐, 피, 소화기관, 신경세포 그리고 순환체계는 흙 안에 존재한다. 살아 있는 흙은 자연이 주는 놀라운 선물이다. 흙을 되살리는 작업은 정원을 다시 건강하게 만들기 위한 인간의 노력이 토대가 되어야 한다. 흙을 되살리기 위한 최고의 방법은 건강한 미생물의 개체수를 증가시키는 것이다.

버섯균은 길게 뻗어 나간 네트워크를 이용해 양분과 정보를 전송한다. 또한 흙의 구조를 단단하게 유지시키고 지구를 형성하는 모든 물질들을 긴밀하게 연결하는 역할을 수행한다. 만약 식물이 인phosphorus을 필요로 하면, 균이 그것을 얻어서 식물에게 전달하고, 주로 자신의 뿌리 속에 그것을 직접 보관해 놓는다. 주류 원예학, 원예·농업계에서는 식물과 토양의 건강을 유지시켜 주는 버섯균에게 아무리 감사의 말을 전해도 턱없이 부족하다. 버섯은 경이로울 정도로 총명하며, 사람이 해결하기 어려운 긴급한 환경문제를 풀기 위한 열쇠를 쥐고 있는 불가사의한 생명체다.

일례로 미국의 미생물학자 폴 스테이머츠Paul Stamets는 석유로 오염된 토양을 대상으로 실험을 진행했다. 그 결과, 버섯균을 접종한지 8주 만에 토양이 깨끗해졌고, 그곳에서 건강한 느타리버섯을 재배할 수 있었다. 균사체는 문자 그대로 석유를 먹어 버렸다. 그리고 그 자리에 식물이 싹트기 시작하고, 지렁이가 다시 생겨났다. 모든 일이 놀랍도록 빠르고 간단하게 일어났다.

토양 미생물을 되살리는 방법들

균사체mycelium 되살리기

버섯은 지구에서 살아가고 있는 오래된 생명체다. 버섯은 부패 물질을 이용해 진화하면서 생명을 이어 왔다. 만약 땅 표면 흙에 희색 줄무늬의 균사체가 전혀 없다면, 다음의 방법들 중의 하나를 선택해 균사체가 토양에서 다시 서식할 수 있도록 도와야 한다.

균에 알레르기 반응을 보이는 사람들은 예방 차원에서 다음의 방법들을 실행하는 동안 방진마스크를 착용한다. 민감한 체질의 사람도 마스크를 착용해야 한다. 그리고 작업이 끝난 뒤에는 반드시 손을 잘 씻는다.

<u>방법 1</u>

1 식용 버섯종균을 지역 상점 또는 인터넷으로 주문한다(부록 376쪽 참고). 종균을 접종할 토양을 고려해 공급업체에게 최상품을 추천해 달라고 요청한다.

2 나뭇재와 포자를 섞는다(또는 버섯종균 설명서에 명시된 구체적인 지시를 따른다). 그리고 그것을 접종시키고 싶은 땅에 뿌린다. 심고 싶은 묘목 식물에도 접종할 수 있는데, 한 양동이의 물에 포자를 섞은 다음, 그 물에 식물을 담근다.

나는 이 방법을 강력하게 추천한다.

3 분해되는 피복재, 판지, 나뭇잎, 나무 부스러기 또는 유기자재물질로 그 위를 두툼하게 덮는다. 버섯이 최적의 성장을 할 수 있도록 그늘을 형성해 준다. 수분을 유지할 수 있는 것이면 어떤 재료든 상관없다. 그리고 종균을 접종한 땅의 습기를 잘 유지한다.

4 약 두 달 후, 토양을 점검해 본다. 아마도 하얗고 가느다란 실 덩어리들이 보일 것이다. 이것이 바로 균이 스스로 만들어 낸 네트워크다.

방법 2

가을에 실천해 볼 수 있는 방법이다.

1 살고 있는 지역에서 버섯이 자라는 땅을 찾은 다음, 먹을 수 있는 버섯을 채집한다. 버섯을 채집할 때, 반드시 버섯 아랫부분을 잘라야 한다. 왜냐하면 아랫부분이 버섯 줄기에서 가장 강력한 힘을 가지고 있기 때문이다. 만약 버섯 뿌리를 캘 수 있다면 더 좋다. 채집은 조심스럽게 해야 한다. 해당 지역 안에서 아주 소량만 채집해야 버섯이 다시 자랄 수 있다. 반드시 포자를 더 생산해 내는 볼록한 모양의 머리를 하고 있는 버섯인지 확인하고 채집한다. 이미 평평한 모양의 머리를 하고 있는 완숙 버섯은 사용하지 않는다.

2 채집해 온 신선한 버섯의 밑동과 줄기 모두를 잘게 다진다.

3 목본(나무) 주변에 나뭇재 또는 톱밥을 한 층 정도 잘 뿌려 준다.

멀칭(땅 표면의 건조, 침식, 풀 증식 등을 억제하기 위해 짚, 톱밥, 비닐 등을 덮어 주는 일) 재료로 또 한 겹 덮어 준다. 그런 다음 잘게 썬 버섯조각을 뿌리고, 나뭇재로 한 층을 더 덮고, 나뭇잎과 나무껍질 등으로 한 층 더 덮는다. 습기를 유지한 그늘진 땅을 만들기 위해 그 위에 나뭇가지를 쌓아 놓을 수도 있다.

4 그렇게 땅을 촉촉하게 유지한다. 몇 개월 지나면 흙의 표면 아래로 균사체가 퍼지고 있을 것이다.

이 주제에 관한 더 많은 정보를 원하는 사람에게 《균사체가 하는 일Mycelium Running》을 포함한 폴 스테이머츠의 책을 추천한다. 스테이머츠는 그의 책에서 방사능·오염물질을 정화시켜 줄 수 있는, 심각한 환경문제에 관한 해결책으로 어떻게 버섯을 사용하면 되는지 알려 준다. 또한 어떤 버섯과 나무가 서로 궁합이 잘 맞는지와 같은, 모든 정원사들에게 유용한 실용적인 조언도 해 준다.

박테리아 되살리기

토양 박테리아는 활기찬 다양한 생명체들의 집합으로, 건강한 생태계가 되기 위한 필수 조건이다. 박테리아 커뮤니티 회복을 위한 간단하고 효과적인 방법을 소개한다.

1 크고 깨끗한 새 용기에 물을 채운다. 만약 운 좋게도 자연에서 깨끗한 물을 얻을 수 있다면 그것을 사용하라. 그럴 수 없다면 살고 있는 곳에서 빗물을 받아서 사용해도 된다(단, 특정

지역에서는 빗물 사용이 불법인 경우가 있으니 확인을 해야 한다). 저수지 등에서 얻은 정수된 수돗물을 사용해야 한다면 물을 받아 놓고 염소가 증발될 때까지 24시간 기다린다.

2 야생의 장소에서 소량의 흙을 가지고 온다. 가급적 자기가 살고 있는 지역의 산이나 숲에서 가지고 오면 좋다. 통 속의 물에 에어레이션aeration(물속에 공기를 불어넣어 물속의 산소를 증가시키면서 물속에서 빠져나오기 어려운 유해 이산화탄소나 질소를 빼내거나 물을 공기 속에 분무시키는 일) 펌프로 공기를 주입한 다음, 준비된 흙을 넣고 공기와 섞어 준다.

3 그런 다음, 당밀 또는 설탕을 한 스푼 넣고 젓는다. 이렇게 만든 물은 제조한지 24시간이 되기 전에 사용해야 한다. 왜냐하면 24시간이 넘으면 포자가 분해되기 때문이다. 이런 일을 예방하려면 물에 바다소금을 조금 넣어 주면 좋다.

4 최대 효과를 얻으려면 에어레이션 펌프 가동을 중단시킨 뒤 4시간 이내에 제조된 물을 토양과 식물에 뿌린다. 가능한 한 한낮의 뜨거운 열을 피해 이른 아침 또는 초저녁에 물을 준다.

나의 경우에는 **4**의 과정 다음에 생명역동농법(유기농업이면서 자연과 우주의 리듬을 따르는 농사법으로, 루돌프 슈타이너가 창시했다)에서 파생된 방법을 하나 더 추가한다. 아래에 소개하는 방법은 에어레이션 펌프를 제거하고 난 후, 제조한 물을 토양에 뿌리기 전에 추가하면 된다.

먼저, 정원에서 적절한 시간을 보내면서 자신의 내면에 집중하고 마음을 차분하게 가라앉힌다. 그런 다음, 에어레이션 펌프는 물 밖으로 꺼내고 큰 주걱으로 힘차게 물을 저어 준다. 소용돌이가 생길 정도로 힘차게 저어 주는데, 처음에는 한 방향으로 젓고, 다음에는 반대 방향으로 저어 준다. 이때, 이 마법의 물을 만드는 이유를 마음속에 계속 떠올린다. 입 밖으로 크게 말해도 좋다. 물을 담은 용기 겉면에 이 물을 만드는 목적을 써 놓는 것도 도움이 된다. 그 목적은 반드시 토양을 회복시키고 정원을 건강하게 가꾸기 위한 것이어야 한다.

에어레이션 펌프 사용은 생명역동농법에서 제시하는 정식 방법인 손으로 두세 시간 동안 저어 주는 것보다 확실히 편하다. 생명역동농법에 따르면 반드시 한 시간 동안 한쪽 방향으로 소용돌이가 생기게 손으로 저어 주고, 반대 방향으로 다시 한 시간 동안 저어 주어야 한다. 이때 물을 젓고 있는 사람의 생각과 의도가 물에 반영된다. 나를 포함한 대부분의 사람들은 집중 시간이 짧기 때문에 일단 자신의 의도가 물에 반영되었다는 느낌이 들면, 이후 나머지 작업에는 에어레이션 펌프를 사용해도 괜찮다. 오히려 오랜 시간 작업을 하다 보면 지루한 마음이 들고 성급해지며 근육을 많이 써서 힘들다는 생각이 들기도 하는데, 이런 마음이 물에 섞여 들어갈 수 있어서 좋지 않다.

마음속에 토양과 정원의 회복에 관한 생각을 계속 품고 있으면, 그 마음이 에너지가 되어 물에 전달되고 땅에 뿌려진다. 자신의 일에 집중하라. 편안하고 행복한 감정을 유지시켜 주는 특별한 음악이 있다면 그 음악을 들으며 물에 그 행복을 담아라.

땅에 물을 뿌리기 전에, 물통을 일정 시간동안 방치해 둔 상태에서 썩 기분이 좋지 않은 상황이 있었거나 기타 다른 감정이 생겼다면 그 에너지가 물에 섞여 땅으로 스며들어 갔을지도 모른다. 그렇기 때문에 만든 즉시 사용하는 것이 가장 좋다. 제조된 물은 분무기, 물뿌리개 등으로 뿌릴 수 있다. 봄에 한 번, 가을에 한 번 뿌려 주면 충분히 토양의 활력을 촉진시킬 수 있다. 땅 위의 다양한 생물이 땅 속의 다양한 생물을 뒷받침할 수 있을 때까지 이 같은 과정을 몇 해 동안 반복해야 한다.

나는 친구 브레다 앤라이트에게 이 방법을 배웠다. 그녀는 토양에 사용하는 원기회복제로 위에서 설명한 물을 텃밭 정원에 뿌려 주었는데 그 결과, 경이로울 정도로 싱싱한 채소를 수확할 수 있었다.

땅 위

아일랜드의 농장에서 자란 아이들이라면 의무적으로 금방망이 ragwort(유럽산 국화과 다년초) 뽑는 일을 했을 것이다. 금방망이 뽑기는 어린 우리들이 해야 할 의무이자 여름 방학의 추억이기도 했다. 농부들은 자신의 농장에서 발견되는 이 풀을 대단히 싫어했으며, 유해한 풀이라고 생각했다. 금방망이가 일단 분해되면 가을에 수확해야 하는 건초들과 섞여 버리기 때문에 농부들에게는 기피의 대상이었다. 건조된 금방망이의 꽃자루는 가축에게 유해하며 겨울에 이것을 먹으면 죽을 수도 있다고 알려져 있었다. 돌이켜 생각해 보면 금방망이는 당시에 유해하다고 분류되었던 식물 중의 하나인 조팝나무속 식물 메도스위트나 골풀 같은 취급을 받은 것 같다. 메도스위트나 골풀은 아일랜드 농부들에게 가난을 상징했다. 농부들은 이런 풀이 자라기 시작하면 주변 이웃들이 자신을 게으르고 나쁜 농부라고 생각할지도 모른다고 생각했기 때문에 이 풀들을 싫어했다. 자신을 땅을 잘 지키지 못하는 나쁜 수호자라고 여기는 것은 최악의 믿음이었다. 이는 자부심의 문제였다. 당시 사람들의 잘못된 믿음이 땅에 그대로 반영되고 말았다.

매년 여름이 끝나갈 때쯤, 우리 가족은 들판으로 나가 노랗고 키가 큰 레이스캡 꽃들이 씨앗을 뿌리기 전에 뽑아 버렸다. 그 일이 얼마나 고되고 힘들었는지 지금도 잊을 수가 없다. 금방망이의 시든 줄기에서는 퀴퀴하고 고약한 소변 냄새가 난다. 그래서 땅에 뿌리를 내리기 전에 빨리 뽑아내지 않으면 그 냄새를 맡게 된다. 말괄량이였던 나는 남자형제들과 누가 더 많이 뽑을 수 있는지 경쟁했다. 남자형제들만큼 강하다는 것을 증명하기 위해 일부러 키가 큰 풀을 뽑아내려고 애를 썼다. 줄기를 여기 저기 뻗치면서 원래 있던 자리에서 계속 살아남고자 하는 금방망이를 뽑기 위해 있는 힘껏 끌어당겼다. 금방망이는 온 힘을 다해 자신의 뿌리로 지구를 움켜잡았고, 나는 몇 번이나 뒤로 자빠졌다. 결국 풀과의 싸움은 엉덩이 타박상이 생긴 나의 승리로 끝이 났다.

정원에 딸기나무 덤불과 고사리 줄기들이 산더미처럼 자라고 있고, 야생의 소리쟁이와 엉겅퀴가 뒤엉켜 자라고 있다고 해서 시판되는 제초제를 사용하면, 정원에 독을 한 가득 채우는 꼴이 된다.

사람들에게 실용적이고 대안적인 제초 방법을 제시했을 때, 나를 향해 연민 섞인 표정과 거만한 태도가 돌아왔다. 사람들은 식물을 잘 키우는 성공적인 방법은 풀의 씨앗이 자라나기 전에 화학제품을 사용해 없애는 것이라고 믿고 있었다. 이 방법은 나에게 암을 치료하는 화학요법을 떠올리게 한다. 또한 '적군 아니면 아군'이라는, 자연에 접근하는 사람들의 방법을 드러낸다.

땅을 관리하는 대안적인 방법은 분명히 존재한다. 하지만 돈이 많이 드는 방법이 아니기 때문에 대중을 대상으로 하는 대대적인 캠페인이 없다. 또한 대안적인 방법은 편리하지 않다는 인식 때문에 널리 퍼지지 않는다. 오, 편리함이란! 악의 뿌리다.

오래 전 아일랜드의 농부들은 섬의 가장자리와 들판의 한가운데를 항상 비워 두었다. 그 빈자리에는 보통 키 작은 잡목들과 덤불 그리고 숲이 자리 잡고 있었는데, 동물의 서식지가 되어 들판의 균형이 유지될 수 있었다. 예를 들어 산토끼는 사람들의 시야에서 벗어난 야생에서 사는 것이 일반적이라 한적한 장소는 '산토끼를 위한 모퉁이'로 여기고 남겨 두었다. 그러나 생산량 증대에 모든 노력을 쏟아 붓는 현대의 농부들은 과거의 농부들이 남겨 둔 잡목 울타리와 도랑을 제거해 버렸고, 그 결과 야생 동물들의 안전지대가 사라졌다. 지금 대부분의 정원은 현대 농부들의 농장처럼 척박한 모습을 하고 있다. 정원에서 야생 동물들을 위한 빈 공간은 전혀 찾아볼 수가 없다.

오늘날 인간은 다른 생명체들과 환경적으로 안전하고 편안하게 지구를 공유하며 살 수 있는 지식과 기술을 가지고 있다. 따라서 그저 윤리적인 방식으로 땅과 함께 일하는 세상을 향해 걸어가기만 하면 된다. 단, 너무 늦지 않게 도착하려면 발걸음을 빨리 재촉해야 한다.

나는 이 책으로 통합적인 삶의 방식이 정원에서 자연과 벌이는 끝없는 전쟁을 없앨 수 있다는 사실을 보여 주고 싶다. 그래서 정원 생태계의 균형을 유지하는 디자인 방법과 숲정원 가꾸기forest gardening라 불리는 다중적이고 계층적인 고대의 방식을 포함해 설명하려고 한다. 숲정원 가꾸기는 자연을 관찰하고 모방하는 일을 바탕으로 한다. 이 디자인 접근법은 인간이 행복하고 생산적인 생활을 할 수 있도록 균형 잡힌 환경을 만들고, 통합적인 생태계를 만들어 준다. 물론 초반에는 주의 깊게 식물을 심고 열심히 일해야 한다. 숲정원을 완성시키려면 최소한의 노동력이 필요하다.

정원과 맺는 관계를 새롭게 발전시키고 자연의 파트너가 되어 공동 창조co-creating를 하기 위한 명확한 단계들이 존재한다. 먼저, 자신이 정한 첫 장소에서 문제의 원인이 되었던 파괴적인 관행을 멈추어야 한다. 폭력적인 행동에 제동을 걸어야 한다. 그런 다음, 사람만이 할 수 있는 방법을 찾고, 정원 스스로 회복력을 높여 풍요로움이 가득한 곳을 만들 수 있도록 도와야 한다. 그러면 사람이 만들어 낸 악몽 같은 관리 방법에서 벗어날 수 있다. 자연을 향한 존경심과 지성을 담은 디자인·재배 방법으로도 얼마든지 아름다운 정원을 가꿀 수 있다.

2.

정원디자인

Garden Design

"눈을 채우는 풍경이 마음도 채운다."

An rud a líonas an tsúil, líonannsé an croí.

당신이 어떤 스타일의 정원을 선택하든 정원디자인 방법을 설명하는 셀 수 없이 많은 책들이 시중에 나와 있다. 그러나 내가 여러분과 나누고 싶은 정원디자인의 과정은 그런 것들과는 완전히 성질이 다르다. 내가 제안하는 과정은 아름다운 정원디자인을 할 수 있도록 돕기도 하지만, 정원의 외양에만 치중하지 않는 다른 차원의 아름다움을 제시한다. 대부분의 정원디자인은 외적으로 매력적이지만 진한 화장으로 본연의 아름다움을 보여 주지 못하는 화장법과 비슷하다. 나의 디자인은 본디부터 가지고 있는 자연의 모습과 성질을 살린 진정성과 아름다움이 담긴 정원을 창조한다. 그런 정원은 생명력으로 빛나고, 마법 같은 분위기와 에너지로 가득 차 있으며 지구와 조화를 이루고 있다. 또한 생명을 창조하기 위한 목적 그리고 에너지의 흐름과도 연결되면서 정원 안에 활기찬 공간을 펼쳐 놓는다.

이슬람 전통에서 'garden'이라는 단어는 서양과 다른 의미가 있다. 인도, 페르시아 그리고 아랍 국가에서 생각하는 정원이란, 특정한 의도가 가득 담겨 있는 아름다운 카펫을 의미했다. 카펫이 출시되면 사람들은 그 위에 앉아서 명상을 하고 천국을 여행하면서 자신의 내면을 이해하기 위한 행동을 했다. 그들은 자기 마음속에 천국이 존재한다고 믿었다. 이 얼마나 지혜로운 믿음이란 말인가!

나는 정원을 마법 카펫처럼 여기는 이 믿음을 언제나 좋아해 왔다. 나의 '대안적인' 정원디자인 방법은 마법 카펫을 짜서 집 주변을 둘러싸는 것이다. 이러한 정원은 아름다울 뿐만 아니라 개인의 성장을 위한 자원을 제공하고, 자기만의 천국과 연결되며 안전함을 느끼는 장소가 된다.

아름다움을 표현하는 정원

모두 아름다움을 다르게 정의할 수는 있지만, 아름다운 것에 둘러싸이는 것을 싫어하는 사람은 없다. 정원은 개인의 미적 감각을 발견하고 표현할 수 있는 놀라운 장소다. 비록 순수하게 기능적인 목적으로만 존재하는 정원도 있지만, 사람들은 여전히 그곳을 가능한 한 매력적인 장소로 만들려고 한다.

아무리 세월이 흐르고 다양한 문화가 존재해도 진정한 아름다움을 재단하는 고정된 기준은 없다. 자신을 사로잡는 아름다움에 관한 자기만의 관점은 개인의 유전자 구성, 뿌리 깊은 믿음과 가치 그리고 삶의 경험 등 대단히 많은 요인으로부터 영향을 받아 결정된다.

그렇다면 아름다움이란 무엇이고 그것이 의미하는 바는 무엇일까? 아름다움은 우리에게 어떤 영향을 끼치며 우리는 왜 그것을 추구하는가? 만약 내 앞에 드리워진 모든 뿌연 연기와 거울처럼 투영된 생각,

문화적 색안경을 벗는다면 그 앞에 진정한 아름다움이 드러날 것이다. 아름다움은 우리의 상위 자아-우리와 함께하는 신을 상기시킨다. 왜냐하면 모든 생명체들의 진정한 모습은 신성하기 때문이다. 모든 사물의 진실함은 아름다움, 즉 순수한 본질 그 자체다. 아름다움을 경험할 때 느끼는 벅차오르는 기쁨은 우리의 기분을 북돋워 준다. 그 기쁨은 우리를 우주적 에너지의 원천과 연결시켜 주면서 동시에 우리의 의식을 고양한다. 진정한 나는 누구인지, 지구에 도착했을 때 내가 누구였는지를 자각하게 한다.

지난 세월 동안 많은 정원을 방문했지만 어떤 정원에서도 진정성을 느끼지 못했다. 땅 아래의 영혼은 그곳에서 사라져 버렸고, 정원디자이너의 강한 개성만이 자리 잡고 있었다. 물론 그 장소를 향해 디자이너가 품은 사랑의 에너지는 느낄 수 있었지만 그것은 조건적인 사랑이었다. 그 땅은 사랑받았지만 정원디자이너가 연출하고 싶어 하는 외관을 거스르지 않을 때에만 받을 수 있는 사랑이었다. 땅은 본연의 모습으로 존재할 수 없도록 금지 당했다.

정원은 자신의 경계선이 더 이상 도움이 되지 않자 그것을 벗어나기 시작했고, 그 덕분에 본래의 자연, 고유한 야생의 모습으로 돌아갔다. 그리고 일탈의 대가로 지속적인 벌을 받아야 했다. 자연은 인위적인 공간에서 강제성과 억압을 느낀다. 나는 억압 받는 정원을 보며 어린 아이들을 떠올린다. 아이들은 마음속 깊은 곳으로부터 자유로운 존재지만 어른들에 의해 길들여진다. 어른들은 아이들을 뒷마당에 숨겨 놓고 '보이지만 들리지 않는 존재'로 기른다. 깔끔한 모습으로 어른스럽게 행동하도록 교육하고, 이웃이 방문했을 때는 의무적으로 착한

표정을 짓게 한다.

아이들 스스로가 원하지 않는 모습을 강제할 수는 있지만, 그 때문에 생길 수 있는 예측 가능한 결과는 불행과 은둔뿐이다. 반면에 당신은 조심스럽게 이 아이가 어떤 아이인지, 그들이 원하는 것은 무엇인지, 그들이 기꺼이 하려고 하는 것이 무엇인지를 발견할 수 있다. 아이들은 이 세상에 무엇을 표현하고, 무엇을 전하고 싶어 할까?

세상의 모든 땅은 이런 아이들과 마찬가지다.

당신의 정원은 그 자체로 의미가 있는 고유한 진실과 독특한 개성을 지니게 될 것이다. 이러한 특정한 장소의 혼을 지니어스 로사이 genus loci(고대 로마 종교에서 특정 장소를 보호하는 혼, 또는 수호신을 의미하는 단어)라고 한다. 각각의 정원을 반드시 분리된 독립체로 대해야 한다. 모든 정원디자인에 적용되는 한 가지 해결책이란 없다.

땅이 품고 있는 고유한 진실을 표현하지 못하게 하는 것은 부당한 처사다. 땅이 하는 말에 귀를 기울이고, 우리가 우리 자신을 표현하듯 그 힘을 자연으로 확대한다면, 우리는 땅의 에너지를 이해하고, 창조적이고 협력적인 과정을 진행할 수 있다. 이러한 성장은 마치 땅과 함께 동시에 같은 동작으로 춤을 추는 것에 비유할 수 있다. 이런 과정은 지구에서 이루어지는 치유 행위 속으로 당신을 매일매일 깊숙이 끌어당길 것이다.

농경지나 정원으로 사용되었던 대부분의 땅에는 공통된 근원적 진실이 있다. 땅은 수천 년 또는 수만 년의 역사에 걸쳐서 안정적이고 지성적인 생태계를 구축한 울창한 숲이 되고자 고군분투해 왔다. 땅은 이러한 조화를 강렬하게 소망한다. 사람이 해야 할 일은 땅이 무엇을 표현하고 싶어 하는지를 이해하고, 땅이 욕망하는 대로 내버려 두는 것이다. 좋은 부모가 자식에게 그러하듯, 우리가 원하는 것은 땅이 제멋대로 어떤 경계 없이 성장하는 것이 아니다. 오히려 설득력이 떨어지는 요구를 하면서 땅이 지닌 고유한 영혼을 파괴하는 대신 날로 성숙해질 수 있도록 안내해야 한다. 이러한 '정원 깨우기'garden awakening 작업의 목표는 사람의 개성과 의도가 땅 본연의 천성과 조화를 이루게 하는 것이다.

대부분의 사람들이 계획하는 정원의 규모는 대단히 작기 때문에 일반적인 숲 생태계 조성은 불가능하다. 그러나 작은 공간 안에서 완벽한 숲 생태계를 모방하는 일은 가능하다. 이 과정을 3장에 단계별로 설명해 놓았지만, 지금 이 장에서는 땅의 수호자-당신의 신성한 자아 그리고 당신과 삶을 나눌 사랑하는 사람들에게 무엇이 필요한지, 먼저 그것을 찾아보도록 하자.

많은 사람들이 정원디자인을 구상할 때 갈피를 잡지 못하거나 미리 겁을 내는데, 전혀 그럴 필요가 없다. 정원디자인은 보기보다 훨씬 단순하다. 다만, 내가 제시하는 정원디자인 방법은 현대적인 관념을 담아 표현하는 것이 아니라는 사실만 기억하길 바란다. 특별한 훈련 과정이 필요없기 때문에 따라하는 사람들이 쉽게 즐거움을 느낄 수 있다. 당신의 디자인은 당신이 원하는 것만큼 단순해질 수 있다. 일부러 전통적 스타일, 기발한 스타일, 초현대적인 디자인을 할 필요가 없으며 일반적으로 사람들이 아름답다고 하는 스타일을 따라할 필요 역시 없다.

나의 정원디자인 방법은 당신과 당신을 숨 쉬게 하는 생명체 사이에 진행되는 에너지의 흐름이 가로막히지 않도록 어떤 것도 디자인 하지 않는 것이다.

정원을 디자인할 때 그 바탕에 깔려 있는 의도 즉, 궁극적으로 균형 잡힌 생태계를 창조하려는 의도는 중요하다. 하지만 이러한 과정에서 제일 중요한 것은 당신과 땅이 끈끈하고 유익한 관계를 맺는 일이며, 이는 대단히 창조적인 과정이다. 이제 당신은 자기 자신과 가족 그리고 이제 당신의 가족이 될 땅을 위해 정원을 만들 것이다.

첫 단계로 지구와의 관계를 잘 형성할 수 있도록 한다. 자신의 땅을 잘 알게 되고, 1장에서 다루었던 땅 치유 작업을 끝냈을 즈음, 당신은 땅을 보살피기 위한 유례없는 훈련을 받은 전문가가 되어 있을 것이다. 당신은 땅의 천성을 표현하는 땅의 목소리이자 기회 그 자체가 될 것이다.

이 책에서 나만의 고유한 접근법을 설명하기 위해 '공동 창조co-creation'라는 표현을 사용할 것이다. 공동 창조란, 파트너와 손을 잡고 함께 정원을 만들어 나가는 것을 의미하며 내 접근법에서 말하는 파트너란 자연을 의미한다. 이는 자연이 영원히 살아 있는 의식이자 현존하는 존재라는 지식과 이해를 바탕으로 한다. 이 과정에 기꺼이 당신을 초대한다.

나는 직관에 따라 특정 방식을 따르지 않고 자유롭게 정원을 디자인한다. 직관은 쉽게 배울 수 없다. 따라서 이 책의 목적은 나의 직관적 디자인 방법의 정수를 5개의 기본 요소로 정리해 전달하는 것이다. 내가 나만의 방식을 만들었듯이, 이 장은 당신만의 이야기가 담긴 디자인 요소를 만들 수 있도록 안내해 줄 것이다.

자연과 협력하는 정원디자인의 다섯 가지 요소

디자인 요소 1. 의도를 담기 위한 도구 : 마법의 비밀 밝히기
디자인 요소 2. 특정한 의도를 담을 구역 정하기
디자인 요소 3. 자연의 모양과 패턴을 사용한 디자인
디자인 요소 4. 상징과 형상화imagery의 힘
디자인 요소 5. 종이에 나의 디자인 옮겨 그리기

디자인 요소 1. 의도를 담기 위한 도구 : 마법의 비밀 밝히기

"뿌린 대로 거둔다."

Mura gcuireann tú san earrach ní bhainfidh tú san fhómhar.

사람들은 마법이 매우 복잡하고 미스터리하다고 생각한다. 수 세기 동안 마법의 실용적인 측면은 그 힘을 독점하고 싶어 하는 사람들에 의해 은폐되어 왔다. 그래서 마법은 아이들의 동화책 또는 영화에나 등장하는 모호한 개념이 되었으며, 오컬트 문화에 속하는 난해한 주문으로 남게 되었다. 그러나 사실 마법은 이해하기도 쉽고 사용하기도 쉽다. 마법이란 의도와 감정으로 만들어진 산물이라는 사실만 알면 된다. 당신의 생각, 감정, 의식은 에너지를 형성한다. 에너지는 주변을

움직이고 변화를 일으키는데, 만약 당신의 에너지를 특정한 의도에 집중하게 되면 그 의도대로 나아가게 된다. 이것이 바로 내가 마법이라고 말하는 현상이다. 이는 땅의 영혼을 재에너지화re-energizing 시키는 가장 중요한 도구이기도 하다.

에너지를 집중하고, 현실 창조를 위한 도구로 사용하려고 의식을 모으는 것의 실용적인 가치는 고대에는 널리 알려진 상식이었으나 오늘날에는 잊히고 말았다. 의식을 집중하는 기술을 사용하면 땅과 즉각적으로 소통할 수 있다.

나는 첼시플라워쇼Chelsea Flower Show에서 정원을 만들면서 사람들에게 야생의 장소가 얼마나 중요한지 전달하고자 노력했다. 또한 이때 감정과 의도를 집중했을 때 생기는 강력한 효과를 경험했다. 10여 년 전, 나는 자생식물을 중심으로 한 정원을 만들고자 결심했지만 작업에 필요한 식물을 파는 시장을 찾기 어려워 고생하고 있었다. 그 문제는 나를 한 걸음 뒤로 물러나 정원에 어떻게 접근해야 하는지 그 방법을 재평가하도록 만들었다. 덕분에 내가 정말로 잘하는 것 한 가지를 깨닫게 되었다. 그것은 땅이 품고 있는 고유한 이야기에 귀 기울이고, 그것을 표현하는 재능이었다. 나는 이 깨달음에서 출발해 온화하고 아름다우며 치유가 이루어지는 조화로운 공간을 만들어 낼 수 있었다. 그 공간은 첼시플라워쇼의 인기 장소가 되었으며, 자연이 빛날 수 있도록 초청받은 곳이 되었다.

나는 오랜 세월에 걸쳐서 활기 넘치는 야생의 장소를 창조해 내는 땅의 에너지에 관한 고대의 지식을 배웠으며, 결국 이 지식을 사용해 정원을 디자인**할 수 있다**는 결론에 도달했다. 또한 나는 그 과정 속에서 세상을 바라보는 사람들의 눈과 마음을 다른 방식으로 열 수 있기를 희망했다.

나의 실험적인 정원을 위해 후원자로 나서는 사람이 없었기 때문에 쇼케이스를 열려면 다른 방법을 찾아야만 했다. 2002년, 나의 새로운 정원 만들기 접근법을 영국왕립원예학회Royal Horticultural Society가 주최하는 첼시플라워쇼에서 대중적으로 성대하게 공개하기로 결심했다. 첼시플라워쇼는 세계에서 가장 명망 있고 규모가 큰 정원·원예박람회다. 처음으로 내 아이디어를 실험해 보는 것이었기 때문에 과장 없이 말하건대 굉장히 높은 위험을 감수해야만 했다. 하지만 분명히 그 행위에는 순수함이 존재했다.

첼시플라워쇼는 1913년부터 거의 매년, 런던에 위치한 첼시왕립병원Royal Hospital Chelsea에서 화려하게 치러진다. 첼시플라워쇼는 정원문화의 유행이 탄생되는 곳이자 정원문화의 흐름을 이끄는 행사로 널리 알려져 있으며, 국제적인 명성을 누리는 대단히 권위 있는 행사다. 주류문화에서 받아질 수 있는 야생의 정원을 만드는 좋은 방법은 무엇일까? 함께 경쟁하는 유명하고 수준 높은 사람들에게 강렬한 인상을 주는 정원을 만드는 것보다 더 좋은 방법은 없었다. 내가 만들 정원으로 많은 정원사들에게 정원디자인의 새 시대가 열렸다는 메시지를 전하고 싶었다. 더불어 그들이 구석기시대의 유물 같은 오래된 방식에 매달리지 않기를, 그 방식을 손에서 놓기를 바랐다.

결국 그 해 나는 첼시플라워쇼에서 단순하면서도 마법 같은 분위기의 정원을 선보였고, 이는 많은 사람들의 마음을 사로잡았다. 내가 만든 정원은 금메달을 받았으며, 이 쇼에 처음 참가한, 사실상 잘 알려지

지도 않은 젊은 나에게 이는 대단히 큰 영광이었다.

결과적으로 나는 금메달을 수상하면서 전 세계적으로 널리 알려졌고, 이후에는 멋진 야생의 공간을 만들기 위한 먼 길을 떠나게 되었다. 사람들은 더 이상 정원 아래에 존재하고 있는 길들여지지 않은 야생의 공간을 무시하지 않았다. 정원과 자연이 하나가 **될 수 있고**, 같은 존재라는 것을 깨닫기 시작했다. 나와 우리 팀은 많은 정원사들의 마음과 상상력을 사로잡았으며, 이 사건은 나에게 정원 일을 지속해 나갈 수 있는 자신감을 안겨 주었다.

첼시플라워쇼에서 정원을 만들고 구조물을 세울 때, 내 마음과 심장에는 하나로 집중된 의도가 있었다. 나는 사람들이 첼시플라워쇼를 떠나서도 야생의 장소가 얼마나 아름다운지 떠올릴 수 있기를 바랐다. 하나의 의도에 집중한 결과를 목격하는 것은 이례적인 일이었는데, 대회 기간 중에 그 결과가 바로 나타났다. 사람들은 단지 내가 만든 정원을 들여다보기 위해 긴 시간 동안 줄을 섰고, 그렇게 정원을 보는 것만으로도 사람들은 큰 영향을 받았다.

아일랜드 사람들은 "마치 작은 아일랜드를 보는 것 같아"라고 말하며 내 정원을 매력적이라고 칭찬해 주었다. 그들이 그렇게 느낀 이유는 아일랜드가 여전히 마법과 야생성으로 가득 차서 진동하는 대지이기 때문이다. 한편, 영국인들은 눈물을 흘렸다. 모든 영국인들이 나에게 다가와 내 정원이 얼마나 영향력이 있는지를 말하며, 더 이상 존재하지 않지만 그들이 어렸을 때 보았던 야생의 장소가 굉장히 특별했으며, 내 정원이 그 장소를 떠올리게 한다는 이야기를 전해 주었다. 나의 정원이 과거에 그들을 위해 존재했었던 에너지와 생명력이 느껴지는 작은 장소가 되어 주었던 것이다. 아마도 그들 할머니의 정원 한쪽에는 여러 나무들이 자라고 있었을 것이며, 집 근처에는 야산의 암벽이 있고, 어렸을 때 시간을 보내던 작은 오두막집 옆에는 야생 당나귀 한 마리가 있었을 것이다. 첼시플라워쇼에서 선보인 나의 정원에는 그와 같은 성질의 생명력이 담겨져 있었다. 그것이 사람들로 하여금 지금 자신이 자연, 그리고 어떤 근원적인 것에서 분리되어 있다는 사실을 느끼게 했고, 마음 속 깊은 곳에 자리 잡고 있던 고통과 슬픔을 드러나게 한 것이다.

런던 한복판에 자리 잡은 그 작은 장소에서 내가 맞닥뜨린 슬픔은, 백지 상태로 시작한 3주 전의 내가 이제 무엇을 향해 나아가고 있는지를 분명히 말해 주었다. 자연을 향한 나의 믿음은 사실이었다. 정원에서 하나의 의도에 집중을 하게 되면, 지구와 강력하고 살아 있는 관계를 맺을 수 있다.

'말the Word'의 힘

"태초에 말씀이 계시니라. 이 말씀이 하나님과 함께 계셨으니 이 말씀은 곧 하나님이시라."

요한복음 1장 1절

나는 고대 아일랜드의 역사에 지대한 관심을 가지고 있었고, 오래된 아일랜드 전통을 공부하면서 많은 마법과 의도에 집중하는 방법에 관해 배웠다. 아일랜드에는 전통적인 마법과 의례, 기도가 잘 보전되

첼시플라워쇼에서 선보인 정원의 마스터 플랜과 투시도

어 이어지고 있다. 이러한 전통들은 고대 문헌과 신화 속에 잘 기록되어 남아 있다. 전통으로 남아 있는 양식들을 실험해 보고 추론해 보면, 세상이 마법의 에너지 수준에 맞추어 얼마나 단순하게 움직이는지가 보인다. 또한 이 에너지의 긍정적인 활용 방식을 배울 수 있다. 저주는 오래전 아일랜드에서 행해지던 부정적인 기도 중 하나다. 남의 불행을 비는 사람들은 그 결과를 강력하게 바라기 때문에 저주는 상당히 크나큰 에너지를 전달한다. 좋은 의도를 담은 기도의 경우도 마찬가지다.

아일랜드는 로마에 정복 당한 적 없이 오랜 세월 동안 고유의 문화를 온전하게 지켜왔다. 아일랜드 문화는 진보적으로 발전하고 번성하면서 사회를 점차 개선해 나갔다. 드루이드Druid(켈트족의 땅에서 신의 뜻을 전하는 존재로, 정치와 입법, 종교 행위, 의술, 점, 시가, 마술을 행한 자들을 의미한다) 계급은 기독교 이전의 사회에서 수업을 받았다. 드루이드는 마음속에 있는 자신들의 문화 속 모든 지식과 지혜를 주로 노래와 시를 통해 전달했다. 그들은 오검ogham(20자로 이루어진 고대 브리튼 · 아일랜드 문자)이라고 불리는 상징에 기반을 둔 글쓰기 체계를 만들어 사용했는데, 신성한 가르침이 잘못된 사람의 손에 들어갈 것을 염려하여 거의 기록으로 남겨 두지 않았다.

현대의 글쓰기는 기독교 문화와 함께 아일랜드에 유입되었다. 기독교를 지지하기 위한 상당히 편향된 관점의 기록들이 남아 있는데, 기독교와는 다른 전통적인 믿음에 침투하여 그 문화를 점령하는 것을 목적으로 한다. 초기 아일랜드 수도사들은 드루이드 계급의 선행과 그들이 내린 축복에 관해 아주 적은 양의 기록만을 남겼으며, 심지어 이를 '역방향의 축복(처음에는 재난이었던 것이 나중에 복이 되는 것)', 또는 저주라고 폄하하여 기록했다. 따라서 과거에 하나의 의도에 집중하는 작업을 어떻게 사용했는지를 살펴볼 수 있는 기록물에는 악의적인 의도가 담겨 있다고 볼 수 있다.

근래의 아일랜드 역사에서(지난 몇백 년 동안), 사람들은 복수를 위해 저주를 사용했다. 이는 아일랜드 사람들이 외세에 지배받으면서 겪었던 불평등하고 무력했던 역사의 결과를 대표적으로 보여 준다. 아일랜드 사람들은 자신들이 겪었던 끔직한 일에 책임이 있는 사람뿐만이 아니라 희생자의 자식까지도 저주했는데, 그 결과 몇 세대에 걸쳐서 슬픔으로 물든 삶과 고통스러운 죽음이 이어졌다. 이제 사람들은 더 이상 저주의 힘을 믿지 않기 때문에, 자신들의 힘 또한 잃어버렸다. 그러나 여전히 마법의 선한 사용법을 배우기 위해 남아 있는 저주에 관한 기록을 이용할 수 있다.

대지에 내려진 저주

특정한 땅에 내려진 저주를 '피시오그piseóg'라고 한다. 저주를 내리는 사람은 저주의 말을 땅을 향해 강력하게 내뱉어야 하며 몇 가지 간단한 의식을 수행하고 나면 마무리가 된다. 지구는 이 의도를 그대로 흡수하고 그것이 지시한대로 수행하는데, 설령 그 의도가 파괴적일지라도 그대로 이행한다.

땅은 경계선이 설정되어 있는 곳까지만 저주의 영향을 받기 때문에, 경계선을 통제하는 전통적인 방법은 해당 지역 안에서만 저주가 통하도록 제한하는데 도움이 된다. 때때로 이 저주의 말 때문에 우유가 상하고, 가축이 병드는 경우도 있다. 깊은 저주는 땅 에너지를 고갈시켜서 땅을 메마르게 하고 흉년이 들게 한다. 저주 받은 땅에 사는 사람들은 가족의 삶을 지탱해 주던 농사를 지을 수 없게 되어 결국 노동자 계급으로 살았던 삶을 끝내기도 했다.

모든 지역, 모든 마을에는 각각의 고유한 저주가 담겨 있는데 살다 보면 무심코 그 저주에 노출될 때가 있다. 뜻하지 않게 저주 받은 아일랜드 전통 토성에 흘러들어 갔다거나, 요정의 성채(요정과 연관된 고대의 흙 언덕), 또는 기근에 시달려서 죽은 이들의 무덤 위에 서 있다 보면 그런 일이 생긴다. 그래서 나와 같은 세대 또는 나보다 먼저 아일랜드에서 태어나고 자란 사람들은 저주받은 지역의 장소를 잘 알기 때문에 그런 곳은 피한다. 오늘날까지도 아일랜드에서는 대지를 향한 저주가 행해지고 있다. 심지어 나이가 많은 사람들은 이 저주에 관해 이야기하는 것조차 두려워한다. 비록 저주의 부정적인 측면을 돌아보며 하나의 의도에 집중할 때 생기는 힘을 사용하는 법을 배워야만 했지만, 땅과 관련된 긍정적인 방향을 고민하던 나에게 이 대지에 내려진 저주를 이해하게 된 것은 놀라운 사건이었다.

대지에 내려진 저주 이외에도 사람과 사람 사이에서 일대일의 직접적인 저주가 행해지기도 했다. 피해자가 질투심이 많고 못된 이웃의 저주를 받았을 경우, 피해자 본인이 가난해지거나 피해자 가족 중에 죽는 사람이 생길 수도 있다. 성공적으로 사람을 저주하려면 저주의 효력을 높이기 위해 어떤 행위를 할 것인지, 그 과정을 피해자에게 직접 통보해야 한다. 직접 얼굴을 맞대고 말해야 하며, 만약 그 저주가 잘 흡수되었다면 피해자는 저주가 이루어질 것이라는 믿음에 사로잡혀 그 해를 입게 된다.

영원newt(도롱뇽과의 동물)의 눈과 박쥐의 날개

수년 전 어느 날, 몸에서 기운이 빠져나가는 느낌이 들었다. 음식과 약을 먹어도 별다른 차도가 없어서 마리아 롤린스Maria Rawlins라는 아일랜드 치유사를 찾아갔다. 마리아는 치유 과정을 진행하면서 내 힘이 부족해진 이유를 설명해 주었다. 그녀는 내가 나도 모르는 사이에 저주 받은 땅을 돌아다니면서 그 저주를 받았다고 설명했다. 마리아는 나에게 특정한 에너지 작업을 해 주었고, 저주를 제거하려면 한 송이의 분홍색 장미를 고른 뒤, 그 꽃잎을 반드시 바다로 흘러가는 강물에 던지라고 했다. 그녀는 바닷물이 저주를 씻어 낼 거라고 설명했다.

처음 마리아의 이야기를 들었을 때는 회의적인 기분이 들었다. 왜냐하면 어른이 된 뒤로는 저주라는 개념을 생각해 본 적이 없었고, 저주는 신데렐라나 백설공주 같은 동화 속 상상의 세계에서나 일어나는 일이라 여겼기 때문이다.

며칠 동안은 마리아의 조언이 내 마음에 와 닿지 않았다. 그러던 어느 날, 아이들을 학교에 데려다 준 뒤, 바닷가 절벽까지 산책을 하기로 마음먹었다. 적당한 강이 나타날 것을 대비해서 동네 슈퍼마켓에서 분홍색 장미를 샀다. 이 작업을 한다고 해서 해가 될 만한 일이 생기지는 않을 것이라고 생각했다. 속담에도 있듯이, 만일에 대비해서 나쁠 것은 없다는 마음이었다.

이윽고 물이 힘차게 흐르고 있는 강가에 도착하자 높은 절벽 아래로 바다가 내려다 보였다. 나는 그곳에서 마리아가 제안했던 장미 꽃잎 의식을 치렀다. 그날 저녁, 아이들이 잠자리에 들 때까지 장미 꽃잎 의식을 생각하지 않았다. 평소 똑같은 시간에 잠을 자는 나는 이미 피곤한 상태였다. 잠자리에 들려고 티셔츠와 속옷을 벗으려고 하는데, 작은 딸 루비가 내 등에 뭔가가 있다며 놀라 소리쳤다. 거울로 등을 살펴보니 크고 검은 표식이 있었다. 사순절 첫날인 '재의 수요일'에 사람들 이마에 묻혀 주는 재가 묻어 있는 것 같았다. 굉장히 큰 표식이 어깨에서부터 척추 밑 부분까지 이어져 있었다. 나는 깜짝 놀라 집안을 이리저리 뛰어다녔고, 부엌에 있는 세제와 세탁 솔을 집어 들고 가능한 한 빨리 옷을 문질러 빨았다. 문득 빨던 옷을 살펴보다, 내가 분명히 무언가에 대항하고 있다는 생각이 들었다. 그리고 이상하게도 속옷 안쪽에만 표식의 흔적이 약하게 남아 있을 뿐, 속옷 바깥쪽과 겉옷 어디에서도 표식을 찾을 수 없었다.

다음 날 아침, 나는 겁에 질린 상태로 마리아에게 전화를 걸었다. 그녀는 담담하게 나의 이야기를 듣더니 침착하라고 했다. 그녀는 이런 일들을 늘 겪어 왔다면서, 적어도 저주가 사라졌다는 것만큼은 내가 알 수 있을 거라고 했다. 그 말을 듣자 한결 기분이 나아졌다. 구름이 걷히고 다시 마음이 밝아졌다.

나는 그 사건 이후로 진지하게 나 자신을 보호하기 시작했다. 누군들 안 그렇겠는가?

생명역동농법

현대 생명역동농법biodynamic agriculture 실습은 의식적인 절차와 전통에 따라 의도된 힘을 통합시키는 작업이 대단히 긍정적인 결과를 가져온다는 것을 보여 주는 살아 있는 본보기다. 생명역동농법은 오스트리아 출신의 철학자이자 영성가인 루돌프 슈타이너Rudolph Steiner가 1921년에 실시한 일련의 강의로 시작된 토속신앙적인 농업 방식이다. 생명역동농법은 유기농업 방식을 많이 취하고는 있지만 그만의 고유한 방식 또한 갖추고 있다. 예를 들어 천체의 움직임에 따라 농사 활동을 계획하고, '증폭제preparations(예비제라는 단어로도 사용한다)'를 만들어 땅에 투입한다는 점이 그렇다. 이 농법은 앞으로 당신이 발견하게 될 마법과 굉장히 유사한데, 대단히 놀라운 결과를 보여 준다.

생명역동농법은 하나의 연극이자 예식으로, 사람에 따라서는 이 조금은 특이한 예식 준비 방법이 망설여질 수도 있다. 예를 들어 토양을 비옥하게 만드는 방법 중의 하나로 잘 말린 서양톱풀yarrow 꽃을 수사슴의 방광에 넣어서 증폭제로 사용한다. 이 증폭제를 햇볕 아래에 반년 동안 매달아 두고, 나머지 반년은 땅 속에 묻어 두었다가 사용한다. 소량의 증폭제를 다량의 물에 넣고 몇 시간을 저어 주는데, 양쪽 방향으로 번갈아 가면서 소용돌이가 일어나도록 저어 주어야 한다. 이 물을 특정한 모양의 달이 떠 있는 날, 특정한 횟수만큼 땅 위에 뿌린다. 이러한 농법이, 검은 고양이와 함께 마법의 주문을 외우는 것처럼 느껴질지도 모른다. 하지만 이 증폭제를 사용한 농사 효과는 굉장히 놀랍다. 내가 아일랜드인이라 그럴지도 모르겠지만 나는 이 특별한 방식에 자연스러운 친밀감을 느꼈고, 이 화려한 의식이 정말로 필요한

지 그 여부를 알아보려고 이유를 조사해 보았다. 여러 조사와 실습을 실시하며 다음과 같은 결론을 내렸다. 이러한 예식은 사람들의 특정한 의도를 물에 붙잡아 두려고 실행하는 것이며, 사람들은 이 물을 사용해 지구에 명령을 내린다. 물은 특정한 의도와 명령을 흡수해 잘 유지해 두었다가 흙으로 전달한다.

물의 마법

일본의 과학자이자 연구자인 에모토 마사루江本勝 박사는 이와 유사한 놀라운 실험을 해서 생각과 말이 물에 영향을 끼친다는 것을 발견했다. 그리고 그 내용을 담아 《물은 답을 알고 있다Messages from Water》라는 획기적인 책을 펴냈다. 그는 실험을 실시해 물이 기억과 의도를 반영한다는 사실을 물리적인 증거로 증명했다. 호수와 강에서 가져온 물과 수돗물을 얼린 다음, 극저온 상태에서 현미경으로 꼼꼼하게 물 결정체를 관찰했다. 그리고 서로 다른 단어, 생각, 음악, 진동수가 물 결정체의 모양에 끼치는 영향과 변화를 포착하려고 했다. '사랑', '감사'와 같은 긍정적인 말에 노출이 된 경우에는 아름다운 모양의 결정체가 만들어졌다. 반면 부정적인 말에 노출이 된 경우에는 미학적으로 불쾌함이 느껴지는 분절된 모양의 결정체가 만들어졌다. 긍정적이고 부정적인 단어를 종이에 써서 물병에 붙였을 때에도 결과는 똑같았다.

이것은 단순한 원리다. 물은 곧 생명이다. 물은 사람의 생각과 의도에 따라서 자신을 재정렬하는 고유한 능력이 있으며, 그렇기 때문에 땅과 즉각적인 의사소통을 할 수 있다. 강하고 긍정적인 의도는 물 분자의 형태를 바꾸어 긍정적인 분자 구조를 구축한다. 이 구조는 자동적으로 같은 통 안에 있는 다른 물 분자까지 변화시킨다(여기서 말하는 통이란, 땅 주변을 걸어 다니면서 강한 에너지 경계를 형성한 자기 정원에 있는 물통을 의미한다. 자세한 내용은 1장 참고).

유사한 실험으로 (종교의 종류와 상관없이) 긍정적인 기도를 들은 물 분자는 움직이면서 재구조화 하는 모습을 나타냈다. 상징이 지닌 힘과 마찬가지로, 기도문 속의 말의 나열에는 오래 세월에 걸쳐서 만들어진 강력한 힘을 품은 특정 의도가 담겨 있다. 기도를 말하게 되면 물은 자동적으로 그에 맞는 의도를 전달받아 자신을 구조화한다. 기독교나 가톨릭 등에서 사용하는 성수聖水의 경우, 그것을 얼려서 사진으로 살펴보면 아름다운 결정체 모양을 하고 있다. 소량의 성수를 대량의 일반적인 물과 섞으면, 일반적인 물의 모든 분자들은 높은 에너지의 정교한 형태의 성수의 모양이 될 때까지 자신의 구조를 바꾼다. 기본적으로 높은 에너지를 가지고 있는 것의 예로 선과 악을 꼽을 수 있다. 내가 이해한 바로는, 선한 생각은 악한 생각의 에너지보다 더 높고 밝게 빛난다. 선한 생각이 어둠을 넘어서 빛을 선택한 것이다.

물은 언제나 긍정적인 생각과 의도를 가지고 강력한 구조를 만들려고 하는 낙관주의자다. 물은 건강하고, 힘차고, 아름다워지기를 원한다. 따라서 긍정적인 기운이 담긴 아주 소량의 물도 땅과 소통할 수 있는 가능성을 가지고 있으며, 얼마든지 넓은 지역이나 대량의 물로도 변형될 수 있다.

마법의 씨앗

땅은 마치 스펀지 같다. 땅은 사람들과 공동 창조 작업을 하기 위해 무엇을 하면 좋을지 사람들의 말을 기다리고 있다. 땅은 사람들의 의도를 빨아들이고, 우리가 요청하기만 하면 그것을 인간이 실재하는 곳으로 이동시킨다. 당연히 땅도 자기만의 고유한 의도를 가지고 있다. 땅은 땅이 나타내고자 원하는 것을 인간 수호자에게 표현할 것이며, 그 수호자는 배우고자 하는 마음만 있다면 이 과정에서 어떤 가르침을 얻을 수 있다. 모든 것이 이와 같은 방식으로 연결된다.

굳이 표현하자면, 모든 형식적인 의식 절차는 단순한 속임수라고 할 수 있다. 의식 절차는 집중을 방해하는 마음속의 수많은 소리를 피해 하나의 의도에 집중하려는 행위가 무한의 힘을 가진 보편적인 에너지와 직접적으로 연결될 수 있도록 한다. 우리 마음은 종종 에너지의 흐름이 막히기 때문에 의식 절차를 통하면 도움이 된다. 우리가 반드시 해야만 하는 일은 이러한 속임수를 믿는 것이다. 만약 의식, 의례, 기도에 관한 온전한 믿음이 생긴다면 상상하는 모든 것이 이루어질 수 있다는 'An Abhainn', 즉 고대 아일랜드어로 '생명의 강'을 뜻하는 곳으로 곧바로 깊이 들어갈 수 있다.

믿음의 치유사faith healer(믿음과 기도의 힘으로 아픈 사람을 치유하는 사람), 의학적인 플라시보 효과, 생명역동농법, 마법의 약, 주문, 저주, 기도는 모두 단순하고도 강력한 힘을 지니고 있다. 마법사 또는 치유사는 의식을 거행하며 특정한 지시를 수행하고, 직접 '생명의 강' 속으로 들어가 원하는 바를 이루어 낼 수 있다고 믿는다.

우리의 가장 큰 장애물은 우리의 마음이다. 그렇기 때문에 자연 속에서 시간을 보내고, 매일 명상하는 것이 무엇보다 중요하다. 명상은 마음을 고요하게 한다. 바쁘게 돌아가는 생각을 관찰해서 그것들을 뒤로 물러나게 하고, 신비한 목소리에 더욱더 귀 기울일 수 있도록 단련시킨다. 자연 속에 조용히 앉아 있는 것 또한 똑같은 효과를 갖는다. 자연과 많은 시간을 보내는 사람들은 그렇지 않는 사람들과 뚜렷하게 구분된다. 그들은 사랑스럽고, 부드러운 에너지를 내뿜으며 자아ego와 머리가 아닌 마음을 따른다. 역사적으로 위대한 영적 지도자들은 자연 속에서 홀로 시간을 보내며 깨우침을 얻었다.

희망하는 결과를 얻으려면 필수적으로 지금 여기에 존재한다는 강력한 감정이 있어야 한다. 현실세계에 자신의 긍정적인 의도를 깊숙이 담아 낼 수 있을 만큼의 강력한 감정적 원천이 필요하다.

그러려면 가슴 중심부로 의식을 모은 다음, 가슴 깊숙한 곳에 자리 잡고 있는 강한 본능적인 느낌을 만들어 내면서 의식을 고양한다. 보편적 에너지원에 접근하는 일은 복잡한 과정이 아니다. 우리는 이미 그곳에 존재하고 있으며, 항상 그곳에 있었다. 이것은 단순한 삶의 현실이다. 우리의 내면과 우리의 주변은 보편적인 에너지가 흐르는 강으로 늘 둘러싸여 있다. 자연의 에너지로 가득 차 있다. 그리고 신God으로 가득 차 있다.

저항하지 않고, 그것에 주파수를 맞추기만 하면 된다.

그리하면 '하나의 일에 온 마음과 영혼을 담는다'라는 표현의 의미를 대부분 이해할 수 있다. 이 표현처럼 자연의 심장박동에 우리의 심장박동을 맞추고, 생명의 에너지와 공명해 보라.

1장에서 언급한 자연에 기반한 명상법 또는 각자 자신이 선호하는 방법을 사용해 보라. 따뜻한 기운, 사랑스러운 추억에 초점을 맞추고 가슴 에너지heart energy를 확장한다. 눈을 감고 마음속에 그려 보라. 떠올린 기억을 가슴 에너지 밖으로 확장하는 강하고 따뜻한 빛으로 바꾸어라. 이 방법은 당신이 상상하는 것 이상으로 강력한 힘을 가지고 있다. 떠오르는 생각을 피하고, 고요함 속에 앉아 있는 이 연습은 내부의 동력과 힘으로 곧장 이어질 수 있는 방법이다.

일단 땅의 에너지가 자유롭게 흐르기 시작하고, 당신이 협력적인 관계 속에서 땅이 진실을 찾을 수 있게 도와준다면 땅 또한 당신이 진실을 찾는 것을 도와줄 것이다. 그리고 비유법을 사용하자면 '마법의 가루'를 손에 넣게 될 것이다. 땅은 기꺼이 그리고 충분히 당신의 수많은 소망과 의도를 세상에 전달할 것이며, 진정한 마음속의 소망을 이루어 줄 것이다.

강한 의도를 품고 있는 정원을 조성하기 위한 나만의 방법으로, 특정한 형태와 목표를 위해 자신의 느낌과 의도를 집중시키는 의식 절차를 수행할 것을 추천한다. 효과가 있다고 믿는 한, 자기만의 의식을 만들 수 있다. **믿음이 열쇠다**.

동물과 마찬가지로, 나는 지구와 식물 또한 의사소통을 한다고 믿어 왔다. 이는 흔히들 말하는 텔레파시 같은 것으로, 텔레파시는 머리가 아닌 가슴으로 한다. 반려동물과 함께 생활하거나 혹은 다른 방식으로 동물과 일하는 사람들은 동물들이 미묘한 감정의 주파수대를 가지고 있다는 사실을 잘 알고 있을 것이다. 개는 자신의 주인이 일을 마치고 집에 곧 도착한다는 것을 감지하고 미리 문 앞으로 간다. 또 대부분의 동물들은 화산 폭발이나 쓰나미가 일어나기 전에 알아채고 안전한 장소로 이동하기 시작하는데, 이 역시도 그 증거다. 동물은 느낌을 포착하고 반응한다. 땅과 의사소통을 할 때, 우리의 의도와 요청사항을 전달하기 위해서는 우리의 감정을 어떤 방식으로든 땅에 전달해야 한다. 이때 말과 글은 가장 효과적인 도구다. 말과 글에서 사용하는 단어들에 의도와 힘이 들어가 있기 때문이다.

정원디자인을 그림으로 종이에 그릴 경우, 반드시 종이 어딘가에 자신의 의도를 써 놓아라. 이는 의도를 마음과 정신에 각인시키는 데도 도움이 되고, 당신의 에너지를 건설적인 방향으로 이끈다. 또한 정원디자인과 그것에 포함시킬 상징들에 관해서도 알려 줄 것이다.

기본적인 의도들

당신이 가꾸어 나갈 땅은 다양한 사용 목적, 그것도 한 개 이상의 목적이 있을 것이다. 당신이 창조하는 정원은 특별한 치유의 장소가 될 수도 있고, 어린이들이 장난치며 노는 활기차고 아늑한 분위기의 장소일 수도 있다. 땅을 돌보기 위한 다양한 관계와 필요가 존재할 것이다. 하지만 처음 시작할 때에는 다음에 소개하는 기본적인 의도들을 마음속에 품을 것을 추천한다. 기본적인 의도를 땅에 반영하기 위해 나의 설명을 참고해도 되고, 각자의 개성과 필요에 맞는 다른 방법들을 참고해도 좋다.

보호

돌 또는 크리스털에 원하는 기도를 담아서 살고 있는 집과 땅을 둘러싸는 보호의 그물망을 설정한다(방법은 책 88~89쪽 참고). 보호의 그물망이 당신이 가꾸어 나갈 땅에 영원히 지속되기를 요청하라. 나의 경우에는 강하고도 순수한 에너지로 나와 내 가족을 보호해 줄 것을 요청하는데, 어떤 방식으로 할지는 각자 개인에게 달렸다. 모든 종교에 다양한 방식의 기도가 있으며, 직접 만들어서 요청할 수도 있다.

영양분

땅에서 키우는 작물이 당신과 당신의 가족이 건강하고 풍요롭게 살아가는데 필요한 모든 영양분을 담고 치유의 성질이 생기도록, 원하는 요구를 흙에 담아라. 지금 당신이나 가족이 아프다면, 그 부분을 언급하면서 땅에게 몸, 마음 그리고 영혼을 치유하는데 필요한 특별한 영양분을 제공해 달라고 요청하라. 자연은 요청하기만 한다면 위대한 제공자가 되어 준다. 만약 맨 발로 땅 위를 걷거나 땅에서 일을 하게 되면, 피부로 친밀한 접촉을 하게 되어 땅은 당신이 원하는 것이 무엇인지를 더 잘 알게 된다. 우리는 땅이 우리 앞에 드러난 장소이며, 궁극적으로 돌아갈 곳이라는 사실만 알고 있을 뿐, 뛰어난 지능을 지닌 발 아래의 존재에 관한 이해는 매우 부족하다.

사랑

자연과 함께 정원을 공동 창조하는 일의 최종 목적은 정원을 자연의 에너지와 풍요로움이 살아 있는 장소로 만드는 것이다. 자연이 진정한 자연의 모습을 향한 당신의 조건 없는 사랑을 인식하게 되면, 그 결과로 정원의 모든 잎사귀들은 저마다 신비한 것을 쏟아 내며 응답한다. 이러한 사랑과 상호 존중하는 관계 속에서 당신은 응원을 받으며, 지구와 연결되고 있다는 안정감과 안전함을 느낄 수 있다.

이제 정원 만들기의 근본적인 의도가 밝혀졌으며, 당신의 유일한 한계는 스스로 설정한 것에 불가하다. 정원에 한계를 두지 말고 즐겨라!

경고 : 소원을 빌 때 주의해야 할 점

내가 태어나서 처음 사랑하게 된 사람은, 내가 사랑에 빠진 이후 몇 개월 동안 에티오피아의 재건 지역으로 일을 하러 떠났다. 나는 그 없이 살 수 없을 것만 같았다. 너무 먼 거리 때문에 그를 향한 나의 감정이 끝날지도 모른다는 생각에 사태를 수습하기로 결심했다. 다른 말로 표현하자면 나쁜 결과를 막기 위한 시도를 한 것이다.

먼저 영국으로 가는 배에서 그와 내가 같이 찍었던 여권 크기의 사진을 찾아냈다. 그런 다음, 위크로 언덕에 있는 오두막에서 출발해 파이퍼스 스톤즈Piper's Stones라 불리는 고대의 석상들을 깨우기 위해 들판을 가로질러 걸어갔다. 이 석상들이 세워져 있는 공간 입구에는 나선형의 나이 많은 산사나무가 서 있었는데, 나는 항상 그 입구에서 실제로 존재하는 오묘한 세계가 가까이에 있다는 느낌을 강력하게 받았었다. 당시 나는 감정적으로 몹시 고양된 상태였다. 나의 에너지는 신선한 아드레날린과 풋풋한 사랑의 감정, 그리고 그 사랑을 잃어버릴지 모른다는 강한 두려움으로 가득했다. 그 에너지가 너무나도 강렬했기에 들판을 가로질러 걸어갈 때는 마치 공중에 떠 있는 기분이었다.

그때 나는 산사나무를 타고 올라가 속이 비어 있는 굵은 나뭇가지

하나를 찾아냈다. 정중하지만 단호하게 산사나무의 에너지가 나와 내 연인의 마음을 하나로 묶어 주기를, 내가 원하기 않는 한 절대로 그 마음이 깨지거나 파괴되지 않기를 기도했다. 그런 다음 비행기를 타고 그가 있는 에티오피아로 여행을 떠났다. 하지만 그의 마음을 얻고 난 이후, 나는 다른 사람을 사귀게 되었고 그와 헤어졌다. 그는 몹시 힘들어하며 한동안 슬픔에 빠져 지냈다.

나는 에티오피아에서 돌아온 이후, 어느 날 갑자기 산사나무에서 치렀던 의식이 떠올라 코트와 손전등을 집어 들고 파이퍼스 스톤즈로 향했다. 죄의식에 사로잡힌 채, 비틀거리며 들판을 가로질러 걸어갔다. 이윽고 나선형 가지들을 타고 산사나무 위로 올라갔다. 한참을 뒤진 후에야 나무 구멍 속에 붙여 두었던 사진을 찾아냈으며 산사나무에게 지난 날 내가 했던 기도로부터 그를 해방시켜 달라고 요청했다. 그 뒤로 얼마 지나지 않아 그는 슬픔에서 회복되었다. 나는 이 의식에 기피 조항을 추가할 여지가 있었다는 사실에 신에게 감사기도를 드렸다.

내 첫사랑 이야기를 하는 이유는 욕망을 이루기 위한 의식을 시작하기에 앞서, 반드시 이해해야 할 점을 자세히 알려 주기 위해서다. 나는 이 지구에 태어난 사람 모두가 배움과 경험을 얻기 위해 이곳에 와 있다고 믿는다. 이는 우리의 운명이다. 하지만 대부분의 사람들은 전 생애에 걸쳐 평화와 수용을 경험하며 살기는커녕, 자신의 운명 속으로 한 발짝도 발을 들여놓지 않는다.

예를 들어, 어떤 사람은 주변의 도움 또는 반려자의 사랑 없이 스스로 힘을 키워 나가는 법을 배우면서 평생 독신으로 지낼 수도 있다. 그런데 이런 사람이 우주를 향해 삶을 함께할 반려자를 원한다고 요청할 경우, 그의 의도와 상관없는 심각한 결과가 따라올 수도 있다. 예를 들어, 자기 삶의 문제를 해결하기 위한 시간과 에너지는 얻지 못한 채, 연인의 마음 속 응어리를 해소하는 문제로 몇 년의 시간을 허비할 수도 있다. 운이 좋다면, 어느 날 문득 당신이 길을 잃은 것이 아니며 연인과의 관계를 끝내야 한다는 사실을 깨닫게 될 것이고, 다시 자기 길을 찾을 것이다.

이처럼 말에는 굉장한 힘이 담겨 있다. 그러므로 소원을 빌 때는 대단히 주의해야 한다. 모든 기도의 끝에 반드시 '만약 이것이 내 운명의 일부라면', '만약 반드시 그래야만 한다면' 또는 '만약 이것이 최선이라면'과 같은 단서 조항을 더해야 한다. 이와 같은 조항을 의식적으로 추가하지 않는다면, 기대하지 않았던 부정적인 결과들이 나타날 수 있다.

원하는 일을 실현하기 위해서는 자신이 소원한 바가 이미 이루어진 것처럼 상상할 필요가 있다. 그렇지 않으면 미래가 되었을 때, 소원은 이루어지지 않은채 비전만 유지한 상태로 남게 된다. 현재는 꿈꾸던 선물이 도착해야만 하는 시간이자 장소다. 소원을 빌기만 하는 것이 아니라, 자신의 꿈이 이루어졌음에 감사하다고 말하라. 이는 소원을 이루기 위한 가장 좋은 방법이다.

또한 소원은 진정한 마음에서 우러나와야 한다. 확신이 없다 해도 걱정할 필요가 없다. 요청 사항이 당신에게 적합하지 않을 경우, 또는 당신과 인연이 아니어서 이루고자 하는 마음이 없을 경우에는 모든 일이 순리대로 될 것이다.

나는 자연에 주파수가 맞추어진 사람들은 자기 자신 그리고 자신의 운명과 평화를 이루고 있으며, 더 이상 빌어야 할 소원이 없다는 사실을 알게 되었다. 그들은 그저 자신의 삶을 신뢰하며, 가슴이 말하는 대로 자신의 길을 걸어가다 보면 바라는 모든 일들이 이루어진다고 믿는다. 그들은 이 순간만이 진정으로 존재하는 유일한 것이라는 사실을 깨닫고 있다. 모든 것은 환상에 불과하다. 우리는 언제나 행복과 평화를 누릴 수 있다.

디자인 요소 2. 특정한 의도를 담을 구역 정하기

- ● 밤을 위한 장소
- ♦ 소원을 비는 장소
- ● 기도하는 장소
- ♦ 긴장을 푸는 장소
- ● 그 밖에 실용적인 목적의 장소

밤을 위한 장소

"아무리 하루가 길었어도, 밤은 온다."

Dá fhad é an lá tagann an oíche.

정원에서 맞이하는 가장 마법 같은 시간대는 해질 무렵이다. 만약 비어 있는 공간을 가지고 있다면, 자신의 집이나 이웃집에서 가능한 멀리 떨어진 곳에 분리시켜서 디자인하라. 공간이 크고 넓을 필요는 없다. 그저 편안한 곳이기만 하면 된다. 다만, 밤의 정원을 경험하려면 밤에 이동할 수 있는 곳이어야 한다.

원하는 만큼 자주 갈 수 있도록 정원에서 '밤을 위한 장소'까지 가는 길을 잘 기억하라. 휴대전화는 잠시 곁에서 멀리 두고, 야외 조명도 사용하지 않는다. 다만 달빛이 없어서 길이 어두울 경우를 대비해 손전등을 가져가는 경우는 예외로 하자. 전등 불빛은 어두운 밤을 방해한다. 불빛을 치우는 순간, 그동안 우리가 너무나 당연하게 여겨서 보지 못했던 하늘의 별들이 만들어 내는 찬란한 쇼를 볼 수 있게 된다.

편안한 곳에 자리를 잡고, 고요 속에서 가능한 오랜 시간을 보내라. 1시간 정도 되어야 영혼을 위한 좋은 음식이 되지만, 10분도 시작치고는 나쁘지 않다. 마법은 특히 야외의 어둠 속에서 뚜렷하게 드러난다. 그 안에서 당신은 완벽하게 안전하다. 눈이 어둠에 적응할 수 있을 정도로 밤에도 빛은 충분히 존재한다. 계속해서 앉아 있으면서 별들과 다시 연결되는 것을 느껴 보라. 그리고 언제 나타날지 모를 야생의 생명체들과 신선한 밤 향기, 친숙한 듯 친숙하지 않은 묘한 소리들을 느껴 보라.

대부분의 사람들에게 한밤중에 자연 속에 혼자가 되는 일은 안전한 장소를 벗어나는 행위다. 그렇지만 안전지대를 벗어나 자기 자신을 내모는 일도 중요하다. 밤은 자연 속에서 홀로 평화로운 감정을 경험할 수 있는 이상적인 시간이다. 고요함 속에 있다 보면 대지의 숨소리가 들리고 자신을 둘러싼 생명의 힘을 느낄 수 있다. 밤의 시간 속에서 다른 일에 한눈팔지 않고 현재에 집중하다 보면 식물과 연결되는 듯한 감정이 고조된다. 식물은 당신에게 점점 마음을 기울이면서 당신 가까이 있다는 사실을 매우 기뻐할 것이다. 또한 당신과 밀도 있는 '양질의 시간'을 보낼 기회가 생겨서 설렘을 느낄 것이다. 어린 아이들은 식물과 똑같은 방식으로 자신에게 쏟아지는 집중된 관심에 반응한다. 앞에서 설명한 바와 같이, 식물의 개성은 한밤중에 더욱 두드러지며, 우리의 감각은 그것을 잘 느낄 수 있도록 한층 더 미세하게 조정된다.

이제 가서 시험해 보라. 장담컨대 당신은 그 어둠 속에서 살아남아 많은 에너지를 얻을 것이다. 자신의 두려움과 직면하고 어둠 속으로 들어가라.

소원을 비는 장소

정원에 소원 또는 요구사항을 빌기 위한 특별한 장소를 두는 것은 좋은 생각이다. 소원에 담긴 의도가 두 배로 강해질 것이다. 땅은 장소가 주는 의미를 알고 이해할 것이며, 그렇기 때문에 당신이 행하는 모든 행동을 지지할 것이다.

나는 세상에 나의 의도를 전달하기 위한 도구로 돌이나 크리스털을 즐겨 사용한다. 왠지 모르겠지만 돌과 크리스털은 내 감정과 기억을 아주 강하게 간직하는 편이다. 돌과 크리스털이 의식ceremony과 강한 감정을 통해 활성화 되면, 자기 내부에 그 의도를 붙잡아 놓을 수 있다. 그리고 그 의도가 땅 전체와 그 너머에까지 전달될 수 있도록 충분히 긴 시간에 걸쳐서 흙에 전달한다. 나는 부드러운 숫돌water stones을 즐겨 사용하는데, 아마 땅 위에서 손쉽게 발견할 수 있을 것이다. 해변 또는 전원 속을 거닐다가 개울가에서 어쩐지 마음이 끌리는 돌을 발견할 수도 있고, 특정한 크리스털에 마음이 끌릴 수도 있다. '이거야'라고 느껴지고, 자신의 마음과 공명하는 것을 사용하라.

돌이나 크리스털을 사용하는 방법은 자신의 말과 의도를 땅에 새기

> 크리스털을 정화하고 준비하는 방법
>
> 개울물이나 바닷물로 돌을 씻거나, 하룻밤 동안 땅속에 돌을 묻어 두어라(당연히 묻은 장소를 잘 표시해 놓아야 한다). 한밤중에 달빛이 비치는 곳에 돌을 두면 그 안에 들어 있던 오래된 에너지가 정화될 것이다. 그런 다음에는 하루 종일 햇빛 아래에 두어라. 그러면 이제 돌은 새로운 의도를 받아들일 준비가 된 것이다.

는 의식적인 방법이다. 또한 결과에 집착하지 않으면 모든 것이 이루어진다는 '생명의 강'에 의도를 담을 때도 이 방법을 적용할 수 있다.

종이에 자신의 의도를 써라. 반드시 기억해야 할 점은 "만약 이것이 최선이라면" 또는 "만약 이것이 나의 운명이라면"과 같은 단서 조항을 달아야 한다는 것이다. 이제 의도를 적은 종이로 돌을 잘 싼 다음, 돌에 자신의 의도를 충분히 흡수시켰다고 느낄 때까지 호주머니에 넣어 두거나 손에 쥐고 있어라. 이제 돌은 땅 속으로 들어갈 준비가 되었다. 언어의 종류와 상관없이 땅은 그 의도를 이해할 것이며, 당신의 지시를 따를 것이다.

기분이 좋고 안정감이 드는 날을 골라 충분히 시간을 가지면서 정

원의 땅과 유대감을 형성하라. 멀칭을 할 수도 있고 식물을 심을 수도 있다. 그런 다음, 나무에 등을 기대고 앉아라. 이윽고 당신은 땅이 보내는 든든한 지원과 사랑으로 둘러싸이게 될 것이다.

자연에게 보내는 선물이라는 의도를 담아서 음악을 연주하거나 노래를 불러라. 콧노래여도 상관없다. 연주나 노래를 못한다 해도 전혀 문제없다. 자연은 자신을 향한 관심의 음악을 듣고 좋아할 것이다. 만약 당신이 굉장히 섬세하고 주의 깊게 들을 수 있다면, 대지의 소리에 맞추어 노래하는 자기 자신을 발견할 것이다. 이러한 소리들은 깊은 공명을 하면서 땅과 당신 모두를 치유한다.

연주나 노래를 멈춘 후에는 침묵의 소리를 듣게 되는데, 이는 마치 관객들이 박수를 치기 직전에 흐르는 정적과 같다. 그 뒤로는 에너지의 파동을 느끼게 된다. 이는 실제로 느끼지 않을 수 없을 정도로 강력하게 폭발하는 에너지다. 몸 안의 모든 세포들이 튜닝 포크(악기의 음을 맞추기 위해 강철로 만든 U자 봉)처럼 미세하게 떨릴 때까지 이 에너지의 돌풍을 사용해서 가슴을 확대하라. 마음을 고요히 하고, 자기만의 진정한 아름다움 속으로 들어가라. 이 연습을 많이 하면 할수록 느낌을 유지하기 쉬워진다.

준비가 되었다면, 이제는 소원과 요청사항을 비는 곳으로 정해 놓은 특별한 장소에 돌을 올려놓아라. 돌을 땅 속에 묻어도 되고, 굽은 나뭇가지 안쪽의 적절한 위치에 올려놓아도 된다. 만약 돌을 올려 두었다면, 크게 소리 내어 자신의 의도를 말한다. 이는 땅으로부터 끌어올리는 당신의 목소리이자, 마음 속 고요함에서 끌어내는 소리다. 그리고 반드시 감사하다고 말한다. 감사를 표시하는 것은 이 작업의 필수 요소이며, 반드시 그렇게 해야만 내가 요청하는 것들이 이루어진다. 감사가 누락될 경우에는 당신이 도달하고자 했던 목적지로부터 멀어지게 된다.

아일랜드를 포함한 전 세계에 많은 '소원나무'들이 있다. 소원나무는 신성한 우물, 요정의 언덕 주변부, 또는 다른 이유 때문에 신성시되는 곳 등에서 자란다.

오래된 아일랜드 전통에 따르면, 요정의 언덕은 자연의 영이 있는 곳과 연결되는 특별한 입구다. '신들의 사람들'이라는 뜻의 '투아하 데 다난Tuatha Dé Danann'으로 알려진, 고대 셀틱 시대 이전의 민족이 인도해 지하세계로 들어가는 문으로 알려져 있다. 올바른 방법으로 요청하면 요정의 언덕에 서 있는 나무의 영靈이 소원을 들어준다는 믿음이 있다. 이러한 나무들은 대개 산사나무였는데, 실은 나무의 종류는 중요하지 않다. 산사나무는 그 열매가 심장 약으로 쓰이기 때문에 심장나무라는 이름으로도 알려져 있다. 사실 산사나무가 일반적으로 낮은 키로 자라는 종이기 때문에 가지에 쉽게 손이 닿는다는 실용적인 이유에서 그렇게 되었다고 할 수 있다.

기도를 하거나 소원을 비는 동안 옷의 한 조각을 나뭇가지에 묶어둔다. 기도하는 사람이 품은 의도의 에너지를 담고 있는 천이 삭아서 없어질 때까지 가능한 오랫동안 그대로 놓아둔다. 의도를 전달하기 위해 사용할 수 있는 다른 방법들도 있다. 리본, 동전, 크리스털을 나무의 뿌리에 묻어 두거나, 나뭇가지로 소원을 비는 '제단'을 만드는 것 또한 같은 목적을 수행한다.

정성껏 소원을 빌면 비슷한 효과가 있는데, 특히나 물은 땅 속으로 의도를 전달하는데 효과적이다. 만약 샘물터가 있다면 물에 소원을 빌 수도 있다. 특히나 모든 아이들은 소원을 비는 장소를 좋아하기 때문에 주위에 아이들이 머물게 하는 것도 좋다. 개울물이나 자연 연못 또한 의도를 담은 돌이나 크리스털을 던지기에 아주 좋은 장소다.

개인적 의미를 지닌 상징을 새겨 넣은 포석용 돌을 소원의 상징물로 정원에 설치해 놓을 수도 있다. 물에 소원을 빌기 전에 그라운딩grounding을 하면서 서 있을 수 있는 에너지 넘치는 장소가 될 것이다. 일반적으로 알려진 사실과는 달리, 동전을 사용해 의도를 전달하는 것은 그다지 좋은 방법이 아니다. 왜냐하면 동전은 너무나도 많은 사람들의 손을 거치며 다양한 에너지를 경험해 왔기 때문에 새로운 의도를 담거나 정화하기가 어렵다.

동전의 대안으로 소원을 비는 장소를 만든다는 특별한 의도를 담아서 정원에 나무를 심어라. 나무를 심을 때, 의도를 불어넣은 돌이나 크리스털을 나무의 뿌리 쪽에 묻어라. 소원나무가 정원의 중심이 되어서 세상을 향한 당신의 꿈을 전달할 것이다. 또한 같은 절차에 따라 기존에 자라고 있던 나무를 사용할 수도 있다.

나무는 저마다 다른 에너지를 지니고 있다. 자작나무는 변화와 새로운 에너지를 상징한다. 버드나무는 매우 여성적인 에너지를 품고 있다. 당신 정원의 전문가는 바로 당신이다. 그러니 당신에게 특별한 의미가 있는 나무 또는 당신만의 특별한 욕망에 부합하는 나무를 고르도록 하라. 이 행위에 '해가 될 것은 없다', '소원의 내용에 주의하라'라는 메시지 말고는 특별히 다른 규칙은 없다. 이미 소망한 것들이 이루어졌다고 믿어라. 믿는 대로 이루어질 것이다.

기도하는 장소

고대 아일랜드에서는 특정한 나무들을 도구로 삼아 자신의 기도를 전달했다. 기도나무는 개인 우편함 역할을 하는 소원나무와는 전혀 다르다. 기도할 수 있는 장소를 만들기 위해서는 대안적인 접근방법이 필요한데, 우선 지시사항에 차이점이 있다. 기도는 좀 더 부드러우며, 그 안에 깊은 연민의 감정이 들어 있다. 기도 장소는 자신과 타인의 삶 그리고 특정한 상황 속에 밝은 빛을 끌어들이기 위한 영적인 곳이다. 나무 밑동을 둘러싼 길이나 조각상 형태로 의미 있는 상징을 만들면 내 안의 기도가 나아갈 방향과 힘, 그리고 소환 능력이 강화된다.

우리는 사랑하는 사람이 아프거나 곤란한 상황에 놓이게 되면 그들을 돕고 싶어진다. 선한 에너지에 집중하다 보면 실제로 그 사람이나 그 사람이 처한 상황에 적합한 도움을 줄 수 있다. 그러나 이를 위해서는 먼저 자신의 의도와 에너지가 된 생각이 그 사람과 상황에 영향을 끼칠 수 있다는, 자기 능력에 대한 강한 믿음이 필요하다. 모든 문화권의 기도는 매우 강력한 힘과 긍정적인 의도를 담은 말로 구성되어 있다. 당신은 자기만의 기도문을 만들 수도 있고, 경험으로 확신할 수 있는 믿음이 가는 기도를 사용해도 된다.

기도를 전달하기 위해서는 가슴 에너지를 확대해야 한다. 책 39~41쪽에 설명한 방법대로 하거나, 개인적으로 선호하는 방법을 사용한다.

자기만의 상징적인 인물들을 모두 불러들여 해결하고 싶은 상황에 밝은 빛을 끌어들이고 치유하라. 또한 기도나무가 가지고 있는 에너지뿐만이 아니라 지구, 예수, 부처, 마호메트, 라파엘 대천사, 조상 등 강하고 순수한 힘을 지닌 모든 상징들을 불러내라. 그리고 그들에게 당신의 기도를 직접 전하라. 기도나무에 담긴 근본적인 의도는 기도의 힘을 더욱 강화시키고, 기도의 효력을 증가시킬 것이다. 촛불에 불을 붙이고 돌과 크리스털에 기도를 담을 수도 있고, 나뭇가지에 리본을 묶거나 사진을 걸어 놓을 수도 있다. 어떠한 방법을 선택하든 아무런 부작용도 없다. 그저 감사하다고 말하면 된다.

기도하는 정원을 위한 라비린스

'라비린스labyrinth'는 하나의 뚜렷한 상징 양식으로, 목적이 확실한 구불구불한 길을 만들 때 사용된다. 미로maze와 유사한 부분도 있지만 라비린스는 중앙으로 연결되는 하나의 길이 있다는 점이 다르다. '일반적'인 라비린스는 기하학적 상징인 고대 7원형을 바탕으로 하며, 아일랜드, 아이슬란드, 러시아 외 다수의 장소에서 선사시대의 돌 조각과 돌 담벼락 형태로 발견되었다. 크레타섬 크노소스성城에 있는 라비린스의 중앙에는 반은 사람이고 반은 소인 미노타우로스의 은신처가 있었다. 아일랜드 위크로산에 있는 수도승을 위한 오래된 순례 길에서 라비린스 무늬가 새겨진 바위가 발견되었는데, 내가 오랫동안 살던 마을과 가까운 곳이었다. 중세시대 프랑스의 샤르트르 대성당과 유럽의 많은 곳에서 라비린스 디자인을 채택해 바닥을 장식했다.

라비린스는 강한 의도를 내포하고 있는데, 라비린스 중앙에 있는 목적지를 향해 걸어간다는 것은 자신의 중심을 향해 점점 더 깊이 들어간다는 것을 의미한다. 다른 문화권에서는 풍요, 일의 시작, 악령으로부터의 보호 등 다양한 목적으로 라비린스를 사용했다. 하지만 1차적인 목적은 언제나 영혼을 위한 여정이었다. 라비린스를 향해 걷는 이 움직이는 명상은 평화와 힘을 가져다주었다.

라비린스

미로

라비린스의 길을 따라서 걷다 보면 마음이 차분해지고, 마음에 집중하는 연습이 된다. 소원을 비는 장소 또는 기도하는 장소에 도착하기 전에 라비린스의 길을 걸으면, 소원과 기도의 힘이 확장된다. 이 고대의 상징이 추가적인 힘을 불러일으키며 보다 집중된 방법으로 당신의 에너지를 이끌어 갈 것이다. 만약 일반적인 라비린스 모양이 당신의 마음에 와 닿지 않는다면, 적합한 다른 모양을 찾아라. 심지어 한가운데에 나무가 서 있는 단순한 나선형이 가장 효과적일 수도 있다.

그림 출처_Wikimedia Commons public domain

긴장을 푸는 장소

정원 공간에 여유가 있고, 기후가 안정된 곳이라면 불 피우는 구덩이를 만들면 좋다. 정원에는 반드시 불을 피울 수 있는 구덩이가 있어야 한다. 그래야 아름다운 정원에서 담요로 몸을 감싼 채 불 주변에 둘러앉아 멋진 저녁시간을 보낼 수 있다. 숲에서 가지치기한 나뭇가지와 장작용 나무 조각을 사용해 불을 지펴 보라. 탁 트인 실외에서 불가에 모여 앉아 시간을 보낼 때마다, 안정감과 소박한 삶의 행복이 무엇인지를 느낄 수 있다. 이는 영화 관람이나 텔레비전 시청과는 비교할 수 없는 시간이다. 나는 때때로 혼자 불 피우는 구덩이 앞에서 시간을 보내는 것을 좋아하지만, 이 장소는 친구와 가족을 하나로 묶어 주는 곳이 될 수도 있다. 불은 일반적인 행복한 감정을 느끼게 해 줄 뿐만이 아니라, 추억과 동화 속 마법의 세계로 이동할 수 있도록 도와준다.

만약 당신이 살고 있는 곳에서 불을 피우는 구덩이를 만드는 일이 금지되었다면, 항아리형 난로나 야외용 스토브 같은, 규정을 만족시킬 수 있는 대용품을 찾으면 된다. 피자를 구워 먹을 수 있는 화덕을 직접 만들어서 설치할 수도 있다.

나는 바닥이 아래로 움푹 들어가서 바람을 잘 막아 주는 아늑한 분위기의 화덕이나, 키 큰 나무와 키 작은 관목이 보호막처럼 식재된 장소를 좋아한다. 이런 장소는 앉아 있기도 편안하고, 주변에 벤치를 빙 둘러놓고 그 아래에 장작을 보관해 놓을 수도 있다. 만약 불을 지피는 공간에서 편안함을 느낄 수 없다면, 그곳에 마음이 끌리지 않을 것이다.

불을 지피는 장소는 특별한 의식을 행하는 곳으로도 사용할 수 있다. 이곳은 우리가 화가 났을 때 또는 꿈, 친구 또는 사랑하는 사람과 멀어졌을 때에 그 감정을 가능한 빨리 흘려보낼 수 있는 가장 좋은 장소다. 만약 화나고 슬픈 감정을 빨리 흘려보내지 않는다면, 그 감정은 우리를 완전히 짓눌러 버릴 때까지 점점 무거워진다. 먼저, 나쁜 감정을 한 번에 정리하기 위해 자신의 기분을 종이에 옮겨 써 보라. 그리고 마음의 준비가 되었을 때, 그 종이를 불구덩이 속으로 집어 던져라. 당신이 정원을 돌보기 전부터 존재했었던 정원의 막힌 에너지를 순환시킨 것처럼, 정원 또한 당신의 정체된 에너지가 다시 흘러갈 수 있도록 도울 것이다.

그 밖에 실용적인 목적의 장소

정원 안에 특정구역을 지정해 뭔가를 보관하는 장소나 실용적인 목적의 공간으로 이용할 수 있다. 그 중 몇 가지 예를 소개한다.

아이들을 위한 장소

가족 중에 어린 아이들이 있다면, 그들이 커서 성인이 될 때까지는 당신이 세운 정원 계획의 우선순위를 아이들을 위해 양보해야 한다. 예를 들어, 아이들은 뛰어놀면서 에너지를 불태울 수 있는 넓은 공간이 필요하다. 그렇다고 해서 당신이 경계를 정한 땅이나 다른 가능한 공간에 정원을 가꾸려는 시도를 멈출 필요는 없다. 이럴 때는 다른 목적으로 사용하던 잔디밭의 일부를 개간해서 정원으로 만들어 나가면 된다.

먼저 울타리를 친다. 덩굴식물로 경계선이 되는 담을 둘러싼다. 아이들의 침입을 막아 낼 좁고 긴 구역을 만들기 위해서는, 첫 번째로 그 공간의 경계선을 따라 당신이 먼저 식물을 심어 놓도록 한다. 두 번째 경계선으로 삼은 곳에는 나무를 심어도 된다. 당신이 땅을 가꾸는 의도를 명확하게 정한 다음에야 비로써 당신과 땅 사이의 관계를 구축해 나갈 수 있다. 치유 작업을 하고, 가능한 많은 식물을 심으면서 좋은 토양 구조를 구축하고 다양성을 만들어 나가라. 만약 당신의 계획을 땅에게 말한다면 땅은 그것을 이해할 것이다. 사람들에게 몇 년의 시간은 굉장히 긴 세월이지만 땅에게는 찰나의 순간이다. 땅은 당신이 보내는 사랑과 존경을 편안하게 느끼면서 그 시간들을 수월하게 보낼 것이다.

퇴비장

빈 공간이 있다면 지면과 맞닿는 퇴비장을 만들어라. 도시에 사는 사람들이 이 방법을 시도할 수는 없겠지만, 그 대신 지역의 관공서 또는 정원센터에서 괜찮은 퇴비통과 지렁이 사육 상자를 구할 수 있다.

오리, 거위, 닭, 돼지, 강아지가 뛰어놀 수 있는 곳

만약 당신이 위에 언급한 동물을 키우고 있거나 키우고 싶다면 동물들이 뛰어다닐 수 있는 공간과 그들이 궂은 날씨와 포식자들을 피할 수 있는 공간을 제공해야 한다. 오리와 거위는 살고 있는 구역 안에 연못이나 수영장을 만들어 주어야 한다. 돼지의 경우에는 몸을 뒹굴 수 있는 얕은 진흙 연못이 필요하다.

빨랫줄

정원 한쪽에 빨랫줄을 걸 수 있도록 디자인 해 보아라. 야외에서 옷을 말리는 일은 에너지를 많이 소비하는 전기 건조기 돌리는 일보다 훨씬 좋다.

정원용 창고

정원 일에 필요한 도구와 기계, 가공된 곡물, 거꾸로 매달아 놓은 허브, 건조시킬 과일과 채소 등을 보관해 놓을 장소가 반드시 필요하다. 그렇다면 직접 창고를 디자인해 보면 어떨까? 이는 멋진 구조물을 만들 완벽한 기회다. 특히나 건축 계획을 승인받을 필요가 없는 작은 규모라면, 친환경 재료를 사용해 배우면서 창고를 지어 보는 실험을 할 수 있다. 코브cob(짚과 점토를 섞은 혼합물), 스트로베일strawbales(벼, 보리, 귀리, 밀 등의 짚단), 나무 또는 재생 원료를 사용해 디자인을 해 보자.

창고 옥상에 놓을 빗물받이 통도 디자인 해 보자. 아니면 또 다른 녹색의 옥상정원이 되도록 식물을 심을 수도 있다. 햇빛을 좋아하는 호광성好光性 한해살이 식물에게는 한쪽 면이 기울어져 있는 셰드지붕shed roof이 좋은 집이 되어 줄 것이다. 셰드지붕은 흙을 고정시킬 수 있도록 디자인 되어 있는데, 구조적으로 튼튼한지 반드시 확인해야 한다. 정원용 창고는 큰 가능성을 지닌 공간이며, 만들기에 필요한 정보는 인터넷에서 얼마든지 얻을 수 있다.

디자인 요소 3. 자연의 모양과 패턴을 사용한 디자인

"시작이 반이다."

Tús maith leath na hoibre.

내 정원디자인의 핵심 열쇠는 조화다. 정원을 만드는 목적은 '바로 이거야'라고 **느껴질 수 있도록** 편안함을 주는 것이다. 지성보다 마음에 호소하는 그런 장소를 만들려는 것이다.

자연은 여러 생명 체계systems의 상호 의존적인 집합으로 구성되어 있는 살아 있는 전체다. 각각의 생명 체계는 구체적이고 명확한 구성요소로 이루어져 있다. 각 생명 체계의 구성요소들은 원자보다 작은 단위에 이르기까지 일정한 모양을 반복하면서 자신의 생명 체계를 구축한다.

모든 살아 있는 유기체는 정밀한 구조를 가지고 있으며, 동일한 모양을 수없이 반복한다. 이는 우리가 정원디자인을 할 때 같은 모양을 반복적으로 사용해야 하는 이론적 근거가 된다.

산업혁명 이전 시대에는 예술가와 건축가를 포함한 각계각층의 모든 문화권 사람들이 자연의 모양을 연구했다. 각각의 예술작품과 건축물은 자연의 모양을 표현했으며, 그 과정에서 작가가 가지고 있는 고유한 창조성을 보여 주었다. 사람들은 조화와 아름다움을 창조하기 위해서는 자연과의 협업이 필수라고 생각했다.

그러나 산업혁명은 이런 생각으로 생겨난 디자인을 주류 시장에서 제거해 버렸다. 사람들은 자연과 자기 자신을 분리하면서 땅을 지배하는 양상을 보이기 시작했다. 이런 변화가 이루어지면서 대부분의 디자인은 이성적인 활동으로 바뀌었고, 사람들이 근원적인 것으로부터 멀어지면서 느끼는 고통을 표현하는 하나의 방법이 되었다. 이러한 시대를 반영하며 많은 디자이너들과 예술가들은 자연과 인간의 불화로부터 생겨난 혼란스러움을 창작 활동으로 표현하기 시작했다. 인간과 자연이 만들어 낸 불협화음은 유행이 되었고, 마찰, 불안, 갈등이 주류 시장의 일반적인 예술작품이나 건축물에 반영되어 하나의 표현 양식으로 나타났다.

'신성한 기하학적 구조'라는 말은 자연의 보편적인 모양을 연구하면서 생긴 현대 용어다. 자연의 모든 성장 단계에서 이 모습을 볼 수 있다. 자연의 성장과 움직임 속에서 나타나는 각각의 모양은 한 개 이상의 동일한 기하학적 구조와 반복적인 관계를 맺는다.

원형, 삼각형, 직사각형, 육각형, 나선형, 정사각형 등의 모양들이 상호 연결되면서 자연을 키워 나가고 연결시킨다. 신성한 기하학의 세계를 탐구할 기회가 있다면, 장담하건대 모든 사물에 깃들어 있는 자연의 모양과 패턴, 그것이 가지고 있는 아름다움과 조화로움에 감탄을 금치 못할 것이다.

각각의 모양은 고유한 특성을 가지고 있으며 고유한 주파수를 발산한다. 정원을 디자인할 때, 하나의 모양 또는 여러 모양을 조합해서 다양한 방식으로 사용할 수 있으며, 그렇게 하는 이유도 다양하게 존재한다.

중용golden mean 또는 황금률golden ratio이라는 말은 자연에서 볼 수 있는 다양한 모양과 패턴이 반복적으로 관계를 맺는다는 사실에서 생겨났다. 황금률은 자연의 모든 것을 연결시키는 주파수를 알려 주는 열쇠다. 자연의 보편적인 주파수를 정원 안으로 초대하게 되면, 수세기 동안 만들어져 온 예배 장소 같은 신성한 장소를 만들 수 있다. 토속신앙과 이후에 좀 더 체계적인 구조를 갖추게 된 상위 종교들은 신성한 기하학의 힘을 이해하고 있었다. 더불어 예배 장소에 신God의 에너지를 초대하는 일이 어떤 역할을 하는지도 잘 알고 있었다.

황금률과 피보나치수열

신성한 기하학 안에 들어 있는 다양한 자연의 패턴들이 수학적으로 어떻게 파생되었는지, 짧게 그 배경을 설명해 보도록 하겠다. 자연의 패턴들을 이해하는데 이 설명이 도움이 될 것이며, 이후에는 당신이 바라보는 모든 장소에서 그것을 발견하기 시작할 것이다. 그럼 자연의 흐름을 정원 안으로 초대하는 방법을 설명하겠다.

에키나케아coneflowers, 국화chrysanthemums, 데이지daisies, 마리골드marigolds, 해바라기sunflowers를 포함한 모든 국화과*Asteraceae* 식물의 꽃을 확인해 보면, 씨앗이 매우 뚜렷한 모양으로 꽃의 중앙에서부터 소용돌이치는 모습으로 배열되어 있다는 사실을 발견하게 된다.

씨앗의 배열은 두 개의 방향으로 움직인다. 한쪽 방향으로 움직이는 씨앗들의 숫자와 반대 방향에서 움직이는 씨앗들의 숫자는 어떤 규칙성을 보여 준다. 그 비율은 황금률이라는 이름으로 알려져 있는데, 이 비율이 나선형의 물리적 세계를 만들어 낸다. 이런 숫자 배열을 피보나치수열이라 하며, 국화과 식물의 씨앗이 이 규칙성을 잘 보여 준다.

똑같은 두 개의 원형을 정확히 다른 원형의 중심 부분에 겹쳐지게 하면 베시카 피시스vesica piscis(라틴어로 생선부레라는 뜻이다)라 불리는 아몬드 형태가 나타난다. 아몬드의 정중앙을 지나는 가로선을 하나 긋고, 가로선의 좌우 지점에서 아몬드의 꼭짓점을 향해 두 개의 선을

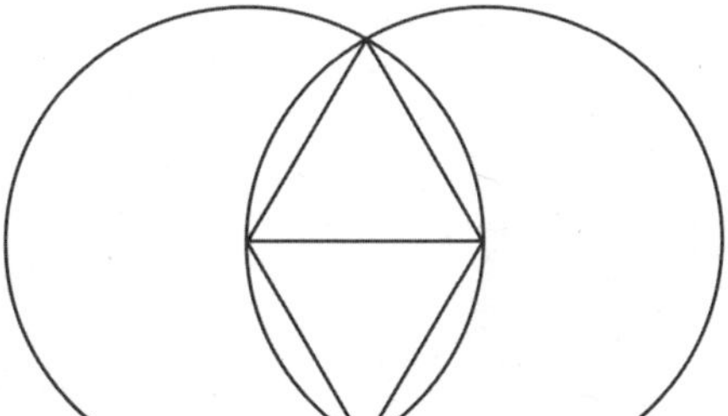

베시카 피시스

더 그리면 완벽한 정삼각형이 만들어진다. 이 정삼각형은 다시 정사각형으로 연결된다. 다시 정사각형 위에 정삼각형을 올려놓으면 '황금비율의 사각형golden rectangle'이라 불리는 직사각형이 만들어진다.

이 직사각형이 중요한 이유는 양 측면의 길이 비율이 1:1.618이기 때문이다. 수세기 동안 많은 예술가와 건축가들이 이 비율을 사용해 자연의 모습을 담은 작품을 만들었다.

피보나치수열은 중세시대의 수학자 레오나르도 피보나치가 처음 소개했다. 1, 1, 2, 3, 5, 8, 13, 21, 34, 55로 이어지는 피보나치수열은 앞의 두 숫자를 더하면 뒤의 숫자가 만들어진다는 법칙이 있다. 또한 뒤의 숫자를 앞의 숫자로 나누면 1.618에 근접한 값이 나오는데, 숫자가 커질수록 더 정확한 값이 나온다.

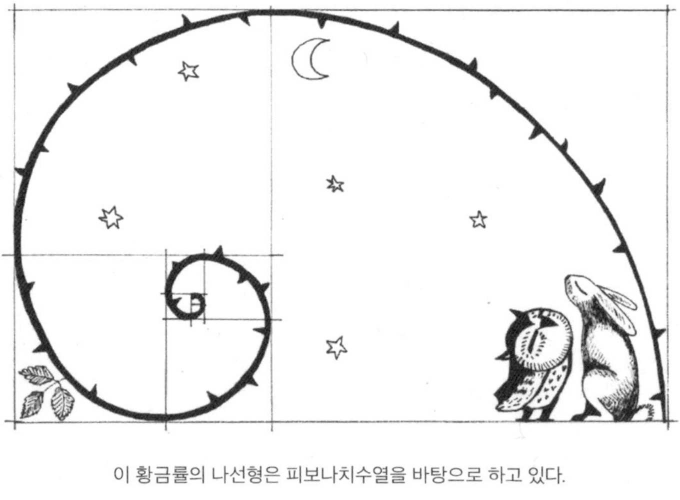

이 황금률의 나선형은 피보나치수열을 바탕으로 하고 있다.

내가 묘사하고 있는 자연의 형태와 비율의 배열은 전체적인 자신의 모습을 그대로 복제한다. 꽃, 나무, 달팽이, 조개껍질, 눈송이 그리고 사람의 몸에 이르기까지 수많은 자연물은 자기 자신을 복제하면서 성장한다. 물과 공기의 흐름, DNA의 구조 … **세상의 모든 것**이 황금률의 나선형을 충실하게 유지하고 있다. 우리의 사고방식과 자연이 상호 연결되는 방식 또한 동일하다. 심지어 원자의 구성입자들 사이에서도 이러한 비율을 보여 준다.

이와 같은 방식으로 모든 작은 자연물에는 그보다 큰 자연 전체가 담겨 있다. 그리고 전체 자연에는 모든 작은 것들이 포함되어 있다.

이러한 구조와 흐름의 보편적 패턴에 포함되는, 세상의 모든 것들을 관통하고 둘러싸는 에너지가 존재한다. 우리는 직관적으로 이러한 패턴들 속에서 아름다움을 발견한다. 왜냐하면 이런 패턴들이 진정한 자연의 모습을 표현하고 있기 때문이다. 이러한 원칙과 패턴을 염두에 두고, 정원을 디자인하게 되면 땅을 관통하는 에너지의 흐름을 한층 강화시킬 수 있다. 당신은 이 흐름에 저항하지 않고 우주의 흐름 **속에서** 일할 수 있게 될 것이다. 당신의 정원은 놀라우면서도 안정적이고, '바로 이거다'라고 느껴지는 장소, 모든 것이 올바르고 아름다운 자연의 모든 것이 존재하는 방식을 발견할 수 있는 곳으로 바뀌어 나갈 것이다.

자연의 패턴을 보여 주는 사례들

자연의 패턴들은 머리로 이해하기보다 몸으로 느낄 수 있는 언어를 만들어 낸다. 저 옛날, 플라톤과 유클리드가 살았던 약 2500년 전에 이러한 패턴을 연구하고 탐구했다. 그때까지만 해도 이 신성한 기하학을 종이로 옮기기 위한 도구가 컴퍼스와 곧은 자뿐이었다.

모든 기하학적 패턴은 종이 위 컴퍼스의 한 점에서 시작해 원형을 그려 나간다. 원형은 가장 쉬우면서 가장 중요한 형태다. 원형은 우주의 모든 성질을 포함하고 있다고 일컬어지며 삶의 순환과 모든 자연을 상징한다.

반지름이 동일한 원형을 중심부가 겹쳐지게 배열하면 한 가운데 베시카 피시스 모양이 생긴다. 이렇게 여러 원형을 계속해서 포개다 보면 '생명의 씨앗'Seed of Life(겹쳐진 7개의 원형)이 나타난다. 같은 방식을 반복해 나가다 보면 이윽고 '생명의 꽃'Flower of Life(겹쳐진 19개의 원형)이 나타난다.

생명의 꽃

생명의 꽃 안에는 4면체, 6면체, 8면체, 12면체, 20면체, 이렇게 총 5개의 완벽한 3차원의 모형이 들어 있다.

이 모형들을 총괄해서 '플라톤의 입체'platonic solids라 부른다. 시카고대학교의 로버트 문 교수는 물질계의 모든 사물이 플라톤의 입체를 바탕으로 하고 있다고 입증한 바 있다. 그는 화학원소의 전체 주기율표가 이 5개의 3차원 모형을 바탕으로 있으며, 이 모형들이 문자 그대로 물질계를 쌓아올리는 하나의 벽돌이라는 사실을 증명했다.

이 실험은 이러한 형태들의 기본 원리와 이 형태들이 자연에서 어떤 모습으로 드러나는지를 설명해 준다. 이 모형들로 당신에게 부담을 주려는 의도는 없다. 정원을 디자인하다 보면 자연과 적절한 관계를 맺게 되는 순간, '바로 이거야'라고 느끼는 순간이 온다. 즉, 공명의 순간이 일어난다. 공명은 하나의 물질적인 형태 안에서 표현되는 자연의 생명 에너지가 단순하고도 명확하게 드러나는 징후다. 창조성을 발달시키기 위해 연습이 필요한 것처럼, 연습을 하다 보면 이 공명의 느낌을 더 쉽게 알아차릴 수 있다. 다른 모든 기술이 그러하듯, 시간과 노력이 필요하다.

당신의 정원 구조 디자인을 위해 내가 다음에 소개할 몇몇 자연의 모양과 패턴 실험 중 어떤 모형이 당신의 마음을 사로잡는가? 어떤 모양과 패턴이 당신 그리고 당신의 정원에 필요하겠는가? 다양한 모양과 패턴을 혼합해서 사용할 수도 있고, 원한다면 더욱더 과감한 디자인을 시도할 수도 있다. 그러니 그저 자연의 패턴에서 느껴지는 그 흐름 속에서 디자인을 시도해 보라.

모든 자연의 모양은 특정한 주파수를 발산하며, 자연의 에너지는 그 주파수를 타고 자유롭게 흐른다. 그곳에는 어떤 장애물도 없으며 억지로 에너지를 붙잡아 두는 부분도 없다. 이 모양들을 사용해서 땅에 에너지를 쉽게 흐르게 해 주면, 모든 곳의 에너지 흐름이 자유로워지는 연결점이 뚫릴 것이다. 이것은 앞서 소개했던 자연의 음악으로 땅의 주파수를 맞추는 일과 유사하다.

원형

자연에서 원형과 구체球體 모양은 에너지와 의식을 담는 원시적인 그릇이었다. 원형과 구체의 둘레에는 창조점이라고 할 수 있는 중심점이 있다. 일반적으로 원형은 통합, 전체, 완성을 의미한다. 또한 신성한 여성 에너지를 대표하기도 하므로, 만약 이 의미를 염두에 두고 원형을 만들면 자동적으로 성스러운 공간이 탄생한다. 원형은 단순한 모양이므로 잘못 만들 일이 없으며, 아무리 작은 정원이라 할지라도 원형을 기본으로 만들 수 있다. (그림_김민주)

정중앙에서 교차하며

베시카 피시스를 만들어 내는 두 개의 똑같은 원형

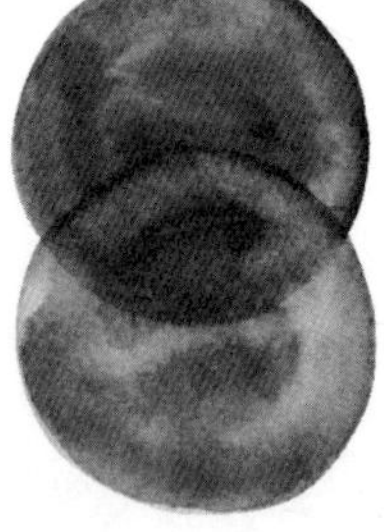

교차하는 원형은 자연과 영적인 세계의 중첩을 의미한다. 베시카 피시스는 당신과 자연의 에너지가 결합하는 것을 상징하며, 그 결과물이 바로 정원이다. 어떤 문화권에서는 베시카 피시스를 그리스도의 에너지로 여기며 그리스도를 인간의

모습을 하고 있는 영의 화신이라고 생각한다. 태양과 달, 천국과 지상 그리고 그 외의 많은 것들의 합병 절차가 있을 때, 그 탄생과 축하를 대표하는 상징으로 베시카 피시스를 사용한다. 나는 이 모양이 주는 힘찬 느낌을 좋아하며, 만들기도 쉬운 모양이다. (그림_김민주)

나선형

자연은 나선형으로 순환하며, 에너지와 의식을 한 장소에서 다른 장소로 전송시킨다. 나선형은 강력한 주파수를 내뿜으며 동적인 움직임과 에너지, 성장을 촉발한다. 나선형은 작은 정원 안에서 훌륭한 길 디자인 요소가 될 수 있다. 돌로 원형의 바닥 포장을 할 수도 있고, 걷기 명상을 위한 길을 만들 수도 있다. 축하, 변화를 수용하는 일 또는 불가피한 일을 받아들이는 연습이라는 특별한 의미를 담은 상징으로 나선형을 돌에 새겨 놓기도 한다.

시계 반대 방향의 나선은 일의 시작을 의미한다. 시계 방향의 나선은 일의 정리 또는 마무리를 의미한다. 이러한 나선형의 길은 특정 장소의 입구 또는 출구로 쓰일 수 있다. 두 개의 나선형은 균형을 의미한다.

세 개의 나선형 또는 아일랜드어로 트리스켈triskel이라 하는 것은 다양한 해석이 가능하다. 나에게 세 개의 나선형은 영spirit의 세계, 우리 선조들의 세계, 그리고 우리가 살고 있는 창조적인 세계를 의미한다. 이는 또한 과거, 현재, 미래를 의미할 수도 있으며, 그 밖의 개인적이고 문화적인 모든 해석이 가능하다. (그림_김민주)

동심원

세 개의 동심원은 진실로 자기에게 꼭 들어맞는 느낌을 의미한다. 당신이 상징에 담은 의도에는 의미가 부여된다. 예를 들어 과거, 현재, 미래가 될 수도 있고, 모든 현상들이 서로에게 어떤 영향을 끼치는지에 대한 인식을 의미할 수도 있다. 동심원은 넓은 숲의 모든 부분에 접근할 수 있는 기본 경로가 생기는 좋은 형태이기도 하다.

십자형

십자가가 기독교 문화에서 못 박힌 예수의 상징이 되기 전까지, 십자형은 본래 균형을 의미했다. 십자형은 하늘과 땅이 만나는 지점, 그리고 둘 사이의 균형을 통해 발견되는 조화의 약속을 상징한다. 십자형의 세로선은 영적이고 남성적인 원칙을 의미하며 가로선은 현실적이고 여성적인 원칙을 나타낸다. 가로선과 세로선의 교차 지점은 하늘과 땅이 하나가 된 지점을 가리키며, 그 둘의 결합의 결과가 곧 땅 위에 나타난 생명이다. 나는 정원 안에서, 십자형이 중첩된 원형 또는 앵크ankh 십자가(고대 이집트에서 사용된 십자가 형태의 하나로, 윗부분에 고리가 달려 있는 T자형 십자가다)가 실용성 높은 공간을 창조해 낼 수 있다는 사실을 알게 되었다.

정사각형

절, 교회와 같은 정사각형 건물이나 광장은 땅, 공기, 불, 물, 이렇게

4개의 원소의 결합과 화합의 성과를 의미한다. 또한 어떤 문화권에서는 영혼soul을 상징하기도 한다. 작업하기에 비교적 쉽고 단순한 모양을 하고 있는데, 나는 이 형태와는 전혀 공명이 일어나지 않는다. 나에게는 정사각형이 무겁게 느껴진다. 그렇지만 만약 당신이 이 형태에 끌린다면 꼭 사용해 보라. 정사각형은 작은 면적의 정원을 디자인하기에 특히나 손쉬운 모양이다.

정사각형 안의 원형 또는 원형 안의 정사각형

정사각형과 원형의 결합은 하늘과 땅의 결합을 의미한다. 또한 완벽하게 균형이 잡힌 인간을 상징하기도 한다.

태극(음양)

중국 문양으로 널리 알려진 태극 모양은 균형을 의미한다. 나는 이것이 지닌 특징 뒤에 숨겨져 있는 의도를 정말 좋아하는데, 그것의 중심 메시지는 우리에게 만물의 이원성을 상기시킨다. 어둠 없이는 빛이 있을 수 없으며, 악 없이는 선이 있을 수 없으며, 죽음 없이는 삶도 없다. 나는 이 상징을 보면 매우 안심이 된다. 태극 모양은 나에게 큰 힘을 준다. (그림_김민주)

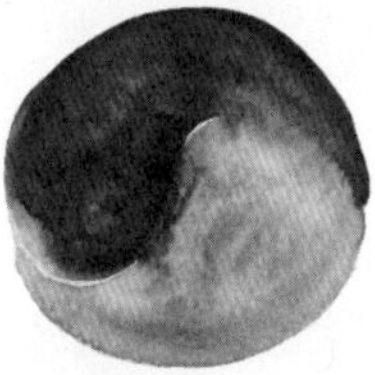

정삼각형

정삼각형은 하늘·땅·인간, 아버지·어머니·자녀, 몸·마음·영혼, 이 세 개의 우주의 중첩을 의미한다. 이는 모든 형태들 중에서 단연코 가장 큰 힘을 가지고 있다. 정삼각형은 완성을 상징하며, 가정집 정원에 사용할 수 있는 훌륭한 상징물이다.

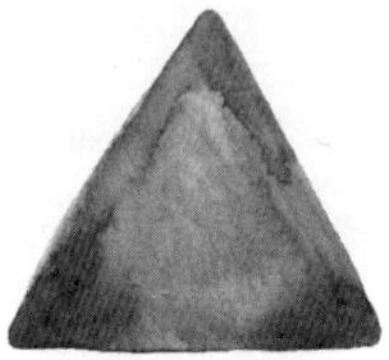

(그림_김민주)

육각형 별(다윗의 별)

위와 같이 아래에도 있는 형태다. 육각형 별은 상반되는 두 가지 성질, 남성과 여성, 영혼과 물질, 하늘과 땅 등의 결합을 의미한다. 창조성은 상반되는 두 가지 성질의 마찰을 통해서 생겨난다. 내가 가장 좋아하는 창조성을 의미하는 상징이다.

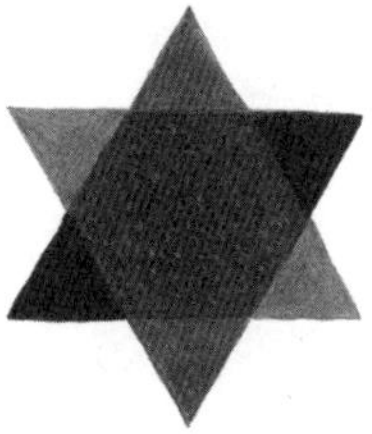

디자인 요소 4. 상징과 형상화imagery의 힘

정원디자인을 할 때, 정원에 특정한 분위기와 의도를 담기 위해 상징을 사용해 왔다. 상징은 이미지다. 상징은 시, 이야기, 소리 또는 색의 형태를 취할 수 있다. 어떤 상징에는 그 안에 수천 년 동안 지속되어 온 집중된 의도가 담겨 있으며, 그러한 상징들이 함께 어우러져 세계의 공통 언어를 형성한다. 상징은 분명한 개념과 감정 또는 특별한 의도를 전달하기 위해 사용되었다. 예를 들어, 별 모양은 완전한 변신을, 사자는 용기를 의미하며, 푸른색은 영혼과 관련이 있다.

뚜렷한 목적의식이 담긴 상징을 정원디자인에 적용하면, 자동적으로 그 공간은 특정한 의도를 끌어당기게 된다. 전반적인 정원디자인을 위해 이미 특정한 양식을 골라 두었을지도 모르겠지만, 원하는 분위기와 목적의식을 강화시키려면 다른 상징들을 사용해 볼 수도 있다.

주변 세상을 창조하기 위해 마음의 눈으로 특정한 이미지를 떠올리는 방법도 있다. 이를 통해 우리가 원하는 행동과 성취하고 싶은 일을 상상할 수 있다. 구체적인 형태의 상징물을 만드는 형상화 작업은 정원의 물리적인 디자인이 어때야 하는지를 알려 준다. 또한 이러한 방식은 에너지 차원에서 디자인에 영향을 끼친다.

상징은 의식 또는 잠재의식을 통해 드러나며, 특히나 특정한 치유가 필요할 때 나타난다. 상징은 꿈이나 기억을 통해서도 다가온다. 상징 고르기는 직관적이고 대단히 개인적인 과정이다.

땅에게 당신을 위한 상징을 보여 달라고 요청하라

"가치를 찾는 사람만이 가치를 발견할 수 있다"

An rud nach fiú a lorg, ní fiú a fháil.

정원에서 일을 할 때 이미지를 요청하게 되면, 하나의 이미지가 마음속으로 들어온다. 그 이미지가 계속 마음에 남고, 당신과 공명을 일으킨다면 이는 땅이 당신에게 직접적으로 보낸 메시지라는 것을 반드시 신뢰해야 한다. 그 이미지에는 당신과 땅 양쪽 모두가 요청하는 요소가 들어 있을 것이다. 당신에게 모습을 드러낸 이미지는 정원디자인을 할 때 소중히 간직해야 한다.

상징이 의미하는 바나 상징의 모양이 마음에 든다는 이유로 특정한 상징에 매달리는 것은 그다지 의미가 없다. 딱히 말로 설명하기 어렵다 할지라도, 깊은 의미를 가지고 진정성 있게 다가오는 상징이 있을 것이다. '바로 이거야'라고 알아채는 것이 바로 공명이다. 오랜 시간이 지나도록 왜 그 이미지나 상징에 이끌리는지 스스로도 이해가 되지 않을 수도 있다. 다만 어느 한 순간, 그 상징들이 당신을 위해 보내는 메시지를 **감지하게** 될 것이다.

삶이라는 길 위에 세워진 푯말이 되어 인생 여정의 한 부분으로 작용하는 상징의 의미를 깨닫게 될 것이다. 일부 상징과 이미지들이 특정 시기에만 중요했다면, 삶 전반에 걸쳐 공명을 일으키는 상징과 이미지도 있다. 특별한 시나 소리, 색깔일 때도 있고 특정한 나무나 식물일 때도 있다. 나에게 나선형은 언제나 특별한 상징이었다. 나는 학교에 입학하고 처음 장만한 공책에 나선형을 그리곤 했다. 이후에는 켈틱 트리스켈Celtic triskele(나선형 세 개로 만든 켈트족 문양) 모양, 세 개의 나선형triple spiral 그리고 라비린스labyrinths로 그림 낙서가 이어졌다.

나선형은 나에게 마음속에 평화를 창조하는 방법을 알려 주었으며, 첫 번째 깨달음을 주었다. 나선형을 그리는 행위는 일종의 명상이었다. 나는 스트레스를 받거나 주의가 산만해졌을 때, 반복적으로 나선형을 그렸다. 나선형 중심에서부터 바깥쪽을 향해서 흐르는 형태의 그림을 그렸고, 그 그림으로 하나의 이야기가 만들어졌다. 그때의 낙서들이 이후 나의 정원디자인이 되었다.

물, 공기, 에너지, 생각의 흐름 그리고 모든 생명체의 성장은 나선형으로 일어난다. 나선형은 나에게 모든 공간에 폭발적인 에너지를 불러일으킨다. 아일랜드 트리스켈은 만물로 이루어진 세 개의 중첩된 세계를 의미하는 사랑스러운 상징이다.

아마도 당신은 꽃이나 삼각형과 같은 다른 이미지를 그릴지도 모른다. 그 중 일부는 의미 없는 낙서일 수도 있지만, 그리다 보면 특별한 의미로 다가오는 상징이 나타날 것이다. 많은 낙서들 중에서 확실하게 공명하는 상징과 공명의 힘이 부족한 상징을 구분할 수 있다.

상징은 몸과 마음에 이미지가 각인되도록 도와주며, 손쉽게 작업을 할 수 있게 해 준다. 정원 안에 상징을 포함시키면 상징의 의미가 자동적으로 정원에 스민다. 이것이 바로 상징이 당신에게 특별한 의미를 주는 이유다. 만약 상징에 아무런 의미가 담겨 있지 않다면, 상징은 어떤 치유의 힘도 가질 수 없다.

일단 당신을 위한 상징을 찾았다면 종이에 그것을 그린 다음, 디자인을 할 때 계속해서 그 상징을 사용해 보라.

정원디자인에 상징과 이미지 통합하기

미국의 신화학자 조셉 캠벨은 상징을 "에너지를 불러일으키고 지휘하는 중개인"이라고 정의했다. 적어도 내가 느끼기에 그는 핵심을 말했다. 상징은 특정한 에너지를 촉발시킨 다음, 그 에너지를 집중된 방향으로 보낸다. 마음속으로 사용하고 싶은 상징 또는 이미지를 떠올린 다음, 그것을 향해 상상력을 발휘하라. 상상력imagination의 어원은 **이미**

지다. 이미지에 집중하고 그 이미지를 가지고 다녀라. 밤에는 베개 밑에 그 이미지를 넣어 두고, 디자인 스케치북 제일 위에 이미지를 그려 놓아라. 결국 당신의 무의식은 정원에 그 이미지를 반영할 방법을 찾아낼 것이다. 돌에 상징을 새기거나 정원 안에 그 돌을 설치하는 것도 좋은 생각이다. 다만, 돌에 상징을 새길 때는 분명한 목적의식이 있어야 하며, 정원에 돌을 설치할 때에도 하나에 집중된 의도가 있어야 한다.

정원디자인을 하는 동안, 지속적으로 당신의 마음속에 떠오르는 이미지가 있었다면 완성된 정원을 방문하는 사람들 또한 그것을 느끼고 경험하게 될 것이다. 정원을 포함한 예술적인 표현 작품은, 그것을 바라보는 관객이 자기만의 예술적인 관점을 가지고 그 작품에 참여할 수 있게 한다.

이미지로 명상을 하게 되면 그 이미지는 당신을 위해 문을 열어 줄 것이다. 나는 특정한 색이나 이미지, 단어를 생생하게 상상하면 그 즉시 평화와 고요를 경험한다. 단 하나의 상징에 집중하면 매일 반복되는 일상 때문에 마음이 바빠지는 것을 피할 수 있다. 나를 안전하게 붙잡아 주는 이미지가 있기에 차분한 마음으로 시간과 공간을 통과할 수 있다. 이미지가 지니고 있는 에너지가 확장되면서 기대하지 못했던 방법으로 그 자신을 드러내기도 한다. 나의 의식이 내가 일하던 땅의 한 부분이나 디자인으로 돌아올 때, 이미지는 그 자신을 표현할 방법을 찾는다. 선명하게 드러나지 않을 수도 있겠지만, 당신이 그렇다고 믿는다면 분명히 그곳에 존재할 것이다.

당신이 선택한 상징을 정원디자인에 통합시키는 방법에 어떤 것들이 있을까? 벤치에 그림을 그리거나 문양을 새길 수도 있고, 정원 어딘가에 당신의 주의를 환기시킬 수 있는 시를 써 놓거나, 특정한 상징을 담은 문양으로 포석(포장용 돌)을 깔아 놓을 수도 있다. 특별한 색상의 캔버스 액자를 설치할 수도 있고, 시나 신화의 이미지를 담은 조각물을 사용하거나, 라비린스를 만들 수도 있다. 가능성은 무한하다.

이미지와 상징을 적용해 나의 디자인을 알리는 방법은 무엇일까?

시에서 영감을 받아 만든 이미지를 이용해

정원에 특별한 분위기 창조하기

큐왕립식물원

2002년 첼시플라워쇼가 끝나고 6개월 뒤, 영국 정부의 환경식품농림부Department for Environment, Food and Rural Affairs로부터 한 통의 전화를 받았다. 환경식품농림부는 런던에 위치한 큐왕립식물원에서 열리는 '생명다양성여름축제'를 위해 생명다양성이라는 주제를 홍보하는 정원을 디자인해 달라고 요청했다. 나는 큐왕립식물원에서 이 작업을 할 때처럼 다양한 식물을 선택할 수 있는 풍부한 기회와 지원을 받아 본 적이 없다. 큐왕립식물원에서 한 작업은 이러한 유형의 정원을 온전히 자유롭게 디자인할 수 있었던 몇 안 되는 소중한 기회였다. 이 작업은 웨스트 코르크의 반트리에 위치한 미래임업묘포Future Forests Nursery에서 일하는 멋진 분들의 도움을 받아 실행했다.

정원의 식재 계획을 세우는 작업은 아일랜드와 해외의 많은 묘포(전문적으로 묘목을 기르는 곳)에 문의해 그곳에서 수집한 식물을 주문하는 단순한 방법이 아니었다. 그보다 좀 더 복잡했다. 나는 수집된 식물들이 동일한 토양과 미기후(지표면으로부터 지상 1.5~2미터 정도 높이까지 접지층의 기후. 미기후는 지표의 상태, 토질, 토양의 함수율, 표면의 색 등에 큰 영향을 준다), 그리고 일반적인 조건 안에서 자연스럽게 어우러져 자랄 수 있도록 새로운 환경을 만들고 싶었다.

다시 말해서, 정원 일에 열정을 가지고 있는 모든 사람들을 위해 어디에든 잘 어울리는 '잡초'를 사용하고 싶었다. 사실 잡초라 불리는 식물은 대부분의 사람들에게 힘들게 **뽑아내야 하는** 존재다.

'잡초는 나쁜 것이다'에서 '잡초는 좋은 것이다'로 사람들의 인식을 바꾸는 일은 쉽지 않다. 어머니와 함께 어머니의 사랑이 가득 담긴 전통적인 정원을 산책할 때면 나는 늘 낙담할 수밖에 없었다. 그렇지만 어머니를 존중하는 마음에서 좋은 감상을 전해드렸다. 한 번은 다년초 화단 옆에 서 있던 어머니가 아름다운 식물 한 무더기에 손을 뻗었다. 그 꽃들은 정원 중심부를 장식할 목적으로 구입하지 않은 '잡초'였기 때문에, 어머니는 그 가여운 식물들을 통째로 거칠게 잡아챘다. 어머니는 "이거 잡초일까?"라고 질문한 뒤, 내 대답에 따라 그 잡초를 완전히 뽑아낼 태세였다. 이런 순간이 있을 때마다 나는 흥분하며 매번 질 것이 뻔한 싸움을 했다. 인식의 변화는 쉽게 이루어지지 않는다.

환경식품농림부는 큐왕립식물원에 '생명다양성'을 주제로 한 정원을 만들어 달라는 제안만 했을 뿐 디자인과 관련한 별도의 지침은 주지 않았다. 그래서 나는 이 정원에 특별한 분위기를 가져다줄 요소를 조사하다가 예이츠William Butler Yeats의 시에서 영감을 받았다. 예이츠는 아름다운 시를 많이 썼는데, 그 중 내가 가장 좋아하는 시가 '도둑맞은 아이The Stolen Child'다. 나는 십대 시절, 침실의 책상 위 벽에 이 시를 복사해 붙여 놓았다. 당시 나는 학교 숙제에는 집중하지 못한 채 두 눈이 시 속으로 빨려 들어가기 일쑤였다. 예이츠의 시 세계에는 유령과 요정이 사람처럼 실재하며 신비롭고 초현실적인 분위기로 가득했다. 그 세계 속에서 내 존재는 사라질 것만 같았다. 인간의 세상과 유령과 요정의 세상을 가로지르는 막은 너무나도 얇고 신비했으며, 우리가 받아들이기만 한다면 우리를 그 세계로 초대하기 위해 기다리고 있었다.

예이츠의 시 '도둑맞은 아이'는 신비로우면서도 슬픈 분위기를 발산한다. 나는 이 시의 기저에서 자연과 멀어지게 된 어른들의 분리감이 느껴진다. 이 시는 땅과 진실한 관계를 맺기 위한 길로 되돌아가려면 다시 빛 속으로 들어가야 한다는 점을 상기시켜 준다. 그 빛이란 우리가 어렸을 때 자연스럽게 느끼던 열린 마음의 에너지다. 이 시의 시구는 야생을 떠올리게 하는 분위기, 안개 덮인 호숫가, 풍요로운 생명의 강기슭, 결코 잊을 수 없는 달콤한 풀 향기, 메도스위트(장미과 여러해살이풀) 그리고 축축하게 발효되어 가는 부엽토를 떠올리게 한다.

정원은 기억의 지도처럼 디자인되어 있다. 정원은 길을 잃었을 때 본래의 모습을 다시 찾을 수 있도록 돕는다. 정원은 어린 아이였을 때와 같은 순수한 내 모습을 다시 불러낸다. 그러면 우리는 과거의 기억을 따라서 다시 자연으로 돌아갈 방법을 찾게 된다. 우리는 좋은 영양분을 공급해 주고, 운명을 따라 잘 살아갈 수 있도록 지지해 주는 바로 그 장소로 돌아가는 길을 발견한다.

도둑맞은 아이 The Stolen Child WB 예이츠

슬루 숲 바위산이 호수에 잠겨 있는 곳
나뭇잎이 무성한 섬 하나가 누워 있고
날갯짓 하는 황새들이 잠들어 있는 물쥐들을 깨우네
우리는 요정들의 술통에 훔쳐 온 새빨간 버찌와 딸기를
한가득 숨겨 두었지
이리로 오렴, 인간의 아이여!
손에 손을 잡고
요정이 사는 물가로, 야생의 장소로
세상은 네가 이해할 수 있는 것보다 더 많은 슬픔으로
가득 차 있는 곳

달빛의 물결이
어두운 회색빛 모래를 반짝이게 하는 곳
저 멀리 로시즈에서
우리는 밤새도록 걸었네
오래된 춤을 엮으며
손을 나누어 잡고 눈빛을 나누며
달이 훨훨 달아나 버릴 때까지
우리는 앞으로 뒤로 뛰며

눈앞의 비눗방울을 쫓아갔네
세상이 잠들어 있는 사이, 근심과 걱정으로 가득해졌지
이리로 오렴, 인간의 아이여!
손에 손을 잡고
요정이 사는 물가로, 야생의 장소로
세상은 네가 이해할 수 있는 것보다 더 많은 슬픔으로
가득 차 있는 곳

글렌-카 호수 위 언덕
굽이치는 물결이 쏟아지는 곳
골풀 우거진 물웅덩이에서
간신히 별 하나가 목욕을 하네
우리는 잠을 자던 송어를 찾아내
그 귀에 대고 속삭이며
불안한 꿈을 꾸게 하지
생겨난 지 얼마 안 된 시냇물을 향해
눈물을 떨어뜨리는 고사리 위로
부드럽게 몸을 숙이네
이리로 오렴, 인간의 아이여!
손에 손을 잡고
요정이 사는 물가로, 야생의 장소로

세상은 네가 이해할 수 있는 것보다 더 많은 슬픔으로
가득 차 있는 곳

우리와 함께 그는 가고 있네
진지한 눈빛을 하고
그는 더 이상 따스한 언덕 위에서 우는
송아지의 울음소리를 듣지 못하네
더 이상 화로 위의 주전자가 그의 가슴을 향해
평화의 노래를 부르는 것도 듣지 못하네
더 이상 갈색의 생쥐가 오트밀 상자를 뱅뱅 도는 것도
보지 못하네
그가 오네, 인간의 아이가 오네
요정이 사는 물가로, 야생의 장소로
세상은 그가 이해할 수 있는 것보다 더 많은 슬픔으로
가득 차 있는 곳

생명다양성 정원의 디자인은 예이츠의 시 속에 등장하는 고요한 호수의 분위기를 시대를 초월해 재창조하려고 한 노력의 결과였다. 나는 마음속으로 시의 한 장면을 그렸다. 야생의 모습을 한 해안가로 둘러싸여 있는 호수, 자생식물로 이루어진 생태계 그리고 호수를 가로지르는 구불구불한 오솔길. 이것은 아주 단순한 상징이다. 오솔길은 방문자들이 베일을 통과해서 자신의 길을 방문하기 위해 거쳐야 할 입구를 상징한다. 얇은 막은 마법과 영혼의 세상을 인간의 세상과 분리시킨다. 나는 그 입구의 느낌을 강화시키려고 정원에 큰 돌로 길을 만들었다. 그 길은 많은 나무들이 자라고 있는 이끼가 많은 섬으로 이어진다.

그 섬을 더 가까이 들여다보면 섬의 한 부분이 잠자고 있는 여인의 모습을 하고 있다는 사실을 알게 된다. 또한 '오랜 세월'을 거쳐서 자라난 이끼, 우산이끼, 양치식물, 진주조개 그리고 이 생태계의 많은 협력자들로 덮여 있는 모습도 볼 수 있다. 투박한 돌계단은 잠자고 있는 여인의 머리를 향해 방문자들을 인도한다. 사람들은 그곳의 나무그루터기에 앉아 있거나 쉴 수 있다. 사람들은 그녀의 귓가에 소원을 속삭이라고 이 자리에 초대받았다. 자신의 내밀한 소원을 말하게 하는 이 초대는 사실 방문객들의 마음속에 있는 아이와 같은 에너지를 끌어내고자 만든 수단이자 속임수다.

마음이 딱딱하게 굳어 버린 어른이라 할지라도 이곳에서는 소원을 말하게 된다. 아주 나지막하게 소원을 말할 수도 있고, 지구의 몸 위로 자신의 몸을 숙이고 잠자고 있는 여인의 귀에 대고 소원을 속삭일 용기가 없을 경우에는 자기 자신에게라도 말하게 된다. 아주 단순한 술책이지만 정말이지 큰 효과가 있다. 단 몇 분 만에 사람들은 얇은 막을 통과해 다른 차원 속으로 빨려 들어간다.

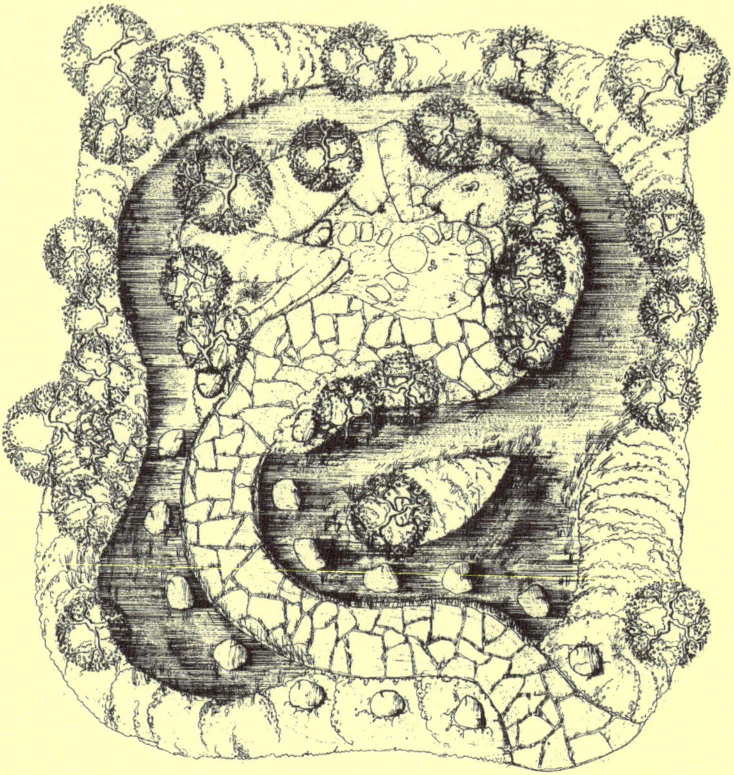

예이츠의 시 '도둑맞은 아이'에서 영감을 받아 만든
큐왕립식물원의 생명다양성 정원을 위한 마스터플랜.

고대의 상징 사용하기

'생명의 나무'를 상징으로 사용한 정원

'생명의 나무'라는 이 특별한 상징이 한동안 나를 쫓아다녔다. 그리고 예상치 못한 장소에 자주 모습을 드러냈다. 결국 나는 아주 선명한 꿈을 꾸고 난 후 이 상징이 의미하는 바를 알게 되었다.

꿈속의 현장은 마치 핵폭발이 일어난 것처럼 어두컴컴했고, 그곳의 땅은 심하게 파괴된 상태였다. 그곳의 공기에서는 두려움과 오염된 환경이 느껴졌으며, 쓰레기가 바람에 거칠게 날아다녔다. 어디에서도 생명을 느낄 수 없었다. 나는 황폐한 회색빛 산업도시 안 교차로 위에 서 있었다. 여러 개의 길들이 내가 서 있는 지점에서 교차했다. 나는 그 길들 중에 친숙함이 느껴지는 나선형 모양의 나무로 만들어진 오래된 길을 골랐다. 그 나무 길 자체가 지닌 독특한 아름다움이 있었다. 그 길은 굉장히 오랜 세월 동안 만들어졌는데, 주목의 뿌리가 나선형으로 엮어져서 하나의 길을 만들고 있었다(주목은 그 자체가 하나의 상징이다. 주목은 조상들의 나무라고 일컬어지며, 우리보다 앞서 살았던 사람들의 모든 지식과 지혜를 담고 있다).

나는 언덕 아래로 이어지는 길을 따라갔다. 고속도로 교차로가 있는 곳까지 내려갔더니 그곳 강가에는 위험해 보이는 어둠의 통로가 놓여 있었다. 깊은 물이 고요히 흘러갔다. 강의 반대편 땅은 때 묻지 않고 깨끗했으며, 태양은 아름다운 시골 풍경을 비추고 있었다. 그 모습은 전형적인 아일랜드 풍경이었다. 요정의 숲에는 나선형으로 몸통이 꼬여 있는 나이 많은 산사나무, 참나무, 개암나무가 자라고, 이끼가 잔뜩 낀 돌담과 풀이 무성하게 자란 녹색의 들판이 펼쳐져 있었다. 내 바로 맞은편에 있는 들판은 신비한 빛의 세계였다. 세상은 돌담의 세 면을 경계선 삼아 나뉘어 있었는데, 강가 가장 가까운 곳에서 경계를 이루고 있었다. 나는 지금 내가 바라보고 있는 것이 조상들의 묘라는 사실을 즉시 알아챘다.

나는 회색빛 강가에서 그 들판을 바라보고 있었는데, 여성의 성기 모양을 한 식물의 싹들이 땅 밖으로 자라기 시작했다. 그리고 그 싹에서 비명을 지르는 수많은 여성들이 굴뚝의 연기처럼 나타났다. 전사, 요정, 노파, 마녀처럼 보이는 다양한 유형의 여성들이 요란스럽게 울어 댔다. 그녀들의 울음소리는 주변을 압도할 만큼 점점 커졌다. 그녀들은 짙은 안개처럼 내 주위를 빙빙 돌면서 화가 난 것처럼 나를 향해 비명을 질러 댔다. 비명이 계속 이어지면서 내 시야는 흐릿해졌고, 주변이 시끄럽다는 것만 겨우 알아챌 정도로 무엇 하나 제대로 보이거나 들리지 않았다. 그러다가 갑자기 비명이 멈추었다.

꿈속에서 눈을 떠 보니 나는 강의 반대편에서 햇살을 받으며 홀로 서 있었다. 그곳은 내 조상들이 살았던 비옥한 고대의 들판으로, 나는 좀 전까지 있었던 적막한 풍경을 뒤돌아보았다.

다채로운 부류의 여전사 무리가 강 가운데에 서서 뒤를 돌아 나를 보고 있었다. 그녀들은 내가 서 있던 장소를 가져갔다. 그녀들은 땅 속에서 나와, 나에게 삶을 지속시키기 위해 계속 싸울 수 있도록 힘을 주었다.

당시 내 삶의 맥락을 살펴보았을 때, 이는 개인적으로 나를 구해 주려는 꿈이라고 해몽했다. 그 꿈은 내가 계속 살아 나가는데 절실하게 필요했던 '척추의 힘'(인간의 신체 여러 곳에 있는 정신적 힘의 중심점 가운데 하나인 '차크라' 개념으로 보았을 때 척추의 힘은 삶의 중심을 잡아 주는 힘을 의미한다)을 일깨워 주었다. 또한 나는 이 꿈을 꾼 이후 '생명의 나무'를 기반으로 한 내가 가장 좋아하는 정원디자인 중의 하나를 만들게 되었다. 생명의 나무는 세계적인 고대의 상징으로, 동시에 존재하는 세 가지 차원의 세계, 즉 조상들의 세계(나무의 뿌리), 영혼의 세계(왕관 모양의 나무줄기), 우리가 살고 있는 세계(나무가 뚫고 나오는 지면)를 묘사한다.

'생명의 나무' 정원을 위한 콘셉트

'생명의 나무' 정원은 움직이며 명상을 하는 곳이다. 우리는 이 정원에서 우리를 위해 항상 존재해 왔던 지식과 지침에 간단히 접근할 수 있다. 북미원주민들은 초자연적인 세계를 '아버지 하늘' 그리고 '어머니 지구'라고 불렀다. 영혼의 세계는 하늘 위 그리고 조상들의 세계 안에 존재한다. 또한 지구의 힘차고 지성적이며 양육하는 에너지 안에 존재한다.

조상들은 사람이 동시에 세 개의 다른 차원에 존재한다고 믿었다. 조상들이 가지고 있는 시간 개념은 모호한데, 나무의 뿌리·몸통·왕관 모양의 가지, 이렇게 세 부분으로 나누어서 자신들의 믿음을 설명했다.

- **뿌리the roots** : 땅 아래에 자리하고 있는 조상들의 세계다. 이 세계는 우리가 세상에 태어나기 전의 모든 조상 세대들을 포함한다. 비록 더 이상 눈에 보이지는 않지만 죽은 조상들이 우리와 함께 있다고 믿는다. 조상들의 지식과 경험은 우리가 안정감을 가질 수 있도록 돕고, 우리가 삶의 목표를 잘 성취할

수 있도록 힘과 지혜를 나누어 준다.

- **몸통the trunk** : 우리가 숨 쉬며 살아가고 있는 땅 위의 세계를 의미한다. 이 세계는 텅 빈 캔버스처럼 무한한 가능성을 가지고 있다.
- **왕관 모양의 가지the crown** : 영혼의 세계다. 우리는 이 세계에서 영감과 안내를 받으며 높은 차원의 영혼의 힘에 의지할 수 있다. 만약 이 세계가 해 주는 안내의 말에 귀를 잘 기울인다면 안전하고 든든하게, 건강하고 행복하게 우리 삶의 여정을 걸어 나갈 수 있다.

'생명의 나무' 정원은 명상 여행을 하는 것처럼 상호 작용을 일으킨다. 자연에 있는 야생의 장소는 우리가 땅과 연결될 수 있도록 돕는다. 또한 조용한 장소에 있다 보면, 앞으로 나아가지 못하게 했던 두려움으로부터 벗어나 안전함을 느낄 수 있다. 이러한 야생의 장소에서 우리는 무한한 가능성을 만난다. 우리는 영혼의 세계로부터 영감을 받아서 꿈을 실현시킬 수 있다.

'생명의 나무' 정원에서 이루어지는 여정

조상들의 영역을 통과해 정원으로 들어간다. 어둠 속으로 이어진 경사진 오솔길로 들어가면 양치식물과 버섯이 어우러진 이끼로 가득 찬 공간이 펼쳐진다. 이 '지하' 정원은 마치 원래부터 뿌리와 흙의 영역이었던 것처럼 강렬한 분위기를 자아낸다. 우거진 숲의 나뭇가지들이 그늘을 드리우고, 주목이 만들어 낸 높은 울타리가 있다. 숲의 나무들은 조상들의 지식, 생명의 순환, 죽음과 관계를 맺고 있다. 오솔길을 따라 들어가는 이 초대받은 길은 부드러운 촉감의 검은 색 조약돌을 그릇에 담아 들고 있으라고 한다. 이 검은 색 돌은 조상들이 당신을 돕기 위해 보내는 힘과 지지를 의미하며, 우리 안에 있는 가능성을 발현해 꿈을 이룰 수 있도록 돕는다. 이제 이곳을 벗어나 땅의 세계로 들어가는 문을 통과해 화창하고 담백한 공간으로 빠져나온다.

하지만 땅의 세계에 오래 머물 수는 없다. 이제 당신은 또 다른 문을 통과해 왕관 모양의 나뭇가지의 세계, 즉 영혼의 세계, 꿈의 세계로 들어가야 한다.

키 높은 돌담이 영혼의 세계 정원을 빙 둘러싸서 보호하고 있다. 그 돌담은 오래된 양치식물과 야생화로 덮여 있다. 돌담 안의 땅에는 언덕과 흙더미가 만들어져 있고, 그 위로 아르메리아(해안가에 자라는 야생화의 일종), 타임, 카모마일 꽃이 융단처럼 깔려 있다. 모든 절벽과 산의 정상마다 아일랜드 자생식물이 자란다. 가장 높은 언덕에 위치한 하늘 정원에 가려면 돌계단을 올라가야 한다. 이제 당신은 그릇에 담긴 흰색의 부드러운 조약돌을 꺼내도 되는지 물어 본 다음, 땅에 눕는다. 땅은

(꿈과 관련된 식물인) 카모마일 꽃으로 가득하다. 당신은 흰색의 조약돌에 비밀스러운 꿈을 불어넣고, 누워 있는 몸 위로 펼쳐진 영혼의 세계로부터 영감을 받으며 휴식을 취한다.

이제 꿈을 꾸던 장소에서 미끄러지듯 내려온 다음, 꿈에서 깨어나는 방법을 흉내 내면서 땅의 세계로 돌아간다. 순수하고 깨끗한 풀이 땅의 세계에서 원형으로 자라고 있다. 원형의 풀 주변으로 자작나무가 서 있고, 이 자작나무 언덕은 원형의 공간을 보호한다. 자작나무는 부활의 에너지를 전달하며, 변화를 수용할 수 있도록 돕는다. 당신은 무한한 가능성을 품고 있는 열린 공간 안에 있다. 이제 당신은 그 공간 한가운데에 놓인 그릇 안에 흰 색과 검은 색, 이렇게 두 개의 돌을 내려놓아야 한다. 그릇이 꿈으로 가득 채워지면서 그 공간 또한 점점 더 강력한 힘을 소유하게 된다.

이제 꿈을 실현하기 위해 이곳을 떠나야 한다. 자연의 에너지와 조상들의 힘이 당신을 뒷받침할 것이다. 이제 당신이 정원을 떠나면 이 여정도 끝이 난다.

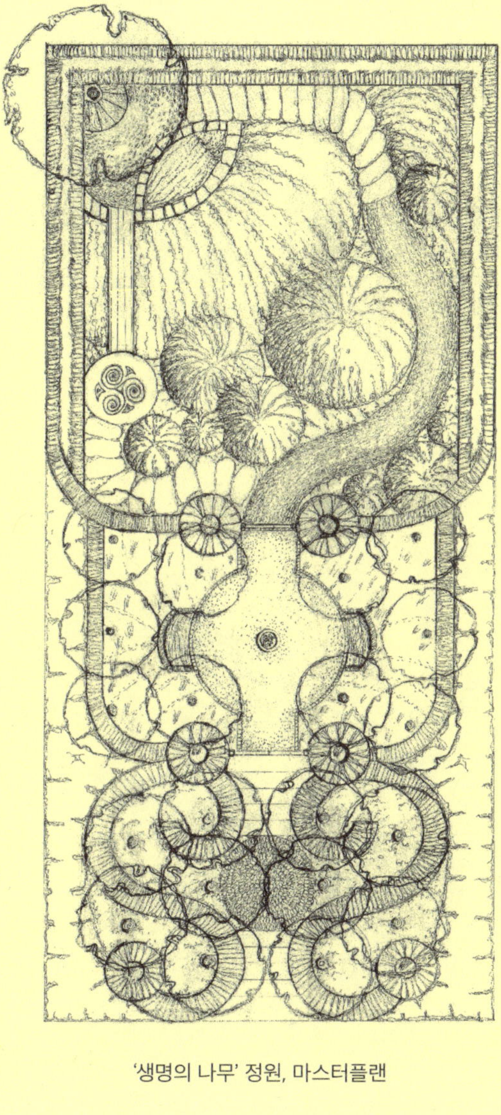

‘생명의 나무’ 정원, 마스터플랜

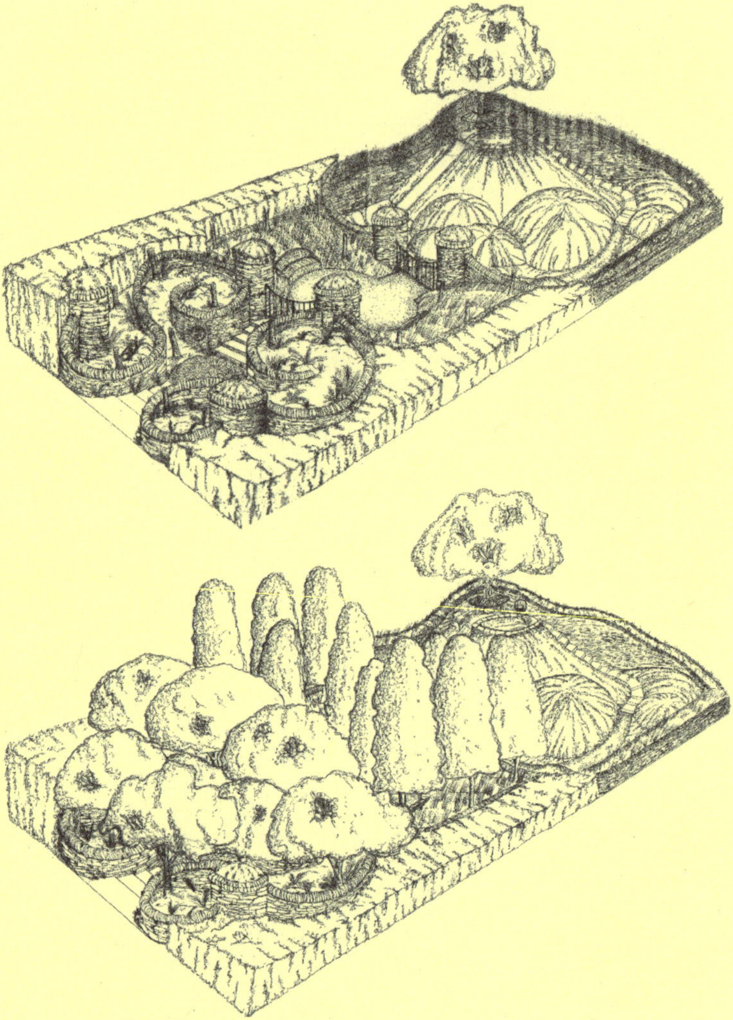

'생명의 나무' 정원 투시도. 나무가 없을 때와 있을 때.

디자인 요소 5. 종이에 나의 디자인 옮겨 그리기

"뒤늦게 깨닫는 것보다 미리 아는 것이 낫다."

Is fearr réchonn ná iarchonn.

실제 디자인을 위한 첫 번째 단계는 종이에 아이디어를 옮기는 일이다. 이렇게 하면 필요한 모든 요소가 정확한 장소에 들어가 있는지 확인할 수 있으며, 넓은 면적을 어떻게 사용하면 좋을지 계산하기 편하다.

필수 도구

- 연필과 지우개
- 측량한 것을 기록할 수 있는 A4 또는 A3 크기의 종이
- 측량 기록을 옮겨 적을 수 있는 큰 종이. 디자인을 할 정원의 크기에 따라 다르다. 아마도 A4 또는 A0 정도의 사이즈면 적당할 것이다.
- 긴 줄자. 만약 정원이 크다면 30~50미터 길이의 줄자가 좋다. 정원이 크지 않다면 그보다 작은 줄자로도 충분하다.
- 스케일 자. 교육용 자재를 파는 곳이나 문구점에서 살 수 있다. 크기가 작은 정원이라면 1:50(1/4″=1′-0″) 또는 1:100(1/8=1′-0″)이 적당하다. 큰 정원이라면 1:100 이상, 최대 1:200(1/16″=1′-0″)까지는 사용해야 한다. 스케일 자를 사용하면 정원을 고정된 비율로 축소시켜 표현할 수 있다. 1:50의 스케일을 사용한다는 것은 지면상의 1미터를 50배 축소시켜서 종이에 그린다는

의미다. 1:100의 스케일을 사용한다는 것은 100배 축소시켜서 종이에 그린다는 의미다. 반드시 스케일 자를 사용할 필요는 없지만, 나의 경우에는 많은 도움이 되었다. 나는 작업 공간의 크기와 모양을 정확하게 알고 있는데, 스케일 자 덕분에 주어진 공간에 너무 많은 것을 디자인하는 실수를 피할 수 있었다. 또한 스케일 자를 사용하면 정확한 디자인을 종이에 남길 수 있으며, 이를 작업 공간에 충실하게 구현할 수 있다.

측량

측량은 정원을 상세히 파악할 수 있게 해 준다. 가능하다면 직접 하는 것이 가장 좋지만, 만약 정원이 매우 넓고 측량 전문가를 고용할 비용이 충분하다면 전문가에게 의뢰해도 좋다(같은 지역의 건축가나 기술자라면 이 일에 적합한 사람을 잘 알고 추천해 줄 것이다). 면적이 넓거나, 면적이 좁더라도 특징이 많은 특이한 지형은 측량이 까다롭다. 하지만 비교적 단순한 모양의 정원이라면 아래의 안내에 따라서 직접 도전해 보는 것도 좋겠다.

1 대략적으로 정원의 경계선을 그린 다음, 집과 기타 건물의 위치와 윤곽을 그린다. 이 작업을 총 3장의 종이에 반복한다. 이렇게 해 두면 나중에 머리가 너무 복잡해지는 것을 예방할 수 있다. 빠르게 스케치를 하면서 그림을 그려 놓거나 숫자를 적어 둔다. 이렇게 해 놓지 않으면 나중에 숫자들을 다시 떠올리기가 어렵다.

2 첫 번째 스케치 종이에는 먼저 집의 문과 창문을 표시한다. 그런 다음에는 길, 창고, 연못, 강 같은 특징들과 맨홀, 물탱크, 전기선, 수도관, 여과 단위 등 지면 아래의 설비들을 표시한다.

3 두 번째 스케치 종이에는 식재할 나무와 관목의 위치를 비교적 정확하게 표시한다. 최종 디자인에 식재할 식물이 정해지지 않았다면 일단은 모두 표시해 놓자. 식재할 식물의 위치를 **확정**했다면 정확히 그려 놓을 수 있도록 그릴 때 유의한다.

4 세 번째 스케치 종이에는 등고선으로 해발높이(고도)의 변화를 표시한다. 등고선은 근사치를 표시하는 정도만으로도 충분하다. 하지만 만약 비탈길을 따라서 물웅덩이를 팔 계획이 있다면, 웅덩이를 파기 전에 비탈길 위에 실제 등고선을 그려 놓아야 한다. 배수로 또는 습지대 관련 내용은 다음 장에서 자세히 다루도록 하겠다.

5 다음 과제는 세 개의 측량 기록을 하나로 모으는 일이다. 꽤 지루한 작업이라 몸과 마음이 편안한 날을 골라서 해야 끝까지 마무리할 수 있다. 지루해지거나 지치기 쉬운 작업이기도 하고, 실제로는 거의 시작도 하지 않았는데 충분히 측량을 했다고 판단을 하는 경우도 많기 때문에 주의하도록 한다. 먼저, 테이프를 사용해 소유지의 모든 경계선을 표시한다. 소유지의 입구 위치와 빈 공간, 소유지 안에 있는 집과 다른 경계선들 사이의 거리, 집 외벽의 치수, 벽에 나 있는 창문과 문의 위치, 이런 것들을 첫 번째 스케치에 모두 표시한다.

6 삼각측량법을 사용해 첫 번째, 두 번째 스케치에 모든 요소의

위치를 표시한다. 이 작업은 세 개의 다른 장소를 한 지점에 모아서 측량한다는 의미를 가지고 있다. 예를 들어, 이 작업을 해 놓으면 나무 한 그루의 정확한 위치도 찾을 수 있다.

7 벽, 길, 우물, 개울가 그리고 다른 영구적인 요소들 사이의 모든 경계선을 표시하라. 정원에 식재된 나무와 나뭇가지가 차지하고 있는 공간까지도 표시하라(현재 나뭇가지가 차지하고 있는 면적이 어느 정도인지, 둥근 원으로 그 지름을 표시하자).

시각화 작업을 하면서 정원을 현실적이고 실용적인 공간으로 다시 디자인하려면 정원 부지의 도면이 필요하다. 이것을 기본 계획 또는 기본 지도라고 한다. 미리 만들어 두었던 스케치들을 가지고 기본 계획을 세우는 방법을 소개한다.

1 큰 종이 한 장과 연필을 준비한다. 가능하다면 정원으로 나가서 자리를 잡는다. 만약 아일랜드보다 더 심하게 정원이 축축하게 젖어 있는 상태라면 실내에 들어가서 창밖으로 정원이 내다보이는 책상에 자리를 잡는다.

2 미리 측량해 놓은 자료들을 이용해 정원 땅의 경계선들을 일정한 비율로 그린다. 그런 다음, 집과 최종 디자인에 포함될 식물까지 고려해 영구적인 요소들을 그려 넣는다. 만약 고도에 변화가 있다면 등고선을 사용해 표시한다. 이 작업이 어느 정도 완성되었다면 연필 선을 따라서 잉크로 그려 준다. 이렇게 하면 기본 계획이 완성된다.

정원디자인에 선택한 요소 통합시키기

잉크로 측량 지도를 다 그렸다면, 마음속의 소망대로 원하는 것을 연필로 가볍게 그려 넣어 보자. 동시에 이전에 그려 두었던 성공적이지 못한 스케치들은 지우개로 지운다.

미래의 정원 계획을 보면서 행복한 마음이 들 때까지 스케치를 해 보자. 지우개질을 할 때 종이에 구멍이 생기지 않도록 기본 스케치 위에 투사지 또는 기름이 배이지 않는 종이(또는 베이킹용, 방수·방지防脂용 황산지)를 올려놓고 그 위에 다시 그릴 수도 있다. 지도 위에 땅에 담고 싶은 의도를 명확하게 써 놓고, 디자인을 하면서 땅에 혼합시키고 싶은 모든 이미지와 상징, 감정도 모두 표시한다.

마치 어린아이가 된 것처럼 그림을 그려라. 당신의 의도와 반응이 젊고 활기찬 기분으로 바뀔 때, 내 영혼을 흥분시키는 오늘의 감정을 따라서 더욱더 선명하게 자신의 꿈을 기억할 수 있다.

측량 지도 위에 골라 놓은 모양, 상징, 의도를 담은 장소들을 배치하라. 일단 지금은 가능한 한 작게 표시해 놓자. 어쩌면 이 단계에서 자신이 원하는 요소들을 다 넣기에는 공간이 부족하다는 사실을 깨달을 수도 있다.

밀가루나 색깔이 있는 실을 사용해 땅 위에 일시적으로 길을 표시한 다음, 그 길이 너무 크거나 작지 않은지 잘 살펴본다. 식재한 식물은 시간이 흐르면서 점점 크게 성장하기 때문에 예상보다 넓은 공간을 차지한다. 그래서 길은 처음 예상보다 더 넓어야 한다.

정원의 절반 이상을 자기만을 위해 사용하지 않도록 주의하자. 정원은 다른 생명체들과 공유하는 장소라는 것을 반드시 기억해야 한다.

작은 정원에서 이 원칙을 실천하기란 쉽지 않다. 그러나 넓은 공간에서 이루어지는 식재는 당신의 욕구만큼 자연의 욕구도 충족시켜 주어야 한다. 당신에게 필요한 것은 숲 속의 작은 빈터, 그리고 식물들과 함께 일하며 농산물을 수확할 수 있는 의도가 담긴 장소다. 한 번 자연의 에너지가 흐르기 시작하면 디자인은 그 힘을 발휘할 것이다. 무슨 디자인을 선택했는지는 중요치 않지만 일반적으로 단순한 것일수록 좋다.

다양한 크기의 정원을 위한 디자인

다양한 크기의 정원디자인을 하다 보면 색다른 가능성과 도전 과제가 생긴다. 정원에 여러 가지 디자인과 배치를 적용해 보자. 이제부터는 다양한 크기의 정원에 적용할 수 있는 디자인 사례를 소개하려 한다. 이를 적용해 모양과 상징을 조화롭게 사용하면서 당신만의 의도를 담은 정원을 직접 창조해 낼 수 있기를 바란다. 당신의 정원은 여기서 소개하는 사례와는 전혀 다를 수 있다. 하지만 이 예들을 보면서 모든 정보를 통합시키는 방법을 배울 수 있을 것이다.

작은 정원(20~80제곱미터)

작은 정원을 소유하고 있다면 아마도 중앙 공간이 하나만 있을 것이다. 만약 그렇다면 단순한 형태의 디자인을 골라서 작업하도록 하자. 중앙을 제외한 나머지 공간은 균형 잡힌 생태계를 만들려는 의도를 잘 따라가야 한다. 정원으로 사용할 공간은 당신이 감당할 수 있는 만큼 적당한 크기여야 한다. 그래야 자연이 스스로를 잘 표현할 수 있다.

중간 정원(교외형 정원, 80~200제곱미터)

여전히 제한된 크기로 보이지만 적절한 계획만 세운다면 이 안에서도 멋진 정원을 만들 수 있으며, 충분한 양의 먹을거리도 키워낼 수 있다.

큰 정원(200~1000제곱미터, 그리고 그 이상)

이 정도 크기의 땅에서는 여러 형태를 결합시켜서 강한 의도가 투영된 장소를 한 개 이상 만들 수 있다. 이보다 넓은 땅에서라면 정원을 완전한 야생의 상태로 만들어 갈 수 있다! 최소 4047제곱미터(1에이커) 또는 8094제곱미터(2에이커) 정도의 굉장히 넓은 땅이라면 다음 장에서 설명할 숲정원forest garden도 만들 수 있다. 풍요롭고 다양한 서식지를 만들기 위해 다층적으로 자생식물을 심는다면, 그 모든 결과가 반드시 숲에 유익한 것으로 돌아온다. 이것이 바로 땅의 궁극적인 소망이다.

통합된 디자인의 사례

정원디자인에 담긴 기본 의도의 종합적인 특징은 다음과 같다.

- 의도를 담은 정원은 자연의 에너지를 동반한다. 정원은 본래의 모습 그대로 사랑받았기 때문에, 자연스러운 감정의 결과로서 모든 나뭇잎에서 힘찬 생명력이 넘쳐 난다. 정원 안의 모든 것이 균형 잡혀 있다. 당신과 땅 모두 안전함을 느끼고 지원을 받고 있다고 느낀다.

- 당신이 정원에서 키우는 모든 농산물은 땅의 수호자인 당신과 당신의 가족이 요청한 특별한 영양분과 치유의 힘으로 가득 차 있다.
- 땅을 둘러싼 보호의 에너지 장이 형성된다.

작은 정원의 사례 1

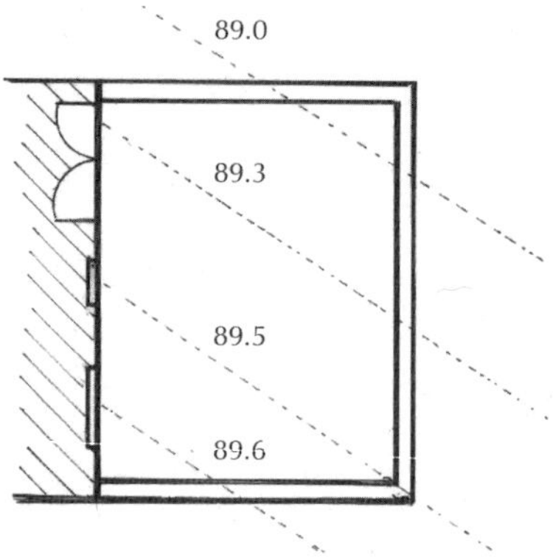

작은 정원의 사례 1 - 기본 계획, 스케일 1:200

디자인 뒤에 숨겨진 의도

자연과 다시 연결되는 장소로 만들어 땅과 땅의 수호자인 사람 사이에 강한 유대감이 형성되게 한다.

디자인 속에 의도적으로 만든 장소

- 자연과 다시 연결될 수 있는 고요한 장소
- 밤을 위한 장소

- **베시카 피시스** 정원 입구에 베시카 피시스 문양을 사용했다. 종류와 상관없이 원하는 재료로 베시카 피시스를 만들 수 있다. 나무로 된 바닥재를 사용해 만들 경우, 주의 깊게 나무를 재단해서 정확한 크기와 모양을 만들어야 한다. 발 아래 쪽에 특징적인 무늬가 생길 수 있도록 다른 각도로 나무 바닥재를 배치해야 한다. 모자이크 타일, 색색의 조약돌 등을 소재로 만들 수도 있다.
- **달과 태양** 정원의 중앙 언덕이 달의 형상을 하고 있다. 달은 태양을 묘사하는 원을 둥글게 에워싼다. 이 상징과 형태는 각각 여성(달)과 남성(태양) 에너지를 의미한다. 또한 땅 위에서 조화로운 삶을 성취하려면 두 에너지 사이의 균형이 필요하다는 것을 이해한 상징이다. 달과 태양의 상징을 이 정원에 구현한다는 것은 그 균형을 이루겠다는 일종의 선언이다.

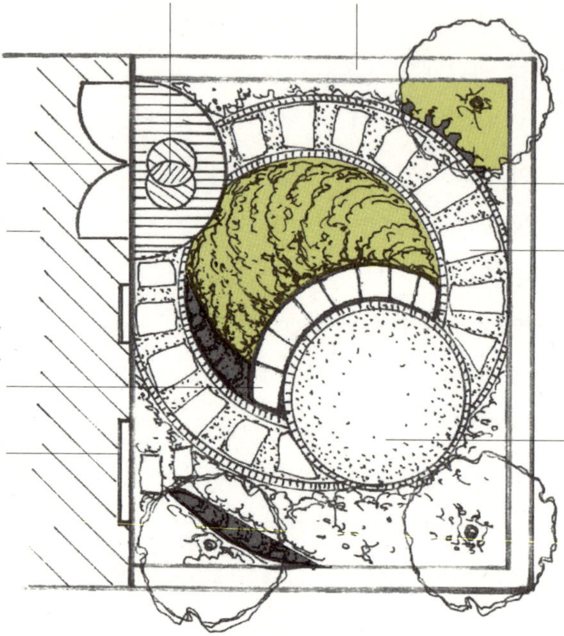

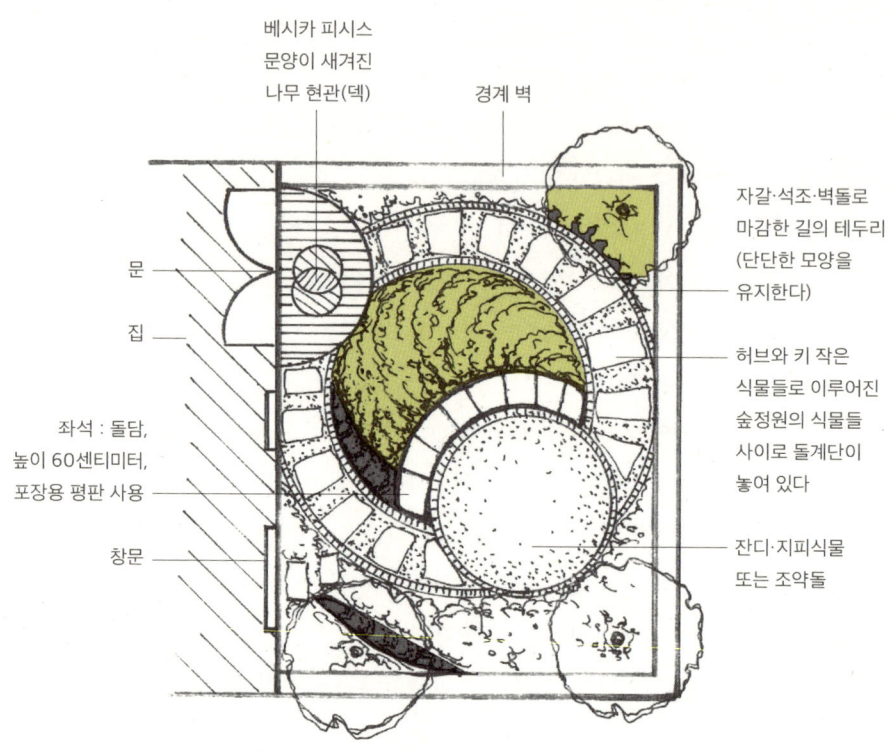

작은 정원의 사례 1 - 최종 계획, 스케일 1:100
핵심 포인트 : ■ = 수로, ■ =후글컬처 언덕

수로swales는 유출수를 제거하거나 저장하기 위해 설계된 얕고 긴 형태로 움푹하게 파여진 땅으로, 물 저장 공급에 유용하다.

후글컬처Hügelkultur란 썩어 가는 목재 부스러기와 퇴비가 될 수 있는 식물들로 만든 퇴비 언덕이다. 이 언덕이 퇴비화 되는 과정 속에서 토양이 비옥해지고, 토양의 수분 함유량이 높아진다. 이 퇴비 언덕은 가까운 곳에서 자라는 식물들에게도 유익한 영향을 준다.

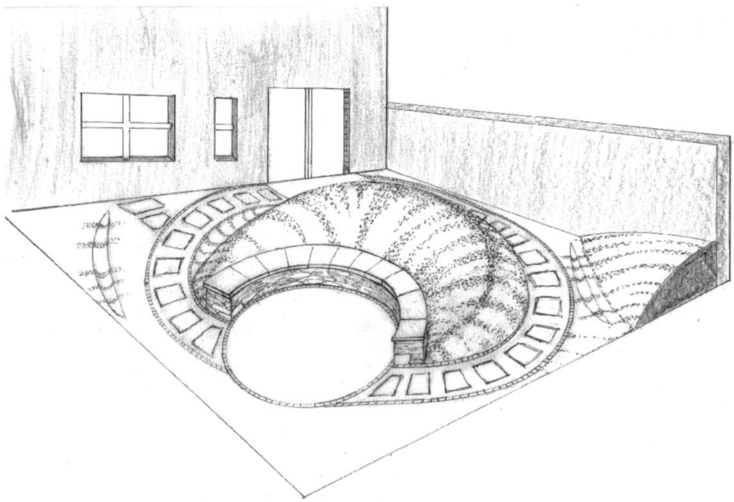

작은 정원의 사례 1 - 식재 이전의 풍경, 식재 이후의 풍경

작은 정원의 사례 2

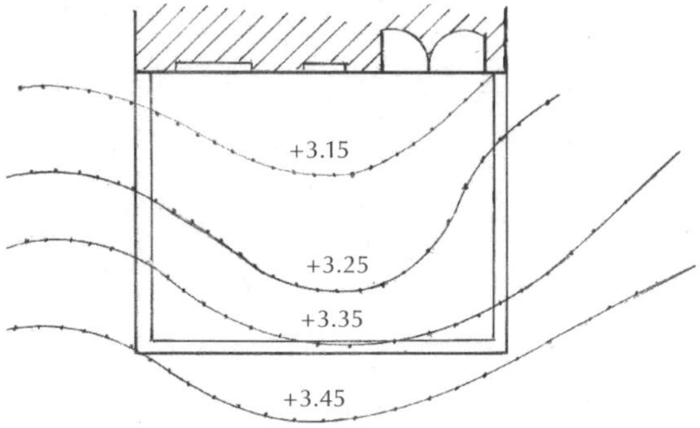

작은 정원의 사례 2 - 기본 계획, 스케일 1:200

디자인 뒤에 숨겨진 의도

당신과 땅 모두가 치유되고 성장할 수 있는 안전한 보호공간을 만드는 것이다.

디자인 속에 의도적으로 만든 장소

- ● 고요한 장소·명상하고 기도하는 장소
- ♦ 소원나무
- ● 땅으로부터 힘을 끌어당기는 장소

디자인에 통합시킨 상징과 모양

- ● **정삼각형** 모든 형태들 중에서 가장 안정적이고 강력한 힘을 지니고 있는 상징이다. 정원으로 가져오는 힘과 지원support을 의미한다. 정원에 들어갔을 때 발밑에 정삼각형이 위치해

있다면 이는 우주의 자연과 상호 연결된 세 개의 중첩된 세계를 의미한다. 세 개의 중첩된 세계는 하늘, 땅, 사람 또는 몸, 마음, 영혼이다. 우리는 결코 혼자가 아니라는 사실을 상기시키려는 목적 또한 가지고 있다. 우리는 늘 사랑 받고, 지원 받고 있다.

- ♦ **나선형** 나선형의 길은 시계 방향으로 움직이며 당신을 원형의 공간으로 인도한다. 시계 방향은 마무리 에너지를 상징할 때 사용된다. 나선형 장소의 차분하고 고요한 분위기는 우리를 내면으로 안내하고, 안전한 장소로 이끈다. 이곳은 치유와 성장을 위해 충분한 지원을 받고 있다고 느끼는 장소다.
- ● **원형** 성스러운 여성 에너지를 의미한다. 자궁에 있는 듯한 안전한 느낌을 만들어 낸다.
- ♦ **두 개의 나선형** 균형과 조화를 의미한다. 자연의 에너지와 함께 정원을 공동 창조한다는 의도를 담을 때 사용한다.

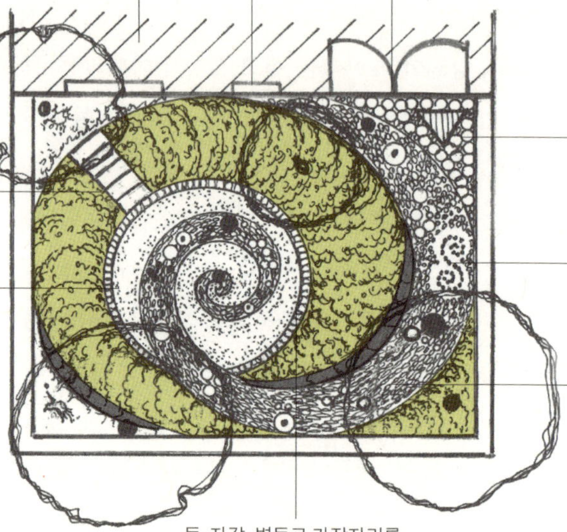

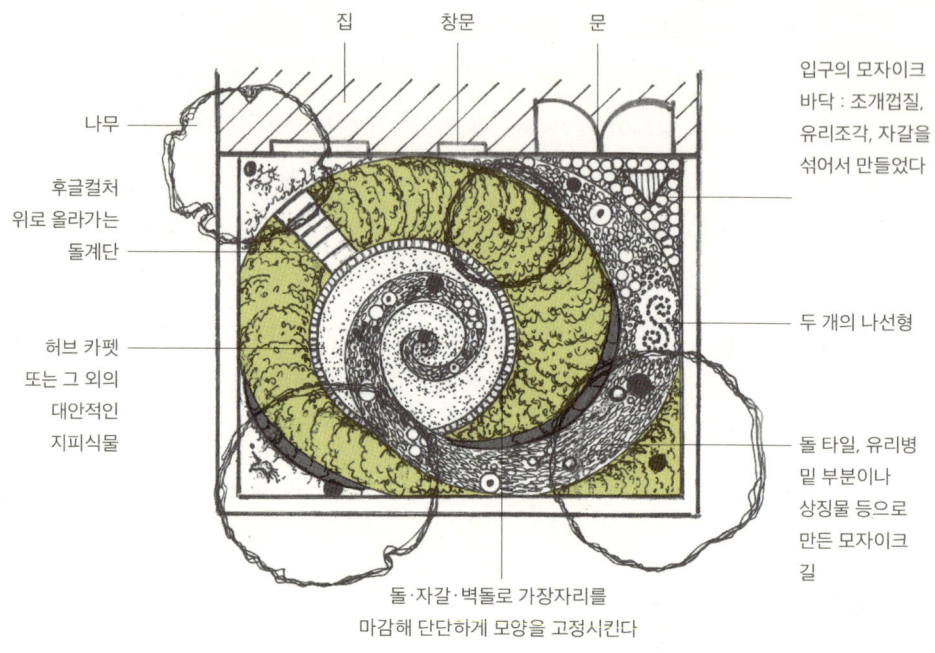

작은 정원의 사례 2 - 최종 계획, 스케일 1:100
핵심 포인트 : ■ = 수로, ■ = 후글컬처 언덕

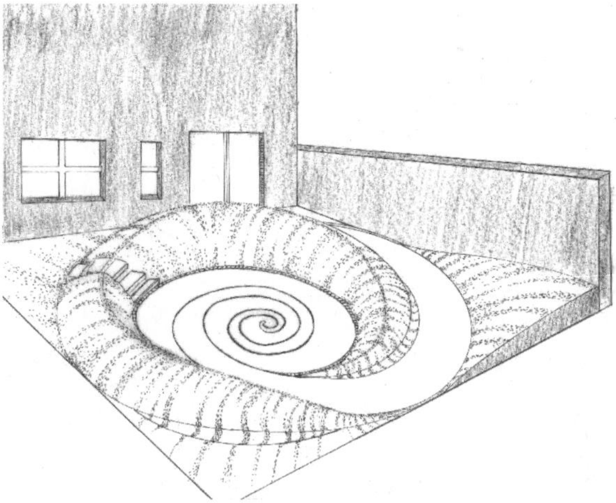

작은 정원의 사례 2 - 식재 이전의 풍경, 식재 이후의 풍경

중간 정원의 사례 1

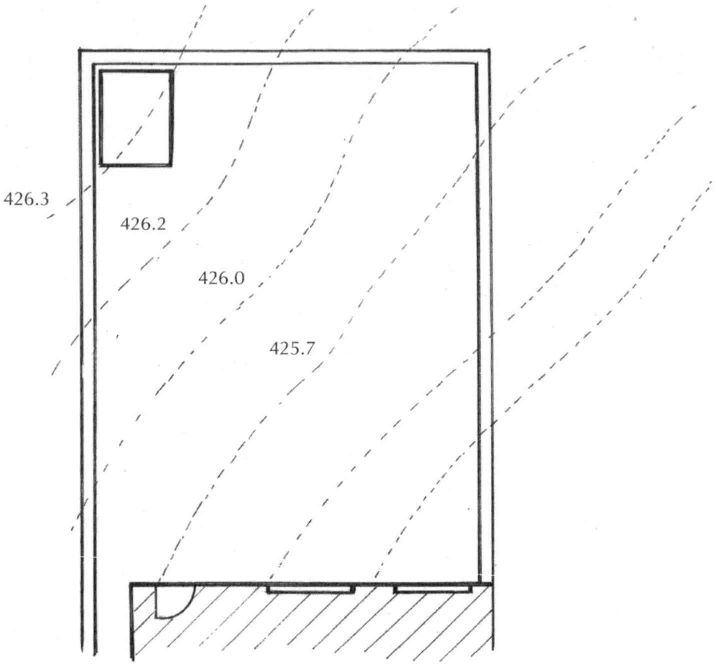

중간 정원의 사례 1 - 기본 계획, 스케일 1:200

디자인 뒤에 숨겨진 의도

이 디자인은 명상 공간을 창조해 낸다. 이곳의 의도는 정원과 정원의 수호자에게 치유, 조화, 균형을 가져오는 것이기 때문에 치유의 에너지는 바깥을 향해 뿜어져 나온다.

디자인 속에 의도적으로 만든 장소

- 고요한 장소·명상과 기도하는 장소

- ♦ 소원나무
- ● 밤을 위한 장소

디자인에 통합시킨 상징과 모양

- ● **정사각형** 신성한 정사각형 구조물들은 네 가지 원소의 신비로운 결합과 통합의 성과를 상징한다. 나는 이와 같은 의도를 가지고 정원디자인에 정사각형을 사용했다.
- ♦ **정사각형 안의 원형** 균형을 의미한다.
- ● **동심원** 포장용 평판으로 만들어진 동심원 디자인은 파급효과를 일으킨다. 동심원의 한가운데에 불 피우는 구덩이가 있는데, 이곳에서 땅과의 유대감이 되살아난다. 창조가 일어나는 지점을 의미하는 중심점을 둘러싸고 여러 개 원이 만들어 진다. 이 디자인은 성스러운 공간의 형성을 의미한다. 불은 치유를 가로막는 에너지 흐름에 장애가 되는 것을 태워 버린다. 동심원은 모든 것은 다른 모든 것에 영향을 받는다는 사실을 알려 준다. 원형과 정사각형의 보호를 받으며 명상을 하면 치유의 에너지를 전달되는 것을 느낄 수 있다. 동심원은 외부를 향해 발산되는 치유의 에너지를 잘 보여 준다.
- ♦ **서로 연결된 세 개의 원형** 두 개의 베시카 피시스는 이 상징을 사용한 곳에 존재하는 자연과 영혼의 세계를 강하게 결속시킨다. 서로 연결된 세 개의 원형은 '생명의 나무', 트리스켈의 상징과 똑같은 해석이 가능하다. 이는 모든 것이 상호 연결되어 있는 자연을 강조한다.

중간 정원의 사례 1 - 최종 계획, 스케일 1:100

핵심 포인트 : ■ = 수로, ■=후글컬처 언덕

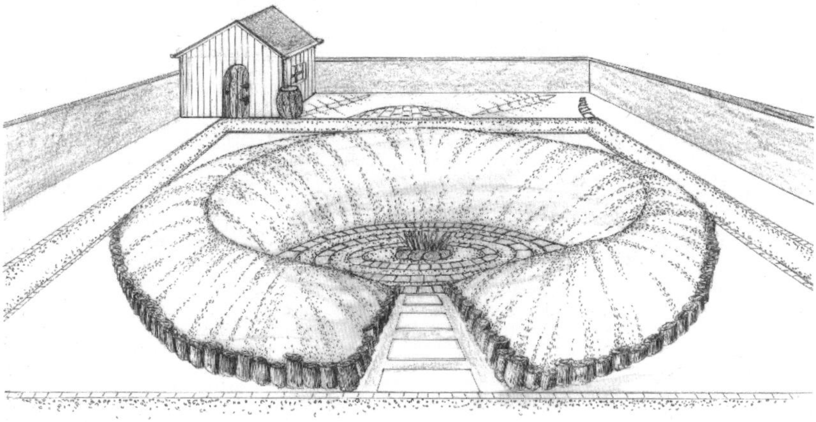

중간 정원의 사례 1 - 식재 이전의 풍경, 식재 이후의 풍경

중간 정원의 사례 2

디자인 뒤에 숨겨진 의도

마치 어린아이와 같은 에너지와 즐거움이 가득한 마법의 공간을 만드는 것이다. 정원은 창조의 에너지로 가득찰 것이다. 이곳에서는 우주의 에너지와 쉽게 연결된다. 또한 힘들이지 않고 자연 안에서 자기 자신에게 집중할 수 있다. 어린아이 같은 에너지를 통해서만이 우리의 진실한 모습을 기억하고 드러낼 수 있다.

디자인 속에 의도적으로 만든 장소

- 고요한 장소·명상하고 기도하는 장소
- 소원나무
- 밤을 위한 장소

디자인에 통합시킨 상징과 모양

- **나선형** 잔디밭에 위치한 시계 반대 방향으로 움직이는 나선형은 정원 에너지의 흐름을 열어 준다.
- **원형** 정원 곳곳에서 반복적으로 사용되는 원형은 성스러운 여성 에너지의 힘을 북돋아 주고, 영양분을 공급해 주며 이 에너지를 정원이 수용하게 만든다.
- **서로 연결된 세 개의 원형** 또는 세 개의 나선형(트리스켈의 또 다른 형태). '생명의 나무'와 마찬가지로, 트리스켈은 우리가 영혼의 세계, 조상들의 세계로부터 지원을 받고 있다는 사실을 상기시킨다. 북미원주민은 다음과 같은 아름다운 문장으로

그 사랑을 표현했다.

"아버지 하늘과 어머니 지구는 아이들인 우리를 함께 창조했으며, 우리에게 지지와 사랑을 보냅니다."

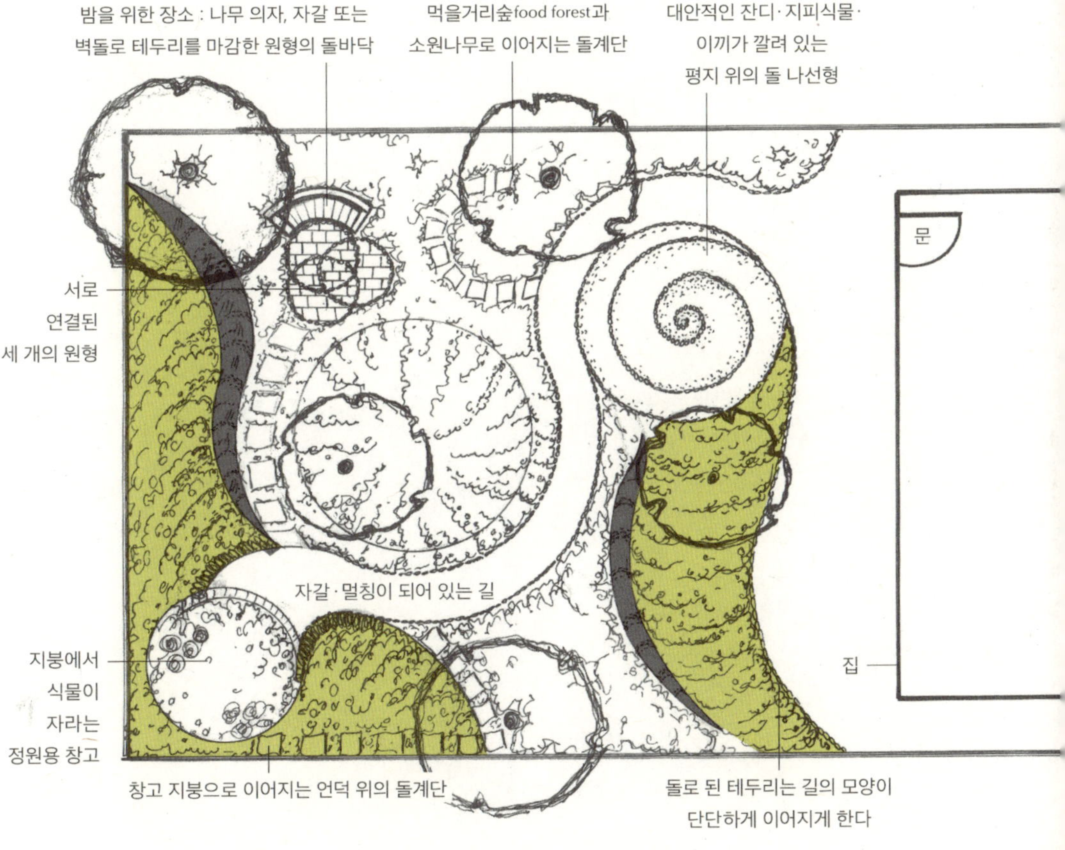

중간 정원의 사례 2 - 최종 계획, 스케일 1:100

핵심 포인트 : ■=수로, ■=후글컬처 언덕

중간 정원의 사례 2 - 식재 이전의 풍경, 식재 이후의 풍경

큰 정원의 사례 1

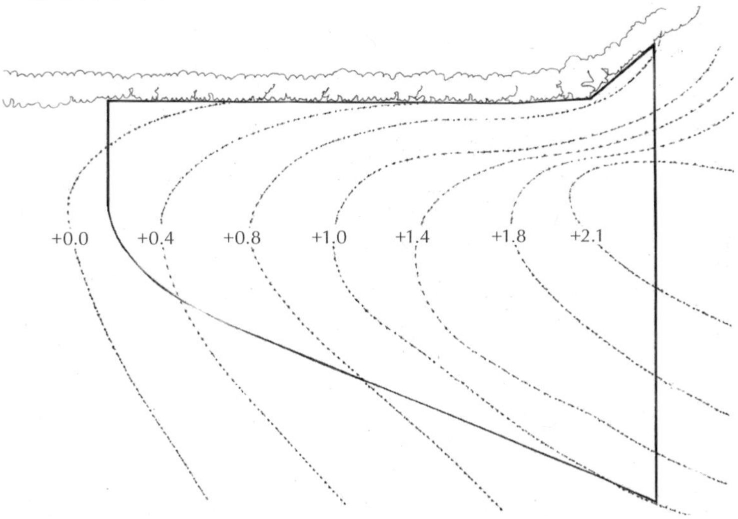

큰 정원의 사례 1 - 기본 계획, 스케일 1:500

디자인 뒤에 숨겨진 의도

이 정원의 장소들은 창조적 에너지의 강한 흐름을 만들어 내려는 의도를 품고 있다. 이곳의 디자인은 풍요로운 흐름을 만들어 내며 생각, 소원, 꿈이 현실에서 이루어지도록 돕는다.

디자인 속에 의도적으로 만든 장소

- ● 고요한 장소·명상하고 기도하는 장소
- ♦ 긴장을 푸는 장소
- ● 소원나무
- ♦ 밤을 위한 장소

- **나선형** 정원의 중심이 되는 나선형의 길은 중앙에 있는 소원나무가 있는 곳까지 마법의 원형을 그리며 당신을 인도한다. 시계 반대 방향(시작)의 나선형은 당신이 소원을 적은 쪽지를 나무에 붙이거나, 이루고 싶은 바를 설명하면 우주의 에너지가 흐르는 길이 열린다는 것을 보여 준다.
- **별** 두 개의 원형 안에 들어 있는 별 모양 안에, 또 다른 원형이 들어 있다. 이것은 보호받고 있는 장소를 의미한다. 창조력은 서로 다른 두 개의 성질이 부딪히면서 발생한다. 옛날부터 육각형 별은 상반되는 두 개 성질의 통합을 의미했다. 이 장소는 우리가 창조력의 결과라는 사실을, 우리의 모든 의도가 아래로는 영혼의 세계, 위로는 조상들의 세계의 지원을 받고 있다는 사실을 알려 준다. 불 피우는 구덩이가 있는 중앙 공간은 우리가 성취하고 싶은 바가 무엇인지 생각해 보고 또한 지나간 것을 떠나보낼 수 있도록 디자인했다. 이 장소에서 우리의 걱정과 두려움을 종이 위에 쓴 다음, 불로 종이를 태우면서 지난 감정들을 떠나보낸다. 자유로운 감정이 생겼을 때 비로소 우리의 소원이 이루어질 수 있으며, 그 소원이 우리의 내면에 자리 잡을 수 있다.
- **트리스켈** 불 피우는 구덩이로 이어지는 세 개의 길은 세 개의 나선형 상징을 나타낸다. 세 개의 길은 별 모양이 지닌 에너지 현상을 강화시킨다. '생명의 나무'와 마찬가지로 트리스켈은 우리가 영혼의 세계, 조상들의 세계의 지원을 받고 있다는

사실을 상기시킨다. 이것은 트리스켈 상징에 관한 나의 개인적인 해석이다. 누구나 원하는 대로 다르게 해석할 수 있다. 일부 상징은 한 개 이상의 많은 해석이 가능하다.

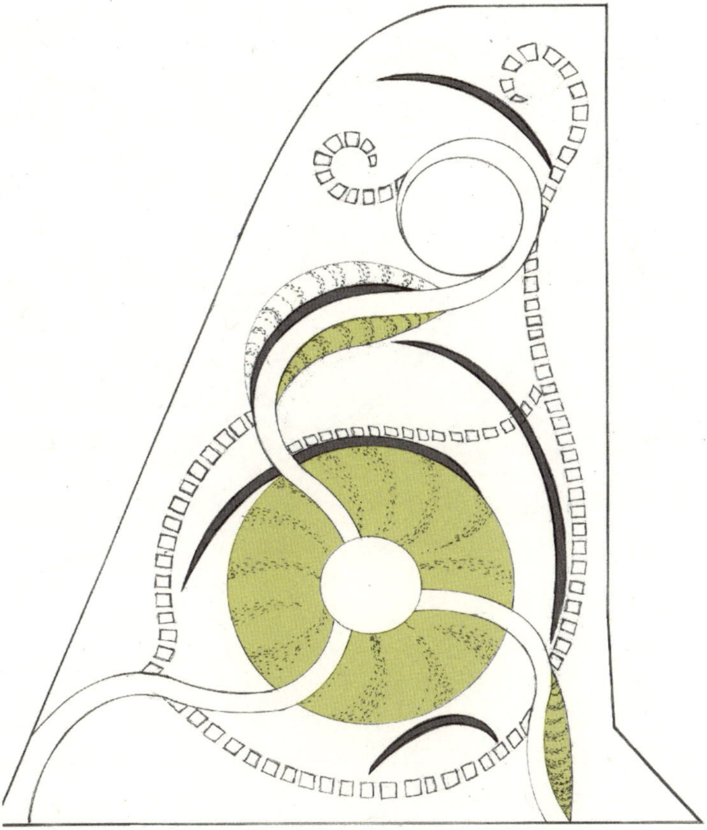

큰 정원의 사례 1

핵심 포인트 : ■=수로, ■=후글컬처 언덕

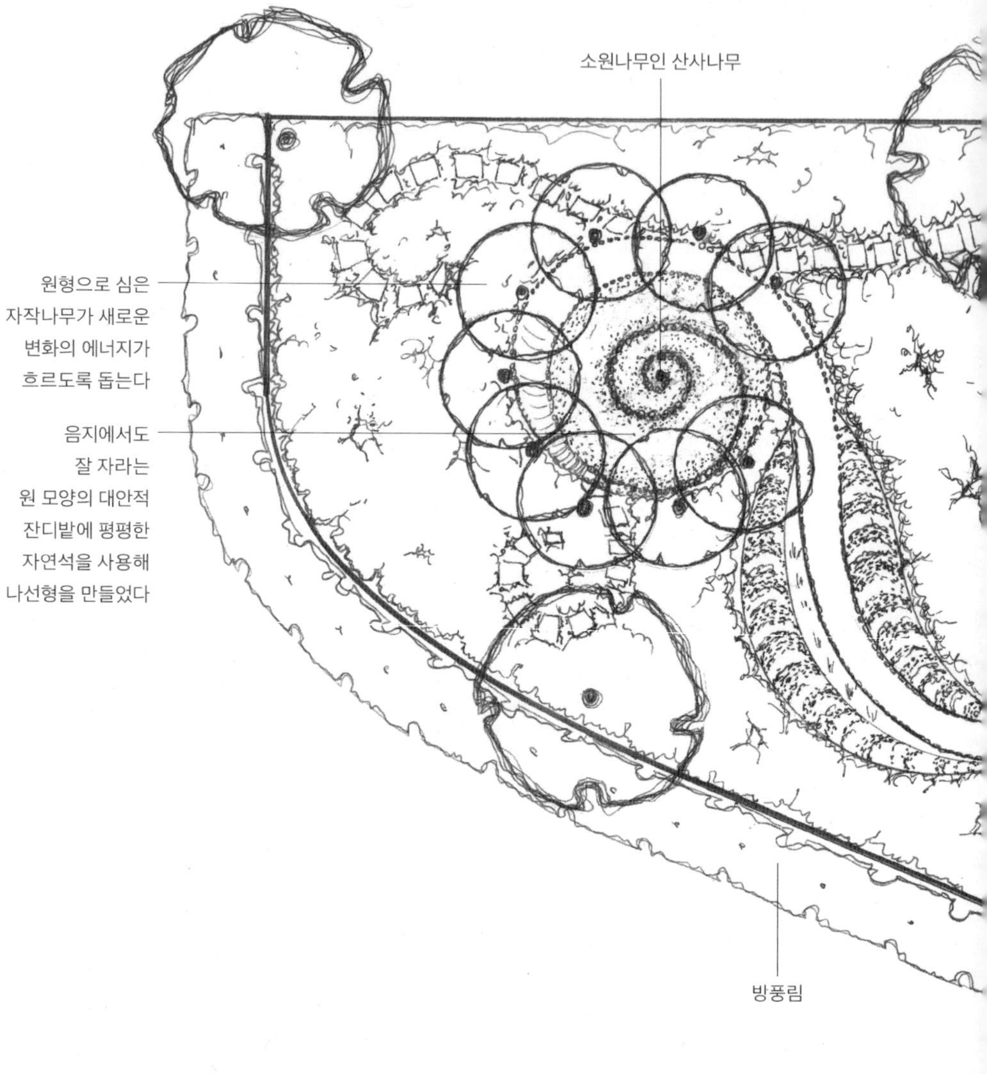

큰 정원의 사례 1 - 최종 계획, 스케일 1:125

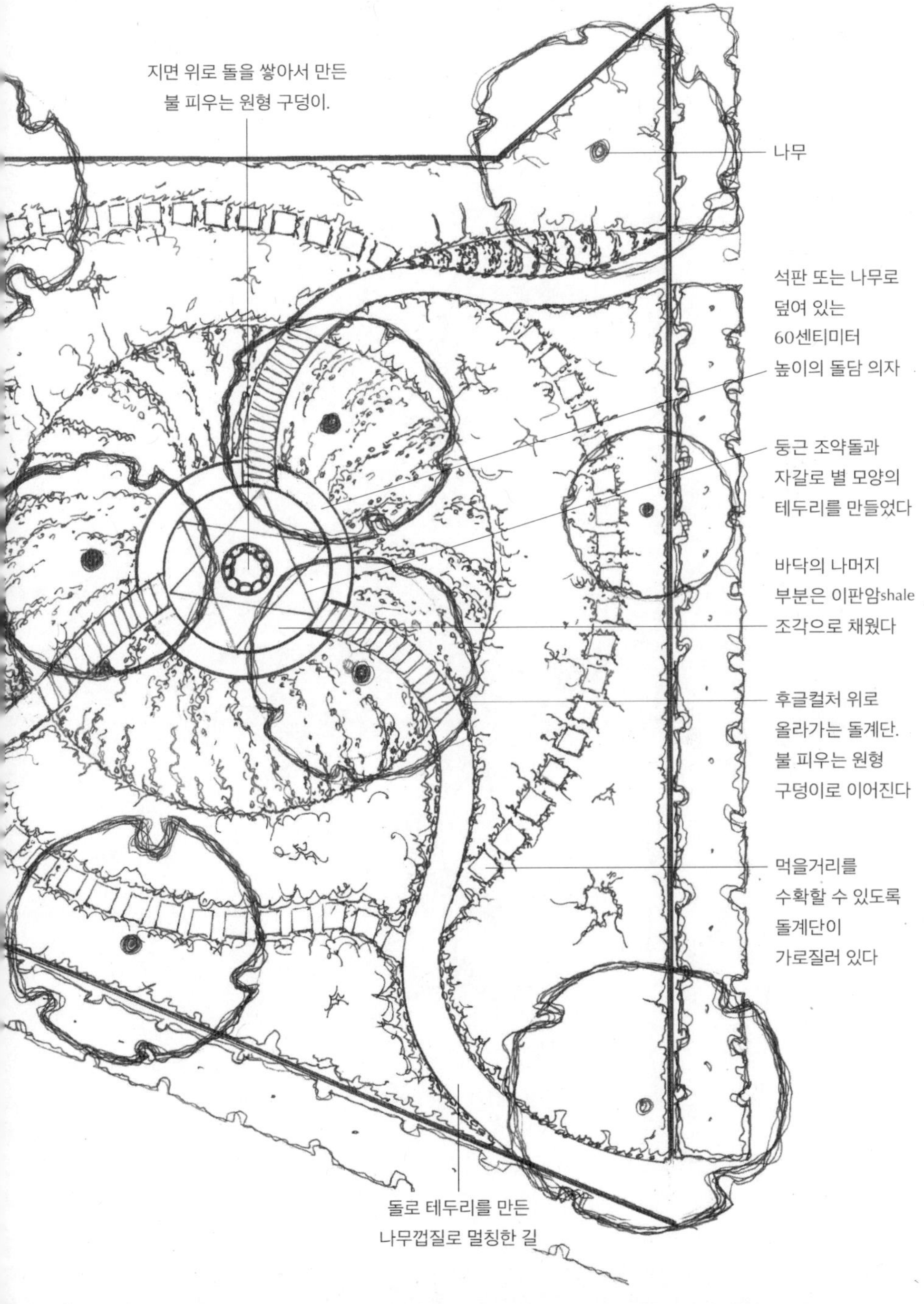

지면 위로 돌을 쌓아서 만든
불 피우는 원형 구덩이.
나무
석판 또는 나무로
덮여 있는
60센티미터
높이의 돌담 의자
둥근 조약돌과
자갈로 별 모양의
테두리를 만들었다
바닥의 나머지
부분은 이판암shale
조각으로 채웠다
후글컬처 위로
올라가는 돌계단.
불 피우는 원형
구덩이로 이어진다
먹을거리를
수확할 수 있도록
돌계단이
가로질러 있다
돌로 테두리를 만든
나무껍질로 멀칭한 길

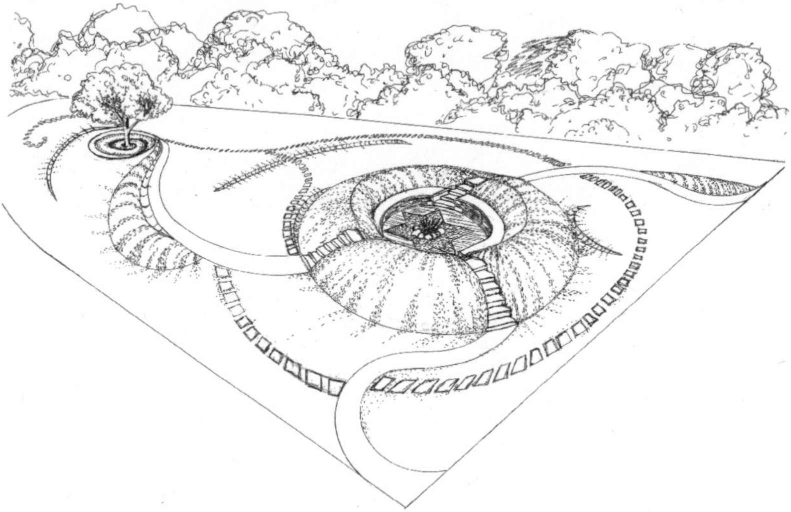

큰 정원의 사례 1 - 식재 이전의 풍경, 식재 이후의 풍경

큰 정원의 사례 2

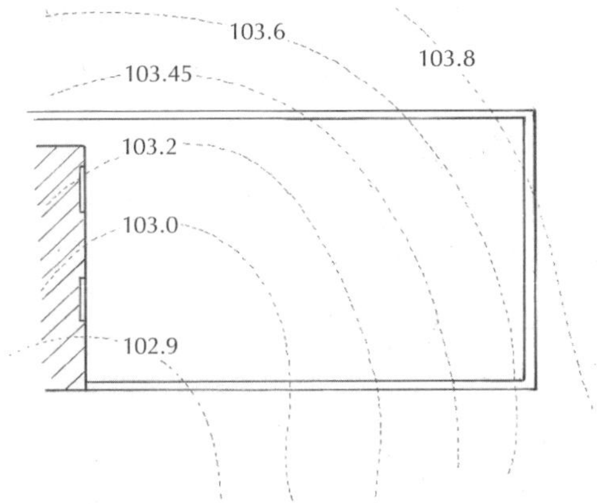

큰 정원의 사례 2 - 기본 계획, 스케일 1:500

디자인 뒤에 숨겨진 의도

이 정원은 자기 자신 그리고 자연과 다시 연결되기 위한 장소다. 나는 정원에 '높은 곳'을 만드는 것이 보호받는 느낌을 강화시켜 준다고 믿고 여러 개의 산과 언덕을 디자인했다.

디자인 속에 의도적으로 만든 장소

- ● 고요한 장소·명상하고 기도하는 장소
- ♦ 소원나무
- ● 밤을 위한 장소

디자인에 통합시킨 상징과 모양

- ● **십자형** 이 상징은 하늘과 땅이 만나는 지점, 그리고 둘 사이의

균형으로 이루어진 조화를 약속한다는 의미를 담고 있다. 십자형의 세로선은 영적이고 남성적인 원칙을 의미하며, 가로선은 세속적이고 여성적인 원칙을 의미한다.

- **원형** 불을 피우는 곳은 원형으로 만들었다. 불 피우는 구덩이의 정중앙에는 십자형 세로선으로 반듯한 길이 나 있다. 원형은 통합과 온전함을 상징한다. 이 장소에서 불을 지핀다는 것은 내면의 근원에 다시 불을 밝힌다는 것을 의미한다. 정원의 정중앙과 주변에 많은 원형을 배치했다. 이것은 우주의 에너지와 소통할 수 있는 채널이 열리고, 소원나무에 다가갈 수 있음을 의미한다. 이 채널이 열리게 되면, 원하던 바를 세상에 펼칠 수 있게 된다.

당신과 정원디자인 사이에 반드시 공명이 일어나야 하며, 오롯이 혼자서 그 공명을 일으켜야 한다는 점을 유념해야 한다. 당신이 바로 그 정원의 수호자이며, 정원은 당신과 정원 모두의 필요를 대변하는 협업의 장소이므로 공명이 이루어져 꼭 들어맞는 느낌이 들어야 한다. 따라서 만약 내 디자인이 당신에게 적합하다면 사용해도 되겠지만, 굳이 내 디자인을 따라할 필요는 없다. 내 디자인의 모양과 형태는 사람과 땅 모두를 치유할 수 있는 하나의 사례로만 참고해 주기를 바란다.

큰 정원의 사례 2 - 원근화법

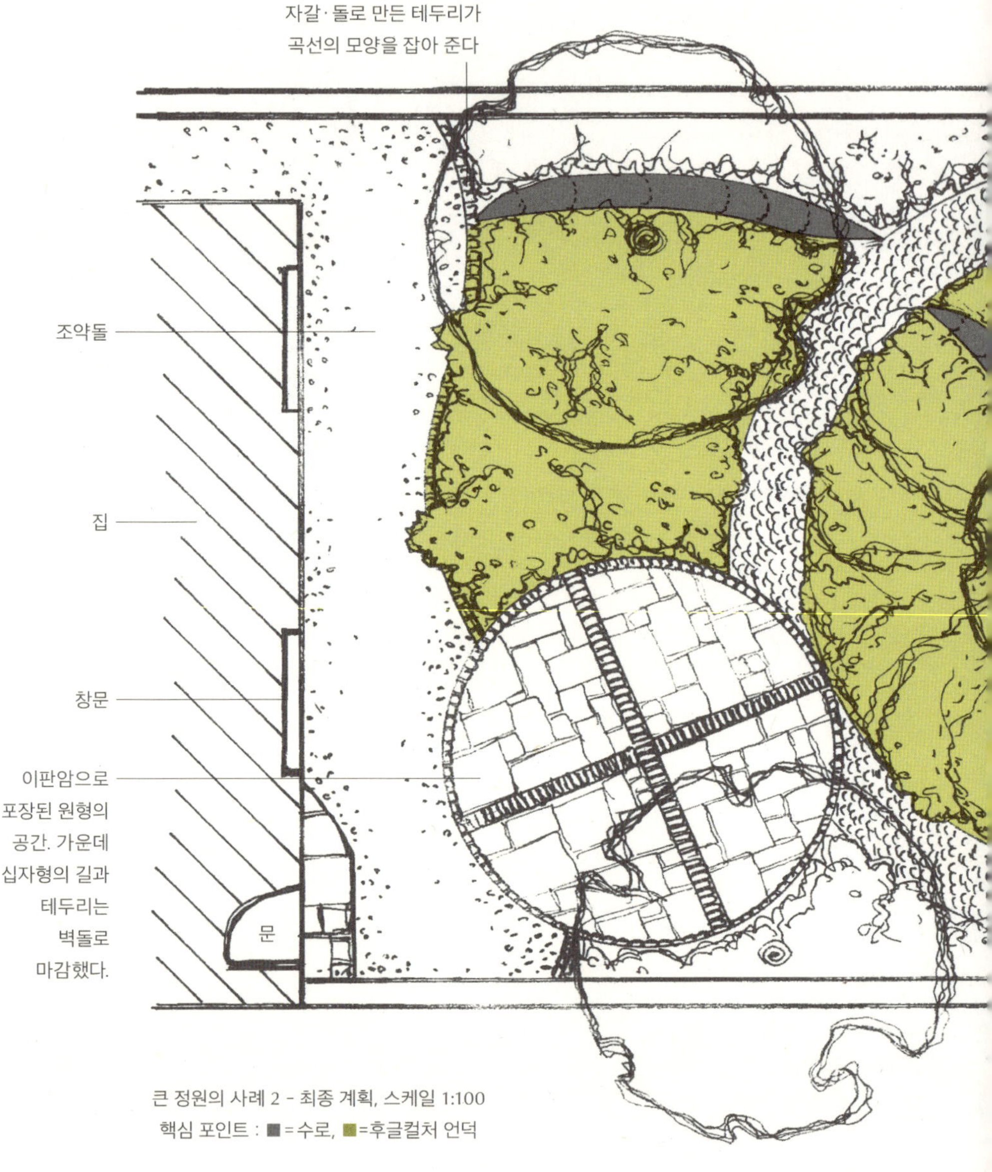

큰 정원의 사례 2 - 최종 계획, 스케일 1:100

핵심 포인트 : ■ = 수로, ■ =후글컬처 언덕

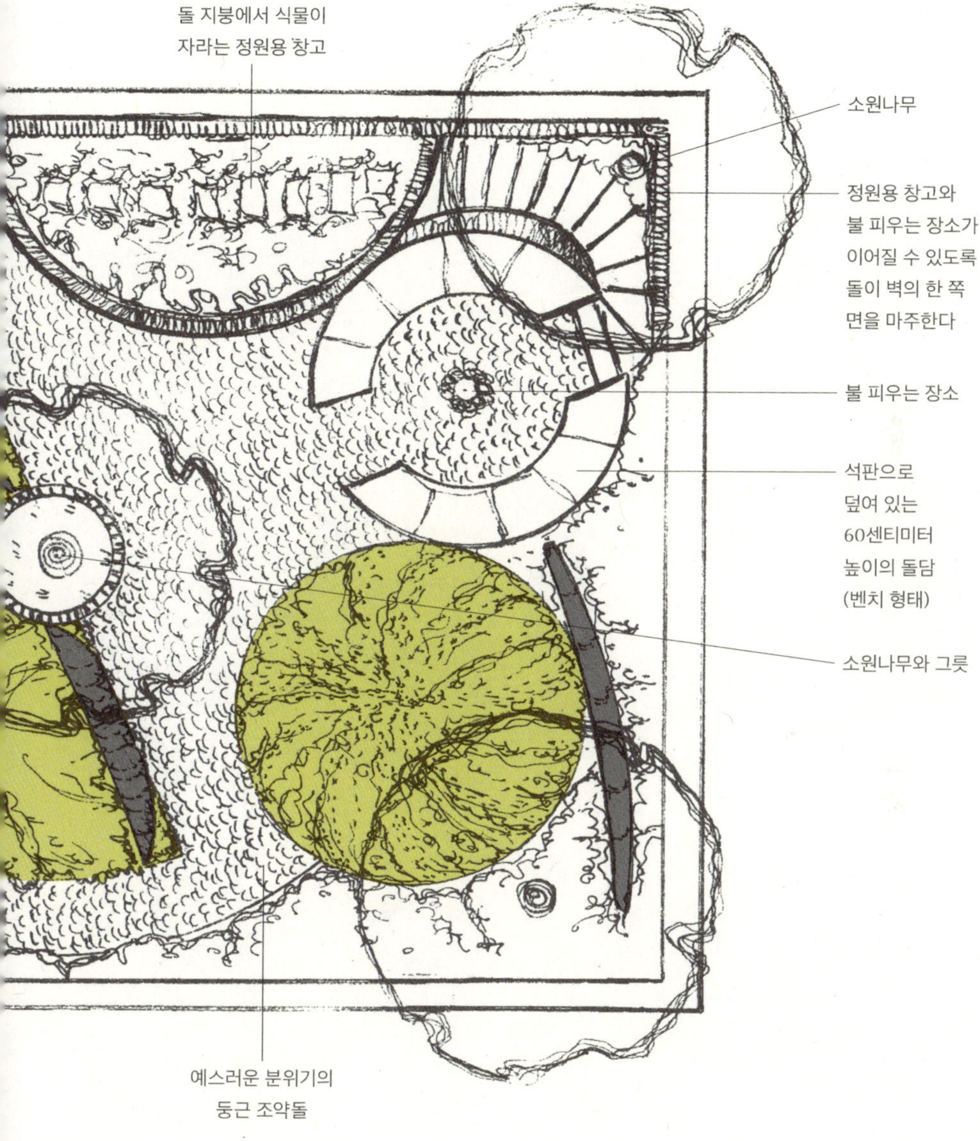
돌 지붕에서 식물이
자라는 정원용 창고
소원나무
정원용 창고와
불 피우는 장소가
이어질 수 있도록
돌이 벽의 한 쪽
면을 마주한다
불 피우는 장소
석판으로
덮여 있는
60센티미터
높이의 돌담
(벤치 형태)
소원나무와 그릇
예스러운 분위기의
둥근 조약돌

3.

숲정원

The Forest Garden

"변화는 생명의 숨결이다."

Anáil na beatha an t-athrú.

내 어린 시절의 땅은 지금과 달랐다. 그때는 산업화된 농업이 모든 땅을 차지하기 전이라 농사를 짓는 방식이 지금보다 너그러웠고 땅은 여전히 숱한 생명으로 풍요로웠다. 어느 맑은 5월 오후, 나는 부모님 농장을 거닐다가 집에서 조금 떨어진, 내가 좋아하는 작은 밭에 갔다. 이 밭은 다른 밭과 다르게 테두리가 있었고, 가시금작화 덤불, 가시가 있는 검은딸기나무, 디기탈리스, 크랩애플, 야생 자두나무, 달콤한 향이 나는 산사나무로 사방이 둘러싸여 있었다. 기억 속의 나는 짧고 통통한 다리로 밭의 한가운데를 향해 걷고 있었다. 누가 나를 보는 듯한 느낌이 들어 뒤를 보려 돌아섰더니, 들어왔던 입구의 틈이 완전히 사라졌다. 교목과 관목이 움직여 서로를 꽉 붙잡고 입구를 삼켜 버린 듯했다. 밭 밖으로 나가는 길이 없어져 두렵고 혼란스러웠다.

처음에는 밖으로 나가는 길을 찾기 위해 오랜 시간 동안 엄마 아빠를 소리쳐 불렀다. 시간이 흐르며 나는 햇빛과 산사나무의 취할 듯한 향기, 울타리 위에서 새들이 재잘거리는 소리 때문에 정신이 차츰 어질어질해지는 것 같았다. 발아래 풀밭에서 많은 생명이 부지런히 꾸물꾸물 움직이고 작은 나비들은 춤을 추었다. 나무와 풀들은 생기가 넘쳤다. 나는 그 존재 하나하나와 그들이 가지고 있는 고유한 특성을 느낄 수 있었다. 애니메이션을 보는 것처럼 그들은 약간 과장되게 움직이며 내 관심을 끄는 듯했다. 덤불은 빛을 내며 자신을 뽐냈고, 어떤 생명들은 상냥하고 호의적이었으며, 또 다른 생명들은 나를 두려워하지 않으며 호기심을 보였다.

결국, 무서움은 사라지고 풀밭에 앉아 햇살에 젖어 이 신비로움에 빠져들었다. 나를 둘러싼 생명들이 편안하게 느껴졌고, 아이처럼 장난스러우며 친근하게 느껴졌다. 나는 몸속에서 뭔가 꿈틀거리는 감정을 느꼈는데, 이는 저절로 솟아오르는 순수한 기쁨이었다.

그날은 어떤 특별한 일도 일어나지 않았다. 시간이 흐르면서 조상들이 살아온 이 땅과 여기에 사는 존재들이 친근하게 느껴졌다. 그러다 이웃 농부의 딸이 울타리 반대편에서 인사를 건넸고, 마법은 풀렸다. 주위를 둘러보니 입구가 생겨났고 나는 집으로 돌아갈 수 있었다. 몇 년이 흘러 내가 겪은 일은 아버지에게 들려주었다. 아버지는 할아버지도 같은 땅에서 나와 같은 경험을 했다고 말했다. 오래전부터 이곳은 마을 사람들에게 요정의 땅으로 알려져 있었다. 그날의 경험은 나를 변화시켰고, 정원을 설계하고 자연을 이해하기 위해 필요한 내용은 그때 다 배운 셈이었다. 정원디자이너로 그날 느끼고 경험한 분위기를 다시 창조해 내기 까지는 몇 년이 더 걸렸다. 그 과정에 사용될 마법의 약에는 세 가지 특별한 재료가 필요하다는 사실을 알아냈다. 내가 최근까지 작업하면서 사용한 마법의 재료 두 가지는 바로 목적과 계획이다. 마지막 세 번째 재료는 내가 속한 땅과 친밀한 유대감을 형성하는 것이다. 어린 시절 그날 밭에서 만난 것은 사랑이었다. 힘이 되어 주는 이들의 사랑과 관심이다. 나와 함께 시간을 보낸 그 땅과 식물들이 그립다.

동맹 관계 구축하기

"젊은이를 찬양하라, 그러면 그들은 꽃을 피울 것이다."

Mol an óige agus tiocfaidh sí.

땅을 치유하고 설계하는 일이 끝나기만 하면 기초 준비가 완료되고, 땅은 당신의 의도를 깊이 이해하게 된다(1~2장 참고). 다음 단계는 당신의 의도와 땅이 필요로 하는 것을 조율하는 일이다.

땅은 어린아이와 같아서 모두 건강하고 자립할 수 있는 어른으로 성장하기를 원한다. 땅을 돌보는 정령 같은 존재가 없더라도 당신이 일하고 있는 땅은 안정과 성장을 향한 욕구를 충족시키고 싶은 강한 의도를 품고 있다. 이것을 움직이는 핵심 키워드는 조화, 성장, 건강이다.

땅의 의도를 저버린 채 일하는 것은 무척 어리석다. 우리는 대부분 정원을 가꾸는 데 필요한 에너지를 정원이 가진 의도를 발현하지 못하게 하는 데 써 버린다. 우리는 이를 정원을 유지하고 관리한다고 말하며 '손이 많이 가지 않는 정원low-maintenance garden', 즉 땅으로부터 생명을 빼앗아 가는 정원으로 만든다. 우리가 땅이 바라는 것을 적극적으로 이해하고, 동시에 그 과정에서 인간의 표현과 요구를 땅이 받아들일 수 있도록 한다면 우리는 생명의 흐름 속에서 일할 수 있다.

자연은 균형 잡힌 생태계를 이루기까지 일련의 과정을 거치면서 성숙한다. 아프리카의 대초원이나 습지, 범람원 같은 지역을 제외한 사람들의 삶이 이어져 온 땅 대부분은 조건이 허락만 된다면 숲의 모습으로 되돌아갈 수 있다. 숲은 가장 효율적이고 조화로운 성장 시스템이

가능하도록 수천 년 동안 진화해 왔다.

땅은 그곳에서 일하는 사람들과 유대감을 형성할 수도 있고 그렇지 않을 수도 있다. 당신이 땅과 특별한 관계를 맺는다면 부모와 자식 사이의 유대감 같은 것이 형성될 수 있다. 부모는 자식을 사랑하고 아끼고 보호할지 아니면 아이를 존중하지 않고 엄격히 대할지 선택할 수 있다. 이 관계의 깊이는 부모의 사랑과 돌봄, 관심의 정도에 따라서 끊임없이 달라질 수 있다.

개간한 땅은 우리에게 받은 사랑과 관심을 그대로 비추는 거울과 같다. 아이들은 부모와 상호 작용하며 자아의 많은 부분을 발달시킨다. 예뻐 보이는 것이 가치 있다는 메시지를 전달 받으면 땅은 당신이 주장하는 미의 기준에 따라 자신을 통제하며 맞지 않는 옷을 입으려 할 것이다. 그러나 땅은 강요된 식재 설계에 따른, 색이 화려한 여러해살이풀, 장미, 라벤더 같은 옷만 입으려 하지 않는다. 땅은 당신이 강요한 것을 부드럽게 또는 강하게 뚫고 나와 진짜 자신의 모습을 드러낼 수밖에 없다.

땅도 솟구치는 자신을 막을 수 없다. 이것이 자연의 본성이다.

숲을 걷고 있는 동안 누군가 자신을 보는 것 같아 불편한 기분이 든 적이 있는가? 노여움과 불신의 불안정한 흐름을 감지했을지도 모른다. 때로는 불안하고 심지어 위험한 느낌을 받기도 한다. 이곳은 무서운 요정들의 이야기가 만들어 낸 어두운 숲이다. 이 숲은 사람이 살지 않는 숲으로, 인간과 건강한 관계를 맺었던 기억이 없다. 이곳에서 인간은 신뢰받지 못하고 환영받지 못한다.

이와 달리 존중 받으며 타고난 운명대로 살아온 행복하고 건강한 숲은 어두운 숲과 느낌이 다르다. 신비로움과 빛을 지닌 이 숲에는 특별한 에너지가 흐른다. 마치 어린아이가 크리스마스에 느끼는 환희의 감정같이 부드러우며 행복하고 안정된 기류가 흐른다. 인간은 이 숲의 성장에 긍정적인 역할을 해 왔다. 우리는 이곳에서 신성한 장소를 발견할 수 있다.

단 한 번도 사람 손이 닿지 않거나 자연 그대로의 형태로 되돌아간 야생의 땅은 마치 다 큰 성인과 같다. 독특한 개성과 강한 생명력을 지닌 독립적이고 옹골진 존재다. 그러나 땅을 덮고 있던 것들이 벗겨지고 토양이 망가지면 땅은 어린아이와 같이 연약해진다. 안정되고 복잡한 땅의 구조와 관계는 사라지고 서로를 떠받치며 풍요롭게 하던 관계망이 다 끊어진 채 홀로 헐벗은 채 남겨진다. 이런 일이 생기면 땅은 당면한 운명을 좌우할 수 있는 당신에게 전적으로 의존할 수밖에 없다.

그럼에도 이런 조건에 계속 노출된다면 결국 땅은 스스로 다시 성숙해질 것이다. 하지만 인간이 이 과정에 도움을 주어야 한다. 땅이 되고 싶은 자신의 모습으로 성장하도록 도와주면 당신과 땅 사이에 강한 유대감이 생길 것이다. 그리고 이 과정에는 신비로운 비밀이 있다.

땅은 생물 같아서 오랫동안 상처받고 연약해진 상태로 있을지라도 시간이 흐르면 회복된다. 다양성이 살아나고, 직관력을 되찾을 수 있게 되며, 모든 것이 조화롭게 통합되며 생명력이 넘쳐 스스로 살아갈 수 있을 때까지 다시 서로를 지지하고 풍요롭게 해 주는 식물 군락과 미생물을 만들어 낼 것이다. 그러나 편안함이 느껴지지 않는 어두운 숲은 더 이상 인간을 쉽게 신뢰하지 않다. 나는 그런 곳은 기회를 놓친 장소라고 생각한다.

귀 기울여 듣기

"신의 도움은 당신의 문 앞보다 더 가까이에 있다."

Is gaire cabhair Dé ná an doras.

자연과 함께 정원을 만들어 나가는 일에는 귀 기울여 듣기가 꼭 필요하다. 땅이 어떤 식물을 돕고 싶은지 또는 그렇지 않은지 유심하게 관찰하고 이해하는 것은 중요하다. 이렇게 해야 균형과 조화를 이룰 수 있다. 땅에 저항하지 않고 일해야 하며 당신의 최종 목표는 땅의 건강 회복이어야 한다.

만약에 당신이 항구마을이나 도시에 산다면 그 땅의 본디 모습은 습지나 범람원이었을 것이다. 이런 상황에서는 마치 이 땅이 삼림지대였다고 생각하고 일하는 것이 좋다. 정원은 안정되고 건강한 시스템으로 나아가면서 강한 자신감을 키우겠지만 더불어 인간도 땅이 스스로 할 수 없는 것을 생태적인 방법으로 도와주어야 한다.

저마다 서로 다른 개인을 대하듯이 정원을 마주해야 한다. 성공적인 정원 가꾸기에 적용할 수 있는 단 한 가지 방법은 없다. 모든 땅은 특정한 환경에서 자라는 자생식물이나 바람에 날린 씨앗으로 뿌리내린 식물로 이루어진 지역적 생태계를 갖고 있다. 물론 정원을 받쳐 줄 식물의 군락을 결정할 때 물 자원, 미기후microclimate(지표면으로부터 지상 1.5미터 정도 높이까지 접지층의 기후), 토양의 종류, 지형 같은 자연 환경적인 요소도 중요하다. 꽃가루받이受粉(종자식물에서 수술의 꽃가루가 암술머리에 옮겨 붙는 일. 바람, 곤충, 새, 또는 사람의 손으로 이루어진다)를 돕는 곤충과 무척추동물의 건강과 존재 여부 또한 중요한 요소다.

자연을 그대로 모방하는 일은 무척 어렵다. 시간, 인내, 친밀감에서 시작되는, 땅에 관한 깊은 이해가 필요하다. 하지만 콘크리트나 여러해살이식물만 자라는 화단을 만들어 땅을 숨 막히게 하는 것보다는 확실히 낫다. 그러한 방법은 빠르고 편리하며 우리 문화에서나 원예산업 안에서 쉽게 수용되는 방식이지만 결코 인간과 땅이 친밀한 관계를 형성하거나 서로 연결되는 데 도움이 되지 않는다.

자연을 그대로 내버려 둔다면, 배고픈 사슴의 개체 수가 증가하거나 토끼들이 들끓는 상황 같은 생태계의 불균형이 사라지고, 다시 자신의 고유 영역을 회복시켜 삼림지대가 될 것이다. 하지만 나는 작은 정원에서 삼림지대를 다시 창조해 내는 일이 실현 불가능하다는 것을 깨달았다. 그리고 땅의 정령이 요구하는 것을 들어주고 땅이 원하는 모습대로 변할 수 있도록 돕는 가장 좋은 방법이 무엇인지 궁금해졌다.

나는 식재 계획을 좋아하지 않는다

정원에 어떤 식물을 어떻게 배치할 것인지 설계하는 일은 항상 나에게 뭔가 잘못된 것 같은 느낌을 주었다. 나는 내 정원을 복잡하지만 서로 연결되어 있고 싱그러운 야생의 장소로 창조하고 싶은 마음이 컸지만, 틀에 박힌 식재 설계는 나를 숨 막히게 했다. 단조로운 사탕가게에서 사탕을 고르는 것처럼 식물을 선택하는 일에 짜증이 나 있었고, 자연스럽지 않은 빛깔, 질감, 형태의 조합을 원하는 고객들의 요구에 고통스럽기까지 했다.

나는 항상 이끼 낀 숲이나 바람에 풀들이 흩날리는 들판처럼 감각적이며 단순한 정원을 꿈꾸었다. 결국 나는 내 정원에 있는 그대로 진실한 분위기를 창조해 낼 수 있는 자연스러운 식재 계획을 세워 보기로 했다. 이 방법은 조금 도움이 되었지만 성공하지는 못했다.

내가 말하는 생태적인 식재 계획ecosystem-planting schemes을 만들어 내기란 결코 쉽지 않다. 이런 종류의 정원 식재 계획을 종이에 자세하고 완벽히 그려 내기란 불가능하다. 1제곱미터 규모의 땅에는 50종류의 저마다 다른 식물이 여러 층으로 겹쳐져 있다. 이것은 끊임없이 변화하며 서로 돕는 관계를 형성하고 있다.

정원을 가꾸는 일은 자연과 친밀한 관계를 맺는 일이기도 하다. 정원 가꾸기와 관련된 학위 따위는 필요 없다. 사실 일반적인 정원 가꾸기 교육은 땅의 섬세한 소리에 귀 기울이는 능력을 떨어뜨리고 시간만 허비하는 일이 되기 쉽다.

내가 하는 방식은 직접 자연의 형태나 생명의 복잡한 특징을 자연스럽게 터득하게 하는 데 그 목적이 있다. 현지의 식물 군집과 미기후를 차츰 익히게 한다. 이런 방식의 교육은 어느 정도 도움이 되지만 가장 중요한 것은 직관에 의지해 땅의 소리를 듣는 방법을 배우는 것이다.

정원디자이너로서 고객을 만나면 이런 방식으로 정원을 이해하고 관심을 불러일으키는 데 시간과 에너지가 든다는 것을 받아들여야 한다고 설득한다. 자연과 조화를 이루며 창의적으로 정원을 설계하는 작업은 나에게는 분명히 앞으로 나아가는 일이다. 나는 가장 생태적으로 이로운 정원은 숲의 한 부분을 옮기는 일이라 확신했지만, 아직 정원에서 먹을거리를 함께 기르는 일은 맞추어지지 않은 퍼즐의 한 조각 같다.

먹을거리 직접 기르기

"우리 집의 난롯가가 가장 따뜻하다."

Nil aon tinteán mar do tinteán féin.

바람직한 친환경적인 식재 설계 속에는 균형 잡히고 자립 가능한 생태계 안에서 우리의 먹을거리를 길러 내는 일이 포함되어야 한다. 최근까지 볼품없는 경관을 만드는 데 쏟아 부었던 땅을 회복시켜 먹을 수 있는 식물 기르는 일을 해볼 수 있다. 미국만 해도 4000만 곳의 사유지에 잔디만 심어져 있다. 이것은 정말 끔찍한 일이지만, 역설적으로 잔디만 심어져 있는 단조로운 형태의 서식지를 다양한 모습으로 회복할 기회가 있다는 사실을 보여 준다.

결국, 우리는 지역적이고 지속가능한 삶으로 돌아가야만 하고 그밖에 다른 길은 없어 보인다.

사람들 대부분은 지금부터 100년도 채 되기 전부터 자신이 먹을 먹을거리를 기르지 않기 시작했다. 채소를 기르던 텃밭을 대신한 잔디밭은 신분을 상징하는 곳이 되었다. 먹을거리를 기르지 않고 자신이 소유한 땅을 그대로 두는 것이 부의 상징처럼 여겨졌다.

사람들은 점점 더 스스로 먹을거리를 기르지 않게 되었고 가공된 먹을거리와 산업화된 농장에서 생산한 먹을거리에 의존하게 되었다. 그리고 이것은 수년 동안 신체적인 건강과 정서적 행복을 전반적으로 저해했다. 우리의 먹을거리는 호르몬, 유전자변형GMO원료, 화학물질, 실험실에서 만들어진 여러 가지 혼합물로 가득하다. 이것은 진짜 음식이 아니라 음식처럼 보이는 물질들의 조합일 뿐이다. 현재 먹을거리 생산체계는 인간, 사육당하는 동물, 땅, 물, 공기를 해치고 있다. 인간이 점점 병들어 가고 있다는 사실은 지구도 병들어 있음을 드러낸다. 우리가 섭취한 것과 똑같은 화학물질 때문에 지구도 천천히 죽어 가고 있다는 의미다.

땅과 인간은 서로를 비추어 주는 거울이다. 이 둘의 관계는 깊고 신비로우며 이 관계를 가까이 관찰하고 깊이 명상하면 더 명백히 알 수 있게 된다. 우리는 땅을 대상화하며 이용하다 못해 혹사했다. 땅은 여성의 에너지를 상징하고, 지금까지 우리가 땅에게 했던 것은 우리 사회가 여성을 대상화하고 이용하고 학대한 것과 마찬가지다. 다시 균형 잡힌 상태로 회복시켜야 한다.

현대 경관은 점점 개성과 다양성을 잃었고, 단일 재배 방식의 농지처럼 지나치게 단순화되고 지속불가능한 것이 되었으며, 제한된 도시 공원과 통제된 정원이 되었다. 나는 이런 경관 속에서 사는 많은 사람들도 이처럼 위축되고 단조로워진다는 사실을 알게 되었다.

우리가 먹을 수 있는 자생식물은 대부분 머릿속에서 사라졌다. 아일랜드에서만 약 300여 종의 먹을 수 있는 식물이 야생에 있다. 요즘 사람들은 찻길 옆에 자라나는 맛있고 과즙이 많은 서양산딸기를 딸 생각조차 하지 않는다. 한때 다양한 자생식물이 넓고 가득하게 펼쳐졌던 생태계는 이제 작은 섬처럼 고립되었고 위협을 받고 있다. 심지어 아주 작은 곳도 위협을 받고 있다.

세상에는 8만 종의 먹을 수 있는 식물이 있는데 그 가운데 20종도 채 안 되는 식물이 사람이 먹는 식물의 90퍼센트를 차지하고 있다. 집약적인 농업방식과 화학물질에 의존하는 단일 작물을 늘리는 데에만 집중하고 있기 때문에 화학물질에 더 강해지는 곤충과 새로운 질병이 동반되어 나타난다.

처음에는 자연 생태계를 설계하는 일과 우리가 직접 먹을거리를 길러야 한다는 생각을 함께 연결 짓는 것 자체가 어려운 일 같았다. 왜냐면 전통적으로 이와 같은 형태의 정원은 분리되었기 때문에 말도 안 되는 일처럼 느껴졌다. 나는 우연히 이 두 가지 특성을 함께 아우르는 정원을 발견했다. 이 정원은 화학물질로부터 자유롭고 다양한 종류의 풍요로운 먹을거리를 기르며 동시에 자연스러운 숲을 이루고 있었다. 나는 이곳에서 희망을 발견했다!

숲정원 가꾸기

숲정원 가꾸기forest gardening는 숲의 상태를 그대로 복원하며 먹을거리를 생산하는 방법이다. 자연 그대로의 숲에서 정원을 가꾸는 것이 아니라 자신의 정원을 직접 여러 층으로 이루어진 숲으로 키워 내는 것이다. 처음에 이 방법은 비현실적으로 들렸고, 특히 작은 텃밭을 가진 사람들을 떠올리면 더욱 그러했다. 이후 연구와 조사를 진행하면서 정원의 크기와 관계없이 이 방법은 단순하고도 온화하며 생산적인, 아주 기발한 시스템이라는 것을 알게 되었다.

숲정원 가꾸기는 아주 새로운 생각은 아니다. 전 세계의 많은 고대문명이 수천 년 동안 해 온 일을 설명하는 이름이다. 영국 BBC가 2011년에 제작한 3부작 다큐멘터리 시리즈 〈자연스럽지 못한 역사unnatural histories〉는 세계에서 가장 '야생'의 상징이라고 부를 수 있는 곳을 조사해서 그곳이 모두 온전히 자연 그대의 모습이 아니라는 사실을 보여 주었다. 왜냐면 그런 곳이 인간의 활동으로 만들어졌기 때문이다. 한 예로 아마존 우림의 어느 넓은 지역은 1만1000년 이상 동안 숲정원 가꾸기 같은 형식으로 사람 손을 거쳐 형성되었다. 그곳 주민들은 먹을 수 있는 식물과 치료나 실제 생활에 필요한 식물들을 구별할 수 있었고, 이 식물들이 잘 자랄 수 있도록 도왔다. 인간의 개입에 순응한 많은 식물은 번성했고, 그렇지 않은 식물은 사라졌다. 결과적으로 이 땅들은 인간의 개입이 없었던 때보다 훨씬 다양하고 풍요로워졌다.

이런 방식으로 숲을 돌보는 과정을 거치며 세계에서 가장 비옥한 흑토black earth(두꺼운 표토를 갖는 토양을 총칭한다)가 있는 토양이 만들어졌다. 이 토양은 숲정원이 생성된 아마존 열대우림에서 사람들이 살았던 지역에서만 발견된다. 이런 곳은 유럽인들이 들어오기 전까지 많은 인구를 먹여 살렸다.

고대에 이루어졌던 숲 관리 방식은 세계 일부에만 존재한다. 예를 들어 탄자니아 북부지역의 차가Chagga 부족들은 여전히 자연스러운 숲 생태계를 이루는 경작 방식으로 농작물을 기르며, 인도의 케랄라Kerala에는 300만 개가 넘는 숲정원이 있는데, 이를 '홈가든home gardens'이라 부른다.

숲정원을 만드는 일에는 땅이 성장하고 힘을 키워 독립성을 갖도록 도우려는 헌신적인 노력과 책임감이 요구된다. 자연 그대로의 숲을 모방하면서 먹을 수 있는 열매나 견과류가 열리는 나무, 사이사이 심을 수 있는 작은 관목, 장과류(각종 베리 종류), 초본류, 지피식물(자라면서 토양을 덮어 풍해나 수해를 방지해 주는 식물), 덩굴식물과 같은 다양한 식물을 기를 수 있다. 이 방식은 식물이 서로 이로운 관계를 맺으며 지속적으로 성장할 수 있는 네트워크를 형성할 수 있도록 식물을 심는 것이다. 이 시스템에서는 여러해살이풀, 스스로 씨를 퍼뜨리는 한해살이풀, 질소 고정 식물에 집중한다. 숲정원을 가꾸면 충분한 열매, 견과, 씨앗, 잎, 뿌리, 채소를 생산할 수 있고 한 해 동안 쓸 수 있는 땔감도 마련할 수 있다. 여기서 자생식물 종자만 고집할 필요는 없다. 현지 생태계 시스템을 재건하고 통합하는 데 도움이 되는 식물이라면 포함될 수 있다. 걷잡을 수 없을 만큼 힘을 뻗치는 식물을 제외하면 외래종도 함께 심을 수 있다.

세계 어느 지역에서나 숲정원을 만들 수 있으며 자연식생이 낙엽수림인 지역에서 가장 쉽게 할 수 있다. 빽빽하게 우거진 초목은 '잡초'가 지나치게 자라는 것을 막고, 토양을 회복시키며, 스스로 멀칭 역할을 하며 생명력을 유지하기 때문에 조금만 멀칭을 해 주어도 큰 도움이 된다. 이런 시스템은 땅을 잘 갈아 주고 관개시설만 마련하면 된다.

설계 단계에서 인간의 개입은 최소로 하고 정원이 필요한 모든 것을 스스로 생산할 수 있는 자립 상태에 이르도록 신중하게 고민해야 한다. 정원이 자생할 수 있을 만큼 성숙 단계에 이르기까지 정원을 자리 잡게 하고 보호하는 데 많은 일을 해야 하지만, 일반적인 정원을 가꾸는 일보다는 힘이 덜 든다. 일반적인 정원과 다르게 숲정원을 만드는 긴 터널의 끝에는 빛이 있다.

설계 단계에서 당신의 능력과 한계를 인지해야 하고 언제든 도움을 청할 수 있어야 한다. 내가 아이를 키울 때 배운 것을 떠올려 보면 나는 다른 사람들의 실제적인 조언이 없었다면 아마 많이 헤맸을 것이다. 어떤 사람들은 자신들만의 방식과 지식, 내면의 힘과 의지로 성공적으로 아이를 기른다. 그러나 나는 다른 사람의 도움이 필요한 사람이다. 나는 구명조끼 없이는 수영할 수 없는 그런 사람이다.

여러분 가운데 어떤 사람은 첫 단계부터 실제적인 도움이나 더 많은 설명이 없어도 땅을 돌보는 일에 강한 책임감을 가질 수 있다. 반면 어떤 이들에게는 단계별로 지시와 안내가 필요하다. 그러나 당신의 내면에 큰 역량이 있고 그것에 따라 모든 것을 결정할 수 있다.

숲정원 설계에는 정해진 규칙은 없다. 개인의 필요나 일할 환경에 따라 모두 다를 수밖에 없다. 나는 현지에 자라는 자생식물을 심어 보고, 서로 관계를 맺고 살아가는 식물 무리들을 탐구해 보길 제안하며, 가능한 한 이 식물들을 많이 이용해 보길 권한다. 이 식물들은 일반적인 땅에서 자신들의 수와 종을 유지하려 할 것이고 회복하는 힘을 발전시켜 나갈 것이다. 또한, 특별히 끌리는 식물을 정원에 가져와 심을 수도 있다.

성공적으로 숲정원을 만들기 위해 다양한 지식이 필요한 것은 아니다. 하지만 땅이 무엇을 필요로 하는지 듣고자 하는 진실한 노력은 필요하다. 내가 가꿀 땅과 고객들의 요구가 매번 다르기 때문에 나는 항상 새로운 것을 배워야만 한다. 그래서 나 자신을 평생 공부하는 학생으로 생각할 수밖에 없다. 배움은 끝이 없기 때문이다.

이 책은 당신이 올바른 방향으로 항해할 수 있도록 부드러운 미풍을 보내 주고, 유아기, 청소년기, 청년기에 들어서는 정원을 어떻게 돌보아야 하는지 안내한다. 내가 이 책을 쓰는 이유는 기본적인 원리를 설명하고 독자를 둥지에서 밀어내 정원과 함께 스스로 날 수 있도록 하려는 것이다. 전 세계에는 숲정원 가꾸기와 관련된 정보가 있으며 수년 동안 축적한 경험을 기반으로 자신이 해 오고 배웠던 것을 자세히 기록해 책을 낸 전문가들도 많다. 내가 좋아하는 작가는 패트릭 화이트필드Patrick Whitefield, 요제프 제프 홀저Josef ‘Sepp’ Holzer, 제프 로튼Geoff Lawton, 마틴 크로퍼드Martin Crawford다. 나는 일본 농부인 후쿠오카 마사노부에게 자연농법 철학과 방법에 관한 엄청난 것을 배웠다. 영어로 번역된 그의 첫 번째 책은《짚 한 오라기의 혁명》이었고, 이 책은 내가 세상을 보는 눈을 온전히 새롭게 열어 주었다. 후쿠오카 마사노부에게 진심으로 감사의 마음을 전한다.

이 책에는 다양한 쓰임이 있는 식물 목록과 자료들이 있다. 식물 목록은 평범하며, 내가 제시하는 방법들은 많은 경우 직관을 따랐다. 내 경험은 온대기후를 기반으로 했지만, 당신이 살고 있는 환경에 맞게 식물의 종류를 선택한다면 내가 제시한 접근법은 어느 곳에나 적용해 볼 수 있다. 즐겁고 행복한 마음으로 정원을 가꾸길 바란다.

숲의 천이 과정에 따른 식물 심기

"선견지명이 뒤늦은 깨달음보다 낫다."

Is fearr réchonn ná iarchonn.

생태계가 성숙하는 발달단계는 복잡하고 예측하기 어렵다. 화재, 홍수, 곤충들의 공격, 돌풍, 인간 활동과 같은 방해물은 역동적이며 복잡한 과정의 한 부분으로 작용한다. 안내와 도움이 있으면 더 빠르고 안정적이고 풍요로운 시스템으로 발달시킬 수 있다. 사실, 숲정원을 설계하고, 안정된 상태로 자리 잡게 하는 일의 핵심은 이 과정이 빠르게 진행되도록 만드는 것이다.

숲정원의 최종 모습은 빽빽하고 그늘진 나무 수관이 형성된 마지막 천이late-successional 단계의 숲 모양이라기보다는 교목, 관목, 여러해살이풀, 덩굴식물, 지피식물들이 푸르게 어우러져 있는 중간 천이mid-succession 단계와 비슷하다.

식재 계획 실행은 단기간에 할 수 있고 장기간에 걸쳐 할 수도 있지만 두 방법 모두 장단점이 있다.

자금이 넉넉한 사람들을 위한 단기간 정원 가꾸기

돈이 있고, 서둘러 정원을 만들어야만 하는 상황에서는 한 번에 모든 식물을 심을 수 있다. 나무의 수관이 넓게 퍼지면서, 정원에 식재된 식물의 구성은 몇 년에 걸쳐 바뀐다. 초기에는 햇빛 아래 관목과 여러해살이풀이 잘 자랄 것이고, 채소를 포함한 한해살이풀에게 이상적인 환경이 될 것이다. 나무가 자라 수관이 넓게 퍼지며 정원에 그늘이 드리워지는 때에는 여러해살이식물이 우세하게 된다.

천이의 모든 단계를 고려해 한 번에 모든 식물을 심는 것은 짧은 기간에 생산성을 최대로 끌어올리지만, 토양 비옥도는 떨어질 수밖에 없다. 토양을 개선하는 지피식물이 바닥에 많이 덮이면 식물들은 더 왕성하게 성장할 것이다. 이 방법은 비용과 에너지가 많이 들기 때문에 작은 정원일 경우에만 현실적으로 적용해 볼 수 있다.

장기간 정원 가꾸기

장기간에 걸쳐 식물을 심는 것은 땅이 각각의 천이 단계를 받아들일 준비가 되기까지 기다리기 때문에 가장 결과가 좋다. 정원의 잠재력을 최대로 끌어내기까지 몇 년이 걸릴지 모르지만, 생산성은 해마다 증가할 것이다. 그동안에 올림밭raised-bed에 채소를 많이 심으면 여기서 자란 텃밭 채소들이 안정적으로 먹을거리를 제공할 것이다. 이후 토양 개선에 도움이 되도록 야생화, 클로버(토끼풀)를 심은 들판을 만들 수 있다.

숲정원

가꾸기 단계

“처음에 모든 것은 미약하다.”

Bíonn gach tosach lag.

시간 흐름에 따라 계획하기

지금부터 숲정원의 유지와 안정화를 위해 필요한 일들을 단계별로 설명하겠다. 이 계획의 목표는 규모가 큰 정원을 조성하는 것이다. 더 작은 식물을 사용하는 작은 규모의 정원에서는 이보다 시간이 덜 걸린다.

첫 해

1 하룻밤 만에 되는 과정이 아님을 받아들인다.

2 당신의 땅을 알기 위해 공부하고 필요에 따라 개선한다.

3 가뭄에 대비해 정원의 가장자리를 파서 수로를 만든다(190~191쪽 참고).

4 방품림을 배치할 곳과 경계선을 어디로 할지 계획하고 식물을 심는다(200~207쪽 참고). 아마 이미 땅에 방품림이 있을 수도 있고 아니면 정원을 보호하는 교목과 관목이 1~3년 동안 자라면서 방풍림 역할을 할 수도 있다.

5 햇빛을 좋아하는 채소와 작물이 자랄 수 있게 후글컬처 방식의 올림밭을 만들면 처음부터 충분한 먹을거리를 얻을 수 있다.

대안적인 올림밭이라 할 수 있는 후글컬처 언덕은(207~212쪽 참고) 고대 독일에서 하던 방식으로, 쌓은 장작더미 위를 흙으로 덮고 씨앗과 식물을 심는 올림밭이다. 장작더미에 쓰인 나무는 양분과 수분을 천천히 배출하는 역할을 한다.

6 빨리 자라는 보호작물과 풋거름(녹비, 생풀이나 생나무 잎으로 만든, 충분히 썩지 않은 거름)으로 땅을 덮는다(212~213쪽 참고).

두 번째~세 번째 해

방풍림과 보호작물이 다른 식물을 보호할 수 있게 되면 수관이 위쪽으로 발달하는 나무, 중간 크기의 나무, 뿌리나 그루터기 부분을 베어 내 새 가지가 나게 할 수 있는 나무를 심는다.

세 번째~열 번째 해

나무가 자라기 시작하고 그늘이 드리워지면 보호작물은 잎이 지기 시작하기 때문에 그늘이 있는 환경에서 잘 자라는 떨기나무, 여러해살이풀, 덩굴식물, 장과류berries(1개 이상 먹을 수 있는 씨앗이 들어 있는 작은 액과. 포도처럼 송이를 이루어 열린다)로 대체한다.

첫 번째 해에 지속적으로 할 일

토양 비옥도를 높이고 전체 시스템을 지속시키기 위해 가지치기를 한다. 나무가 너무 빽빽하게 자라고 그림자를 드리우면 숲정원의 중간 천이 단계 유지를 위해 가지치기를 하거나 베어 내야 한다.

첫 번째 해 1단계 : 이해하고 인내하기

숲정원 가꾸기에는 빠른 해결책이 없기 때문에 오랜 기간 헌신해야 한다. 이런 정원이 잘 자리잡으려면 초기에 기꺼이 에너지를 투입한 후에 인내하고, 수용하며, 절제하는 연습이 필요하다.

하룻밤 만에 아이가 어른으로 자라날 수 없듯이 정원도 성장하려면 시간이 필요하다. 땅을 이해하고 유대감을 형성해야 하기 때문에 땅에게 헌신하며 진실하게 대해야 한다.

첫 번째 해 2단계 : 토양 파악하기

토양의 종류는 어떤 식물을 심어야 잘 자랄지, 또 어떤 과정이 진행될 때 어떻게 해야 그에 맞는 행동을 취할 수 있는지 결정하는 데 중요한 요소로 작용한다. 그래서 정원 토양의 종류를 빠르게 파악하는 일은 매우 중요하다. 당신의 정원 토양이 어떤 종류인지 잘 모르면 이웃 농부나 정원사 같이 토양의 특성을 잘 알려 줄 사람을 찾아볼 수도 있다. 이미 그곳에 사는 자생식물을 보면 산성 토양인지 알칼리성 토양인지 알 수 있고, 판단이 어려우면 지역에 사는 농부에게 물어보면 된다. 이점을 고려해서 농부들이 토양에 어떤 도움을 주면 좋은지 조언해 줄 것이다. 지역 정원 관련 가게나 철물점에서 값싼 토양 측정 키트를 구입할 수도 있지만, 이것은 정확하지 않기로 유명하다. 이런 방법으로도 해결되지 않으면 토양 샘플을 토양 측정 실험실로 보내는 방법도 있다. 마지막으로는 인터넷에서 당신이 사는 지역의 토질을 조사한 자료를 찾아보는 방법도 있다. 토질 조사 자료는 토양에 관해 알고 싶은 것 그 이상으로 많은 것을 보여 줄 것이다.

예를 들어 사질 토양은 양분과 수분을 유실하기 때문에 문제가 된다. 초기에 사질 토양에서 잘 자라는 식물을 심지 않으면 병충해로 고생하는 허약해진 식물만 남게 된다. 점토질 토양 또한 장단점이 있다. 이 토양은 쉽게 굳고, 식물이 뿌리내리기가 어렵고, 물과 공기의 순환이 제한된다. 그러나 이 토양은 많은 영양분과 물을 잘 유지한다. 또한, 점토질 토양은 전체 온도가 저온이기 때문에 식물들이 추운 겨울에 생존하기가 더 쉽다.

시간이 걸리더라도 토양마다 지니고 있는 단점을 해결하는 방법은 유기물의 양을 늘려 주는 것이다. 또 다른 방법은 땅을 일구지 않고 토양을 조성하는 지피식물들을 자라게 해 멀칭을 하면 된다.

산성과 알칼리성

식물마다 잘 자라는 토양이 다 다르기 때문에 식물의 다양성을 최대로 높이려면 토양 pH 농도를 조정해야 한다. pH는 토양의 산성과 알칼리성을 나타내는 수치다. 측정한 pH 수치를 읽는 방법은 간단하다. pH 농도는 1부터 14까지 수치로 표현되며 7이 중성이다. 산성은 pH 값이 7 이하이고 알칼리성은 7 이상이다. 대부분의 식물은 양분을 유지할 수 있는, pH가 6.5~7인 땅을 좋아한다. 알칼리성과 산성이 높은 토양에서는 지렁이나 미생물 활동이 억제되고, 특정 영양분이 식물에 흡수되기 어렵다. 초기 단계에서 pH 농도를 조정해야 하며, 시간이 지나면 멀칭과 유기물과 다양한 식물이 pH 농도를 조절하기 때문에, 다른 개입 없이도 pH 농도가 균형을 이룰 것이다. 특정 식물들은 산성 또는 알칼리성이 강한 토양에서 잘 자라지만 이상적인 토양은 pH가 중성일 때다.

물론 pH를 무시하고 식재 계획을 실행할 수 있다. 낙엽으로 튼튼하게 층을 쌓아 부엽토 양을 증가시키면 pH는 자연스럽게 중성으로 변한다. 정원에서 pH 농도가 균형을 이루기까지 시간이 더 조금 걸릴 뿐이다. 토양의 산성 농도를 낮추려면 석회lime를 넣으면 되고 알칼리성 농도를 낮추려면 황sulphur을 넣으면 된다(아래 표 참고). 그러나 정원이 성장할수록 토양은 점점 복합성을 띠고 비옥해지기 때문에 이 수치들은 더 이상 중요하지 않게 될 것이다.

현재 pH	해결 방법
5 이하 (산성 토양)	날씨가 꽤 덥거나 춥지 않다면 100제곱미터의 땅에 금을 긋고 9~11킬로그램의 석회를 뿌려 준다. 만약에 토양 산성 농도가 강하면 더 많은 석회를 뿌릴 수 있다. 한 달 후 다시 같은 방식으로 석회를 뿌린다.
7.5 이상 (알칼리 토양)	날씨가 꽤 덥거나 춥지 않다면 100제곱미터 땅에 금을 긋고 정원용 황을 4~9킬로그램 뿌려 준다. 만약에 땅에 알칼리성이 강하면 더 많은 황을 뿌릴 수 있다. 한 달 후에 다시 같은 방식으로 황을 뿌린다.

토양 PH 조정

앞에서 말했듯이 블루베리 같은 식물은 산성 토양을 좋아한다. 솔잎을 덮어 땅에 산성을 유지해 주듯이 침엽수 같은 식물을 혼식混植하는 방법(식물이 좀 더 쉽게 성장할 수 있도록 식물들 사이의 관계를 이용하는 기술로, 섞어 심기라고도 한다)도 함께 사용할 수 있다.

점토질 또는 습한 토양

토양의 배수량은 그 땅에서 기를 수 있는 식물의 종류를 선택할 때 영향을 미친다. 토양에 점토 비율이 높거나 토양이 습기를 많이 머금고 있거나 딱딱하면 정원 둔덕에 나무를 심어야 한다. 둔덕은 밭 둘레에 배수로를 내기 위해 쌓은 흙이다. 이것은 보통 수로의 아랫부분에 흙더미를 길게 쌓은 것이다. 나는 이곳을 식물들이 안정감을 느끼며 잘 자랄 수 있는 후글컬처 언덕으로 만들어야 한다고 생각한다. 과수는 점토질 같이 습기가 많은 토양에서 잘 자라지 못한다. 이런 토양에 정원을 설계할 때는 대규모의 올림밭을 많이 배치하면 좋다.

배수가 잘되거나 모래가 많은 토양

물이 너무 많이 빠져나가거나 모래가 많은 토양에는 수로와 후글컬처 언덕 조성(207~212쪽 참고)이 좋은 해결 방법이 된다. 열매가 달리는 나무는 수로 아래쪽이나 올림밭에 심어 풍부하게 물을 공급받게 한다. 숲정원이 안정화되면 땅은 풍부한 수분과 양분을 머금게 되고 심을 수 있는 식물의 종류가 늘어난다.

첫 번째 해 3단계 : 물을 모으고 이용하기

영속농업permaculture 전문가 제프 로튼과 빌 몰리슨은 빗물을 토양에 끌어들여 저장할 수 있도록 땅을 설계해, 건조한 지역이나 온대기후의 메마른 산비탈을 비옥하고 생산력이 좋은 혼농임업agroforestry(임업을 겸한 농업) 지대로 변화시킬 수 있다고 했다. 이 방식은 여름철 인위적인 관개시설이 자연환경에 끼치는 악영향을 줄이고, 비용을 절감시킬 수 있다. 또한 이 방식은 비가 많이 올 때 빗물을 심토에 저장해 가뭄이 들면 식물들이 필요한 물을 쓸 수 있게 한다.

이들이 제시한 방법은 경사진 땅에 수로를 만드는 것이다. 작은 정원을 비롯해 대부분의 땅에는 눈에 잘 띄지 않는 완만하게 비탈진 곳이 있다. 등고선은 해발고도가 같은 지점을 연결해 지표의 높낮이와 기복을 나타내는 곡선을 의미하는데, 당신의 정원에서 같은 높이의 지점을 연결해 그릴 수 있다. 수로는 이 선을 따라서 파낸 도랑으로 빗물을 끌어들이고 저장해 토양이 빗물에 쓸려 나가는 것을 방지한다.

눈으로만 보고 대충 등고선을 따라 파서는 수로를 만들 수 없다. 수로는 높이가 같은 지점이 이어진 선을 따라 정확히 파야 한다. 땅을 파기 전에 등고선의 정확한 지점을 찾지 못하면, 중력 때문에 물은 가장 낮은 수로의 한 부분만 채워지게 된다. 그러면 물이 긴 도랑을 따라 천천히 스며들기보다 한 부분으로 빠르게 흘러가 버린다. 수로를 찾기 위해서는 레이저 수준기level(수평선 또는 수평면 측량에 쓰는 기구)를 사용

하거나 다림줄plimb line(수직·수평을 헤아릴 때 쓰는 기구)을 이용해 단순한 A자형 측량 기구를 만들 수 있다. 이 A자형 측량 기구는 90~150센티미터 목재 3개와 수준기, 나무 나사 몇 개와 볼트, 한쪽 끝에 돌이 단단한 묶여 있는 150센티미터 정도 되는 끈으로 만들 수 있다.

수로를 만들기 위해 평평한 등고선을 찾는 방법

1 땅의 끝에서 시작한다.

2 A자형 측량 기구의 한쪽 다리를 내려놓고 그 지점을 못으로 표시한다.

3 다림줄이 수평 지점에 이르기까지 A자형 측량 기구의 다른 한쪽 다리를 움직인다.

4 이 지점을 못으로 표시해 준다.

5 두 번째 지점에 한 다리는 고정하고, 첫 번째 다리를 다시 올려 세 번째 평평한 지점을 찾는다.

6 수로를 만들 모든 곳이 표시되기 전까지 이런 방식으로 계속 걸어 다닌다.

7 수로를 만들 곳이 다 표시가 되면 삽을 꺼내 도랑을 판다.

수로는 빗물이 표면에 흘러넘치지 않게 하고, 토양에 깊게 스며들게 하며, 빗물이 움직이는 속도를 느리게 해 준다. 수로는 토양의 종류나 경사면에 따라 30~90센티미터 깊이로, 너비는 30~120센티미터로 할 수 있다. 손으로도 팔 수 있고 곡괭이, 삽을 이용할 수 있으며 굴착기도 사용할 수 있다. 작고 낮은 수로라도 보편적인 생태계의 건강에 이롭다.

수로는 물이 흘러넘치지 않게 일정한 크기와 간격을 유지해야 한다. 비탈이 가파르고 비가 많이 내리는 곳에서는 수로들 사이의 간격이 좁아야 한다. 모래가 많은 토양에는 수로가 넓고 얕아야 하고 진흙이 많은 토양은 좁고 깊어야 한다. 수로의 양 측면은 경사가 높지 않아야 무너지는 것을 막을 수 있다. 수로를 판 흙은 둔덕을 만들기 위해 비탈 아래쪽에 쌓아 둔다. 이곳을 안정화하기 위해 교목, 관목, 여러해살이풀, 지피식물을 심으며 이런 식물들은 땅에 물을 잘 모을 수 있도록 해준다.

텃밭에서 물을 저장하기에 가장 좋은 곳은 땅속이나 지하수(기반암 위층의 틈에 흐르는 물), 암반수(우물이나 샘으로 흘러들어 간 지하수 또는 물을 흡수할 수 있는 바위에 저장된 물) 안이다. 일반적인 관개시설과 달리 수로는 만들기만 하면 유지하는 데 큰 노력이 들지 않는다.

수로는 건조한 지역에서는 마법과 같이 놀라운 곳이 될 수 있고, 온대지역에서도 중요한 역할을 할 수 있다. 홍수 피해가 잦은 지역에 수로를 만드는 것은 터무니없는 소리로 들릴 수 있지만, 홍수가 습지 생태계를 없애고 산림 벌채로 생겨난 결과라는 사실을 기억해야 한다. 다양한 종류의 식물을 심고 침식과 홍수의 충격적인 영향에 대응하기 위해 수로를 만든다면 지하수가 다시 확보되고 시원스레 흐를 것이다.

오늘날 우리가 처한 가장 긴급한 문제는 기후변화보다 토양유실이라고 생각한다. 2014년 유엔 국제연합식량농업기구FAO는 지금처럼 집약농업을 계속 시행한다면 60년 동안만 수확량이 풍부할 것으로 예상했다. 최근 들어 매년 수백만 헥타르의 토양이 유실되는데 그 원인은 삼림 파괴, 경운, 무분별한 농업 관행, 가축 방목이다. 이 때문에 비옥한 표층 토양이 바람과 파도에 쓸려 나가고 있다.

숲과 같은 시스템을 만들면 이 문제를 해결하고 침식이 가속화되는 현상을 해결할 수 있다. 숲은 몇 겹의 식물 층으로 덮여 있어서 빗물이 표면으로 빠르게 흘러가 버리지도 않고, 흙이 쓸려 내려가지 않게 하면서도 땅 아래로 스며들게 한다. 헐벗은 땅에 비해 수로는 85퍼센트 이상 유거수 run-off water(토양 침식의 원인이 되는, 지표면을 흐르는 빗물) 생성을 막는다. 수로를 만들고 숲 생태계에서 자라는 지피식물로 땅을 지속해서 덮어 주면 토양 건조와 침식을 막을 수 있고 생산력도 높일 수 있다.

여유 공간에 연못을 만들 수 있으면 농장이나 정원이 아름다워질 뿐만 아니라 야생 동물에게도 이롭다. 연못을 만들면 식용 수생식물이나 물고기도 키울 수 있고 더운 여름에는 수영도 즐길 수 있다.

작은 정원이라도 물을 모을 수 있는 구조를 만들면 이로운 점이 생긴다. 작은 수로나 지붕에서 빗물을 모아 등고선을 따라 파낸 작은 수로로 보낼 수 있다. 겉으로 보기에 평평해 보이는 곳에서는 등고선이 분명히 드러나지 않을 수 있지만 땅은 항상 경사져 있다. 골풀과 갈대를 심은 수로는 물을 정화해 주기 때문에 배수로에 흐르는 물, 집안에서 쓰고 버린 물, 길이나 주차공간에서 나오는 물은 바로 수로로 보낼 수 있다. 생활하수는 부엌 싱크대, 목욕과 샤워 후 나온 물이다. 가정에서 친환경 제품을 사용해 이 물이 정원에 좋은 자원이 될 수 있도록 해야 한다. 빽빽하게 풀이 자라고 있는 수로나 갈대가 식재된 물이 넘치는 연못에는 생활하수가 뿌리를 통과하면서 정화된다. 이 물을 또

바로 수로로 보낼 수 있다. 이 물 자원이 정원의 위쪽에 있다면 중력 때문에 아래쪽으로 내려온다. 만약 아래쪽에 있으면 태양열 펌프로 더 높은 곳에 있는 저장 탱크로 보낸다. 넘치는 물은 자갈이나 모래층에 갈대나 골풀을 심은 갈대밭을 통과하며 효율적으로 걸러져 정화된다. 물을 정화하는 갈대밭 시스템을 어떻게 만들지에 관한 정보는 쉽게 찾아볼 수 있다.

수로가 원활하게 작동하려면 식물을 심어야 한다. 이렇게 하면 기반이 단단해지고 물을 정화할 수 있으며 물 표면 온도를 시원하게 유지시킬 수 있다. 다음의 표에 나오는 식물들은 뿌리를 깊게 내리는 특성이 있고 수로에서 잘 자란다. 초기에는 수로 주변에 여러 야생화를 심거나 클로버로 표면을 덮을 수 있다. 땅의 표면이 식물로 다 덮여 있는지는 확인해 보아야 한다.

큰 정원의 경우는 질소를 고정하는 지피식물을 수로의 높은 양 측면에 심고 그 아래 교목과 관목을 심어야 한다. 이곳은 시간이 지나면 그늘이 드리워져 물의 증발을 막아 주는 푸른 오아시스가 되어 있을 것이다.

수로에 심으면 좋은 식물

학명	이름	높이 (미터)	너비 (미터)	알아 두면 좋은 점
Butomus umbellatus	부토무스 움벨라투스 플라워링 러시 Flowering rush	1	0.5	내한성이 있는 여러해살이풀로 양지에서 잘 자란다 (습지에서 잘 자라는 골풀의 일종).
Carex pendula	펜둘라사초 Pendulous sedge	1	0.8	내한성이 있는 여러해살이풀로 반그늘에서 잘 자란다. 알갱이를 수확하기 쉽고, 갈아서 가루로 만들 수 있다.
Iris pseudacorus	노랑꽃창포 Yellow iris Yellow flag	1.5	2	내한성이 있는 여러해살이풀로 햇빛이 잘 들거나 그늘이 조금 지는 곳에서 잘 자란다.
Juncus effusus	러시 Common rush 골풀 Soft rush	1.5	0.5	여러해살이풀로 물에서 잘 자라고 뿌리를 깊이 내린다. 줄기는 바구니를 짜거나 지붕을 엮는 데 쓰인다. 전통적으로 아일랜드에서 줄기를 벗겨서 기름에 담근 후에 초로 사용했다. 줄기 속에 있는 섬유로는 종이를 만들 수 있다.
Mentha longifolia	수레박하 Horse mint	1.5	수북이 퍼져서 자람	낙엽성 여러해살이풀로 물기가 많은 땅에서 잘 자란다.
Mentha spicata	스피어민트 Spearmint	0.8~1	퍼져서 자람	낙엽성 여러해살이풀로 물기가 많은 땅에서 잘 자란다. 잎으로 허브차를 만들 수 있고 요리

				양념으로 쓸 수 있다. 민트 오일을 창문 가장자리에 뿌리면 거미나 개미가 집안에 들어오지 못한다. 아로마 해충퇴치제로 사용한다.
Phragmites australis	갈대 Common reed	3	3	내한성이 있는 여러해살이 풀로 햇빛이 잘 들거나 그늘이 조금 지는 곳에서 잘 자란다. 뿌리는 감자 대용으로 요리할 수 있다. 어린줄기는 잎이 자라나기 전 잘라서 요리를 하면 죽순 맛이 난다.
Sparganium emersum	심플 버 리드(흑삼릉속 식물) Simple bur reed	1	0.6	내한성이 있는 여러해살이 풀로 양지, 반그늘, 그늘이 완전히 지는 곳에서 자란다.
Typha angustifolia	애기부들 Small reed mace	3	3	내한성이 있는 여러해살이 풀로 햇빛이 좋은 곳에서 잘 자란다. 뿌리를 볶거나 삶아 먹으면 맛있는 감자 맛이 난다. 뿌리는 말려서 가루로 내거나 단맛을 내는 가루로 쓸 수 있다.

가정에서 화장실에서 나오는 오수 처리하기

'블랙 워터black water'는 화장실에서 나온 생활하수를 말한다. 요즘은 인간의 배설물을 표백제나 유독 화학물질과 함께 강이나 바다로

버리는데 이런 관행은 멈추어야 한다. 인간의 대소변은 아주 좋은 거름이 될 수 있기 때문에, 바다나 강으로 그냥 흘려보내지 말고 다시 땅으로 돌려보내야 한다.

배변을 한 후에 정수淨水한 물을 흘려보내고, 화학물질과 엄청난 에너지를 써서 다시 배설물을 정화하는 일보다 더 좋은 방법이 있지 않을까? 우리가 마시는 물을 집에서 정수해야 한다면 정수한 물을 화장실에 그냥 흘려보내지 않을 것이다. 가정에서 나오는 인간의 분뇨를 지속가능하고 생태적인 방식으로 처리할 수 있는 법에 관한 다양한 정보들이 있기 때문에 우리는 인간의 분뇨를 안전하게 재사용할 수 있다. 개울, 강, 바다, 비축된 지하수를 쓰지 않더라도 땅도 충분히 분뇨를 전략적으로 처리할 수 있다. 아직 우리 사회에 분뇨를 처리할 때 '예의'를 차려야 한다는 사고방식이 존재하기 때문에 인간의 분뇨가 효과적으로 활용되지 못하고 있다. 이런 낡은 태도를 버리기 전까지 자연은 계속 고통을 받을 것이다.

공간만 있다면 화장실에서 나오는 것을 처리하고 정화할 수 있는 특수 시설을 만들 것을 제안한다. 이것은 건축허가를 받아야 하지만 점점 이런 시스템들이 인정받는 추세다.

생태화장실composting toilet은 인간의 분뇨를 처리하는 좋은 방법으로, 상업적으로 제작된 상품과 직접 화장실을 짓는 방법 등 다양한 정보들이 인터넷을 포함해 아주 많은 곳에 있다. 아일랜드의 경우 생태화장실 승인과 설계 절차가 매우 까다롭지만 그래도 시도해 보아야 한다. 아마 국가마다 이 절차는 다를 것이다.

도시 지방의회에게도 더 창의적이고 지속가능한 방식으로 인간의 분뇨를 처리해야 하는 일은 피할 수 없는 과제다. 습지의 갈대밭을 이용해 큰 틀에서 하수를 처리하는 방식은 관습적으로 해 온 화학물질에 기반을 둔 처리방식보다 더 효율적이다. 또한, 기계적인 처리 시설은 높은 비용이 들며 분해하는 데 시간이 걸리지만, 갈대밭 처리 시설은 식물이 자랄수록 효율성이 높아진다. 또 다른 더 좋은 점은 갈대밭 시설은 아름다울 뿐만 아니라 생태적으로 다양한 서식지를 만들어 주며 깨끗한 물을 생산하고 비용도 적게 든다. 이것이야말로 서로에게 도움이 되는 일이다.

첫 번째 해 4단계 : 방풍림

정원이 비바람에 노출된 곳에 있다면 정원에 식물을 심기가 어렵기 때문에 방풍림을 만들어 정원을 보호하는 일을 먼저 해야 한다. 다시 말하면 인내가 필요하다는 의미다.

전통적인 방풍림은 산울타리고, 땅이 넓다면 큰 관목과 교목을 함께 심을 수 있다. 여러 종류의 산울타리는 정원을 둘러싸 생물다양성을 살리는 관계망을 엮어 나가며, 노래하는 새와 꽃가루받이 곤충들, 여러 종류의 야생 동물의 안전한 서식지를 마련해 줄 것이다. 강인한 자생종 나무나 열매나무, 질소를 고정하는 관목을 함께 심으면 좋다.

어디에 방풍림을 배치해야 할까

바람이 강한 방향을 찾아야 한다. 아일랜드에서는 일반적으로 바람이 세차게 불어오는 곳이 남서쪽이지만, 북쪽과 동쪽에서도 바람이 강하게 분다. 바람은 방향에 따라 한쪽으로 비를 몰고 오는데, 언뜻 보면 모든 각도에서 비가 내리는 것 같다. 이것은 계절마다 다르고 때로는 시간마다 변한다. 나는 내 아이들이 프랑스에서 휴가를 보내고 돌아온 친구와 흥미진진하게 프랑스와 아일랜드에서 비 내리는 것이 얼마나 다른지 이야기하는 것을 엿들은 적이 있다. 그때 한 아이는 무척 신이 나서 이렇게 이야기했다. "프랑스는 비 내리는 것도 달라. 비가 수직으로 떨어진다니까."

집으로 둘러싸인 도시에 살고 있다면 골목길과 부서진 벽 사이와 같이 건물 사이에 틈이 있을 것이다. 이런 곳은 바람이 지나가는 터널이 되어 바람길을 만든다. 바람길이 당신의 정원을 지나간다면 보호 지대를 만들어야 한다. 그렇지 않으면 정원의 활력과 생산력이 떨어진다.

모든 계절에 걸쳐 정원을 자세히 관찰하는 시간이 필요하다. 바람길을 제외하더라도 서리가 자주 내리는 낮고 좁은 곳, 열을 모으고 내뿜는 큰 바위나 진입로, 열을 받고 다시 내보는 건물도 유심히 살펴보아야 한다.

드넓은 들판에 당신의 정원이 있다면 모든 방향에 방풍림을 배치해야만 한다. 땅이 넓다면 바람을 막을 수 있는 곳을 추가로 경계선 안에 설치하는 일도 필수적이다. 아일랜드 같은 곳이라면 이 점이 특별히 더 중요한데 세차고 변화무쌍한 바람이 불어올 때 숨을 곳이 한군데도 없기 때문이다. 지역에 따라 남쪽 가장자리에는 보호 지대가 필요 없을 가능성이 높고, 이곳에는 햇빛을 좋아하는 식물을 많이 심는 편이 더 효율성이 높다.

방풍림 조성에 좋은 식물

다음에 나오는 표에서는 온대기후에서 처음 방품림을 만들 때 알맞은 식물을 소개한다. 내 지식은 영국과 아일랜드에 초점이 맞추어져 있지만, 다른 지역에는 그 지역에 맞는 식물이 있을 것이다. 산림지대 가장자리에서 자라는 식물인 선구수종pioneer species(숲의 천이 과정 초기에 빈 땅에 처음으로 침입해 토착하는 수종)은 어려운 환경에서도 잘 자란다. 정원에 키울 식물의 종류를 고를 때 자연 환경, 강한 바람의 방향, 토양, 기후, 해발고도, 해안과의 거리 등 여러 요소를 고려해야 한다. 현지 지역을 돌아다니며 온갖 악조건에도 불구하고 어떤 식물이 바람을 잘 이겨내는지 알아보아야 한다. 이것은 선택해야만 하는 문제다. 별도의 보살핌이 필요한 까다로운 식물은 성공적으로 기르기 어렵다. 급속도로 퍼지지 않는 식물이라면, 산울타리가 바람을 든든하게 잘 막아 주어 온화한 미기후를 형성해 주기만 한다면 굳이 자생식물을 심지 않아도 괜찮다.

산사나무처럼 먹을 수 있는 자생종 열매나무로 이루어진 산울타리는 생산력을 높이고 큰 열매가 달리도록 교배시켰다. 교잡품종hybrid variety이 생산성이 더 높은지에 관해서는 더 연구를 해보아야 한다. 당신에게 열매가 필요하지 않더라도 새나 다른 야생 동물은 이를 고마워할 것이다. 온대 산림지대나 숲정원에 심을 식물의 종류에 관한 좋은 정보들은 이 책의 참고문헌에 7000개 이상의 식물들로 구성된 좋은 자료가 있다.

어떤 식물이 질소를 고정하는지 이야기해 보려고 한다. 숲정원의 경우 최소 20퍼센트의 식물이 질소를 고정해야 하는데 그 이유는 열매를 맺는 작물에게 질소가 꼭 필요하기 때문이다. 질소를 고정하는 식물은 특정한 박테리아와 뿌리에서 공생 관계를 맺고 있으며, 박테리아가 공기 중에 있는 질소 가스를 흡수해 이것을 흙 속에서 식물들이 쓸 수 있는 형태로 변형시킨다. 이 식물의 잎과 뿌리가 썩거나 이 식물을 멀칭 재료로 쓴다면 주변에 있는 식물도 질소를 이용할 수 있다.

방풍림 조성에 사용하면 좋은 나무 ※ 질소 고정 식물은 247~261쪽 참고

학명	이름	최대 높이 (미터)	알아 두면 좋은 점
Acer campestre	유럽들단풍 Field maple	10~20	점토, 양토, 사토에서 모두 자란다. 노출된 지역에서 자란다. 방풍 역할을 하고 잎은 보존용 과일 가공에 쓰인다.
Alnus cordata	이탈리아 오리나무 Italian alder	15	점토, 양토, 습토에서 자란다. 노출된 지역에서 잘 자라고 질소 고정 식물이다.
Alnus glutinosa	유럽오리나무 Common alder	15	점토, 양토, 습토에서 자란다. 노출된 지역에서 자라고 질소 고정 식물이다.
Alnus rubra	붉은오리나무 Red alder	20	점토, 양토, 습토에서 자란다. 노출된 지역에서 자라고 질소 고정 식물이다.
Alnus viridis	덤불오리나무 (두메오리나무) Green alder	5	점토, 습토에서 자란다. 노출된 지역에서 자라고 질소 고정 식물이다.
Arundo donax	물대 Giant reed	6	습토에서 자란다. 바이오매스 (생물 연료) 재료로도 유용하고

			멀칭 재료로 쓸 수 있다. 바구니도 만들 수 있으며, 침식을 방지해 준다. 뿌리줄기는 먹을 수 있다.
Atriplex halimus	관목명아주 Tree purslane	2	사토에서 자라며 노출된 해안 지대에서도 자란다.
Berberis pecies	바베리 (매자나무속 식물) Barberry	1.5~2	양토 또는 척박한 땅에서도 자란다. 노출된 지역과 도시에서 자란다. 방풍 역할을 한다.
Corylus avellana	유럽개암나무 Hazel	4~5	양토 또는 척박한 땅에서도 자란다. 노출된 지역에서 자란다.
Crataegus monogyna	산사나무 Common hawthorn	8	점토, 양토, 사토, 척박한 토양에서도 자란다. 노출된 해안 지대와 도시에서 자라고 방풍 역할을 한다.
Elaeagnus multiflora	뜰보리수 Goumi	2~3	사토와 척박한 땅에서 자라고 노출된 해안 지대와 도시에서 자란다. 방풍 역할을 하는 질소 고정 식물이다.
Elaeagnus umbellata	보리수나무 Autumn olive	6	점토, 양토, 척박한 땅에서 자란다. 노출된 곳과 도시에서 자라고 방풍 역할을 한다. 질소 고정을 하고, 씨와 열매를 먹을 수 있으며, 북미에서 잘 퍼져 자란다.
Euonymus europaeus	스핀들트리 (화살나뭇속 식물)Spindle tree	3~6	점토, 양토, 사토에서 자란다. 노출된 지역에서 자란다.
Garrya elliptica	가리아 엘립티카 Feverbush	4	점토, 양토에서 자란다. 노출된 지역에서 자란다.
Hippophae rhamnoides	비타민나무 Sea buckthorn	1~6	사토에서 자란다. 노출된 해안 지대에서 자란다.

Ilex aquifolium	유럽호랑가시나무Holly	15	사토, 양토에서 자란다. 노출된 지역에서 자란다.
Ligustrum vulgare	야생 쥐똥나무 Wild privet	3	점토, 양토, 사토에서 자란다. 노출된 지역에서 자란다.
Mahonia aquifolium	뿔남천 Oregon grape	1	양토, 노출된 곳에서 자란다. 열매를 먹을 수 있고 염료로도 사용한다.
Malus sylvestris	크랩애플 Crap apple	10	점토, 양토에서 자라고 노출된 지역에서 자란다.
Pinus nigra subsp. *maritima*	코르시칸 파인 (소나무속 식물) Corsican pine	25	사토, 양토에서 자라고 노출된 지역에서 자란다.
Pinus radiata	몬터레이 소나무 Monterey pine	20	사토, 양토에서 자라고 노출된 지역에서 자란다.
Pittosporum tenuifolium	뉴질랜드 돈나무 New Zealand pittosporum	10	점토, 양토, 사토에서 자라고 노출된 지역에서 자란다.
Prunus avium	양벚나무 (버드체리, 와일드체리) Bird cherry Wild cherry	10~15	점토, 양토에서 자라고 노출된 지역에서 자란다.
Prunus cerasifera	자엽꽃자두 Cherry Plum	9	점토, 양토에서 자라고 노출된 지역에서 자란다. 열매를 먹을 수 있다.
Prunus spinosa	가시자두 Blackthorn	3	사토, 점토, 양토에서 자란다. 해안 지대를 포함해 노출된 곳에서 잘 자란다.

Rhamnus frangula	오리갈매나무 Alder buckthorn	5	점토, 습토에서 자라고 노출된 곳에서 잘 자란다.
Rosa rugosa	해당화 Japanese rose	2	사토, 양토, 척박한 땅에서 자란다. 노출된 해안 지대와 도시에서 자라고 방풍 역할을 한다. 열매는 먹을 수 있고 차, 오일, 젤리를 만들 수도 있다.
Rubus tricolor	중국 복분자 Chinese bramble 그라운드 커버 라즈베리라고도 알려져 있다.	2 (다른 식물의 도움을 받을 때)	산울타리 아래에서 자라는 지피식물로 열매가 열리고 가시가 없다. 블랙베리와 함께 심으면 좋지만 가시가 걷잡을 수 없이 자라나기 때문에 작은 정원에는 적합하지 않다.
Salix 'Bowles's Hybrid'	버드나무 교배종 Willow hybrid	5	점토, 양토, 습토에서 자라고 노출된 곳에서 자란다. 위로 곧게 빠르게 자라는 버드나무다. 살아 있는 버드나무로 구조물이나 바구니를 만들 수 있다.
Salix caprea	호랑버들 Pussy willow	10	사토, 점토, 습토에서 자란다. 해안 지대를 비롯한 노출된 곳에서 자란다. 바구니를 만들 수 있다.
Sambucus nigra	블랙엘더베리 European elder	6	사토, 양토, 척박한 땅에서 자라고 노출된 곳이나 도시에서도 자란다. 방풍 역할을 한다. 열매나 꽃을 먹을 수 있으며, 차와 음료를 만들어 먹을 수 있다.
Senecio greyi Brachyglottis greyia	데이지 부시 Daisy bush	2.5	사토, 양토, 점토에서 자라고 노출된 해안 지대에서 자란다.

Ulex europaeus	가시금작화 (울렉스 에우로파이우스) Common gorse Whin	1.5	사토, 점토에서 자라고, 해안 지대를 비롯해 노출된 곳에서 자란다. 질소를 고정하고, 토양을 안정화시키며, 꽃으로 염료와 차를 만들 수 있다.
Viburnum opulus	불두화 Guelder rose	5	양토, 점토, 습토, 척박한 땅에서 자라고 노출된 곳이나 도시에서 자란다. 방풍 역할을 한다.

방풍림 식재와 간격

공간이 충분하다면 방풍림을 위한 식물을 두 줄로 엇갈려 심는다. 작거나 중간 크기의 정원은 아마 한 줄로 심어야 할 것이다. 자금이 여유롭고 공간만 충분하다면 앞줄에는 바람에 강한 내한성 식물을 심고, 열매가 달리는 식물은 뒤에 심는다. 정원 안에 햇빛이 충분히 들어올 수 있도록 방풍림 식물은 너무 높이 자라지 않게 해야 한다. 큰 정원에서는 교목과 관목의 간격이 약 1~1.5미터 정도 되게 서로 촘촘하게 심는다. 때에 따라 솎아 줄 수도 있고 그대로 자라게 둘 수도 있다. 작은 정원에서는 45~60센티미터 간격으로 심어야 한다.

방풍림은 아마도 몇 년 후 자리를 잡을 것이고, 그 후 당당하게 당신에게 보답할 것이다. 방풍림 식물 위에 멀칭하는 것을 잊지 말자. 나무들이 쑥쑥 클 것이다.

첫 번째 해 5단계 : 후글컬처 언덕

나는 평평한 곳에 흙을 쌓아 높이에 변화를 주는 것을 좋아한다.

내가 가장 좋아하는 야생 상태의 땅은 자연스럽게 울퉁불퉁한 곳이다. 나는 3차원적인 설계는 항상 강력한 분위기를 만들어 낸다고 생각한다. 땅의 의도를 살리며 지속가능하게 하는 한 가지 방법은 후글컬처 방식의 올림밭 만들기다. 이 시스템은 독일과 동유럽, 세계 다른 지역에서도 몇 세기 동안 사용해 온 것이다. 여기서 '휘겔Hügel'은 독일어로 언덕이나 더미를 뜻하고 후글컬처는 높이 올라온 지형을 이용해 경작을 한다는 말이다. 내 친구 클레어는 애정 어린 표현으로 '후겔huggels'이라 부르기도 한다.

이 언덕은 올림밭 중에서도 최상의 형태로, 만들기도 쉽다. 기본 구조는 나뭇가지 묶음, 잔가지, 나무둥치를 빽빽하게 쌓아 흙으로 덮어 만든다. 이것은 흙의 상태가 좋지 않아도 시간이 흐르면 식물이 자라는 데 필요한 거름, 온기, 수분을 모두 제공한다. 수로 아래쪽에 있는 둔덕에 두어도 좋지만 어디에 있어도 제 역할을 한다. 오스트리아 영속농업 전문가인 요제프 '제프' 홀저는 알프스에 있는 자기 땅에서 후글컬처를 아주 효율적으로 활용했고, 이에 관한 광범위한 지식을 담은 글을 쓰기도 했다.

후글컬처는 여러 면에서 유용하다. 나무가 천천히 분해되면서 열이 방출되어 온도가 높아지기 때문에 추위로부터 식물을 보호하고 식물의 성장 시기를 효과적으로 늘린다. 통나무는 분해되면 스펀지처럼 변해 공기가 잘 통하게 되고 박테리아, 균류, 흙 속에 사는 작은 생물이 잘 살 수 있도록 완벽한 환경을 만들어 준다. 통나무는 첫 겨울과 봄 사이 수분을 흡수하고, 양분을 끊임없이 활발하게 방출한다. 목재의 크기, 교목, 관목의 종류에 따라 양분은 20년 또는 그 이상 나올 수 있다. 작은 정원에서는 수평이나 수직 공간을 이용하면 매우 도움이 되는데, 표면이 넓을수록 더 많은 먹을거리와 동물의 먹이를 생산하는 공간이 늘어나기 때문이다.

후글컬처 언덕을 만들기 위해 먼저 할 일은 정원에서 낙엽, 잔가지, 나뭇가지, 통나무를 모으는 일이다. 땅의 크기에 비해 이것들이 충분하지 않으면 목재, 무너진 담장, 이웃사람들이 가지치기하고 남은 것 등을 찾아보아야 한다. 설계에 나와 있는 언덕 모양에 따라 이 재료들을 단단히 쌓는다. 틈이 있으면 꼼꼼하게 잔가지로 채워야 하는데 그렇지 않으면 흙으로 덮을 때 어렵다. 네 발로 걸어 다니는 짐승이 이 안으로 들어가지 않기를 바란다면 모든 틈을 막아야 한다. 이 나뭇더미를 물에 흠뻑 적시고, 최소 10센티미터 이상 흙을 덮는다. 나는 이 화단을 땅과 땅의 수호자가 표현할 필요가 있는 상징이나 패턴이 무엇인지에 따라 아주 다양한 모양으로 만든다. 특히 후글컬처 언덕은 햇볕이 잘 드는 언덕에서 한해살이 채소를 기르는 데 좋다.

나의 경험상 후글컬처 언덕은 한 해 동안은 건조하기 때문에 지피식물을 기르는 것만으로 이 문제를 해결하기는 어렵고 힘들다. 목재가 물을 완전히 머금어 안정화 단계에 이르기 전까지 1년이라는 시간이 필요하다. 이 과정을 거치면 낙엽과 목질 조직은 분해되기 시작하고 이듬해에는 양분을 꾸준히 내보낸다. 그리고 통나무는 마치 식물의 뿌리에 물을 천천히 보내는 장치와 같은 역할을 한다. 첫해에는 이 후글컬처 언덕을 덮개, 짚, 퇴비, 해초류 같은 유기 질소 거름으로 덮어 흙을 보호할 수 있다. 이것은 목재 안에 있는 수분이 마르지 않게 유지하면서 1년 후 천천히 수분을 방출하게 하는, 스펀지 같은 역할을 하도록 촉진한다.

후글컬처 언덕이 준비되기까지 기다리는 대신에 풋거름으로 쓸 수 있는 메밀 같은 빨리 자라나는 식물의 씨를 심는다. 또는 퇴비나 유기농 짚, 사초과 식물처럼 잎이 길게 나는 식물을 이용해 얇은 층으로 언덕 위를 덮는다. 이 안에서 씨가 싹터 자라나면 살아 있는 식물이 멀칭 역할을 한다. 개암나무처럼 U자 모양으로 휘어질 수 있는 얇고 긴 나뭇가지를 사용해 이 언덕의 경사면에 멀칭 역할을 하는 식물을 고정한다. 멀칭을 하면 지피식물이 흙 위에 퍼지기까지 흙이 쓸려 내려가는 일을 막을 수 있다.

이듬해에는 당신이 기르고 싶은 식물을 심을 수 있고, 그 사이에 지피식물을 심는다. 나지막하게 자라는 채소나 녹비작물(식물을 일정 기간 자라게 한 후에 지상부를 갈아엎어 녹비로 사용하는 작물), 꽃, 당신이 기르고 싶은 어떤 것이든 심을 수 있는데 이들의 씨앗이 후글컬처 언덕 전체에 골고루 퍼지도록 반드시 손으로 뿌려야 한다.

씨를 뿌리는 다른 방법은 씨를 작은 진흙 알갱이로 감싸거나 씨앗 공seed ball을 만드는 것이다. 이 씨앗 공은 일본 농부이며 철학자인 후쿠오카 마사노부가 처음 만들었다. 그는 채소, 허브, 클로버, 곡물, 꽃, 주변에 있는 식물들의 씨를 함께 섞어 동그란 공으로 만들어 이것을 그의 과수원 나무들 사이에 던졌다. 퇴비와 부엽토를 함께 섞은 진흙은 비를 맞아 씨가 싹트기 전까지 씨앗을 새나 민달팽이부터 막아 준다. 이 방법을 사용하면 발아율을 더 높일 수 있다는 사실을 알게 될 것이다. 후쿠오카는 이 방법을 자연농법이라고 불렀는데 그 말은 씨앗을 심기만 하면 자연이 스스로 씨앗을 키운다는 의미다. 어떤 식물이

어디서 나올지는 모르지만, 이 방식으로 만든 숲정원은 정말 기적적인 것이었다. 어떤 씨앗 공에는 40개의 이상의 씨앗이 들어 있는데, 후쿠오카는 이 작은 공이 하나의 온전한 자연 농장을 지니고 있고 그들만의 우주라고 했다. 이것은 우리가 하고자 하는 숲정원 설계와는 정확히 일치하지 않지만 이처럼 틀이 없는 방식은 기발하면서도 영감을 불러일으킬 수 있다는 사실을 알게 되었다.

후글컬처는 수로를 만들기 위해 파낸 흙으로 통나무 위를 덮어서 수로 아래쪽에 둘 수 있다. 식물의 뿌리 아래 있는 통나무는 스펀지 같은 기능을 하며 다시 천천히 거름을 밖으로 내보내는 자원 역할도 한다. 이 올림밭은 관개시설이 없어도 건조한 여름을 견뎌 낼 수 있다. 평평한 정원을 만들 때도 속에 통나무를 넣을 수 있다. 후글컬처 언덕은 등고선을 따라 만든 수로 바로 위나 경사가 가파른 곳에 만들어서는 안 된다. 젖은 나무는 무게가 많이 나가기 때문에 폭우 후에 무너질 위험이 있기 때문이다. 후글컬처 언덕은 구조적으로 튼튼하지 않기 때문에 경사가 많이 지지 않은 곳에 항상 등고선 또는 그 근처에 수직을 이루도록 해서 만들어야 한다.

만약 삼나무, 호두나무, 미국삼나무를 목재로 쓴다면, 쓰기 전 몇 년 동안 말려 놓는 것이 좋다. 갓 베어 놓은 목재 안에는 거의 모든 식물의 성장을 저해하는 합성화합물이 들어 있기 때문이다. 단단한 목재는 부드러운 목재나 침엽수보다 천천히 분해되기 때문에 두 종류의 목재를 함께 사용하면 좋다.

만약에 수로를 후글컬처와 함께 설계했다면 식물에 물 대는 일을 깊이 고민하지 않아도 된다. 축축한 토양에 식물을 심고, 멀칭을 두텁게 한다. 식물의 뿌리가 깊게 내릴 수 있도록 해야 한다. 만약에 이것을 인공적인 관개시설로 망치게 된다면 식물은 약해지고 스스로 살아 나가기가 어렵다. 숲정원의 핵심은 바로 계속해서 멀칭해 주는 것이다.

첫 번째 해 6단계 : 보호작물

헐벗은 땅에 숲정원을 만드는 가장 효율적인 장기 전략은 자연이 스스로 회복하는 과정을 그대로 따라하는 것이다. 땅이 숲이 되길 원한다면 땅이 숲이 되기까지 그 단계를 조사하고 연구해야 한다.

헐벗은 토양은 속살이 드러난 상처와 같고 풀은 그 상처를 치유하는 붕대 같다. 자연 그대로 두면 처음에는 키가 작고 수명이 짧은 한해살이 지피식물과 질소를 고정하는 초본, 관목, 무기물을 토양에 다시 공급해 주는 심근성(뿌리가 땅속 깊이 뻗어 가는 성질) 선구식물들이 땅을 덮는다. 이렇게 굳세고 빨리 자라는 식물은 토양을 깨워 주며, 땅은 다음 단계로 오랜 시간 천천히 자라는 품종을 받아들일 수 있도록 준비한다. 이 선구식물은 종종 '보호작물nurse crops'이라고도 불린다.

정원을 설계하고 단계를 설정한 후에도 아마 헐벗은 토양으로 남아 있는 곳이 있을지도 모른다. 우리는 보호작물이나 자연이 이용하는 품종을 심어 자연이 스스로 노출된 곳을 덮어 가는 방식을 모방할 수 있다. 이런 식물들은 침식을 막고, 영양분을 주며, 무기질을 축적하고, 수분을 유지하고, 토양 구조를 만든다.

소리쟁이, 민들레, 중국 무, 우엉 같은 심근성 식물을 심으면 도움이 된다. 이 식물들은 속흙까지 깊이 자라면서 땅을 부드럽게 하고 공기가 통하게 길을 내며 물을 순환시킨다. 심근성 식물은 딱딱한 땅을 부드럽게 해 주지만 채소밭에서 기를 때는 관리하기 어려울 수 있다.

방풍림 사이나 키 큰 나무 둘레에 영양분을 축적하는 식물의 씨를 섞어서 뿌려야 한다. 이 식물들은 넓게 퍼진 실뿌리를 내려 토양의 얕은 층에 닿아 영양분을 축적해서 표면으로 내보낸다. 회복력이 높은 땅에는 넓게 퍼져 자라는 화이트클로버가 섞여 있다는 사실을 발견했다. 다음에 소개할 표에서 영양분을 축적하고 있는 식물과 무기질을 잎에 모아 두는 식물을 소개한다. 이 무기질은 가을이 되어 식물이 죽어 잎이 땅에 떨어지면서 땅 표면으로 이동한다. 쐐기풀과 같이 흔쾌하게 받아들이기 어려운 식물도 제안해 본다. 이런 식물도 존재 이유가 있다는 사실을 이해해야 한다. 우리가 '잡초'로 여기는 식물 또한 자연의 설계 안에 있으며 중요한 역할을 한다. 이 단계는 생태계가 균형을 다시 이루어 내기 위해 거쳐야 하는 그저 한 단계일 뿐이다. 정원에 그늘이 생겨나면 이런 종류의 식물들은 차츰 줄어들 것이다.

영양분을 축적하는 식물과 표토로 무기질을 보내는 식물

※ N= 질소(질소 고정 식물 247~261쪽 참고), Ca=칼슘, Cu=구리, Fe=철, P=인, K=칼륨, Na=나트륨, S=황, Mg=마그네슘, Co=코발트, Si=실리콘

학명	이름	영양소
Lotus corniculatus	서양벌노랑이Bird's-foot trefoil	N, P, K
Borago officinalis	보리지Borage	Ca, K
Stellaria media	별꽃 Chickweed	Ca, Fe, K, Na, S, Mg, Co, Si

Cichorium intybus	치커리Chicory	Ca, K, Na, Mg, Si
Allium schoenoprasum	차이브 Chives	Ca, Fe, P, K, Na, Mg
Galium aparine	갈퀴덩굴Cleavers	Ca, Cu, Na
Trifolium spp.	클로버(토끼풀)Clover	N, Cu, P
Tussilago farfara	관동Coltsfoot (먹지 못함)	Ca, Fe, Na, S, Mg
Symphytum officinale	컴프리Common comfrey(먹을 수 없지만 피부용 약초로 쓸 수 있고, 멀칭에 아주 좋다)	N, Ca, Fe, K, Mg
Thymus vulgaris	타임Common thyme	Ca, Fe, Mg, Si
Echinacea	에키나케아Coneflower	Ca, Fe, P, K, Mg, Co, Si
Taraxacum officinale	서양민들레 Common dandelion	Ca, Cu, Fe, P, K, Na, S, Mg, Co
Rumex spp.	수영 Sorell, Sorell dock	Ca, Fe, P, K, Na
Oenothera biennis	달맞이꽃 Common evening primrose	Ca, Mg
Foeniculum vulgare	회향 Fennel	N, P, Na
Chrysanthemum parthenium	피버퓨(쑥갓속 식물) Feverfew	Ca, K, Na, Mg, Si
Cornus florida	꽃산딸나무Flowering dogwood	Ca, P, K
Equisetum arvense	쇠뜨기 Field horsetail	N, Ca, Fe, P, K, Na, Mg, Si
Chenopodium album	흰명아주Lamb's quarters, Fat hen	Ca, Fe, P, K, Na

Lupinus spp.	루핀Lupin	N, P
Malva sylvestris	아욱Mallow	N, Ca, Fe, P, K, Na
Filipendula ulmaria	느릅터리풀(메도스위트) Meadowsweet	Ca, P, K, Na, S, Mg
Verbascum	뮬레인Mullein	Fe, K, S, Mg
Mentha × piperita	페퍼민트Peppermint	K, Mg
Plantago spp.	플랜테인Plantain	Ca, Fe, S, Mg, Si
Rheum rhabarbarum	루바브 Rhubarb	Ca, Fe
Poterium Sanguisorba	술오이풀 Salad burnet	Ca, Fe, Na, S, Mg
Rumex acetosella	애기수영Sheep's sorrel	Ca, Fe, P, Na, Si
Capsella bursa-pastoris	냉이 Shepherd's purse	Na, S, Mg
Potentilla anserina	실버위드 Silverweed	Ca, Cu, K
Sonchus arvensis	호그위드Corn sowthistle, Winethistle, Hogweed	Cu, K, Mg
Urtica dioica	쐐기풀 Common stinging nettle	N, Ca, Cu, Fe, P, K, Na, S, Mg, Co. Si
Fragaria spp.	딸기Strawberry	Fe
Nasturtium officinale	물냉이 Common watercress	Ca, Fe, P, K, Na, S, Mg
Achillea millefolium	서양톱풀 Yarrow	Ca, Cu, K, Na, Mg, Si

사과나무, 호두나무, 자작나무, 층층나무, 히코리, 피칸나무, 단풍나무 같은 여러 교목·관목 종류도 영양분을 축적하고 있다. 이 나무들은 천천히 자라기 때문에 초기 단계에서는 많은 역할을 하지 못한다. 그래서 나무가 자라는 동안 땅을 보호하기 위해 빨리 자라고 토양 조성에 도움이 되는 지피식물이 필요하다. 나는 또한 채소나 꽃의 품종을 다양하게 하려고 함께 섞어 심는다. 후쿠오카 마사노부의 《짚 한 오라기의 혁명》이라는 책에 자세히 나온 진흙 씨앗 공은 채소 씨앗에 기본이 되는 막을 덮어 주는 가장 좋은 방법이다.

보호작물 씨 뿌리기

영양분이 많은 식물은 아주 어리고 작을 때 옮겨 심을 수도 있지만, 이런 식물 대부분은 씨앗을 심어 기를 수 있다. 큰 규모의 밭에는 씨를 심는 편이 훨씬 더 경제적이지만 자리 잡기까지는 손길이 필요하다. 씨앗 공은 보호작물 정착을 위한 최상의 방법이라 생각한다(보호작물 213쪽 참고). 다양한 품종을 함께 섞어서 씨앗 공을 만들 수 있다.

농장이나 정원 관련 가게 또는 인터넷에서 씨앗을 구할 수 있다. 식용인 품종과 약용으로 쓸 수 있는 품종도 있고 몇몇 품종은 독성이 있기도 하다. 내가 제시하는 식물 대부분은 먹을 수 있는 것들로 구성되어 있다. 4월과 8월 사이 생명이 자라나는 계절에도 흙이 나무나 풀이 없이 계속 그대로 드러나 있다면 씨앗 공은 손으로 흩뿌려야만 한다.

보통 보호작물은 씨를 뿌리기 전에 땅을 판다. 하지만 우리는 땅을 파지 않고 씨를 뿌릴 것이다. 대부분 보호작물은 1년생이기 때문에 성장 시기가 끝에 다다르면 죽는다. 저절로 씨앗이 떨어져 싹트기도 하고 직접 다시 씨를 뿌려도 된다. 대부분 식물은 자생하며 해마다 모습을 드러낸다. 가끔씩 보호작물의 가지를 쳐서 지피식물의 생육을 왕성하게 한다. 여기서 떨어진 가지를 땅 위에 그대로 두거나 모아서 아끼는 교목이나 관목 아래를 덮어 준다.

땅이 살아 있는 카펫으로 덮이기만 한다면 초기에 심은 식물로 계속 멀칭이 유지된다. 그러면 곧 어린 숲의 바닥에 생명이 번창하는 모습을 볼 수 있다. 신중하게 나무 둘레에 멀칭을 했다면 지피식물은 나무와 경쟁하지 않을 것이다.

두 번째 해에서 세 번째 해

오늘날 전 세계에서 생산력이 높은 다양한 품종을 만날 수 있어서 참 다행스럽다. 이런 식물들을 신중하게 선택한다면 땅은 숲의 천이 과정에 따라 성숙해지는 자연스러운 움직임에 속도를 낼 수 있고, 정원의 생산력을 그 어느 때보다 높일 수 있다. 그러나 어떤 종류의 식물이 그 지역에 빨리 퍼지는지, 어떤 식물이 자생식물에 기반한 생태계 안에서 잘 자라는지 결정하는 것은 중요하다. 인터넷에서 어떤 식물을 피하면 좋을지, 또 그 지역에서 무엇을 키우면 안 되는지 조사하면 도움이 된다. 예를 들어 아일랜드에서 호장근*Fallopia japonica*(마디풀과의 여러해살이풀)이라는 식물은 봄에 먹을 수 있고 실용적이지만 산울타리를 이루는 품종이 자라는 것을 방해하며 재앙을 가져왔다. 이 식물은 모든 곳에 퍼지는 일에는 성공했지만 결국 단일재배로 막을 내렸다. 본디 유행하는 관상식물은 정원 밖으로 나와 자연을 침범했고, 아주 성가신 존재가 되었다.

숲 생태계에 유용한 여러 식물이 있다. 2000개 이상의 식용식물은 온대 산림 환경과 적당히 그늘이 진 곳에서 번성하기 때문에 식물을 선택할 수 있는 폭이 넓다. 내가 이 책에서 제안하는 식물은 그 일부이고 당신이 좋아하는 식물로 자신만의 목록을 만들어 보길 바란다. 새로운 식물과 먹을거리를 찾는 일은 정원 가꾸기가 줄 수 있는 큰 기쁨이고 재미다.

어린 식물은 어린아이와 같다. 묘목장에서 수저로 밥을 떠먹이고 지나치게 보호하는 기간이 길어질수록 현실 세계에 적응하기가 어려워진다. 더 어릴 때 식물을 심을수록 새로운 환경에 적응을 잘할 확률이 더 높다. 오랫동안 자랄 수 있도록 한곳에 자리를 잡아 주고 사랑과 관심을 주며 멀칭을 지속하면서 스스로 잘 자라나게 격려하면 식물은 더 힘차고 건강하게 자란다. 뿌리를 넓고 깊게 내리며 가지를 높이 쭉 뻗어 세상에 자신만의 터를 잡는다.

그래서 씨앗부터 식물을 기르는 일이 중요하다. 식물은 처음부터 자신의 환경을 이해해 나간다. 씨앗이 유기농인지 확인만 하면 된다. 씨앗 대부분은 네오닉스라 불리는 네오니코티노이드 살충제에 담그는데, 새로운 살충제 종류는 벌과 다른 꽃가루받이를 하는 곤충을 죽인다. 그리고 개화시기를 포함해 식물의 생장 기간 내내 살충제의 효과는 지속된다. 그렇기 때문에 유기농 씨앗을 선택하고 유전자 변형GMO, Genetically Modified Organism 씨앗은 피해야 한다. 자연의 편에 서서 유기농 씨앗을 선택하길 권한다.

유전자 변형 유기체GMO

유전자 변형 씨앗을 선전하는 광고에 속아 넘어가서는 안 된다. 내 생각에 GMO는 너무 위험하기 때문에 자연을 대상으로 저지르는 범죄로 밖에 볼 수 없다. 인간의 건강과 섬세하고 균형 잡힌 지구 생명 그물망의 행복에 GMO가 피해를 준다는 결과를 뒷받침하는 과학적인 근거가 나오고 있다. 이것은 정말 무서운 재앙이다. GMO에 관한 잘못된 정보가 세상에 많다는 것을 알아야 한다. 이런 정보는 대부분 GMO 작물이 주류를 이루어 거대 이익을 추구하려는 종자회사나 화학약품 회사가 돈을 대서 만들었다.

2015년 세계보건기구WHO의 암을 담당하는 부서에서 글리포세이트는 인간에게 발암물질을 제공할 수도 있다고 보고했다. 대부분의 유전자를 변형시켜 만든 GMO 식물은 글리포세이트를 기반으로 한 제초제를 뿌려도 살아남을 수 있다. 이 말은 어디에서 이 식물이 자라든 화학물질이 논과 밭에 쌓인다는 의미다. 이런 제초제는 결국 물과 먹이사슬로 흘러 들어간다. GMO는 땅 위에 살포되는 화학물질의 양을 더 늘어나게만 할 뿐이다.

또 다른 문제는 유전자 변형 식물의 꽃가루가 바람에 날리면 유기농 농부가 재배한 식물, 정원사가 씨를 받으려고 기르는 식물과 교잡이 일어난다는 점이다. GMO 식물의 꽃가루로 오염된 식물은 더 이상 유기농산물로 팔릴 수 없다. 계속 이것을 허용한다면 모든 유기농 씨앗과 대물림씨앗heirloom seed(여러 세대에 걸쳐 전해져 내려 온 종자)이 사라져 버릴 것이다. GMO 씨앗은 다음 해 씨앗을 생산하지 못하게 조작되었기 때문에 정원사나 농부가 해마다 새 씨앗을 구매해야 한다. 이런 맥락에서 특허 받은 종자란 명백히 잘못된 것이다. 어떻게 이윤을 추구하는 회사가 씨앗이라는 고유한 생명을 소유할 수 있도록 내버려 둘 수 있단 말인가. 작물과 나무를 변형하는 길로 내몰린다면 우리는 막다른 골목에 들어서거나 벼랑 끝에서 떨어질 수밖에 없다.

화학물질이나 원자력 오염, 유전자 공해의 결과는 결코 다시 되돌릴 수 없다. 모든 미래 세대는 지금 우리가 만들어 낸 잘못을 감당해야 한다. 우리는 토종씨앗 보존 단체를 지원해야 한다. 특허 받지 않은 씨앗을 선택할 권리를 막고 GMO로부터 자유로운 종자은행을 파괴하려는 거대 다국적기업에 이런 작은 단체가 맞서는 일은 어렵기 때문이다.

묘목장에서 기른 미성숙한 나무와 관목

나는 왜 사람들이 묘목장에서 기른 덜 성숙한 나무를 사는 데 돈을 낭비하는지 모르겠다. 이런 나무는 자리 잡는 데 시간이 오래 걸린다. 이 나무들보다 더 어릴 때 심은 나무는 멀칭만 규칙적으로 해 주면 몇 년 앞서 자란다. 상업적인 묘목장에서 자란 나무들은 로봇 병사처럼 관심을 끌려고 볼품없이 쭉 뻗어 말뚝에 묶여 자란다. 그 나무들은 보통 좁은 간격에서 자라나기 때문에 마치 공장에서 찍어 낸 똑같은 모양의 상품처럼 나무마다 지닌 개성을 찾아보기 어렵다. 묘목장에서 오래 자란 나무들의 뿌리는 화분을 꽉 채우고 있어 이것을 땅에 옮겨 심으면 정작 잘 자라지 못한다. 나는 이런 경우 길고 좁다란 원통이나 생울타리를 이룬 몇 나무를 이용해 이들이 빨리 풍경의 일부로 들어가 어릴 때부터 개성을 드러내며 자랄 수 있도록 해 준다.

세 번째 해에서 열 번째 해 : 첫 번째 해부터 지속적으로 할 일

처음 몇 년 동안은 땅을 보호하고, 땅을 치유하는 식물을 심고, 기초가 되는 바탕을 다지는 작업을 하면서 동시에 숲정원의 첫 번째 층에 들어가는 식물을 심을 수 있다. 이 시기에 살아 있는 생물들은 토양 아래위에서 서로 얽히면서 관계망을 형성하는데, 여기에 자생식물이 자랄 수 있는 자리를 마련하는 것을 잊지 말아야 한다.

숲정원의 일곱 층

1 가장 키가 큰 교목upper-canopy trees
2 중간 높이의 교목, 작은 정원에 알맞은 교목
3 관목
4 초본
5 지피식물
6 땅속식물
7 덩굴식물

먹을 수 있는 식물을 심은 숲정원은 여러 층으로 나뉜 자연스러운 숲의 구조를 모방하고 있다. 하지만 이 정원에는 숲과 달리 먹을 수 있

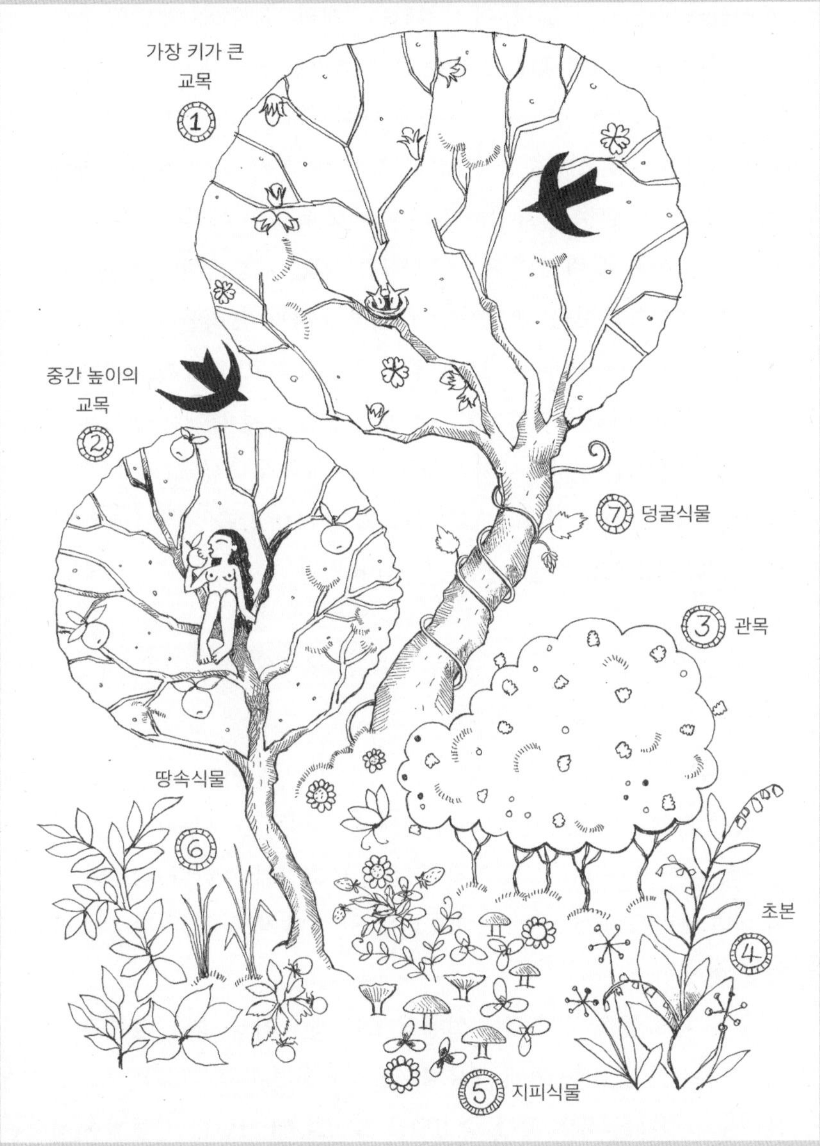
가장 키가 큰
교목
1
중간 높이의
교목
2
7 덩굴식물
3 관목
땅속식물
6
초본
4
5 지피식물

는 식물의 종류가 더 많다. 이 숲정원은 7개의 기본적인 층으로 구성되어 있다. 숲의 가장 높은 층에는 주로 견과류가 열리는 나무, 키 큰 열매나무, 질소를 고정하는 나무들로 이루어져 있다. 두 번째 층에는 중간 크기의 나무로 친숙한 열매나무들이 있다. 세 번째 층은 장과류나, 꽃가루받이 곤충을 유인하고 다른 야생 동물의 서식지가 되어 주는 나무들이다. 네 번째 층은 약초나 허브 같은 초본들이 여러해살이 풀 층을 형성한다. 다섯 번째 층은 나직하게 자라며, 먹을 수 있고, 질소를 고정해 주며, 마구 올라오는 풀들을 억제하고, 토양을 비옥하게 하는 지피식물로 이루어져 있다. 땅 아래 여섯 번째 층에는 뿌리채소, 덩이줄기, 버섯 같은 땅속에서 열매를 맺는 식물과 균류, 그리고 꼭 필요한 미생물 군집이 있다. 마지막 일곱째 층에는 땅을 기거나 교목과 관목을 타고 오르는 덩굴식물로 구성되어 있다.

숲정원의 층 설계하기

바람 피해를 걱정하지 않고 첫 번째 층을 이루는 나무를 심으려면 당신의 땅이 비나 바람으로부터 충분히 보호받아야 한다. 당신의 땅에 이미 바람을 막아 주는 곳이 있다면 첫 번째 해 동안 이 단계에 다다를 수 있다.

숲의 여러 층을 종이 위에 설계해 보는 것이 가장 좋다. 정원 전체가 나타난 기본 지도 위에 내유지(기름기를 잘 견디도록 가공한 종이)를 올려놓고 설계를 하면 좋다. 숲정원을 설계할 때 사람들이 쉽게 저지르는 실수는 교목을 서로 너무 가깝게 배치하는 것이다. 먼저 교목의 위치를 잡아 그리고, 교목이 다 자랐을 때의 수관 형태를 그려 본다. 식물이 건강하게 자라고 수확을 최대로 많이 하려면 정원의 아래층까지 빛이 충분히 닿아야 한다. 실수가 있을 수 있지만 세심하게 계획하면 이런 실수를 최소화할 수 있다. 그늘을 너무 많이 드리우는 관목은 나중에 자리를 옮겨야 하는 경우가 발생하기 쉽지만, 이미 자리를 잡은 나무를 옮기는 일은 어렵고 지혜가 필요하다.

숲정원에서는 숲의 바닥까지 빛이 통과해야만 한다. 단풍나무, 너도밤나무, 버즘나무와 같이 전형적으로 햇빛을 차단하는 나무는 높은 층을 이루는 교목 후보로 적당하지 않으며 주엽나무, 흑호두나무처럼 나무가 다 성장했을 때도 빛이 통과될 수 있는 나무가 좋다. 짙은 그늘을 드리우는 나무를 선택하더라도 결국 가지 수를 줄여야 한다. 이미 있는 나무를 쓰더라도 이 나무가 공간을 많이 차지하거나 그늘을 너무 많이 만들면 결국 가지치기를 해야 한다.

교목 층에 위치할 나무의 크기는 정원의 크기에 따라 선택한다. 수종을 선택할 때 주어진 환경에 알맞고, 정원사가 키우고 싶은 나무나 식구처럼 대하고 싶은 나무를 선택한다. 가장 키가 큰 교목이 너무 그늘을 짙게 드리우지 않도록 보통 정원의 북쪽에 심는다.

가장 키가 큰 교목 층 : 중요한 부모나무parent trees

숲정원에서 키가 큰 종류의 나무들은 가지치기를 하지 않으면 너무 크게 자라 그늘을 넓게 드리우게 된다. 이런 나무를 기를 때 시간이 지날수록 손이 많이 간다는 점을 잘 알고 있다면 키 큰 교목들도 정원에 심을 수 있다. 공간이 충분히 있어 다음에 나오는 표에 있는 크고 울창한 나무 종류를 정원에 심는다면 이 나무들이 다 자랐을 때 장관이 펼쳐질 것이다.

중요한 부모나무

학명	이름	좋은 점
Castanea sativa	스위트체스넛 (밤남무속 식물) Sweet chestnut	기후 변화로 날씨가 점점 더 따뜻해지면서 스위트체스넛은 온대기후에서도 잘 자란다. 스위트체스넛은 20년 동안 최소 10미터× 10미터 이상 자라고, 그늘을 짙게 드리우기 때문에 숲정원에는 적당하지 않다. 하지만 공간이 충분히 있다면 열매나무 역할을 하는 이 나무도 괜찮다. 스위트체스넛 열매에는 단백질은 적지만 탄수화물이 많이 포함되어 있기 때문에 자급자족에 유용한 아주 귀한 나무가 될 수 있다. 스위트체스넛은 배수가 잘 되고 따뜻한 기후나 미기후에서 열매를 잘 맺는다. 그러나 작은 숲정원 시스템에서는 자리를 너무 많이 차지할 수밖에 없다.
Juglans regia	호두나무 English (Persian) walnut	호두나무는 정말 좋은 먹을거리를 제공하며 모습도 아름답다. 하지만 햇빛이 잘 들고 비바람을 잘 막아 주는 넓은 정원에서 잘 자란다. 서리 피해를 입지 않으려면 가지치기를 해야 하고, 다 자라면 공간도 많이 차지한다. 그럼에도 공간만 있다면 나는 분명히 이 나무를 키울 것이다. 다 자란 나무는 45~68킬로그램의 열매를 해마다 생산한다. 50년이 지난 오래된 품종은 열매를 적게 맺기 때문에 가치가 떨어진다. 최신 품종은 더 빨리 열매를 맺는다. 이런

		품종으로는 *J.regia* 'Buccaneer', *J.regia* 'Browdview', *J.regia* 'Franquette'가 있다. 호두나무에서 나오는 화학물질은 주변 식물들의 생장을 방해한다는 점도 알아 두어야 한다. 이를 타감작용allelopathy이라 하는데, 검은호두나무에서 눈에 띄게 나타난다. 호두나무는 중요한 먹을거리 공급원이지만 많은 공간을 차지한다. 그래도 쓸 수 있는 땅이 넓다면 심을 가치가 있는 나무다.
Fagus sylvatica	너도밤나무 Common beech	어리고 부드러운 너도밤나무 잎은 샐러드에 넣으면 맛이 좋고 영양이 풍부하다. 너도밤나무 열매는 수확하기 어려우며 견과류나 도토리가 열리는 나무처럼 해거리를 한다. 너도밤나무 열매에서 추출한 기름은 질이 아주 좋다. 리처드 마베이가 쓴 《공짜 음식Food for Free》라는 책에는 450그램의 너도밤나무 열매에서 85밀리리터의 기름을 얻을 수 있다고 적혀 있다.
Quercus spp.	참나무류 Oak	도토리를 잘 말려 껍질을 까서 빻아 만든 가루는 좋은 탄수화물 공급원이다. 나무에 열매가 아주 많이 달리는 해가 있고 그렇지 않은 해가 있는데 그런 해에는 나무가 쉰다. 참나무는 야생 동물에게 아주 귀중한 서식지다.

첫 번째 층 : 온대기후에 알맞은 교목

다음의 표에서는 초보자를 위해 추천 교목을 소개한다. 가장 키가 큰 교목과 중간 높이의 교목이 나와 있고 자료를 더 찾아보면 풍부한 수종을 만날 수 있다. 이 주제와 연결되는 마틴 크로퍼드의 숲정원 만들기 관련 책에는 내가 좋아하는 내용이 많다. 정원이 넓다면 표의 첫 목록에 나온 나무 중에 서로 다른 높이의 나무를 심어 정원을 두 층으로 만들 수도 있다. 정원의 크기가 보통이면 상대적으로 키가 큰 열매나무를 가장 높은 층으로 하고, 더 큰 나무들은 생략해도 된다. 이런 경우에 중간 크기의 교목이 나온 표를 참고하면 된다(233~234쪽 참고).

첫 번째 층에 추천하는 가장 키가 큰 교목

학명	이름	높이(미터)	너비(미터)
Acer saccharum	설탕단풍 Soft(sugar) maple	30	12

- 설탕단풍은 정말 멋진 나무다. 공간만 충분하다면 심을 수 있는 만큼 많이 심기를 추천한다.
- 미국 3구역US zone 3에서도 잘 자라며 천천히 자라는 편이다. 그래서 그늘이 반 정도만 지는 곳에서도 자랄 수 있고 산성 토양도 견딜 수 있다.
- 늦겨울이나 이른 봄, 다 자란 나무에서 시럽을 만들기 위해 수액을 받을 수 있고, 이 시기에 40~100리터의 수액을 얻을 수 있다. 나무가 잘 자라려면 더운 여름이나 추운 겨울 날씨도 필요하다.
- 암수한그루로 곤충이 꽃가루받이를 돕는다.
- 설탕단풍은 잎으로 사과나 뿌리 작물을 덮어 주면 식물들을 보존하는데 도움이 된다. 단풍나무 잎은 쓸 데가 많다.

Araucaria araucana	멍키퍼즐트리 Monkey puzzle tree	20	5

● 견과류 같은 씨앗을 맺으려면 암그루와 수그루 모두 필요하다.
♦ 열매가 열리려면 20년은 자라야 한다. 늦가을에 꼬투리 안에 먹을 수 있는 씨앗이 생기는데, 산발적으로 수확할 수 있다. 어떤 해는 다른 해보다 수확량이 좋을 때도 있다. 나무 맨 아래 주변에 그물망을 치고 열매를 따면 좋다.
● 씨앗은 25분 동안 굽거나 삶아 칼로 껍질을 벗긴다.
♦ 아주 키가 큰 부모나무다.

Carya laciniosa 'Henry'	셸바크 히코리 '헨리' Shellbark hickory 'Henry'	15	10

● 양지에서 잘 자란다.
♦ 달고 먹을 수 있는 (호두 열매 보다 큰) 견과를 얻으려면 암·수그루가 따로 필요하다. 나무 맨 아래 주변에 그물망을 치고 견과를 딸 수 있다.
● 견과는 잘 말려서 보관하며, 껍질을 까려면 아주 큰 호두까기가 필요하다.
♦ 견과류 우유나 기름은 미국의 주요 전통 음식 중 하나다.

Carya ovata	샤그바크 히코리 Shagbark hickory	25	9

● 영국 4구역UK zone 4 기후대에서 잘 자라며 천천히 자란다. 양지에서 잘 자란다. 공간이 충분하고 기후만 잘 맞는다면 꼭 키우길 권한다.
♦ 자가수정을 한다.
● 호두보다 큰 열매가 열리며, 나무 맨 아래 주변에 그물망을 치고 견과를 딴다.
♦ 견과는 잘 말려서 보관하며, 껍질을 까려면 아주 큰 호두까기가 필요하다.
● 견과류 우유나 기름은 미국의 주요 전통 음식 중 하나다.

Ceratonia siliqua	카로브나무 Carob	15	10

● 질소 고정 식물이다.
♦ 수그루가 꽃가루를 생산하고, 암그루가 씨앗이 들어 있는 꼬투리를 생산한다.
● 마르고 잘 익은 씨앗 꼬투리는 가루로 만들 수 있고 여기에는 단백질이 풍부한 초콜릿 같은 물질이 들어 있다. 씨앗은 구워 먹거나 커피 대용으로 쓸 수 있다.

<table>
<tr><td>Gleditsia triacanthos f. inermis</td><td>미국주엽나무
(허니로커스트)
Honey locust</td><td>20</td><td>15</td></tr>
<tr><td colspan="4">● 완두콩 맛이 나는 어린 씨앗은 생으로 샐러드에 넣어 먹을 수 있고, 요리를 해서 먹을 수도 있다. 큰 부모나무는 자라려면 넓은 공간이 필요하다.
♦ 자가수정을 한다.</td></tr>
<tr><td>Juglans ailantifolia var. cordioformis</td><td>가래나무
Japanese walnut</td><td>15~20</td><td>10~15</td></tr>
<tr><td colspan="4">● 대부분 토양에서 잘 자라지만 특히 양토에서 잘 자란다. 알칼리성, 중성, 산성 토양에서 모두 자라지만 그늘에서는 잘 자라지 못한다.
♦ 자가수정을 한다.
● 호두나무보다 빨리 자라고, 호두와 비슷한 특성을 가진 견과는 건조·보관이 잘 된다.
♦ 겉껍질에는 20개의 견과가 들어 있으며, 껍질은 제거해야 한다. 나무 맨 아래 주변에 그물망을 치고 견과를 딴다.</td></tr>
<tr><td>Juglans regia
(좋은 품종을 구할 수 있다)</td><td>호두나무
English(Persian) walnut</td><td>20</td><td>20</td></tr>
<tr><td colspan="4">● 자라는데 공간을 많이 차지하지만 아랫부분은 가지가 많이 자라지 않는다.
♦ 대부분의 토양에서 잘 자라며, 특히 배수가 잘되는 땅에서 잘 자란다. 알칼리성, 중성, 산성 토양에서도 자라지만 양지에서만 잘 자란다.
● 자가수정을 한다.
♦ 목재와 요리용으로 아주 좋다.
● 아주 중요한 부모나무 중 하나다.</td></tr>
<tr><td>Malus domestica</td><td>사과나무
Apple</td><td>9(나무 뿌리로부터)
접목한 나무의 높이는 대목에 따라 다르다(4장 참고).</td><td>9(나무 뿌리로부터)
접목한 나무의 너비는 대목에 따라 다르다(4장 참고).</td></tr>
<tr><td colspan="4">● 대부분 토양에서 잘 자라지만 특히 양토에서 잘 자란다. 알칼리성, 중성, 산성 토양에서도 자라지만 그늘에서는 잘 자라지 못한다.</td></tr>
</table>

♦ 자가수정을 한다. ● 호두나무보다 빨리 자라고, 호두와 비슷한 특성을 가진 견과는 건조·보관이 잘 된다. ♦ 겉껍질에는 20개의 견과가 들어 있으며, 껍질은 제거해야 한다. 나무 맨 아래 주변에 그물망을 치고 견과를 딴다.			
Pinus koraiensis	잣나무 Korean pine	20	10
● 해가 아주 잘 들어야 한다. 바람에는 강하지만 바닷가 근처에서 잘 자라지 못하고 산성 토양을 좋아한다. ♦ 자가수정을 할 수 없고, 서로 다른 나무가 있어야 수정되며 대부분 암수한그루다. 소나뭇과 나무는 암꽃과 수꽃이 같은 그루에 생긴다. 바람이 수정을 시켜 주거나 꽃가루받이를 돕는 매개자가 필요하다. ● 잣나무는 돌소나무보다 열매가 빨리 달린다. ♦ 씨앗에 기름이 많고 단백질이 풍부하며 구워 먹으면 맛이 아주 좋다. ● 블루베리를 나무 주변에 함께 심으면 서로 좋은 짝이 될 수 있다.			
Pinus pinea	돌소나무 Stone pine	20	10
● 해가 아주 잘 들어야 한다. 바람은 잘 견디지만, 바닷가 근처에서 잘 자라지 못하고 산성 토양을 좋아한다. ♦ 자가수정을 할 수 없고, 서로 다른 나무가 있어야 수정되며 대부분 암수한그루다. 소나뭇과 나무는 암꽃과 수꽃이 같은 그루에 생긴다. 바람에 의해 수정되거나 꽃가루받이를 돕는 매개자가 필요하다. ● 열매를 맺기 전까지 몇 년이 지나야 한다. ♦ 씨앗에 기름이 많고 단백질이 풍부하며 볶아 먹으면 맛이 아주 좋다. ● 블루베리를 나무 주변에 함께 심으면 서로 좋은 짝이 될 수 있다.			
Prunus avium	양벚나무 Wild cherry	10~15	6~7
● 큰 정원에 적합한 나무다. ♦ 대부분 토양에서 잘 자란다. 알칼리성, 중성, 산성 토양도 괜찮다. 그늘이 반만 들거나 양지가 좋다. ● 수정이 될 수 있는 품종, 재배종으로 타가수분을 해야 한다. ♦ 버찌는 새에게 걸려들면 눈 깜짝할 사이에 사라져 남는 것이 없다. 버찌를 수확하고 싶으면 왜성대목(유전적으로 키 작은 성질을 지닌 것)을 추천한다.			

넓은 땅에 이 나무를 많이 심으면 새들이 버찌를 남겨 줄 수 있다.

- ● 열매는 생으로 먹을 수 있고 요리할 수 있다. 열매는 덜 익었을 때 약간의 독성물질이 있어 충분히 익혀 먹는다.
- ♦ 단단한 적갈색 나무는 목재로도 가치가 있어 아일랜드에서는 악기를 만드는 데 사용되곤 했다.

Prunus domestica	자두나무 Plum	12(나무 뿌리로부터) 접목한 나무의 높이는 대목에 따라 다르다.	10(나무 뿌리로부터) 접목한 나무의 너비는 대목에 따라 다르다.

- ● 반그늘에서 잘 자란다. 비바람이 들이치지 않고 배수가 잘되는 곳이 필요하며 대부분의 토양에서 잘 자란다.
- ♦ 대부분의 품종은 자가수정을 한다. 어떤 품종은 개화시기가 같은 다른 품종과 수정을 해야 한다. 이와 관련해서는 전문재배사와 상의해 본다. 자가수정을 하는 품종이라도 타가수분을 하면 열매를 더 많이 생산한다.
- ● 햇빛을 바로 받는 벽에 기대어 자라게 하면 아주 잘 자라지만 가지에 열매가 많이 매달리기 때문에 아래에 무게를 받쳐 줄 것이 필요하다. 그러나 한 번도 접목하지 않은 나무는 가지가 잘 휘지만, 열매가 땅에 닿아도 피해를 입지 않는다.

Pyrus communis	서양배나무 Pear	10~12 (나무 뿌리로부터) 접목한 나무의 높이는 대목에 따라 다르다.	8 (나무 뿌리로부터) 접목한 나무의 너비는 대목에 따라 다르다.

- ● 배나무는 여러 좋은 품종이 있다. 몇 년 안에 열매를 생산한다.
- ♦ 그늘이 부분적으로 드리워도 자란다. 대부분 토양에서 잘 자라고 멀칭을 해서 수분을 유지해 주어야 한다.
- ● 서양배는 내가 정말 좋아하는 과일이며 잘 익었을 때 먹으면 맛이 훌륭하다.
- ♦ 자가수정 하는 품종도 있으며, 어떤 품종은 개화시기가 같은 다른 품종과 수정을 해야 한다. 이와 관련해서는 전문재배사와 상의해 본다. 자가수정을 하는 품종이라도 타가수분을 하면 열매를 더 많이 생산한다.

두 번째 층 : 중간 높이의 교목, 작은 정원에 알맞은 교목

다음의 표에서는 넓은 숲정원에 심을 수 있는 중간 높이의 교목과 작은 정원에 알맞은 교목을 소개한다. 숲에서 가장 높은 층을 이루는 나무를 기르기에 당신의 정원의 크기가 알맞지 않다면, 중간 높이로 폭이 넓게 자라지 않는 수종들을 심어, 이 나무들이 정원에서 가장 높은 층을 이루게 한다. 다음 표에는 열매나무, 견과류나무, 그늘에서 잘 자라는 나무, 질소를 고정하는 나무가 포함되어 있다. 햇빛이 정원의 낮은 곳까지 닿게 하려면 이 나무들도 이후에 가지치기를 해야 한다.

두 번째 층에 추천하는 중간 높이의 교목

학명	이름	높이(미터)	너비(미터)
Asimina triloba	포포나무 Pawpaw	6	6
● 햇빛을 필요로 하지만 북미에서는 키가 큰 나무 아래서도 자라는 나무다. ♦ 산성 · 중성 토양을 좋아하고 배수가 잘되는 양토가 필요하다. 그늘에서는 잘 자라지 못한다. ● 천천히 자란다. ♦ 같은 시기에 꽃이 피는 서로 다른 두 품종이 있어야 꽃가루받이가 이루어진다. ● 크고 맛있는 열매는 생으로 먹을 수 있지만 씨앗은 먹지 못한다.			
Arbutus unedo	우네도딸기나무 Strawberry tree	6~8	6
● 부분적으로 그늘이 지는 곳에서 자랄 수 있고 산성 토양을 좋아한다. 대부분의 토양에서 잘 자라지만 배수가 잘되는 땅을 좋아한다. ♦ 가지가 많이 우거지면 초기에 가지를 줄이기 위해 가지치기를 해야 한다. ● 자가수정을 한다. ♦ 맛있는 열매가 달리고 열매로 술을 담글 수 있다. ● 나무껍질은 전통적으로 가죽을 길들이는 과정에 사용했다.			

Carya illinoinensis 'Lucas' *C. illinoinensis* 'Carlson No. 3'	피칸나무 Pecan nut	6	4

- 양지바른 곳에서 자라고 산성이나 알칼리성이 높은 토양에서 잘 자란다.
- 자가수정을 하고 바람이 수정을 시켜 주기도 하지만 두 그루씩 짝을 지어 심는 것이 좋다.
- 견과는 먹을 수 있고 나무 주변에 그물망을 쳐서 수확하는 것이 좋다.
- 견과는 잘 말려서 보관하며, 껍질을 까려면 아주 큰 호두까기가 필요하다.

Cornus Species *C.capitata* *C.kousa* var. *chinensis* *C.mas* 'Eelegant'	도그우즈, 중국 도그우드, 코넬리언 체리(층층나무속 식물)Dogwoods Chinese dogwood Cornelian cherry	4~6	3~4

- 대부분의 토양에서 잘 자라고 알칼리성, 중성, 산성 토양에서 자란다.
- 반쯤 그늘이 지는 곳이나 양지에서 자란다.
- 자가수정을 하지만 타가수분을 하는 것이 가장 좋다.
- 열매는 따서 익혀야 하고, 생으로 먹거나 요리를 해서 먹을 수 있다.
- 열매는 잼을 만들거나 술을 담글 수 있다.

Corylus avellana cultivars	유럽개암나무 Hazel Filbert	5~6 공간을 적게 차지하도록 나무 윗부분을 잘라 준다.	4~5 공간을 적게 차지하도록 나무 윗부분을 잘라 준다.

- 대부분 토양에서 잘 자라고 알칼리성, 중성, 산성 토양에서 자란다.
- 바람이 꽃가루받이를 도와주기 때문에 두 그루 이상의 나무를 서로 가까이 심는 것이 도움이 된다.
- 봄에 꽃이 피어날 때 꽃가루받이가 잘 이루어지도록 이따금씩 가지를 흔들어 준다.
- 나무 아래 주변에 그물망을 치고 견과를 수확한다.
- 견과는 생으로 먹거나 볶아 먹을 수 있고 기름이나 우유로도 만들 수 있다.
- 작은 정원에 없어서 안 될 식물이다. 가지치기가 쉽다. 가지치기를 한 후 몇 년

동안에는 열매를 맺지 않는다. 그래서 이상적으로는 여러 그루를 함께 기르는 것이 좋고, 나무마다 가지 치는 시기를 달리해서 매년 견과를 수확할 수 있게 한다.			
Crataegus pedicellata (*Crataegus*는 산사나무속 식물을 의미한다)	아메리칸 스칼렛 호손American scarlet hawthorn	7	7
● 대부분의 토양에서 잘 자라고 알칼리성, 중성, 산성 토양에서 자란다. ♦ 얼룩덜룩하게 그늘이 지는 곳이나 양지에서 자란다. ● 양성화(한 꽃에 암술, 수술이 모두 들어 있는 꽃)로 곤충이 꽃가루받이를 돕는다. 타가수분을 하면 도움이 된다. ♦ 가을에는 지름이 10센티미터나 되는 단 열매를 맺는다. 디저트로 아주 좋은 열매다.			
Crataegus arnoldiana	아놀드 손 Arnold thorn	2~6	2~3
● 대부분의 토양에서 잘 자라고 알칼리성, 중성, 산성 토양에서 자란다. ♦ 얼룩덜룩하게 그늘이 지는 곳이나 양지에서 자란다. ● 양성화로 곤충이 꽃가루받이를 돕는다. 타가수분을 하면 도움이 된다. ♦ 가을에는 지름 2센티미터의 크고 단 열매를 맺는다. 디저트로 아주 좋은 열매이며, 조리를 해서 보관할 수 있고 파이도 만들 수 있다.			
Crataegus schraderiana	블루 호손 Blue hawthorn	6	4~5
● 대부분의 토양에서 잘 자라고 알칼리성, 중성, 산성 토양에서 자란다. ♦ 얼룩덜룩하게 그늘이 지는 곳이나 양지에서 자란다. ● 양성화로 곤충이 꽃가루받이를 돕는다. 타가수분을 하면 도움이 된다. ♦ 크고 맛있는 열매는 생으로 먹을 수 있고, 요리를 하거나 말려서 먹을 수도 있다.			
Crataegus ellwangeriana	스칼렛 호손 Scarlet hawthorn	6	4
● 대부분의 토양에서 잘 자라고 알칼리성, 중성, 산성 토양에서 자란다. ♦ 얼룩덜룩하게 그늘이 지는 곳이나 양지에서 자란다. ● 양성화로 곤충이 꽃가루받이를 돕는다. 타가수분을 하면 도움이 된다. ♦ 크고 맛있는 열매의 과육에서 사과 맛이 난다.			

Crataegus monogyna	산사나무 Common hawthorn	4~10 미기후에 따라 높이가 다르다.	2~6 미기후에 따라 너비가 다르다.

- 대부분의 토양에서 잘 자라고 알칼리성, 중성, 산성 토양에서 자란다.
- 얼룩덜룩하게 그늘이 지는 곳이나 양지에서 자란다.
- 양성화로 곤충이 꽃가루받이를 돕는다. 타가수분을 하면 도움이 된다.
- 아일랜드에서는 전통적으로 어린잎은 샐러드로 먹었지만, 다른 품종의 산사나무 잎은 맛이 좋지는 않다.
- 산사나무 열매는 작지만 젤리로 만들 수 있고 씨는 버린다.

Crataegus tanacetifolia	탠지리브드 손 Tansy-leaved thorn	4	3

- 작은 정원에 좋은 품종이다.
- 대부분의 토양에서 잘 자라고 알칼리성, 중성, 산성 토양에서 자란다.
- 얼룩덜룩하게 그늘이 지는 곳이나 양지에서 자란다.
- 양성화로 곤충이 꽃가루받이를 돕는다. 타가수분을 하면 도움이 된다.
- 크고 맛있는 열매의 과육에서 사과 맛이 난다.

Cydonia oblonga	털모과 Quince	1.5~7	1.5~5

- 완전한 그늘, 그늘이 반만 들거나 양지 바른 곳에서 자란다. 배수가 잘되지 않는 곳에서도 잘 자란다.
- 자가수정을 하고 열매를 맺지만, 타가수분을 하면 수확에 도움이 된다.
- 열매는 수확 후에 익히면 좋다. 후숙은 수확한 과일을 저장고에서 부드럽고 알맞게 익히는 것을 말한다.
- 과일은 조리해서 먹어야 하고, 잼, 젤리, 애플파이에 함께 넣으면 맛이 좋다.

Diospyros Kaki	감나무 Persimmon	4~6	4~6

- 꽃가루받이가 이루어지려면 암그루, 수그루가 모두 필요하다.
- 그늘이 반만 지는 곳에서 자라고 완전히 그늘이 진 곳에서는 자라지 못한다.
- 대부분 토양에서 잘 자라고 알칼리성, 중성, 산성 토양에서 자란다.
- 열매는 자두보다 작고 완전히 익었을 때 먹어야 한다. 7도 이하로 떨어지면 열매가 익는데 이때 수확을 한다.

- 열매는 수확 후에 익히면 좋다. 후숙은 수확한 과일을 저장고에서 부드럽고 알맞게 익히는 것을 말한다.
- 열매는 말릴 수 있고 빵을 만들 때 사용할 수 있다. 씨앗은 볶은 후 갈아서 카페인이 없는 커피 대용 음료를 만드는데 사용할 수 있다.
- 'Fuyu'나 'Mazelli' 같은 개량종이 보통 더 낫다.

Diospyros lotus	고욤나무 Date plum	9	6

- 꽃가루받이가 이루어지려면 암그루, 수그루가 모두 필요하다.
- 대부분의 토양에서 잘 자라고 알칼리성, 중성, 산성 토양에서 자란다.
- 물기가 많은 토양에서 잘 자라고 대부분의 토질에서 자란다. 양지나 그늘이 반만 지는 곳에서 자란다.
- 열매는 자두와 같고 완전히 익었을 때 먹어야 한다. 열매는 말릴 수 있고 빵을 만들 때 사용할 수 있다. 씨앗은 볶은 후 갈아서 커피 대용 음료를 만드는데 사용할 수 있다.

Diospyros virginiana	버지니아감나무 American date plum	15	8

- 대부분의 토양에서 잘 자라고 알칼리성, 중성, 산성 토양에서 자란다.
- 배수가 잘되는 토양에서 잘 자라고, 대부분의 토질에서 자란다. 양지나 그늘이 반만 지는 곳에서 자란다.
- 꽃가루받이가 이루어지려면 암그루, 수그루가 모두 필요하다.
- 열매는 자두 같고 11월에 잎이 다 떨어지고 완전히 익었을 때 먹어야 한다.
- 열매는 수확 후에 익히면 좋다. 후숙은 수확한 과일을 저장고에서 부드럽고 알맞게 익히는 것을 말한다.
- 열매는 말리면 건포도 같고 빵을 구울 때 사용한다. 씨앗은 볶은 후 갈아서 커피 대용으로 사용한다.

Elaeagnus umbellata	보리수나무 Autumn olive	3~4	3~4

- 꽃가루받이가 이루어지려면 같은 시기에 꽃이 피는 서로 다른 두 품종이 필요하다.
- 대부분의 토양에서 잘 자라고 알칼리성, 중성, 산성 토양에서 자란다.
- 배수가 잘되는 토양에서 잘 자라고 대부분의 토질에서 자란다. 척박한 땅에서도 자란다.
- 양지를 좋아하며 부분적으로 그늘이 지는 곳에서 자란다.

- 양지를 좋아하며 부분적으로 그늘이 지는 곳에서 자란다.
- 9월이나 10월에 열매가 익는다.
- 질소 고정 식물이다(247~261쪽 참고).

Elaeagnus x ebbingei	에빙보리장나무 Ebbing's silverberry	3~4	3~4

- 꽃가루받이가 이루어지려면 같은 시기에 꽃이 피는 서로 다른 두 품종이 필요하다.
- 대부분 토양에서 잘 자라고 알칼리성, 중성, 산성 토양에서 자란다.
- 배수가 잘되는 토양에서 잘 자라며, 척박한 땅에서도 자란다.
- 양지를 좋아하며 부분적으로 그늘이 지는 곳이나 음지에서 자란다.
- 이른 봄 열매는 생으로 먹거나 잼을 만들 수 있다.
- 질소 고정 식물이다(247~261쪽 참고).

Ficus carica	무화과나무 Fig	6	6

- 자가수정을 하지만 타가수분을 하면 도움이 된다.
- 대부분의 토양에서 잘 자라고 알칼리성, 중성, 산성 토양에서 자란다.
- 배수가 잘되는 토양에서 잘 자란다. 대부분 토질에서 자라며 척박한 땅에서도 자란다. 해가 잘 들어야 한다.
- 추위에 약하며 열매가 가을에 익기 시작해 다음 해에 완전히 익는다.
- 겨울철에는 자루를 만드는데 쓰는 갈색 천 또는 짚으로 나무를 보호해야 한다.
- 온대기후 지역에서는 남쪽이나 서쪽에 있는 벽 가까이에서 기르면 좋다. 또한 땅 아래로 뿌리가 지나치게 자라는 것을 막지 않으면 열매가 많이 달리지 않는다.
- 생과일의 맛이 아주 좋다.

Halesia carolina	은종나무 Silverbell tree	2~4	2~4

- 자가수정을 한다.
- 천천히 자라며 산성과 중성 토양에서 자란다.
- 물기가 많은 토양에서 잘 자라고 부분적으로 그늘이 지는 곳에서 자라기는 하지만 양지에서 아주 잘 자란다.
- 꽃은 샐러드로 먹을 수 있다. 독특한 날개가 달린 녹색 열매는 7월부터 수확할 수 있다.
- 콩처럼 아삭한 열매는 생으로 먹거나 찌거나 피클로 만들어 먹을 수 있다.

Malus domestica	사과나무 Apple	9 (나무 뿌리로부터) 접목한 나무의 높이는 대목에 따라 다르다.	9 (나무 뿌리로부터) 접목한 나무의 너비는 대목에 따라 다르다.

- 타가수분을 한다.
- 대부분 토양에서 잘 자란다. 알칼리성, 중성, 산성 토양도 괜찮다. 그늘이 반만 들거나 양지가 좋다.
- 감자 옆에 심거나 보관해서는 안 된다. 서로 맛을 떨어뜨리기 때문이다.
- 나무 가까이 한련화를 심으면 진딧물을 방지할 수 있고, 양파, 차이브를 나무 주변에 심으면 사람이 먹을 수 있는 껍질을 공격하는 곰팡이병인 붉은곰팡이병을 예방할 수 있다.
- 단풍나무 잎으로 사과를 싸면 오래 저장할 수 있다. 개화시기에 꽃봉오리를 바람으로부터 보호해야 한다.
- 햇빛이 최소한 반나절은 나무에 들어야 한다.
- 사과는 쓰임새가 다양한데, 생으로 먹거나, 주스, 음료, 젤리, 소스, 퓌레, 렐리시(소스), 사과주로 만들 수 있다.

Malus Sylvestris	크랩애플 Crap Apple	3~5 접목한 나무의 높이는 대목에 따라 다르다.	3 접목한 나무의 너비는 대목에 따라 다르다.

- 대부분 토양에서 잘 자란다. 알칼리성, 중성, 산성 토양도 괜찮다. 그늘이 반만 들거나 양지가 좋다.
- 꽃이 피는 시기가 같은 다른 품종으로 타가수분을 해야 한다.
- 크랩애플은 다른 사과나무 품종과 수정하기에 좋고, 당신의 사과나무를 접붙이기 할 때 대목으로 사용하면 좋다. 나무 아래쪽에 가지가 많이 자라기 때문에 가지치기를 해 주어 나무 아래에 있는 식물이 자랄 수 있도록 공간을 만들어야 한다.
- 내가 알고 있는 크랩애플 가운데 존 다우니John Downie라는 품종이 먹기에 좋다. 열매는 잼이나 젤리로 만들고 펙틴 성분이 높아 잘 응고된다. 우리 가족은 엄마가 만든 크랩애플 젤리를 항상 즐겨 먹는다.

Mespilus germanica *Pyrus germanica*	서양모과나무 Common medlar	4~6 접목한 나무의 높이는 대목에 따라 다르다.	5 접목한 나무의 너비는 대목에 따라 다르다.

- 대부분 토질에서 잘 자라고 바람을 잘 견디지만, 바닷바람에는 약하다.
- 자가수정을 하고 타가수분을 하면 수확량이 늘어난다.
- 모과는 가능한 나무에 오래 두었다가 수확해야 한다. 모과는 떫은맛 때문에 따서 바로 먹을 수 없다. 열매는 수확 후 익히는 것이 좋다. 후숙은 과일을 저장고에서 부드럽고 알맞게 익히는 것을 말한다.
- 완전히 익은 모과 열매의 맛은 약간 탄 사과 소스 같다.
- 열매를 먹을 수 있는 간단한 방법은 생으로 먹는 것이고, 볶거나 오븐에 구워 디저트로 먹을 수도 있다. 그러나 모과 대부분은 달게 만든 잼이나 젤리로 보관한다.

Morus alba *M. ruba*	뽕나무 · 적뽕나무 White mulberry Red mulberry	5~10	5~10

- 대부분의 토양에서 잘 자라고 알칼리성, 중성, 산성 토양에서도 자란다. 그늘이 반만 드는 곳이나 양지에서 자란다.
- 바람은 잘 견디지만 해안가에서는 잘 자라지 못한다.
- 이른 여름에 공간을 많이 차지하지 않게 하려면 가지치기를 해야 한다.
- 자가수정을 하며, 교배종이 열매를 더 많이 맺는다.
- 오디는 잘 익으면 생으로 먹을 수 있다. 블랙베리나 산딸기와 같은 방식으로 요리할 수 있고, 말려서 가루를 낼 수도 있으며, 잎은 쪄서 차로 만든다.

Prunus cerasus 'Kentish Red'	산양벚나무 (켄티시레드) Sour cherry, Morello or Amarelle	3.5~4.5	3.5~4

- 작은 정원에는 이 벚나무 품종이 알맞다.
- 대부분의 토양에서 잘 자라고 알칼리성, 중성, 산성 토양에서도 자란다. 그늘이 반만 들거나 양지가 좋다. 하지만 이 나무는 직사광선이 비추는 곳보다 그늘진 곳에서 잘 자란다. 북쪽 벽을 향하게 해서 가꾸면 좋다. 자가수정을 한다.
- 열매는 생으로 먹거나 요리를 해서 먹을 수 있다.

Prunus dulcis	아몬드 Sweet almond	5	4

- 대부분의 토양에서 잘 자라고 배수가 잘되는 곳을 좋아한다. 알칼리성, 중성, 산성 토양에서도 자란다.
- 양지나 그늘이 지는 곳에서도 자란다.
- 대부분 장소에서 잘 자라지만 소금기를 머금은 바닷바람은 견디지 못한다.
- 자가수정을 한다.
- 복숭아나무를 곁에 두면 교배가 되어 쓴맛이 나는 견과를 생산하기 때문에 함께 심지 않는다.
- 아몬드는 생으로 먹을 수 있고, 껍질을 벗겨 볶아 먹을 수도 있다. 아몬드는 기름을 만들 수도 있고, 갈아서 가루로도 만들 수 있다.

Prunus insititia	불리스 또는 인스티티아 자두 Bullace or Damson	3~6 접목한 나무의 높이는 대목에 따라 다르다.	2~5 접목한 나무의 너비는 대목에 따라 다르다.

- 대부분의 토양에서 잘 자란다. 사토, 점토, 양토에서도 자라고 알칼리성, 중성, 산성 토양도 괜찮다. 그늘이 반만 지는 곳이나 양지에서 자란다.
- 대부분의 장소에서 잘 자라지만 소금기를 머금은 바닷바람은 견디지 못한다.
- 씨앗부터 기르기가 쉽다.
- 자가수정을 한다.
- 생으로 먹을 수 있고, 신맛이 강하면 설탕을 넣고 요리를 해서 먹을 수 있다. 씨앗은 먹지 못하지만 열매는 잼으로 만들어 먹으면 좋다.

Prunus persica	복숭아나무 Peach	6	6

- 관목이지만 햇빛이 드는 2미터 높이의 벽에 기대어 기르는 것이 좋다.
- 사토, 점토, 양토 등 대부분의 토양에서 잘 자란다. 알칼리성, 중성, 산성 토양도 괜찮다.
- 햇빛이 잘 들고 비바람을 막아 줄 수 있는 벽 가까이 기대어 자랄 수 있도록 하면 좋다. 나무 기둥 아래 돌이나 바위를 두어 태양열을 흡수할 수 있게 한다.
- 자가수정을 한다.
- 꽃은 곤충들이 활동하는 봄에 꽃봉오리를 틔운다. 더 많은 열매를 맺게 하려면 활짝 핀 꽃에 면봉이나 부드러운 솔을 이용해 수정시킬 수 있다. 영속농업을

가르치는 패트릭 화이트필드는 꽃이 피는 시기에 매일 이 일을 한다.

- 열매는 생으로 먹거나 요리를 할 수 있고, 나중에 사용하기 위해 껍질을 벗겨 말린 후에 보관할 수 있다.

(Pyrus pyrifolia var. *culta)*	배나무(동양배) Asian pear	접목한 나무의 높이는 대목에 따라 다르다.	접목한 나무의 너비는 대목에 따라 다르다.

- 대부분의 토양에서 잘 자란다. 사토, 점토, 양토도 괜찮고, 알칼리성, 중성, 산성 토양도 괜찮다. 그늘이 반만 들거나 양지가 좋다.
- 열매가 굉장히 달고 생으로 먹거나 요리를 해서 먹을 수 있다.

Sambucus nigra	블랙엘더베리 European elder	3~5	3~5

- 대부분의 토양에서 잘 자란다. 사토, 점토, 양토에서도 자라고 알칼리성, 중성, 산성 토양도 괜찮다.
- 자가수정을 한다.
- 향이 좋고 먹을 수 있는 꽃은 음료나 와인, 샴페인으로 만들 수 있다. 5~6월에 딴 꽃봉오리는 튀김옷을 입혀 튀겨 먹을 수 있다. 열매는 다른 과일을 함께 넣어 잼, 젤리, 와인을 만들면 아주 좋다.

Viburnum trilobum	크랜베리부시 (백당나무의 일종) American highbush Cranberrybush	4	3~4

- 대부분의 토양에서 잘 자란다. 사토, 점토, 양토에서도 자라고 알칼리성, 중성, 산성 토양도 괜찮다.
- 그늘이 반만 지는 곳이나 양지에서 자란다.
- 자가수정을 한다.
- 열매에 비타민C가 아주 풍부하게 들어 있으며 크랜베리 대용으로 아주 좋다.

가장 큰 교목 층 설계하기

교목을 어떻게 배치할지 결정하는 일은 사실 나무들 사이의 거리를 설계하는 일과 같다. 설계를 할 때 교목을 통과해 숲 아래까지 햇빛이 들어올 수 있도록 충분한 공간을 마련해야 하며, 동시에 나무를 충분히 심어 서로 다른 높이의 나무로 여러 층을 이루는 숲처럼 땅을 안정적으로 만들어야 한다. 사람들은 이 단계에서 나무를 서로 너무 가까이 심는 실수를 저지른다. 처음부터 신중하게 계획을 세워야 하지만 간혹 나무의 거리를 잘못 잴 때도 있다. 여기서 내가 가장 중요하게 생각하는 원칙은 너무 많은 나무를 심지 않고, 나무를 서로 너무 가까운 거리에 두지 않으며, 대신 이미 정원에 자라는 큰 나무 아래 여러 작은 나무를 심는 것이다. 이렇게 하지 않으면 시간이 흐르고 난 후 고생스럽게 가지치기를 해야 한다. 교목 층을 설계할 때 다음과 같이 시도해 보길 바란다.

1. 실측 지도 위에 교목 층을 그려 본다. 땅이 넓으면 교목 층을 그릴 때 이 층에 큰 나무를 많이 배치해 볼 수 있고, 작은 정원이나 도시 마당에는 작은 크기의 나무를 배치할 수 있다.
2. 실측 지도 위에 내유지나 등사지를 덮어 설계도가 더렵혀지지 않게 한다.
3. 설계를 할 공간에 한 가지 색으로 경계선, 길, 집 등 밑그림을 그린다. 나는 주로 이미 고정되어 있는 건축물은 검은색으로 그린다. 수로와 후글컬처는 초록색으로 그린다.
4. 교목 층을 그릴 때는 파란색을 쓰지만, 중간 크기의 교목 층은

붉은색으로 그린다.

5 교목 층을 설계할 때 이 층에 쓰일 나무 목록을 작성하고 각각의 높이와 너비를 적는다.

6 교목 층의 나무들이 다 자라 가지가 펼쳐진 모양을 표현하기 위해 파란색과 빨간색 원을 지도의 비율에 맞게 그린다. 교목의 최대 너비가 4미터면, 중심점 가까이에 4미터의 원을 그린다. 이 중심점은 식물을 심는 위치를 나타낸다. 지도에 원이 몇 개가 있는지 확인하고 나무는 목록으로 정리한다. 그래야 어디에 어떤 교목과 관목이 쓰일지 기억할 수 있다.

7 나무들이 예상된 크기로 다 자랐을 때를 떠올리며 나무들 사이에 충분한 공간이 있는지 확인해야 한다. 너무 가까이 나무를 심으면 나무의 줄기가 가늘고 길어져 생산성이 떨어진다. 반면에 교목이 너무 서로 멀리 떨어져 있으면 땅에 심을 수 있는 주요 나무를 최대로 심지 못하는 상황이 발생한다.

온대기후에서 두 나무의 간격으로 가장 적당한 거리는 이웃한 두 나무의 수관(나무의 가지와 잎이 달려 있는 부분) 평균 너비를 반으로 나눈 수치다. 두 나무의 가지 끝에서 끝의 간격을 측정하는 것이다(더운 기후라면 그늘을 많이 만들기 위해 나무들을 더 가까이 배치해야 한다).

예를 들어 나무 두 그루가 있다고 하자. 나무가 성장한 후 수관이 다 펼쳐진 너비가 한 그루는 2미터이고, 다른 한 그루는 5미터다. 이 두 그루의 너비를 반으로 나누면 각각 1미터와 2.5미터다. 그래서 다 자란 두 나무 잎의 가장 끝과 끝이 떨어져 있는 평균 간격은 1.75미터가 된다(1+2.5=3.5, 3.5÷2=1.75).

이 두 나무의 본줄기를 심는 간격을 찾기 위해 다 자란 나무의 수관 반지름을 각각 계산해 내야 한다. 그리고 위에서 구한 두 나무 잎의 가장 끝과 끝이 떨어져 있는 간격과 이 두 나무 수관 반지름의 평균을 더한다. 이 간격이 나무를 실제 심게 되는 거리가 된다.

예를 들어 이 두 나무는 5.25미터를 떨어뜨려 심어야 한다는 의미다(1+2.5+1.75=5.25). 꼭 이렇게 하지 않아도 되지만 이 규칙을 기억하며 최선을 다해 이와 유사하게 해 보는 것이 좋다.

더 간단한 예를 들어 보자. 두 그루의 나무 수관이 최대로 펼쳐진 너비가 각각 2미터 정도 된다면 반지름은 1미터가 된다. 그러면 두 나무가 다 자랐을 때 잎의 가장 끝과 끝이 떨어져 있는 간격에 각 나무의 반지름인 1미터 더해 나온 수치는 3미터다. 즉, 두 나무는 3미터를 떨어뜨려 심어야 한다(1+1+1=3).

키가 큰 교목과 중간 크기의 교목을 사용해 두 개의 층으로 설계한다면 좀 더 복잡해진다. 가장 큰 교목은 중간 크기의 교목 보다 더 높이 자라기 때문에 남쪽에 있는 나무들은 서로 거리를 더 가깝게 배치하고, 햇빛이 덜 들어오는 북쪽에 있는 나무들은 간격을 넓게 배치해야 한다.

나무의 간격을 조정하는데 당신의 직관과 이성을 사용해 보라. 이 설계의 목표는 충분한 햇빛이 정원 아래에 있는 식물까지 들어오게 하는 것이다. 당신은 아마 정원 조성 첫 번째 해나 두 번째 해를 보내고 나면 당신의 땅을 많이 이해하고 배울 수 있을 것이다. 심은 나무의 간격이 너무 가깝거나 너무 멀다면, 아직 그 나무가 어릴 때 언제나 다른 곳으로 이식할 수 있다. 하지만 이식은 휴면기 동안에 해야 한다(아일랜드에서 휴면기는 11월에서 2월이다).

세 번째 층 : 관목

관목 층에는 블루베리, 빌베리, 산딸기 같은 열매나무, 견과가 달리는 나무, 꽃나무, 약용식물이 자란다. 이 나무들은 3미터까지 크고 햇빛을 아주 좋아한다. 이 관목들이 자라는 곳에 그늘이 너무 많이 생기면 나무가 자라더라도 열매는 많이 맺지 못한다. 이 층에는 그늘에서도 자랄 수 있는 품종을 심고, 나무와 나무 사이 또는 정원의 가장자리에는 햇빛을 좋아하는 나무를 심는다.

질소 고정 식물

질소 고정 식물은 공기 중에 있는 질소를 가져와 특정 박테리아와 공생 관계를 유지해 땅에 질소를 공급해 주는 역할을 한다. 이 식물들은 미생물이나 다른 식물이 사용하는 꼭 필요한 영양분을 토양에 공급한다. 정원에 심는 식물 가운데 10~20퍼센트는 질소를 고정해 주는 교목이나 관목이어야 한다.

이 식물들이 질소를 효율적으로 고정하려면 햇빛이 필요하며, 이 식물은 정원 남쪽이나 서쪽에 심는다. 사슴이나 토끼가 출몰하는 곳이라면 가시가 있는 질소 고정 식물을 심는다.

세 번째 층에 추천하는 질소 고정 관목

학명	이름	높이(미터)	너비(미터)
Amorpha fruticosa	족제비싸리 False indigo bush	4	3

- 먹을 수 없는 식물이다.
- 바람막이나 토양 침식 방지에 좋은 식물이다.
- 암수한그루로 벌이 꽃가루받이를 돕는다.
- 사토나 양토를 좋아하고, 알칼리성, 중성, 산성 토양에서 잘 자란다. 반 정도만 그늘이 지는 곳이나 양지에서 자란다.

학명	이름	높이(미터)	너비(미터)
Ceanothus prostratus	마할라 마트 Mahala mat (미국 태평양 연안산 포복성 상록 관목으로 가장자리에 가시가 돋힌 쐐기 모양의 잎과 푸른 꽃이 핀다)	0.1	1.5

- 대부분의 토양에서 잘 자라지만 배수가 잘되는 양토를 좋아한다. 알칼리성, 중성, 산성 토양에서 잘 자란다.
- 그늘이 지는 곳에서 자랄 수는 있지만 양지를 좋아한다.
- 암수한그루로 벌이 꽃가루받이를 돕는다.
- 먹을 수 없는 식물이지만 식물 전체에 사포닌을 많이 함유하고 있다. 사포닌 성분은 토양이 전파하는 균으로부터 식물을 보호한다. 꽃이 핀 부분을 으깨서 물에 섞으면 비누 대신 쓸 수 있는 부드러운 거품이 난다.

학명	이름	높이(미터)	너비(미터)
Elaeagnus angustifolia	은엽보리수나무 Oleaster	6~7	5~6

- 대부분의 토양에서 잘 자라지만 배수가 잘되는 토양을 좋아한다. 척박한 땅에서도 자란다.
- 알칼리성, 중성, 산성 토양에서 잘 자란다. 부분적으로 그늘이 지는 곳이나 양지에서 자란다.
- 바람을 막아 주는 나무로 아주 좋고, 소금기를 머금은 바람과 강전정(줄기를 많이 잘라내 새 눈이나 새 가지의 발생을 촉진하는 전정법)에도 잘 견딘다.

♦ 9~10월 사이에 씨앗이 익는다. 씨앗과 열매는 먹을 수 있고 열매는 잘 익어야 한다. 목재는 연료나 조각용으로 아주 좋다.

Elaeagnus multiflora	뜰보리수 Goumi	3	2

- 대부분의 토양에서 잘 자라지만 배수가 잘되는 토양을 좋아한다. 척박한 땅에서도 자란다. 알칼리성, 중성, 산성 토양에서 잘 자란다. 그늘이 부분적으로 지는 곳이나 양지에서 자란다.
- 질소 고정 식물이다.
- 바람을 막아 주는 나무로 아주 좋고, 울타리 식물로도 좋다. 전통적으로 가지치기를 하면 잘 자라지 못하는 식물의 꺾꽂이 대목으로 썼다.
- 암수한그루로 벌이 꽃가루받이를 돕는다.
- 소금기를 머금은 바람과 강전정에도 잘 견딘다.
- 열매는 생으로 먹거나 요리를 할 수 있다. 열매를 말려서 먹으면 아주 좋다.

Hippophae rhamnoides	비타민나무 (산자나무) Sea buckthorn	6~7	6~7

- 대부분의 토양에서 잘 자라지만 배수가 잘되는 토양을 좋아한다. 척박한 땅에서도 자란다. 알칼리성, 중성, 산성 토양에서 잘 자란다.
- 수정이 되려면 암그루, 수그루가 다 필요하며 바람이 꽃가루받이를 돕는다. 양지에서 자라고 해안가 환경도 견딜 수 있다.
- 울타리나 바람막이로 아주 좋다.
- 가시가 무척 크기 때문에 사슴이나 토끼가 드나드는 과일나무 주변에 심으면 좋다.
- 열매는 과즙이 많고 신맛이 나지만 비타민C를 많이 함유하고 있다. 열매는 맛이 아주 시큼해 설탕이 많이 필요하지만 당도 높은 과일과 함께 잼을 만들 수 있다. 열매는 따서 익히면 당도가 높아진다. 열매는 겨울에도 나무에 달려 있어 비타민C를 제공해 주는 귀중한 공급원이 된다.

Myrica cerifera	왁스소귀나무 Wax myrtle Bayberry	9	3

- 대부분의 토양에서 자라지만 배수가 잘되는 토양을 좋아한다. 산성 토양과 중성 토양에서만 자란다.

♦ 부분적으로 해가 드는 곳이나 바람이 부는 곳에서 자라지만 바닷가 환경에서는 자라기 어렵다.
● 한 그루의 나무에 암수가 따로 있는 암수한그루로 바람이 꽃가루받이를 돕는다.
♦ 열매와 잎은 요리에 향을 내는 데 사용된다. 말린 잎은 차로 마실 수 있다.
● 이 품종의 열매를 끓이면 왁스가 물 표면 위로 분리되어 뜬다. 이것은 나무 그루터기를 막거나 버섯을 접종할 때 쓴다(47쪽 참고).
♦ 먹을 수 없다.

Robinia hispida	꽃아까시나무 Bristly locust	2	2

● 대부분의 토양에서 자라지만 배수가 잘되는 토양을 좋아한다. 알칼리성, 중성, 산성 토양에서 잘 자란다.
♦ 암수한그루로 벌이 꽃가루받이를 돕는다.
● 그늘에서 잘 자라지 못한다. 숲의 위쪽에서 자라는 교목이 그늘을 많이 드리우면 햇빛이 부족해 죽을 수 있다.
♦ 가시가 무척 많기 때문에 사슴이나 토끼가 드나드는 과일나무 주변에 심으면 좋다. 가시가 위험하기 때문에 가지치기 할 때 조심해야 한다.
● 식물이 어릴 때 주변에 심으면 포식자로부터 나무껍질을 보호할 수 있다.
♦ 먹을 수 없다.

Spartium junceum	스파르티움 융케움 (스패니시 브룸) Spanish broom	3	3

● 대부분의 토양에서 자라지만 배수가 잘되는 토양을 좋아한다. 척박한 땅에서도 자란다. 알칼리성, 중성, 산성 토양에서 잘 자란다. 그늘에서 잘 자라지 못하고 양지에서 잘 자란다. 바람과 바닷가 환경도 잘 견딘다.
♦ 암수한그루로 곤충이 꽃가루받이를 돕는다.
● 바위 주변이나 건조한 환경에서도 잘 자란다.
♦ 먹을 수 없다.

Ulex europaeus	가시금작화 (울렉스 에우로파이우스) Common gorse	1.5	1.5

● 대부분의 토양에서 자라지만 배수가 잘되는 토양을 좋아한다. 산성과 중성

토양에서만 자란다.

- 울타리 식물로 아주 좋으며 바람이나 바닷가 환경에서 잘 자란다. 햇빛이 잘 들어야 한다. 가지를 잘 잡아 주지 않으면 제멋대로 자란다.
- 빨리 자라고 가시가 무척 많기 때문에 사슴이나 토끼가 드나드는 과일나무 주변에 심으면 좋다.
- 암수한그루로 벌이 꽃가루받이를 돕는다.
- 아주 밝은 노란 꽃은 생으로 먹을 수 있고 차나 샐러드에 넣어 먹을 수 있지만 쓴맛이 강하다. 피지 않은 꽃봉오리를 식초에 담가 초절임을 할 수 있다.

세 번째 층에 추천하는 생산성이 높고 쓸모가 많은 관목

학명	이름	높이(미터)	너비(미터)
Amelanchier alnifolia 'Martine'	마틴오리잎채진목 Saskatoon, Serviceberry	2~3	2

- 자가수정을 하고 흡지번식(본줄기나 뿌리로 새로운 줄기를 번식하는 방법)을 한다. 영양생식(생식기관이 아닌 영양기관, 즉 잎이나 줄기, 뿌리 등을 번식에 이용하는 방법)을 한다. 기본적으로 본줄기로부터 밖으로 퍼져 나간다.
- 대부분의 토양에서 자라지만 배수가 잘되는 토양을 좋아한다. 알칼리성, 중성, 산성 토양에서 잘 자란다. 숲의 가장자리에서 기를 때는 햇빛이 잘 들어오게 해야 한다.
- 7월에 나는 크고 먹을 수 있는 열매는 블루베리와 비슷하다. 생으로 먹거나 맛있는 잼을 만들어 먹을 수 있다. 건포도처럼 말려 사용할 수도 있다. 다른 좋은 품종은 더 큰 열매를 맺는다. 새들도 이 열매를 좋아하기 때문에 나무 위에 그물망을 쳐야 한다.
- 내한구역hardiness zone 4~6에 해당하는 기후조건이 맞다.

학명	이름	높이(미터)	너비(미터)
Arbutus unedo 'Elfin King'(작은 품종)	우네도딸기나무 Strawberry tree	2	2

- 대부분의 토양에서 자라지만 배수가 잘되는 토양을 좋아한다. 알칼리성, 중성, 산성 토양에서 잘 자란다. 그늘이 반만 들거나 그늘이 없는 곳에서 자란다.
- 자가수정을 한다.
- 열매는 먹을 수 있으며 잼이나 술을 만들 수 있다.

Aronia melanocarpa 'Hugin'	아로니아 멜라노카르파 Black chokeberry 'Hugin'	3	1

- 대부분의 토양에서 자라지만 배수가 잘되는 토양을 좋아한다. 알칼리성, 중성, 산성 토양에서 잘 자란다.
- 그늘이 반만 지는 곳이나 양지에서 잘 자라지만, 햇빛이 잘 들지 않으면 수확량이 줄어든다.
- 자가수정을 한다.
- 8~9월에 나는 열매는 생으로 먹을 수 있고, 잘 익지 않으면 신맛이 강하기 때문에 잘 익었을 때 먹어야 한다. 영양분이 풍부하고 펙틴 함유량이 높아 잼으로 만들면 좋다.

Atriplex halimus	트리 퍼슬레인 (갯능쟁이속 식물) Tree purslane	1~1.5	1~1.5

- 대부분의 토양에서 자라지만 배수가 잘되는 토양을 좋아한다. 척박한 땅에서도 자란다. 알칼리성, 중성, 산성 토양에서 잘 자라며, 염도가 높은 토양도 잘 견딘다.
- 양지바른 곳에서 잘 자라고, 그늘에서 잘 자라지 못한다. 바닷가 환경은 잘 견딘다.
- 자가수정을 한다.
- 잎은 생으로 샐러드에 넣어 먹거나, 볶거나 쪄서 보관하면 1년 내내 먹을 수 있다.

Phyllostachys spp. *Pleioblastus* spp. *Semiarundinaria* spp. *Yushania* spp.	대나무 Bamboo	3~8	품종에 따라 너비가 다르다.

- 대부분의 토양에서 자라지만 배수가 잘되는 토양을 좋아한다. 알칼리성, 중성, 산성 토양에서 잘 자란다. 그늘이 반만 지거나 그늘이 없는 곳에서 자란다.
- 자가수정을 한다.
- 무리지어 자라거나 흡지번식을 하는 품종의 새싹은 모두 먹을 수 있다.
- 옆으로 번지는 품종의 경우는 뿌리가 더 번지지 않게 해야 한다(깊이가 깊고 바닥이 뚫려 있는 화분을 땅 속에 묻어 이 품종을 심으면 뿌리가 옆으로 퍼지는 것을 막을 수 있다).그렇지 않으면 제멋대로 자란다.
- 봄에 새로 돋아난 순은 영양분이 많고 맛이 좋다. 순이 1미터가 넘기 전까지 위쪽으로부터 30센티미터는 먹을 수 있다. 순을 먹으려면 껍질을 벗기고 썬 후에

쪄서 먹는다. 대나무 줄기는 정원에 유용하게 쓰일 수 있다. 대나무 씨앗도 껍질을 벗겨 먹을 수 있다. 중국에서는 대나무 씨앗을 쌀과 같은 곡식처럼 귀하게 여긴다.

Castanea pumila	푸밀라밤나무 (친콰핀, 북미산 밤나무의 일종) Chinquapin	3	2

- 대부분의 토양에서 자라지만 배수가 잘되는 토양을 좋아한다. 척박한 땅에서도 자란다. 산성과 중성 토양에서만 잘 자라고, 강한 산성 토양도 잘 견딘다.
- 흡지번식을 하는 식물로 양지에서 잘 자란다. 작은 정원에서 밤나무 대신 심기에 아주 좋다.
- 암수한그루로 곤충이 꽃가루받이를 돕는다.
- 9월에 아주 작고 단맛이 나는 열매가 달린다.

Ceanothus prostratus	마할라 마트 Mahala mat	0.1	1.5

- 대부분의 토양에서 자라지만 배수가 잘되는 토양을 좋아한다. 알칼리성, 중성, 산성 토양에서 잘 자란다.
- 그늘이 지는 곳에서 자랄 수는 있지만 양지를 좋아한다.
- 암수한그루로 벌이 꽃가루받이를 돕는다.
- 먹을 수 없는 식물이지만 식물 전체에 사포닌을 많이 함유하고 있다. 사포닌 성분은 토양이 전파하는 균으로부터 식물을 보호한다. 꽃이 핀 부분을 으깨서 물에 섞으면 비누 대신 쓸 수 있는 부드러운 거품이 난다.

Cephalotaxus fortune *Cephalotaxus harringtonia*	중국(일본) 개비자나무 Chinese plum yew Japanese plum yew	3~4	3~4

- 키가 큰 나무 아래에서도 잘 자라는 식물이다. 대부분의 토양에서 잘 자라며, 알칼리성, 중성, 산성 토양에서 자란다.
- 상록수로 그늘에서도 잘 자라고 열매도 풍성하게 열린다.
- 암그루와 수그루는 상대적으로 가까운 거리에 심어야 하고, 바람이 꽃가루받이를 돕는다.
- 포도 크기의 열매는 잘 익었을 때 견과 맛이 난다. 한 해의 끝자락에 열매가 익는다. 열매는 잘 익지 않으면 맛이 끔찍하다. 이럴 때는 조리를 해서 먹는 것이 좋고 씨앗은 잣과 비슷한 맛이 나며 말려서 먹을 수도 있다.

chaenomeles speciosa *Chaenomeles* x *superba* 'Crimson and Gold'	명자나무 Japanese quince	3	4

● 대부분의 토양에서 자라지만 배수가 잘되는 토양을 좋아한다. 진흙이 많은 곳에서도 자란다. 알칼리성, 중성, 산성 토양에서 잘 자란다.
♦ 그늘과 양지에서 모두 잘 자란다.
● 자가수정을 한다.
♦ 9월에 귤과 비슷한 향이 나는 열매가 달린다. 생으로 먹기에는 좋지 않아 젤리나 레모네이드로 만들어 먹는다.

Corylus spp.	개암나무 Hazel Filbert	관목 층에서 기르려면 7년마다 가지치기를 해서 관목 크기로 자라게 한다.	

● 대부분의 토양에서 잘 자라며 알칼리성, 중성, 산성 토양에서 자란다. 양지나 그늘이 반 정도 지는 곳에서 자라며 키가 큰 나무 아래에서도 자란다.
♦ 가지치기를 한 후 열매를 맺는데 3~4년이 걸린다. 그래서 이상적으로는 여러 그루를 함께 기르는 것이 좋고, 나무마다 가지치기 시기를 달리해서 매년 견과를 수확할 수 있게 한다.
● 바람이 꽃가루받이를 도와주기 때문에 두 그루 이상의 나무를 서로 가까이 심는 것이 도움이 된다.
♦ 봄에 꽃이 필 때 꽃가루받이가 이루어지도록 가지를 흔들어 준다.
● 나무 아래 주변에 그물망을 치고 견과를 수확한다.
♦ 견과는 생으로 먹거나 볶아 먹을 수 있고, 견과를 빻은 가루로 기름이나 우유로 만들 수도 있다.

Elaeagnus multiflora	뜰보리수 Goumi	3	2

● 대부분의 토양에서 자라지만 배수가 잘되는 토양을 좋아한다. 척박한 땅에서도 자란다. 알칼리성, 중성, 산성 토양에서 잘 자란다. 그늘이 부분적으로 지는 곳이나 양지에서 자란다.
♦ 울타리 식물로 좋으며 바닷가에서 잘 자란다.
● 질소 고정 식물이다.
♦ 암수한그루로 벌이 꽃가루받이를 돕는다.

● 여름에 디저트 과일로 좋고, 잘 익어야 맛이 좋다. 빵을 구울 때 함께 넣어도 좋다.			
Fuchsia varieties	후크시아 Fuchsia	1~3	1~3
● 대부분의 토양에서 자라지만 배수가 잘되는 토양을 좋아한다. 척박한 땅에서도 자란다. 알칼리성, 중성, 산성 토양에서 잘 자란다. ♦ 부분적으로 그늘이 지는 곳에서 자라고, 추운 겨울에는 서리로부터 보호해 주어야 한다. 바닷가 환경에서도 잘 견딘다. ● 자가수정을 한다. ♦ 모든 후쿠시아 종류는 베리(열매)를 생산한다. 어떤 종은 다른 것들보다 맛이 더 좋다. 잘 익혀 먹어야 하며, 열매 크기는 2.5센티미터 정도까지도 자란다.			
Gaultheria procumbens	파스향나무 Checkerberry	10	1
● 사토와 양토에서 잘 자라고, 척박한 토양에서도 잘 자란다. 산성과 중성 토양에서 잘 자란다. 그늘이 많이 지는 곳에서도 자라고 가뭄도 잘 견딘다. ♦ 자가수정을 한다. ● 잎에서 추출한 에센셜 오일은 강력한 소염 성분이 있으며 피부에 사용할 수 있다. ♦ 생잎으로 차를 만들면 좋다.			
Gaultheria shallon	사랄 (가울테리아속 식물) Salal	1.2	1
● 사토와 양토에서 잘 자라고 척박한 토양에서도 잘 자란다. 산성과 중성 토양에서 잘 자란다. ♦ 그늘이 많이 지는 곳에서도 자란다. ● 상록수이며 암수한그루인 관목으로 짙은 그늘 아래서도 잘 자라고 산성 토양이나 침엽수 아래에서 잘 자라 유용하다. ♦ 늦여름에 달리는 열매는 잼을 만들거나 빵을 구울 때 함께 넣을 수 있고, 건조시켜 건포도 대신 쓸 수도 있다.			

<table>
<tr><td>Lonicera caerulea</td><td>블루베리드
허니서클, 허니베리
(인동속 식물)
Blue-berried
Honeysuckle
Honeyberry</td><td>1.5</td><td>1.5</td></tr>
<tr><td colspan="4">● 대부분의 토양에서 잘 자라지만 물기가 많은 토양을 좋아한다. 알칼리성, 중성, 산성 토양에서 잘 자란다.
♦ 그늘이 조금 지는 곳에서도 자라지만 양지를 좋아한다.
● 암수한그루로 곤충이 꽃가루받이를 돕는다. 한 품종 이상을 함께 심어 타가수분이 이루어지게 하면 더 효과를 볼 수 있다.
♦ 열매는 블루베리를 닮았으며, 생으로도 먹어도 좋고 잼을 만들거나 빵을 구울 때 함께 써도 좋다.</td></tr>
<tr><td>Lycium barbarum</td><td>구기자나무
Goji berry</td><td>2</td><td>3</td></tr>
<tr><td colspan="4">● 내한성이 있는 낙엽성 관목으로 그늘이 반쯤 지는 곳과 바닷가 근처에서도 자란다.
♦ 대부분의 토양에서 자라지만 배수가 잘 이루어지는 토양을 좋아한다. 척박한 토양도 잘 견딘다. 알칼리성, 중성, 산성 토양에서 잘 자란다.
● 암수한그루로 벌이 꽃가루받이를 돕는다.
♦ 어린 새싹은 잎채소 같아 시금치처럼 볶거나 쪄서 먹을 수 있다. 감자나 토마토 같은 가지과로 이 채소에 알레르기가 있으면 절대로 먹으면 안 된다. 말린 열매에는 비타민C가 풍부하게 들어 있다.</td></tr>
<tr><td>Mahonia aquifolium</td><td>뿔남천(매자나무과
상록 활엽 관목)
Oregon grape</td><td>1.5</td><td>1</td></tr>
<tr><td>Mahonia repens</td><td>크리핑루티드
바베리(매자나무과
대만남천죽속 관목의
일종)Creeping-rooted
barberry</td><td>1</td><td>1</td></tr>
<tr><td colspan="4">● 대부분의 토양에서 잘 자라고 진흙이 많은 토양에서도 자란다. 알칼리성, 중성, 산성 토양에서 잘 자란다.</td></tr>
</table>

- ♦ 음지나 양지 어디나 잘 자란다.
- ● 자가수정을 한다.
- ♦ 겨울에 꽃을 먹을 수 있다. 열매는 씨가 많지만, 생으로 먹거나 잼으로 만들어 먹는다. 열매에서 푸른 염료도 얻을 수 있다.

Morus alba	뽕나무 White mulberry	관목 층에 두려면 5~7년마다 관목 크기로 자라도록 가지치기를 해야 한다.	
M. rubra	적뽕나무 Red mulberry		

- ● 대부분의 토양에서 잘 자란다. 알칼리성, 중성, 산성 토양에서 자란다. 그늘이 반만 들거나 양지가 좋다.
- ♦ 바람을 잘 견디지만, 해안가에서는 잘 자라지 못한다.
- ● 자가수정을 하며 원예종이 열매를 더 많이 맺는다.
- ♦ 오디는 잘 익으면 생으로 먹을 수 있으며 블랙베리나 산딸기와 같은 방법으로 요리할 수 있다.
- ● 열매는 말려서 가루를 낼 수 있고, 잎은 쪄서 차로 만든다.

Myrica cerifera	왁스소귀나무 Wax myrtle Bayberry	9	3

- ● 배수가 잘되는 토양을 좋아하지만 대부분의 토양에서 자란다. 산성 토양과 중성 토양에서만 자란다.
- ♦ 부분적으로 해가 드는 곳이나 바람이 부는 곳에서 자라지만 바닷가 환경에서는 자라기 어렵다.
- ● 암수한그루지만, 하나의 나무에 암꽃과 수꽃이 따로 달린다. 바람이 꽃가루받이를 돕는다.
- ♦ 잎은 월계수 잎처럼 향을 내는 데 쓴다. 말린 잎은 차로 마실 수 있다. .

Ribes divaricatum	구스베리 Worcesterberry Coastal black Gooseberry	2~3	1

- ● 대부분 토양에서 잘 자라지만 배수가 잘되는 토양을 좋아한다. 알칼리성, 중성, 산성 토양에서 자란다. 그늘진 환경도 잘 견딘다.

♦ 큰 가시가 있어 어린나무 주변에 심으면 포식자로부터 나무를 보호할 수 있다. 산울타리 나무와 함께 섞어 심을 수도 있다.
● 자가수정을 한다.
♦ 7~8월에 열매가 많이 달린다. 생으로 먹어도 좋고 잼을 만들거나 요리를 해서 먹어도 좋다.

Rubus fruticosus	블랙베리 Blackberry	2~4 무성하게 뻗는 관목으로 줄기가 땅에 닿으면 거기서도 뿌리를 내린다.	

● 대부분 토양에서 잘 자라지만 배수가 잘되는 토양을 좋아한다. 알칼리성, 중성, 산성 토양에서 자란다.
♦ 자가수정을 하며, 음지나 양지에서 모두 자랄 수 있다.
● 급속히 퍼지고 생장이 빠른 선구식물로 정원에 키우면 보람이 있다. (개인적으로) 신선하고 잘 익은 블랙베리는 가장 섬세하고 훌륭한 맛이 난다고 생각한다.
♦ 품종을 선택할 때 가시가 없는 품종이 더 키우기 좋지만, 가시가 많은 품종이 흔하다. 큰 가시가 있어 어린나무 주변에 심으면 포식자로부터 나무를 보호할 수 있다. 정원의 경계선에 산울타리 나무들과 섞어서 심을 수 있다. 11월에 부피가 반으로 줄어든 가지에 난 가시를 없애면, 줄기는 바구니를 짜거나 아일랜드 전통 꿀벌집을 만드는 데 유용한 재료가 된다.
● 새싹과 열매는 염료로 쓴다.

Rubus idaeus 다양한 품종이 있다.	라즈베리 Raspberry	줄기는 2미터로 자라고 본줄기에서 새로운 줄기가 점차 퍼진다.	

● 대부분의 토양에서 잘 자라지만 배수가 잘되는 토양을 좋아한다. 알칼리성, 중성, 산성 토양에서 자란다. 그늘에서도 자란다. 공간만 생기면 제멋대로 번지며 자란다. 흡지번식을 한다.
♦ 자가수정을 하고 과즙이 많은 열매가 달린다. 생으로 먹는 라즈베리의 맛은 최고다. 젤리나 잼으로 요리할 수 있고 얼려서 사용할 수도 있다. 품종이 다양하며 품종에 따라 6~11월 사이에 열린다.

Ribes nigrum 다양한 원예종이 있다.	블랙커런트 Blackcurrant	1~2	1

● 대부분의 토양에서 잘 자란다. 알칼리성, 중성, 산성 토양에서 자란다. 자가수정을

하고 약한 그늘도 잘 견딘다.

- 품종에 따라 6~9월 사이에 열매가 풍성하게 열린다. 생으로 먹을 수 있고 젤리나 설탕 절임을 만들어 보관할 수 있다. 전통적으로 열매는 천을 자주색으로 염색하는 데 사용했다.

Ribes rubrum	레드커런트 (화이트커런트) Redcurrant Whitecurrant	2	1

- 대부분의 토양에서 잘 자란다. 알칼리성, 중성, 산성 토양에서 자란다.
- 자가수정을 하며 그늘에서도 잘 자라지만 그늘이 많으면 줄기가 가늘어지고 열매가 높은 곳에 달린다.
- 열매는 품종에 따라 6~9월 사이에 달린다. 새들이 좋아하는 이 열매는 맛이 시큼하지만 잘 익으면 생으로 먹을 수 있다. 열매는 시럽, 잼, 소스로 만들 수 있다.

Ribes uva-crispa	구스베리 Gooseberry	1.2	1

- 대부분의 토양에서 잘 자란다. 알칼리성, 중성, 산성 토양에서 자란다.
- 자가수정을 하며 그늘에서 잘 자라지만 그늘이 많으면 줄기가 가늘어지고 열매가 높은 곳에 달린다.
- 열매를 많이 얻고 싶으면 때때로 가지치기를 해야 한다.
- 품종에 따라 6~8월에 열매가 달린다. 열매가 잘 익으면 생 열매는 맛있는 디저트가 될 수 있다. 대부분의 열매에는 껍질이 있어 껍질을 벗겨야 한다. 열매를 설탕에 졸여 차게 식히면 음료, 잼, 처트니, 소스로 쓸 수 있고 빵을 만들 때 함께 넣을 수 있다.

Ribes x *culverwellii*	조스타베리 Jostaberry	2~3	1~2

- 대부분의 토양에서 잘 자란다. 알칼리성, 중성, 산성 토양에서 자란다.
- 서리를 견뎌 내며, 자가수정을 한다. 그늘이 반 정도 지는 곳에서 잘 자란다.
- 열매는 7~8월에 열리고 구스베리와 비슷하지만, 더 달다. 열매는 생으로 먹을 수 있고, 설탕 절임, 소스, 파이, 풀스(삶은 과일을 으깨어 우유 또는 크림에 섞은 것), 주스, 와인을 만들 수 있다.

Rubus × loganobaccus varieties	로건베리 Loganberry	2~4 덩굴이 무성하게 뻗어 오르는 관목으로 줄기의 정단분열조직 (식물에서 생장축 앞쪽 끝에 존재하며 세포를 증식하는 조직)에서 나온 부분이 땅에 닿으면 뿌리를 내리며 번식한다.	

● 대부분의 토양 구조에서 잘 자란다. 알칼리성, 중성, 산성 토양에서 자란다.

♦ 자가수정을 하며 약한 그늘에서 잘 견딘다. 블랙베리와 비슷한 습성을 가지고 있다. 다른 큰 관목에 기대게 해서 기를 수 있고, 봄에 철조망에 큰 새싹을 묶어서 기를 수 있다.

● 로건베리는 블랙베리, 산딸기와 같은 방식으로 먹을 수 있고 보통 달게 해서 먹는다. 열매는 끓이거나 굽거나 퓌레로 만들 수 있으며 소스, 젤리, 잼으로 사용할 수 있다. 어린 시절 로건베리는 엄마의 정원에서 자랑할 만한 열매로 로건베리 잼의 맛이 일품이었다. 조생종과 중생종 품종도 있다.

Rosa rugosa	해당화 Japanese rose	1~2 포기를 나누어 번식시킨다.	

● 물기가 많은 토양을 좋아하고 사토, 양토, 점토에서 자란다. 알칼리성, 중성, 산성 토양에서 자란다. 양지나 그늘이 반 정도 지는 곳에서 자란다.

♦ 자가수정을 하는 낙엽성 반상록성 관목이다. 산울타리용 나무로 쓸 수 있으면 정원의 가장자리에 심으면 가장 좋다.

● 꽃과 열매 모두 먹을 수 있다. 해당화 열매는 햇빛 아래에서 잘 익어야 한다. 산림농업전문가인 마틴 크로퍼드는 씨앗을 쉽게 다루려면 착즙기를 쓰라고 권한다. 열매 속에는 털로 둘러싸인 씨가 있는데 이것은 먹으면 안 된다. 주스는 음료나 젤리, 시럽, 디저트로 만들 수 있다. 씨앗과 털을 빼고 말린 열매는 차로 만들 수 있으며, 오렌지 40개 이상의 비타민C가 함유되어 있다.

Rosmarinus officinalis	로즈마리 Rosemary	1.5	1.2

● 상록 관목으로 해양 기후에서도 잘 자란다.

♦ 사토, 양토, 점토 등 대부분의 토양에서 잘 자라며 자란다. 배수가 잘되는 땅을 좋아한다. 알칼리성, 중성, 산성 토양에서 자라며 특히 알칼리성이 높은 땅에서도 잘 자란다. 암수한그루이며 벌이 꽃가루받이를 돕는다.

● 어린 줄기와 잎은 생으로 또는 요리용 허브로 사용할 수 있다. ♦ 꽃도 먹을 수 있고, 잎이나 꽃에 뜨거운 물에 부어 차로 마시기도 한다. 에센셜 오일은 향수나 다른 용도로 쓸 수 있다.			
Sambucus racemosa	레드엘더베리 European red elder	3	3
● 사토, 양토, 점토 등 대부분의 토양에서 잘 자란다. 물기가 많은 땅을 좋아하고 알칼리성, 중성, 산성 토양에서 잘 자란다. 양지나 그늘이 반 정도 지는 곳에서 자란다. ♦ 자가수정을 한다. ● 꽃은 향이 좋고 먹을 수 있어 음료, 와인, 샴페인으로 만들 수 있다. 5월이나 6월에 딴 꽃봉오리에 튀김옷을 입혀 튀겨 먹으면 맛이 좋다. 열매는 요리에 사용하면 좋고, 잼이나 젤리, 와인으로 만들 수 있다.			
Staphylea trifolia *S. pinnata*	미국고추나무 American and European bladdernut	4 2	4 2
● 사토, 양토, 점토 등 대부분의 토양에서 잘 자란다. 물기가 많은 땅을 좋아하고 알칼리성, 중성, 산성 토양에서 자란다. 양지나 그늘이 반 정도 지는 곳에서 자란다. ♦ 암수한그루로 벌이 꽃가루받이를 돕는다. ● 10월과 11월에 맛있어지는 씨앗은 껍질을 벗겨 말려 저장할 수 있고, 많은 양의 기름을 추출할 수도 있다.			
Vaccinium corymbosum	블루베리 Blueberry	0.45~2	0.45~2
● 대부분의 토양 구조에서 잘 자라고 pH가 6정도인 땅에서도 자라지만 산성 토양을(pH 5.5 이하) 더 좋아한다. ♦ 자가수정을 하고 오래 사는 상록 관목으로 양지에서 잘 자라고 그늘이 부분적으로 지는 곳에서도 자랄 수 있다. ● 영양분이 풍부하며, 달콤한 열매는 디저트 과일로 먹지만 파이로 굽거나 잼을 만들 수도 있다. 열매와 잎은 자주색을 내는 염료로 쓴다. ♦ 늦게 열매가 달리는 *V. australe* 'Darrow' 같은 훌륭한 품종이 다양하게 존재한다.			

꺾꽂이 순으로 관목 기르기

다양한 품종의 교목과 관목이 자라는 정원을 만드는 가장 쉬운 방법은 정원이 있는 이웃이나 친구들과 꺾꽂이 순을 나누는 것이다. 관목을 번식시키기 위해 겨울에는 재질이 딱딱한 가지를 꺾꽂이 순으로 이용할 수 있고, 여름에는 재질이 무른 나무의 꺾꽂이 순을 이용할 수 있다. 꺾꽂이 순에서 뿌리를 빨리 내리게 하려면 버드나무 뿌리에서 나온 즙이 도움이 된다. 어떻게 꺾꽂이 순을 자르는지 모른다면 이 주제를 다루는 좋은 책이나 온라인 강좌를 찾아보면 쉽게 정보를 얻을 수 있다. 꺾꽂이는 정말 쉬운 일이다.

관목 층 설계하기

숲정원에서 관목을 심기 가장 좋은 위치는 중간 크기의 교목이 자라는 가장자리의 바깥쪽이다. 왜냐면 몇몇 관목은 햇빛이 많이 필요하기 때문이다. 어떤 관목은 교목 위로 삐죽 자라기도 하는데, 교목 아래 관목을 심을 때는 그늘에서도 잘 자랄 수 있는 종을 선택해야 한다. 키가 작은 관목은 정원 남쪽에 심고, 이 나무보다 키가 큰 나무는 그 뒤에 심는다. 또한, 열매를 수확하려면 나무들 사이로 다닐 수 있는 길을 만들어야 한다. 정원에 작은 오솔길을 여러 개 만들거나 징검다리를 놓으면 정원에 들어가고 둘러볼 때 도움이 된다.

네 번째 층 : 초본

정원을 성숙한 상태로 안정시키려면 숲처럼 다양한 식물이 서로 다른 높이로 여러 층을 형성해 자라날 수 있게 해야 한다. 식재 설계에 따라 정원에 필요한 식물을 한 번에 모두 다 심을 수 있는 예산이 부족하다면, 교목과 관목 아래 이미 자라는 풀밭은 그대로 두고, 점차적으로 자원이 생기는 대로 정원을 확장해 나간다. 이렇게 하면 새로 심은 식물 주변에 있는 풀을 베거나 가축을 길러 가축이 대신 풀을 먹게 하는 수고로운 일이 생기기는 한다. 땅을 묵히는 동안에도 땅은 휴식을 취하지만 토양 자체가 비옥해지지는 않는다. 그렇기 때문에 정원을 처음 시작할 때부터 땅을 개간하고 깨끗하게 정리하는 것이 좋다. 우리가 정원을 만들 때는 처음부터 돼지를 길러 땅을 개간했다. 돼지가 땅을 파헤치고 나면 땅에 영양분을 축적할 수 있고 땅 아래로 깊이 자라는 식물의 씨앗을 심었다. 이 식물은 표토를 비옥하게 만들어 주었고 우리는 바로 정원 일을 시작할 수 있었다. 결국, 정원이 가진 잠재력을 최대한 이끌어 내기 위해서는 정원의 땅속부터 가장 높은 나무가 자라나는 곳까지 여러 측면을 다 고려해 가며 일해야 한다.

작은 숲정원의 경우는 1미터도 채 되지 않는 초본이 세 번째 층을 이루게 되고, 관목과 작은 나무들은 그 위로 층을 이룬다. 그래서 일반적인 숲정원보다는 층이 더 줄어든다. 땅은 숲처럼 여러 높이의 식물이 층을 이루는 구조를 더 좋아하기는 한다. 물론 정원에 나무가 많으면 가장 좋지만 나무를 많이 심지 못하는 상황이 있을 수도 있으므로 자신이 할 수 있는 만큼만 한다. 아주 작은 정원일지라도 한 그루의 나무만 있다면 땅은 행복할 것이다.

강한 존재감을 드러내는 나무는 그 안에 좋은 에너지를 많이 품고 있다. 나무들은 당신 자신의 뿌리를 정원 땅에 깊숙히 내릴 수 있도록 도울 것이며, 당신과 함께 성장하고 강해질 것이다. 나무가 없다면 땅은 안정감을 느끼기 어렵다. 아일랜드 사람들은 집 뒤뜰에 자라는 나무가 빛을 차단한다고 염려한다. 나도 이런 마음을 이해는 하지만, 창문 밖을 바라볼 때 빛은 잘 들지라도 나무가 없어 생명이 살지 못하는 팍팍한 풍경을 보는 것보다, 살아 있는 숲에서 그늘 사이로 빛들이 일렁이는 아름다운 풍경을 보는 것이 훨씬 낫다고 생각한다. 빛은 하나의 형태가 아닌 여러 형태로 우리를 비춘다.

초본 층은 주로 여러해살이풀로 딱딱한 목질이 아닌 부드러운 줄기를 가진 식물들이다. 초본에는 약효가 있고 음식에 넣어 먹을 수 있는 허브, 채소, 멀칭을 돕는 식물, 자연 파종이 되는 한해살이 식물 등이 있다.

우리는 초본이 자라는 층이나 뿌리식물이 자라는 층에 뿌리채소 씨앗, 여러 허브 씨앗으로 만든 씨앗 공을 던져 식물이 자라게 할 수 있다. 자연이 이 가운데 어떤 씨앗을 틔울지 결정할 것이다. 나는 이것을《짚 한 오라기의 혁명》에서 배웠고, 이 방법은 놀라운 결과를 보여주었다.

초본 층에 자라는 식물의 식재 위치 설계하기

초본은 개방된 공간이나 관목의 가장자리 주변에서 가장 잘 자란다. 정원에서 햇빛이 어떻게 움직이는지 터득하게 되면, 어떤 곳이 햇빛을 더 많이 받는지 알게 되고, 햇빛을 좋아하는 식물은 어디에 심어야 할지도 결정할 수 있다. 또한 오후의 열기에 어떤 식물이 시드는지 알게 되면 그 식물은 그늘진 곳에 옮겨 심어야 한다.

새로 심은 초본이 낮게 자라는 다른 식물과 서로 경쟁관계에 놓이게 되면, 이 초본이 자리를 잡을 때까지 그 위로 계속 멀칭을 해 주어야 한다. 이 초본은 관목의 가장자리 바깥쪽에 심어야 한다. 그래야 초본의 성장을 방해하는 나뭇가지를 쳐내야 하는 번거로움을 줄일 수 있다.

초본 층에 정원사가 좋아하는 식물을 찾아 심거나, 수확량을 높이려면 식물을 빽빽하게 심어야 한다. 허브, 지피식물, 뿌리가 땅속 깊이 뻗어 가는 식물을 섞어 함께 심으면 숲이 균형을 이루는데 도움이 되고, 병충해도 방지할 수 있다. 그리고 현지의 생태계를 그대로 유지할 수 있도록 자생식물도 함께 심어야 한다. 이런 새로운 식물을 익히는 데는 몇 년이 걸리기 때문에 이름표를 만들고, 어떤 식물을 먹을 수 있는지 기록해 둔다.

다음의 표에 나오는 식물은 초본으로 심을 만한 가치가 있는 식물이다. 일부 식물은 먹을 수는 없어도 다른 면에서 유용하다. 어떤 식물은 토양을 비옥하게 만들어 주며 야생 동물의 서식지가 되어 준다.

허브 종류에는 부엌에서 요리를 할 수 있는 허브가 있고, 향이 강한 오일을 만들 때 쓰는 허브가 있다. 오일을 만드는 허브는 먹을 수 있지만 다른 용도로도 쓸 수 있다. 특히 향이 강한 허브 오일은 해충퇴치제로 쓸 수 있어 좋다. 허브 오일은 항균·살균효과가 있어 자연요법에서 아주 높은 가치를 지닌다. 허브는 주변에 자라는 식물이 안정적인 생태계를 유지하는 데 큰 도움이 된다.

네 번째 층에 추천하는 초본

학명	이름	높이(미터)	너비(미터)
Alliaria petiolata	알리아리아 페티올라타 (마늘냉이, 마늘과 비슷한 냄새가 나는 유럽 원산의 풀) Jack-by-the-hedge	0.8~1	0.4
● 내한성이 있는 2년생 식물로 사토, 점토, 양토 등 대부분의 토양에서 잘 자란다. 물기가 많은 토양을 좋아한다. 알칼리성, 중성, 산성 토양에서 자란다. 양지나 그늘이 강하게 지는 곳에서 모두 잘 자라고, 자가수정을 한다. ♦ 온화한 기후에서 4계절 내내 푸르고, 이른 봄 땅속에서 올라온다. ● 잎에서 아주 좋은 마늘과 겨자 향이 난다. 잎은 곱게 다져서 샐러드나 오믈렛에 넣거나 다른 채소와 함께 요리할 수 있다. 매운 맛이 나는 꽃은 샐러드 장식용으로도 쓸 수 있다.			
Allium ampeloprasum var. *babingtonii*	리크(여러해살이 리크)Babington's leek	0.5	0.3
● 내한성이 있는 여러해살이풀로, 대부분의 토양에서 잘 자란다. 사토, 점토, 양토에서 잘 자라며 건조한 땅을 좋아한다. 알칼리성, 중성, 산성 토양에서 자란다. 양지에서 잘 자란다. ♦ 주기적으로 수확하기 위해서는 몇 년의 시간이 걸리지만, 겨울에는 좋은 잎을 수확할 수 있다. 알뿌리는 늦여름에 수확할 수 있다. ● 잎과 알뿌리는 생으로 먹거나 요리해서 먹을 수 있고 연한 마늘 향이 난다.			
Allium cepa Aggregatum Group	샬롯 (작은 양파의 일종) Shallot	잎이 40센티미터 정도 자라고 1.2미터 쯤에서 꽃이 핀다.	0.4
● 대부분 토양에서 잘 자라지만 사토, 양토, 그리고 건조한 곳을 특히 좋아한다. 알칼리성, 중성, 산성 토양에서 자란다. 양지에서 잘 자란다. 암수한그루로 벌이 꽃가루받이를 돕는다.			

♦ 잎과 알뿌리는 생으로 먹거나 요리를 해서 먹을 수 있다.

Allium fistulosum	웨일즈 양파(백합과 여러해살이풀로 파의 일종) Welsh onion	0.5	0.2

● 파 대용으로 기를 수 있는 여러해살이풀이다. 사토, 점토, 양토 등 대부분의 토양에서 잘 자라지만 건조한 곳을 좋아한다. 알칼리성, 중성, 산성 토양에서 자란다. 양지에서만 잘 자란다. 암수한그루로 벌이 꽃가루받이를 돕는다.

♦ 숲정원에서 자라는 아주 좋은 샐러드 재료다.

Allium schoenoprasum	차이브(쪽파) Chives	0.3	0.3

● 사토, 점토, 양토 등 대부분의 토양에서 잘 자란다. 알칼리성, 중성, 산성 토양에서 잘 자란다. 그늘이나 햇빛이 부분적으로 들어오는 정원의 가장자리에서 기르면 좋다.

♦ 자가수정을 하고 잘 퍼진다.

● 잎은 연한 양파 맛이 나고 샐러드에 생으로 넣거나 수프 재료로 쓸 수 있다. 알뿌리는 양파와 같은 방식으로 쓸 수 있다. 꽃도 샐러드에 넣을 수 있다.

♦ 잎에서 나온 즙은 천연 살충제나 살균제로 쓸 수 있고, 향이 나는 오일에 넣어 쓸 수 있다. 또한 향이 강해 해충퇴치제로도 사용한다.

Allium ursinum	나도산마늘 Ramsons	0.3	0.2

● 사토, 점토, 양토 등 대부분 토양에서 잘 자란다. 알칼리성, 중성, 산성 토양에서 잘 자란다. 양지나 그늘이 강하게 지는 곳에서도 잘 자라고 자가수정을 한다. 암수한그루로 벌이 꽃가루받이를 돕는다.

♦ 비옥하고 축축한 토양을 좋아한다. 어느 곳에서나 키우기 쉽고 잘 퍼진다. 콩과 식물이 자라는 것을 억제하기 때문에 그것들과 경쟁하지 않는다.

● 꽃이 나오기 바로 직전에 잎이 진다.

♦ 꽃, 잎, 줄기, 알뿌리는 먹을 수 있고, 꽃은 샐러드 위에 얹는 장식으로 사용할 수 있다. 마늘 향이 나는 잎은 페스토를 만들 때 훌륭한 재료가 될 수 있다. 줄기는 파 대신 사용할 수 있다. 알뿌리는 재배한 마늘과 비슷하다.

● 살균, 산화방지제, 면역력을 높여 주는 등 많은 의학적 이점이 있는 식물이다. 주변 작물의 면역력 또한 높여 준다.

♦ 향이 강해 해충퇴치제로 쓸 수 있다.

Aralia cordata	땅두릅 Udo	1.8	0.8

- 사토, 점토, 양토 등 대부분의 토양에서 잘 자란다. 알칼리성, 중성, 산성 토양에서 자란다. 완전히 그늘이 진 곳에서도 자라지만 반만 그늘이 진 곳을 좋아하며 아침 햇빛을 받지 않게 보호해야 한다.
- ♦ 아스파라거스와 같이 싹과 잎은 먹을 수 있고, 샐러드에 넣거나 요리를 해서 먹을 수 있다. 일본에서 흔한 채소다.
- 암수한그루로 벌이 꽃가루받이를 돕는다.

Asparagus officinalis	아스파라거스 Asparagus	1.5	0.8

- 사토, 점토, 양토 등 대부분의 토양에서 잘 자란다. 산성이나 알칼리성이 강한 토양에서도 잘 자란다. 해양 환경에 노출되어도 견딜 수 있고, 양지나 그늘이 반 정도 지는 곳에서도 자란다.
- ♦ 여러해살이풀이지만 자가수정을 하지 못한다. 그래서 씨앗을 얻으려면 암꽃과 수꽃이 필요하다.
- 줄기는 채소처럼 쪄서 먹을 수 있다. 씨앗은 구워 커피 원두처럼 사용할 수 있다.

Astragalus crassicarpus	버팔로피 (황기속식물, 그라운드 플럼) Buffalo pea Ground plum	0.5	0.5

- 여러해살이풀로 사토와 양토에서 잘 자란다. 알칼리성, 중성, 산성 토양에서 잘 자라고 햇볕이 아주 잘 들어야 한다.
- ♦ 암수한그루로 벌이 꽃가루받이를 돕는다.
- 생으로 먹을 수 있고, 덜 익은 꼬투리는 생으로나 먹거나 요리해서 먹을 수 있다. 열매는 자두와 조금 비슷하다.
- ♦ 질소 고정 식물이다.

Beta vulgaris subsp. *maritima*	갯근대 Sea beet	0.8	0.4

- 사토, 점토, 양토 등 대부분 토양에서 잘 자란다. 알칼리성, 중성, 산성 토양에서 자란다. 염분이 있고, 알칼리성이 높은 토양에서도 자란다.

♦ 내한성이 있는 여러해살이풀로 그늘이 없거나 그늘이 진 곳에서도 자랄 수 있다. ● 암수한그루로 바람이 꽃가루받이를 돕는다. ♦ 잎은 1년 내내 수확할 수 있고 요리하면 아주 맛있는 녹색 채소다. 뿌리는 겨울에 수확하고 비트 대용으로 좋다.			
Beta vulgaris subsp. *flavescens*	스위스차드 (근대속 식물) Swiss chard	0.9	0.3
● 내한성이 있는 두해살이풀로 햇빛을 필요로 한다. ♦ 사토, 점토, 양토 등 대부분의 토양에서 잘 자란다. 알칼리성, 중성, 산성 토양에서 자란다. 산성이나 알칼리성이 높은 땅에서도 자랄 수 있지만 양지에서만 잘 자란다. ● 암수한그루로 바람이 꽃가루받이를 돕는다. ♦ 수확량이 많은 채소로 줄기, 잎은 요리해서 먹으면 맛이 아주 좋다. 꽃이 핀 줄기는 브로콜리 대용으로 좋다.			
Brassica oleracea var. *ramosa*	다우벤톤 다년생 케일(배추속 식물) Daubenton's perennial kale	0.9	0.8
● 내한성이 있는 여러해살이풀이다. 사토, 점토, 양토 등 대부분의 토양에서 잘 자란다. 알칼리성, 중성, 산성 토양에서 자라는데, 산성이나 알칼리성이 높은 땅에서도 자랄 수 있다. 그늘이 없거나 그늘이 지는 곳에서도 자랄 수 있다. ♦ 암수한그루로 벌이 꽃가루받이를 돕는다. ● 1년 내내 배추 맛이 나는 잎을 수확할 수 있고, 잎은 찌거나 볶아 먹을 수 있다. 어린잎은 생으로 먹어도 맛있고, 맛있는 꽃의 머리 부분은 브로콜리 대신 쓸 수 있다. 꽃을 따 주면 수확하는 시기를 연장할 수 있다.			
Bunias orientalis	힐머스터드 Hill mustard	0.9	0.5
● 내한성이 있는 여러해살이풀이다. 사토, 점토, 양토 등 대부분의 토양에서 잘 자란다. 산성이나 알칼리성이 높은 땅에서도 자랄 수 있다. 햇빛이 꼭 필요하고, 그늘이 조금만 들어오는 곳에서 자랄 수 있다. ♦ 암수한그루로 벌이 꽃가루받이를 돕는다. ● 잎은 털이 너무 많아 조리해서 먹는 것이 좋다. 꽃과 꽃이 핀 줄기는 생으로 먹으면 아주 맛있고, 요리를 하면 브로콜리와 비슷한 맛이 난다.			

Calamintha nepeta	칼라민타 네페타 Lesser calamint	0.6	0.8

- 여러해살이 허브로 양토와 사토에서 잘 자란다. 중성이나 알칼리성 토양에서 자라고 알칼리성이 높은 토양에서도 자란다.
- 양지나 드문드문 그늘이 지는 곳에서도 자란다.
- 벌이 꽃가루받이를 돕는 암수한그루지만, 타가수분을 할 수 있도록 하나 이상의 식물을 가까이에 심는 것이 좋다.
- 잎으로 달콤하며 향이 좋은 차를 만들 수 있다. 향이 강한 에센셜 오일은 아로마요법에 좋고 해충퇴치제로도 쓸 수 있다.

Calendula officinalis	마리골드(천수국, 금잔화)Common marigold	0.6	0.5

- 내한성이 있는 한해살이풀로 대부분의 토양에서 자란다. 반 정도 그늘이 지는 곳이나 양지에서 잘 자란다. 씨앗 공을 만들 때 다른 씨앗과 함께 넣으면 좋다.
- 암수한그루지만 암꽃과 수꽃이 한 나무에서 따로 피며 벌이 꽃가루받이를 돕는다.
- 꽃잎과 잎은 먹을 수 있다. 생 꽃잎은 수프, 스튜, 샐러드 위에 뿌려 먹을 수 있다.
- 말린 잎은 좋은 양념이 된다. 마리골드는 벌레에 물렸거나 가시에 찔렸을 때 피부 치료제로 쓸 수 있다. 마리골드는 벌레가 끼는 것을 막아 주기 때문에 다른 식물과 함께 심으면 좋다. 진딧물을 잡아먹는 말벌이 좋아하는 식물이기도 하다.

Chenopodium bonushenricus	헨리시금치 (명아주속 식물) Good-King-Henry	0.8	0.3

- 내한성이 있는 여러해살이풀로 사토, 양토, 점토에서 잘 자란다. 산성이나 알칼리성이 높은 땅에서도 잘 자란다. 양지나 부분적으로 그늘이 지는 곳에서 키워야 한다.
- 자가수정을 하고 벌이 꽃가루받이를 돕는다.
- 생잎이나 데친 잎은 겨울용 샐러드에 넣어 먹으면 아주 좋고, 뿌리는 내장 박테리아를 건강하게 하는 성분이 들어 있어 매우 귀중하다. 파스닙과 비슷한 방법으로 요리할 수 있다. 뿌리는 굽거나 갈아서 커피 대용으로 쓸 수 있다.

Cichorium intybus	치커리Chicory	1.5	0.5

- 내한성이 있는 여러해살이풀로 사토, 양토, 점토에서 잘 자란다. 산성이나 알칼리성이 높은 땅에서도 잘 자란다. 양지나 부분적으로 그늘이 지는 곳에서

키워야 한다. 자가수정을 하고 바람이 꽃가루받이를 돕는다.

- 4월에서 6월까지 꽃이 핀 새싹은 아스파라거스와 비슷한 방식으로 먹을 수 있고, 새싹은 밑에서 잘라 껍질을 벗기면 된다. 한여름 시금치와 같은 잎은 볶아 먹으면 맛이 좋다. 씨앗은 양귀비 씨앗과 같은 방식으로 사용할 수 있고 구워 먹을 수도 있다.

Crambe maritima	해안꽃케일 Sea kale	0.6	0.6

- 내한성이 있는 여러해살이풀로 사토, 양토, 점토에서 잘 자란다. 알칼리성, 중성, 산성 토양에서 잘 자라며, 염분이 많은 토양에서도 자란다. 양지나 부분적으로 그늘이 지는 곳에서 키워야 한다.
- 자가수정을 하며 벌이 꽃가루받이를 돕는다.
- 시금치와 비슷한 잎은 생으로 먹거나 요리할 수 있다. 나이든 잎은 더 맛이 좋고, 꽃이 핀 새싹은 삶으면 싹이 난 브로콜리와 맛이 비슷하다.

Lemongrass citratus	레몬그라스 Lemongrass	1.5	0.6

- 추위에 민감해 아주 추운 겨울에는 살지 못한다. 그래서 작은 비닐하우스나 온실 안에서 키우는 것이 좋다.
- 해가 잘 드는 곳에서 키워야 하며 물기 많은 땅을 좋아한다.
- 생으로 또는 말려서 쓸 수 있고 으깬 줄기에서는 귤향이 난다. 아시아 요리에서 자주 사용되며 잎은 차로 마실 수 있다. 잎의 주성분에서 귤향과 레몬향이 나고 항균성과 살균성이 있다. 레몬그라스 오일은 아로마요법에서 사용되고, 벌레를 막아 주며, 해충퇴치제로도 쓸 수 있다.

Cynara scolymus	글로브 아티초크 Chards Gglobe artichoke	1.5	1

- 내한성이 있는 여러해살이풀로 숲 가장자리의 해가 잘 드는 곳에서 자란다. 사토, 양토, 점토 등 대부분 토양에서 잘 자란다. 알칼리성, 중성, 산성 토양에서 잘 자라며, 강한 바람과 바닷가 환경도 견딘다.
- 암수한그루로 벌이 꽃가루받이를 돕는다.
- 꽃봉오리는 8~9월에 수확하고 부드러워질 때까지 끓이거나 찐다. 포엽(꽃눈, 꽃봉오리 등을 덮는 작은 잎)의 아랫부분은 생으로 먹을 수 있고 견과류 맛이 난다. 말린 꽃은 우유를 응고시키는 레닛(우유를 치즈로 만들 때 사용되는 응고 효소)으로 쓴다. 어린잎과 줄기는 셀러리 대용으로 쓴다.

Echinacea purpurea	에키나케아 Coneflower	1.2	0.5

- 사토, 양토, 점토 등 대부분의 토양에서 잘 자란다. 알칼리성, 중성, 산성 토양에서 잘 자란다. 내한성이 있는 여러해살이풀로 해가 잘 드는 곳에서 자란다.
- 암수한그루로 곤충이 꽃가루받이를 돕는다.
- 식물 전체가 다양한 약용 성분이 있는데, 감염을 막아 주고 면역력을 높여 주는 역할을 한다. 뿌리는 말려서 저장할 수 있다. 식물 영양제로 사용해 보길 권한다.

Fagopyrum esculentum	메밀 Buckwheat	1.5	0.3

- 한해살이풀로 햇빛이 잘 들어야 한다. 사토, 양토, 점토 등 대부분의 토양에서 잘 자란다. 알칼리성, 중성, 산성 토양에서 잘 자란다.
- 잎은 시금치 같이 생으로 먹거나 요리해서 먹을 수 있지만, 조리를 하는 편이 더 좋다. 씨를 뿌리고 3~4개월 후 씨를 수확할 수 있다. 씨는 물에 담가 싹이 나면 생으로 먹을 수 있다. 씨는 말려서 갈아 가루로 만들 수 있는데, 글루텐이 들어가지 않은 밀가루 대용으로 아주 좋다. 또한 메밀로 글루텐이 들어가지 않은 맥주도 만들 수 있다.
- 좋은 영양분을 많이 축적하고 있는 식물이기 때문에 풋거름(녹비)으로 사용하면 좋다. 다른 풀들이 올라오는 것을 억제한다.

Foeniculum vulgare	회향 Fennel	1.2	0.6

- 여러해살이풀로 비바람이 덜 들이치는 곳에서 키워야 한다. 바람은 견디지만 바닷가 환경에서 자라기는 어렵다. 사토, 양토, 점토 등 대부분의 토양에서 잘 자란다. 알칼리성, 중성, 산성 토양에서 잘 자라며 빛이 잘 드는 곳을 좋아한다.
- 자가수정을 하며 곤충이 꽃가루받이를 돕는다.
- 비바람을 막아 주는 곳에서 기르면 1년 내내 생산성이 좋다.
- 식물의 모든 부분을 먹을 수 있고, 아니스 씨앗과 같은 독특한 향이 난다. 알뿌리와 줄기는 생으로 또는 조리해서 먹을 수 있다. 털이 난 잎은 소스에 넣거나 고명으로 쓸 수 있다. 9월에 씨앗이 여문다. 말린 씨앗은 부드럽고 달콤한 향이 나서 빵을 굽거나 케이크를 만들 때 사용한다. 에센셜 오일은 아로마요법에 사용된다.

Matteuccia struthiopteris	청나래고사리 Ostrich fern Fiddle head fern	1.2	0.6
● 여러해살이 고사리로 숲정원에서 다른 식물이 잘 자라지 못하는 어둡고 축축한 구석에서 자라난다. 대부분 토양에서 잘 자라지만 물기가 많은 곳을 좋아한다. 산성, 중성 토양을 좋아하고 산성이 높은 토양에서도 잘 자란다. 땅속줄기를 통해 퍼져 나간다. 뿌리에 수분이 적절히 공급되면 그늘이 짙게 지는 곳이나 양지에서도 자란다. ♦ 봄에 아주 짧은 기간 동안 볼 수 있는 돌돌 말린 어린 새싹은 아스파라거스 대용으로 사용할 수 있지만 조리를 충분히 잘 해야 한다. 최소 15분 이상 조리를 해야 하고, 그렇지 않으면 위가 불편해질 수 있다.			
Melissa officinalis	레몬 밤 Lemon balm	0.7	0.4
● 내한성이 있는 여러해살이풀로 양지나 부분적으로 그늘이 지는 곳에서 자란다. 사토나 양토에서 자라며, 알칼리성, 중성, 산성 토양에서 모두 잘 자란다. ♦ 암수한그루로 벌이 꽃가루받이를 돕는다. ● 생잎은 샐러드나 버터에 넣을 수 있고 조리한 음식에 넣거나 소스, 양념장으로 사용할 수 있다. 잎은 진정 효과가 있는 차로 만들 수 있고, 중국차와 함께 섞어 마실 수 있다. 에센셜 오일은 아로마요법에 많이 사용된다. 아로마 해충퇴치제로도 쓸 수 있다.			
Mentha spicata	스피어민트 Spearmint	0.8~1	점점 퍼져 나간다.
● 낙엽성 여러해살이풀로 중점토와 습토에서 잘 자란다. 양지나 그늘이 반 정도 지는 곳에서 자란다. ♦ 민트는 땅 위로 줄기를 제멋대로 뻗어 가면서 뿌리를 내리는 식물이기 때문에 옆에 길을 내서 더 자라지 않게 해야 한다. 대신 세이지를 심으면 민트가 퍼져 나가는 것을 막을 수 있다. ● 잎은 차로 마실 수 있고, 많은 요리에 풍미를 더하는 용도로 쓸 수 있다. 잎으로 소스도 만들 수 있다. 민트 오일을 창문 모서리에 뿌려 두면 거미나 개미가 집에 들어오는 것을 막아 준다. 스피어민트 에센셜 오일은 건강에 좋다. ♦ 아로마 해충퇴치제로 쓸 수 있다.			

Mentha x piperita	페퍼민트Peppermint	0.5	1

- 낙엽성 여러해살이풀로 중점토와 습토에서 잘 자란다. 알칼리성, 중성, 산성 토양에서 잘 자란다. 양지나 그늘이 반 정도 지는 곳에서 자란다.
- ♦ 마디마다 뿌리가 나는 줄기를 공격적으로 옆으로 뻗어 나가기 때문에 옆에 길을 내서 마구 자라지 않게 해야 한다. 또는 세이지를 심어 경계선을 만들어도 된다.
- 잎은 차로 마실 수 있고, 많은 요리에 풍미를 더하는 용도로 쓸 수 있다. 잎으로 소스도 만들 수 있다. 민트 오일을 창문 모서리에 뿌려 두면 거미나 개미가 집에 들어오는 것을 막아 준다. 에센셜 오일은 살균이나 바이러스를 막아 주는 역할을 한다.
- ♦ 아로마 해충퇴치제로 쓸 수 있다.

Monarda didyma	베르가못Bergamot	0.9	0.5

- 내한성이 있는 여러해살이풀이다. 사토, 점토, 양토 등 대부분의 토양에서 잘 자란다. 알칼리성, 중성, 산성 토양에서 잘 자란다. 양지나 그늘이 반 정도 지는 곳에서 자란다.
- ♦ 암수한그루로 벌이 꽃가루받이를 돕는다.
- 어린잎과 싹은 샐러드에 넣으면 좋고, 꽃은 색깔과 풍미를 더해 준다. 잎으로 아로마 향이 나는 차를 만들 수 있다. 베르가못 에센셜 오일은 약효가 있고, 피부 관리에 자주 사용되며 향수로도 사용된다.
- ♦ 아로마 해충퇴치제로 쓸 수 있다.

Origanum vulgare	오레가노Oregano	0.6	0.8

- 내한성이 있는 여러해살이풀이다. 사토, 점토, 양토 등 대부분 토양에서 잘 자란다. 알칼리성, 중성, 산성 토양에서 잘 자란다. 양지나 그늘이 부분적으로 지는 곳에서 자란다.
- ♦ 암수한그루로 벌이 꽃가루받이를 돕는다.
- 생잎과 말린 잎은 음식에 넣으면 풍미를 살릴 수 있고, 말린 잎은 더 톡 쏘는 맛이 있다. 꽃은 먹을 수 있고 샐러드 재료나 고명으로 쓸 수 있다. 항산화 성분이 많이 함유된 에센셜 오일은 살균성도 있다.
- ♦ 아로마 해충퇴치제로 쓸 수 있다.

Petroselinum crispum	파슬리Parsley	0.5	0.4

- 내한성 두해살이풀로 양지나 해가 부분적으로 드는 곳에서 자란다. 사토, 점토, 양토 등 대부분의 토양에서 잘 자란다. 알칼리성, 중성, 산성 토양에서 잘 자란다.

양지나 그늘이 부분적으로 지는 곳에서 자란다.

- ♦ 자가수정을 한다.
- ● 요리용 허브로 사용하면 음식에 부드러운 풍미를 더해 주며 고명으로도 사용한다. 영양분이 풍부한 잎은 싱싱할 때 주기적으로 수확해야 하며 적당히 먹어야 한다.
- ♦ 잎에서 나온 즙은 날벌레·모기 기피제로 좋다.

Plantago major *p. lanceolata*	왕질경이 또는 창질경이 Greater plantain Ribwort plantain	0.1	0.1

- ● 내한성이 있는 여러해살이풀로 해가 잘 들어야 한다. 사토, 점토, 양토 등 대부분의 토양에서 잘 자란다. 알칼리성, 중성, 산성 토양에서 잘 자란다. 양지나 그늘이 부분적으로 지는 곳에서 자란다.
- ♦ 자가수정을 하며 바람이 꽃가루받이를 돕는다.
- ● 씨앗은 삶거나 야자에서 뽑은 녹말처럼 걸쭉한 소스로 만들어 사용할 수 있다. 또는 씨앗은 가루로 만들어 다른 재료에 섞을 수 있다.
- ♦ 잎은 항균성과 살균성, 소염 성분이 있어 상처나 베인 곳, 염증이 생긴 곳 등에 광범위하게 사용된다. 아주 곱게 으깬 잎은 막 상처 난 곳을 지혈하는데 도움이 된다.

Rheum rhabarbarum	르바브 Common rhubarb	1.2	점점 퍼져 나간다.

- ● 내한성이 있는 두해살이풀로 양지나 해가 부분적으로 드는 곳에서 자란다. 물기가 많은 토양을 좋아한다. 대부분 토양에서 잘 자라며, 알칼리성, 중성, 산성 토양에서 자란다. 잘 퍼져 나가기 때문에 지피식물로 사용할 수 있다.
- ♦ 꽃 안에 암술 수술이 모두 있으며, 바람이 꽃가루받이를 돕는다.
- ● 굵고 신선한 줄기는 생으로 먹거나 설탕을 많이 넣어 조리할 수 있다. 줄기는 끓이거나 졸이거나 구워 먹을 수 있고, 크럼블, 파이, 설탕 절임으로 만들 수 있다. 수산이 함유된 잎은 먹을 수 없다.

Rosmarinus officinalis	로즈마리Rosemary	1.5	1.2

- ● 상록 관목으로 해가 잘 들어야 하며 배수가 잘되어야 한다. 사토, 점토, 양토 등 대부분의 토양에서 잘 자란다. 알칼리성, 중성, 산성 토양에서 잘 자란다.
- ♦ 자가수정을 하고 벌이 꽃가루받이를 돕는다.
- ● 향이 나는 요리용 허브로 영양분이 많다. 생잎과 말린 잎은 샐러드, 수프, 짭짤한 요리에 넣으면 풍미를 더해 준다. 에센셜 오일은 건강에 이로운 점이 많다.

Rumex acetosa	수영 Common sorrel	0.6	0.3

● 내한성이 있는 여러해살이풀로 야생 동물을 많이 끌어들인다. 부분적으로 그늘이 지거나 음지에서 자란다. 사토, 점토, 양토 등 대부분의 토양에서 잘 자란다. 알칼리성, 중성, 산성 토양에서 잘 자란다.

♦ 암그루나 수그루를 함께 심어야 꽃가루받이가 이루어지며 바람이 꽃가루받이를 돕는다. 1년 내내 잎이 나온다.

● 잎은 생으로 먹을 수 있고 요리할 수 있다. 잎은 쌉싸래하고 레몬 향이 나며 생으로 샐러드에 섞으면 아주 좋다. 하지만 잎에는 수산 성분이 있어 조심해서 먹어야 한다. 잎의 즙은 우유를 응고하는 데 쓰인다. 씨앗은 갈아서 가루로 만들 수 있다. 뿌리는 말리거나 요리해서 먹을 수 있고 꽃도 먹을 수 있다.

Solidago odora	블루 마운틴 티 (미역취속 식물, 골든로드) Blue mountain tea Goldenrod	1.2	0.6

● 내한성이 있는 여러해살이풀로 야생 동물을 많이 끌어들인다. 양지나 부분적으로 그늘이 지는 곳에서 자란다. 사토, 점토, 양토 등 대부분의 토양에서 잘 자란다. 알칼리성, 중성, 산성 토양에서 잘 자란다.

♦ 암수한그루로 곤충이 꽃가루받이를 돕는다.

● 항균성, 살균성, 소염 성분 등 약효가 있는 허브다. 말린 잎을 차나 알코올에 혼합해 약제로 쓸 수 있다. 꽃은 기름에 담가 사용할 수 있고 찜질 재료로도 쓸 수 있다.

♦ 아로마 해충퇴치제로 쓸 수 있다.

Symphytum officinale	컴프리 Common comfrey	1.2	0.5

● 내한성이 있는 여러해살이풀로 양지나 부분적으로 그늘이 지는 곳에서 자란다. 사토, 점토, 양토 등 대부분의 토양에서 잘 자란다. 알칼리성, 중성, 산성 토양에서 잘 자란다. 암수한그루로 벌이 꽃가루받이를 돕는다.

♦ 아주 빠르게 자라며 1년에 여러 차례 잘라 내도 잘 산다. 바이오매스를 많이 만들어 내며 멀칭 재료로 아주 좋다. 영양분이 풍부하고 식물 영양제로도 좋다.

● 뿌리와 잎을 찜질 재료로 쓸 수 있고, 잎은 상처나, 피부 질환, 골절 치료에 도움이 된다. 잎은 꽃이 피기 전에 수확해야 하며 말려서 보관할 수 있다.

Trifolium pratense	레드클로버 Red clover	0.6	0.6

- 내한성이 있는 여러해살이풀로 야생 동물을 잘 끌어들이고 질소를 고정하는 역할을 한다. 사토, 점토, 양토 등 대부분의 토양에서 잘 자란다. 알칼리성, 중성, 산성 토양에서 잘 자란다. 암수한그루로 벌이 꽃가루받이를 돕는다. 햇빛이 잘 드는 곳에 있어야 하며, 바람은 잘 견디나 해양기후는 잘 견디지 못한다.
- ♦ 어린잎은 맛이 좋고 시금치처럼 요리를 하면 좋다. 달고 어린 꽃은 생으로 샐러드에 넣어 먹을 수 있고, 발아한 씨앗도 먹을 수 있다.

Urtica dioica	쐐기풀 Stinging nettle	1.2	1

- 내한성이 있는 여러해살이풀로 햇빛이 잘 들거나 그늘이 부분적으로만 드는 곳에서 자란다. 귀한 야생 식물로 효과적인 식물 영양제를 만들 수 있다. 사토, 점토, 양토 등 대부분의 토양에서 잘 자란다. 알칼리성, 중성, 산성 토양에서 잘 자란다. 암수한그루로 벌이 꽃가루받이를 돕는다. 바람은 잘 견디나 해양기후는 잘 견디지 못한다.
- ♦ 암그루와 수그루를 함께 심어야 꽃가루받이가 이루어지며 바람이 꽃가루받이를 돕는다.
- 쐐기풀은 영양분이 아주 풍부하다. 가시가 있기 때문에 어린잎을 수확할 때 장갑을 끼고 해야 하며, 얼얼한 맛을 중화시키기 위해 요리를 하거나 말려서 먹는다. 잎으로 수프도 만들 수 있고, 차는 클렌징 토닉으로도 사용할 수 있다. 단 어린잎만 사용해야 한다. 다 자란 잎은 신장에 결석을 만드는 종유체라는 입자를 만들어 내기 때문에 사용하면 안 된다.
- ♦ 줄기는 아마와 같은 섬유질이 있어 실, 옷감, 종이를 만들 수 있다. 쐐기풀을 묶어 두면 파리를 쫓기 때문에 음식 저장고에 두면 좋다 .

Vaccinium deliciosum	캐스케이드 빌베리 Cascade bilberry	0.3	0.3

- 낮게 자라는 낙엽성 관목으로 산성 토양에서 자라고, 침엽수 아래에서도 자란다. 사토와 양토를 좋아한다. 양지나 그늘이 반 정도 지는 곳에 자란다. 좋은 야생 식물이다.
- ♦ 꽃 안에 암술과 수술이 다 있으며 곤충이 꽃가루받이를 돕는다.
- 잘 익은 열매는 달고 맛이 좋으며 생으로 먹으면 가장 좋다. 말리거나 얼려 보관할 수 있다.

Vaccinium myrtillus	빌베리 Common bilberry Whortleberry	0.2	0.3
• 캐스케이드 빌베리(276쪽)와 동일하다.			

다섯 번째 층 : 지피식물

숲정원에서 초본이 자라는 층과 지피식물이 자라는 층은 때로 서로 겹쳐지기도 한다. 몇몇 초본은 양지나 부분적으로 그늘이 지는 곳에서 자라지만 대부분의 지피식물은 그늘을 좋아한다. 다음에 소개할 표에는 해가 잘 드는 장소에서 자라는 지피식물도 포함시켰다. 지피식물 층에 자라나는 식물은 땅과 가까이 자라고 교목, 관목, 여러해살이 풀 사이를 파고들며 자란다. 이 식물은 사람들이 걸어 다니는 길에서도 잘 자란다.

외래종과 함께 자생 지피식물을 심는 것은 지역 생태계를 살린다. 숲정원의 여러 층에 자생식물을 포함시킨다면 눈에 익을 때까지 이름표를 달아 주고, 식용인지 아닌지 표시해 둔다. 자생식물은 지역 생태계와 복잡한 관계망을 형성한다. 우리는 천이과정이 비교적 빠른 시간에 이루어지도록 숲정원을 설계했을지라도 가능한 이 식물들을 보호해야 한다.

다섯 번째 층에 추천하는 지피식물

학명	이름	높이(미터)	너비(미터)
Campanula poscharskyana *C. porten-schlagiana*	트레일링 벨플라워, 월 벨플라워 (초롱꽃속 식물) Trailing bellflower Wall bellflower	0.2	점점 퍼져 나간다.

- 아름다운 상록 여러해살이풀로 양지나 그늘에서 자란다.
- 사토, 점토, 양토 등 대부분의 토양에서 잘 자란다. 알칼리성, 중성, 산성 토양에서 잘 자란다. 자가수정을 하고 벌이 꽃가루받이를 돕는다.
- 단맛이 나는 잎은 1년 내내 샐러드로 먹을 수 있다. 꽃도 먹을 수 있는데, 여름 샐러드에 들어간 꽃잎은 푸른 빛깔을 뽐낸다.

학명	이름	높이(미터)	너비(미터)
Chamaemelum nobile	캐모마일 Chamomile	0.2	0.3

- 내한성이 있는 상록 여러해살이풀이다. 사토, 점토, 양토 등 대부분의 토양에서 잘 자란다. 알칼리성, 중성, 산성 토양에서 잘 자란다. 자가수정을 하며 벌이 꽃가루받이를 돕는다.
- 꽃은 생으로 또는 말려서 허브차를 만들 수 있다. 소화 장애가 있을 때 도움이 되고, 진정효과가 있다. 에센셜 오일은 향을 내거나 향수에도 사용된다.
- 아로마 해충퇴치제로 쓸 수 있다.

학명	이름	높이(미터)	너비(미터)
Claytonia sibirica	핑크 퍼슬린 Pink purslane	0.2	점점 퍼져 나간다.

- 온화한 기후에서 자라는 상록 식물이다. 대부분 토양에서 잘 자라고 산성이나 중성 토양을 좋아한다. 너도밤나무 아래 그늘이나 침엽수 아래서 자란다. 자가수정을 하며 벌이 꽃가루받이를 돕는다.
- 잎은 1년 내내 수확할 수 있고 샐러드에 사용하거나 살짝 쪄서 요리해서 먹을 수 있다.

학명	이름	높이(미터)	너비(미터)
Cornus canadensis	풀산딸나무 Creeping dogwood	0.2	넓게 퍼져 나간다.

- 내한성이 있는 여러해살이풀로 산성, 중성 토양에서 잘 자란다. 사토, 점토,

양토 등 대부분의 토양에서 잘 자라며, 심한 점토에서도 자란다. 자가수정을 하며 곤충이 꽃가루받이를 돕는다. 양지에서 잘 자라고 부분적으로 그늘이 지는곳에서도 자란다.

♦ 늦여름 열매는 담백한 맛이 나지만 펙틴 성분이 많아 다른 열매와 함께 잼이나 젤리로 만들면 좋다.

Frangaria vesca	야생 딸기 Wild strawberry	0.15	땅위로 뻗어 나가면서 뿌리를 내리는 줄기로 퍼져 나간다.

● 내한성이 있는 여러해살이풀로 그늘에서도 자랄 수 있다. 꽃 안에 암술과 수술이 다 있으며 곤충이 꽃가루받이를 돕는다. 사토, 점토, 양토 등 대부분의 토양에서 잘 자라며, 알칼리성, 중성, 산성 토양에서 잘 자란다.

♦ 잎은 샐러드나 허브차로 사용할 수 있다. 개인적으로 여름과 가을에 나는 맛있는 열매를 무척 좋아한다. 어린 열매는 후미진 곳이나 그늘진 틈 사이에 있어 찾아 따기가 힘들다.

Fragaria viridis	그린 스트로베리 (딸기속 식물) Green strawberry	0.3	땅위로 뻗어 나가면서 뿌리를 내리는 줄기로 퍼져 나간다.

● 내한성이 있는 여러해살이풀로 양지나 부분적으로 그늘이 지는 곳에서 자란다. 관목 사이에서 좋은 지피식물 역할을 한다. 사토, 점토, 양토 등 대부분의 토양에서 잘 자라며, 알칼리성, 중성, 산성 토양에서 잘 자란다.

♦ 열매를 맺기 위해 꽃가루받이가 일어나려면 암수 식물이 모두 필요하다.

● 6월과 7월에 달리는 파인애플 같은 향이 나는 열매는 아주 맛이 있다.

Galium odoratum	선갈퀴(건초식물 또는 베드스트로 bedstraw라고도 함) Sweet woodruff	0.2	0.5

● 내한성이 있는 여러해살이풀로 지피식물 역할을 하고 야생 동물의 서식지가 되어 준다. 다른 식물 아래에서 잘 번지고 양토, 점토, 사토에서 잘 자란다. 알칼리성, 중성, 산성 토양에서 잘 자란다. 자가수정을 하며 곤충이 꽃가루받이를 돕는다.

♦ 부분적으로 그늘이 지거나 완전히 그늘진 곳에서 자란다.

● 전통적으로 말려서 침구에 넣어 사용했다. 잎은 음료에 넣거나 향료로 사용한다.

Gaultheria procumbens	파스향나무 Checkerberry	0.3~0.5	천천히 퍼져 나간다.

- 땅 위로 천천히 뻗어 나가는 포복성 상록 관목으로 그늘이 필요한 식물이다. 사토와 양토에서 잘 자라고 알칼리성, 중성, 산성 토양에서 잘 자란다. 자가수정을 한다. 토양에서 마그네슘을 끌어와 축적하는 식물로 알려져 있다.
- ♦ 열매는 약초 같은 맛이 나고 생으로 먹거나 조리할 수 있다. 잎은 말리면 부드러운 허브차로 만들 수 있다. 열매는 건강에 좋고 전통적으로 사탕, 고무, 음료, 비누에 쓰였다.

Ipomoea batatas	고구마Sweet potato	3(줄기)	

- 덩굴성 상록 여러해살이풀로 다른 지피식물과 비교했을 때 두 배로 역할을 해 낸다. 사토나 양토에서 잘 자라고 산성, 중성 토양에서 자란다. 자가붙임 (꺾꽂이, 뿌리덩이, 조직 배양으로 고구마가 자라는 현상)을 하고 씨앗을 얻으려면 다른 품종과 타가수분 해야 한다. 식물은 나무둥치나 나뭇가지를 타고 올라가게 할 수 있다. 햇빛을 잘 받아야 한다. 다양한 품종이 있는 고구마는 참마와 비슷하지만 실제로는 전혀 다르기 때문에 혼동하면 안 된다.
- ♦ 생뿌리에는 영양분이 풍부하게 들어 있으며, 감자처럼 요리할 수 있다. 어린잎과 식물의 끝 부분에서 5~10센티미터 정도 자라난 줄기와 잎은 시금치처럼 요리해서 먹을 수 있다.
- 겨울 내내 뿌리를 저장하고 싶으면, 가을에 수확해 저장하기 전 1주일 이상 온도가 높은 곳에 둔다.

Mentha requienii	코르시칸 민트 (박하속 식물) Corsican mint	0.1	천천히 빽빽하게 퍼져 나간다.

- 상록 지피식물인 민트는 디딤돌 사이에 심는 것이 이상적이다. 짙은 그늘에서도 자라고 양토, 점토, 사토에서 잘 자라며 중점토에서도 자란다, 알칼리성, 중성, 산성 토양에서 잘 자란다. 자가수정을 하며 곤충이 꽃가루받이를 돕는다.
- ♦ 잎에서 강한 페퍼민트 향이 난다. 잎은 생으로 또는 요리해서 먹을 수 있고 차로도 마실 수 있다.
- 에센셜 오일은 창문 모서리에 뿌려 두면 거미나 개미가 집에 들어오는 것을 막아 준다. 설치류도 민트 향을 싫어하기 때문에 곡식을 말릴 때 설치류가 오지 못하도록 뿌려 준다.
- ♦ 향이 나는 오일은 아로마 해충퇴치제로 쓸 수 있다.

Rubus 'Betty Ashburner'	그라운드 커버 라즈베리 (산딸기속 식물) Ground cover raspberry	0.5	매해 80센티미터씩 자란다.

- 포복성 상록 관목으로 양지나 그늘에서도 잘 자란다. 양토, 점토, 사토에서 잘 자라며 알칼리성, 중성, 산성 토양에서 잘 자란다.
- ♦ 줄기에 가시가 있는 편이다.
- 산딸기 맛이 나는 열매는 늦여름과 가을에 열린다. 열매는 생으로 먹어도 좋고 잼으로 만들 수도 있다. 지나치게 가지가 퍼지는 것을 막기 위해 가지치기를 하거나 옆으로 길을 만들어 준다. 민트와 함께 심으면 좋다.

Rubus nepalensis	네팔 라즈베리 (산딸기속 식물) Nepalese raspberry	0.3	매해 1미터씩 자란다.

- 포복성 상록 관목으로 양지나 그늘에서도 잘 자란다, 숲정원에 유용한 식물이다. 양토, 점토, 사토에서 잘 자라며 알칼리성, 중성, 산성 토양에서 잘 자란다.
- ♦ 서리에 약하지만 회복도 잘한다. 가시가 없는 식물로 가을에 산딸기와 비슷한 열매를 맺는다. 지나치게 가지가 퍼지는 것을 막기 위해 가지치기를 하거나 옆으로 길을 만들어 준다. 민트와 함께 심으면 좋다.
- 열매는 생으로 먹어도 좋고 잼으로 만들기에 좋다.

Stellaria media	별꽃 Chickweed	0.1	0.4

- 내한성이 있는 한해살이풀로 사토, 점토, 양토에서 잘 자란다. 알칼리성, 중성, 산성 토양에서 잘 자란다.
- ♦ 자가수정을 하며 곤충이 꽃가루받이를 돕는다.
- 1월에 잎이 나오며 1년 내내 잎을 수확할 수 있다. 잎은 시금치처럼 생으로 먹거나 요리를 해서 먹을 수 있다. 사포닌이라는 물질이 있어 적당히 먹어야 한다. 씨앗도 곡물처럼 사용할 수 있는데, 가루를 내면 밀가루 대용으로 좋다.

Tetragonia tetragonoides	번행초 New zealand spinach	0.2	1

- 빨리 자라는 상록 여러해살이풀로 아주 좋은 지피식물이다. 사토, 점토, 양토에서 잘 자라고 염분이 있는 토양에서도 자란다. 알칼리성, 중성, 산성 토양에서 잘

자란다. 자가수정을 하며 곤충이 꽃가루받이를 돕는다. 양지에서 자라고 서리를 잘 견디지 못하지만, 바닷가 환경에서는 잘 자란다.

♦ 어린잎은 생으로 먹거나 또는 조리해서 먹을 수 있고 시금치 대용으로 아주 좋다.

Thymus serpyllum	서양백리향 Breckland thyme	0.1	0.3

● 상록 관목으로 양토와 사토에서 자란다. 알칼리성, 중성, 산성 토양에서 잘 자란다. 그늘에서는 잘 자라지 못한다. 암수한그루로 벌이 꽃가루받이를 돕는다.

♦ 잎은 생으로 샐러드에 넣거나 다른 요리에 넣어 먹을 수 있다. 잎을 건조시킬 거면 꽃이 피기 전에 수확해야 좋다. 차로 아주 좋고 약효가 있다. 에센셜 오일은 약이나 향수로도 쓰인다.

● 향이 나는 오일은 아로마 해충퇴치제로 쓸 수 있다.

Thymus x citriodorus	레몬 타임 Lemon thyme	0.1	0.3

● 포복성 상록 관목으로 잘 퍼지고 가파른 둑을 빽빽하게 잘 덮는다. 사토, 점토, 양토에서 잘 자라고 염분이 있는 토양에서도 자란다. 알칼리성, 중성, 산성 토양에서 잘 자란다. 암수한그루로 벌이 꽃가루받이를 돕는다. 햇빛이 아주 잘 드는 곳에서도, 그늘이 짙게 지는 곳에서도 자란다. 1년에 몇 번씩 산발적으로 꽃이 자라 양봉에 도움이 되는 식물이다.

♦ 잎은 약용으로 쓰이며 생잎으로 만든 동종요법(인체에 질병 증상과 비슷한 증상을 유발시켜 치료하는 방법) 치료제가 있다. 줄기는 바구니를 엮는 데 좋다.

Vinca major	큰잎빈카 Greater periwinkle	0.6	0.5
V. minor	빈카 Lesser periwinkle	0.3	

● 상록 관목으로 야생 동물을 끌어들인다. 사토나 양토를 좋아하고 알칼리성, 중성, 산성 토양에서 잘 자란다. 그늘에서는 자라지 못한다. 암수한그루로 벌이 꽃가루받이를 돕는다.

♦ 레몬향이 나는 잎은 샐러드에 생으로 넣으면 좋고, 양념으로 사용할 수도 있다. 잎을 건조시킬 거면 꽃이 피기 전에 수확해야 좋다. 향이 나는 잎은 차로 좋고, 에센셜 오일은 약효가 있어 아로마요법에서 호흡 질환치료 목적으로 사용기도 한다. 향수로도 쓰인다.

● 아로마 해충퇴치제로 쓸 수 있다.			
Viola odorata	스위트 바이올렛 (제비꽃속 식물) Sweet violet	0.1	0.5
● 내한성이 있는 상록 식물로 햇빛이 아주 잘 드는 곳이나 부분적으로 그늘이 지는 곳에서 자란다. 사토, 점토, 양토에서 잘 자란다. 알칼리성, 중성, 산성 토양에서 잘 자란다. 자가수정을 하며 벌이 꽃가루받이를 돕는다. ♦ 잎은 1년 내내 수확할 수 있고, 부드러운 맛이 나는 어린잎과 꽃은 샐러드에 넣어 먹을 수 있다. 잎은 수프를 걸쭉하게 만드는 데 사용한다. 잎과 꽃으로 차를 만들 수 있고 약용으로도 사용된다. 꽃에서 나온 에센셜 오일은 아로마요법이나 향수로 사용된다.			

여섯 번째 층 : 땅속식물

당근, 무, 양파, 파스닙, 감자 같은 일반적인 뿌리채소는 해가 잘 드는 곳을 좋아하기 때문에 정원의 가장자리를 따라 햇빛을 좋아하는 식물과 함께 심거나, 후글컬처 언덕의 해가 잘 드는 곳에 심어야 좋다. 야생 양파나 야생 마늘처럼 숲에서 저절로 자라나는 채소들은 부분적으로 그늘이 지는 곳이나 완전히 그늘진 곳에서도 자란다. 다음 의 표에 나오는 땅속식물 중에는 친숙한 채소도 있고, 덜 친숙하지만 맛이 좋은 채소도 있다.

이 땅속식물 층도 마찬가지로 자연이 스스로 알맞은 곳에서 알맞게 싹을 틔운다는 믿음을 가지고 씨앗 공을 만들어 던져서 가꾸어 볼 수 있다.

여섯 번째 층에 추천하는 식물

학명	이름	높이(미터)	너비(미터)
Allium ampeloprasum var. *babingtonii*	리크 Babington's leek	0.5	0.3

- 내한성이 있는 여러해살이풀로 사토, 점토, 양토에서 잘 자라고 중점토에서도 자란다. 알칼리성, 중성, 산성 토양에서 잘 자란다. 바람은 잘 견디지만 바닷가 환경에서는 자라지 못한다. 해가 잘 드는 곳에서 길러야 한다. 암수한그루로 벌이 꽃가루받이를 돕는다. 한 곳에 여러 개를 함께 심어야 효과적이다.
- ♦ 정기적으로 수확할 수 있는 크기로 자라기까지는 몇 년이 걸리지만, 대신 그 후에는 겨울에 좋은 잎을 수확물로 얻을 수 있다. 늦여름에 알뿌리를 수확할 수 있다.
- 잎과 알뿌리는 생으로 먹거나 조리할 수 있고 부드러운 마늘 향이 난다.

학명	이름	높이(미터)	너비(미터)
Allium cepa Aggregatum group	샬롯 Shallot	잎 0.4 꽃 1.2	0.4

- 사토와 양토에서 잘 자라고 알칼리성, 중성, 산성 토양에서 자란다. 강한 바람도 견딜 수 있지만, 바닷가 환경에서는 잘 자라지 못한다. 암수한그루로 벌이 꽃가루받이를 돕는다. 한 곳에 여러 개를 함께 심어야 효과적이다. 해가 잘 들거나 부분적으로 그늘이 지는 곳에서 자란다.
- ♦ 알뿌리와 잎은 생으로 먹거나 조리해서 먹을 수 있다.

학명	이름	높이(미터)	너비(미터)
Allium sativum	마늘 Garlic	0.6	0.2

- 사토, 점토, 양토에서 잘 자란다. 한 곳에 여러 개를 함께 심어야 효과적이다. 해가 잘 들거나 부분적으로 그늘이 지는 곳에서 자란다. 암수한그루로 벌이 꽃가루받이를 돕는다.
- ♦ 알뿌리에는 영양분이 풍부하게 들어 있으며, 생으로 먹거나 다양한 음식으로 요리할 수 있다. 잎은 생으로도 쓰이고, 샐러드에 곱게 썰어 넣거나 요리도 할 수 있다.
- 약용 또는 다른 여러 용도로도 쓰인다.

학명	이름	높이(미터)	너비(미터)
Apios americana	땅콩 Groundnut	1.2	0.3

- 내한성이 있는 여러해살이풀이다.
- ♦ 햇빛이 필요하고 부분적으로 그늘이 지는 곳에서도 자란다. 사토, 점토, 양토에서 잘 자란다. 알칼리성 · 중성 · 산성 토양에서 자란다. 암수한그루로 벌이

꽃가루받이를 돕는다.

- 덩이줄기(식물의 땅속에 있는 줄기 끝이 양분을 저장하여 크고 뚱뚱해진 땅속줄기) 식물은 아주 귀한 작물이다. 심고 나서 1년 뒤에 수확할 수 있지만, 이상적으로 더 좋은 수확물을 얻으려면 2~3년 동안 성숙할 수 있는 기간을 거치는 것이 좋다. 뿌리는 생으로 먹거나 구워 먹을 수 있고 고구마와 비슷한 맛이 난다. 씨앗이 맛이 좋아 완두콩이나 콩과 같이 요리하면 좋다.
- ♦ 질소 고정 식물이다.

Armoracia rusticana	겨자무 Horseradish	0.7	0.8

- 내한성이 있는 식물로 사토, 점토, 양토에서 잘 자란다. 알칼리성, 중성, 산성 토양에서 자란다. 해가 잘 드는 곳, 부분적으로 그늘이 지는 곳을 좋아한다. 자가수정을 하며 곤충이 꽃가루받이를 돕는다.
- ♦ 어린뿌리는 생으로 먹거나 조리할 수 있고 갈아서 서양 고추냉이 소스를 만들 수 있다. 임신한 사람은 먹으면 안 된다. 약용으로 쓰이고 살균제나 벌레를 쫓을 때도 사용된다.
- 아로마 해충퇴치제로 쓸 수 있다.

Beta vulgaris subsp. *maritima*	갯근대 Sea beet	0.8	0.4

- 내한성이 있는 여러해살이풀로 해가 아주 잘 드는 곳이나 부분적으로 그늘이 지는 곳에서 자란다. 사토, 점토, 양토에서 잘 자란다. 알칼리성, 중성, 산성 토양에서 자란다.
- ♦ 어린잎은 생으로 먹거나 요리를 해서 먹을 수 있고 시금치 대용으로 좋다. 잎이 다 자랐을 때는 맛이 좋지 않다. 뿌리는 겨울에 수확하고 비트 대용으로 좋다. 전통적으로 이 식물은 종양 치료에 쓰였다.

Bunium bulbocastanum	피그 넛 Pig nut	0.4	0.5

- 내한성이 있는 여러해살이풀로 부분적으로 그늘이 지거나 해가 아주 잘 드는 곳에서 자란다. 사토, 점토, 양토, 알칼리성, 중성, 산성 토양에서 자란다.
- ♦ 덩이줄기는 겨울에 수확하며, 요리를 하면 밤 맛이 난다. 잎은 곱게 썰어 샐러드에 고명으로 올릴 수 있고, 씨앗은 쿠민(커리나 베트남요리에 사용되는 향신료) 대용으로 쓸 수 있다.

Camassia quamash	카마시아 쿠아마스 Quamash	0.3	0.2

- ● 햇빛이 잘 들고 부분적으로 그늘이 드는 곳에서 자란다. 사토, 점토, 양토에서 잘 자란다. 알칼리성, 중성, 산성 토양에서 잘 자란다. 암수한그루로 벌이 꽃가루받이를 돕는다.
- ♦ 모든 시기에 수확할 수 있고, 알뿌리는 천천히 오븐에 굽거나 오랜 시간 볶으면 견과류 맛이 난다. 북미사람들은 이것을 주식으로 사용했고, 구덩이에서 며칠 동안 천천히 요리해서 먹었다.

Glycyrrhiza glabra	민감초 Licorice	1.2	1

- ● 내한성이 있는 여러해살이풀로 해가 잘 드는 곳이나 해가 반 정도 드는 곳에서 자란다. 사토, 점토, 양토, 알칼리성, 중성, 산성 토양에서 잘 자란다. 강한 바람은 견딜 수 있지만, 바닷가 환경에서는 자라지 못한다. 암수한그루로 벌이 꽃가루받이를 돕는다.
- ♦ 뿌리는 생으로 먹거나 향을 내는 데 쓴다. 자당sucrose(포도당과 과당이 결합한 이당류로 정제설탕이라고도 한다)의 50배가 넘는 글리시리진이 포함되어 있다. 말린 뿌리는 씹으면 치아에 좋고 자당 섭취를 끊으려고 할 때, 몸의 호르몬 균형을 맞추는데 도움이 된다. 뿌리는 가루를 내어 단맛을 내는 데 사용되며 약용으로도 쓰인다.
- ● 질소 고정 식물이다.

Helianthus tuberosus	뚱딴지 Jerusalem artichoke	2.2	0.5

- ● 내한성이 있는 여러해살이풀로 해가 아주 잘 들거나 드문드문 그늘이 지는 숲의 가장자리에서 자란다. 사토, 점토, 양토에서 잘 자란다. 영양분이 풍부하지 못한 토양에서도 자란다. 알칼리성, 중성, 산성 토양에서 자란다. 강한 바람은 견딜 수 있지만, 바닷가 환경에서 자라지 못한다. 암수한그루로 벌이 꽃가루받이를 돕는다.
- ♦ 덩이줄기는 감자처럼 사용할 수 있지만, 저장성이 높지 않다. 그래서 필요할 때만 수확하고 땅속에 그대로 두는 것이 좋다. 뿌리는 단맛이 나고 감자처럼 요리할 수 있다. 볶은 덩이줄기는 커피 대용으로 좋다.

<table>
<tr><td>Oxalis tuberosa</td><td>오카(괭이밥속 식물)
Oca</td><td>0.5</td><td>0.3</td></tr>
<tr><td colspan="4">● 내한성이 있는 여러해살이풀로 해가 잘 들어야 한다. 사토와 양토에서 잘 자란다. 알칼리성, 중성, 산성 토양에서 자란다. 암수한그루로 곤충이 꽃가루받이를 돕는다.
♦ 자연광으로 말린 덩이줄기는 생으로 먹을 수 있다. 뿌리는 감자처럼 요리하면 아주 맛있다.</td></tr>
<tr><td>Sium sisarum</td><td>감자개발나물
Skirret</td><td>1</td><td>0.4</td></tr>
<tr><td colspan="4">● 내한성이 있는 여러해살이풀로 사토와 양토에서 잘 자란다. 알칼리성, 중성, 산성 토양에서 잘 자란다. 암수한그루로 곤충이 꽃가루받이를 돕는다.
♦ 뿌리는 너티캐럿이나 파스닙 같은 맛이 나고 생으로 먹거나, 오븐에 굽거나, 삶아서 먹는다. 볶은 뿌리는 커피 대용으로 좋다.</td></tr>
<tr><td>Tragopogon porrifolius</td><td>살시파이
(쇠채아재비속 식물)
Salsify</td><td>0.6</td><td>0.3</td></tr>
<tr><td colspan="4">● 두해살이풀로 햇빛이 필요하다. 사토와 양토에서 잘 자란다. 알칼리성, 중성, 산성 토양에서 잘 자란다. 강한 바람은 견딜 수 있지만, 바닷가 환경에서는 자라지 못한다. 암수한그루로 곤충이 꽃가루받이를 돕는다.
♦ 어린뿌리는 생으로 먹거나 요리할 수 있으며, 가을부터 이른 봄까지 먹을 수 있는 귀한 작물이다. 늦가을에 수확한 작물은 저장이 잘된다. 어린 새싹을 조리하면 맛있는 채소가 되고 아스파라거스보다 더 달다.</td></tr>
<tr><td>Zingiber officinale</td><td>생강
Common ginger</td><td>1.5</td><td>0.4</td></tr>
<tr><td colspan="4">● 여러해살이풀로 해가 잘 들어야 하고 서리를 막아 주어야 하기 때문에 작은 비닐하우스나 온실 안에서 키우는 것이 좋다. 사토와 양토에서 잘 자란다. 알칼리성, 중성, 산성 토양에서 잘 자란다.
♦ 생강은 생으로 먹거나 말리거나 가루를 내거나 또는 즙을 내거나 기름에 담가 두었다 먹을 수 있다. 아시아 요리에서 생강은 향신료로 쓰이고 음료에도 넣는다. 보통 위에 병이 나면 치료하는 약초로 사용되었다.</td></tr>
</table>

버섯

아일랜드에서 버섯은 신들의 음식으로 여겨져 왔다. 버섯은 재미있고 쉽게 기를 수 있으며, 단백질 등 영양분도 풍부하게 들어 있다. 정원에서 어둡고 아무것도 잘 자라지 않는 곳이 있다면 버섯을 심는 것이 답이다.

1장에서 균사체를 이용해 정원 토양에 미생물 수와 종류를 늘리는 방법에 관해 이야기했다. 먹을 수 있는 균사체가 바로 버섯이고, 정원에 심으면 도움이 된다. 버섯을 기르려면 특수 관으로 버섯 균사를 주입한 버섯 종균을 사용하면 된다. 균사는 재배자가 균사을 배양할 수 있는 통나무, 나무둥치, 나무뿌리, 짚, 퇴비에 이식하기 전까지 작은 관속에 들어 있고 활동하지 않는다. 균사의 종류와 조건에 따라 버섯이 자라서 먹을 수 있기 까지는 몇 달이 걸릴 수 있지만, 기다릴 만한 가치가 있다. 대부분의 버섯은 여러해살이로, 수확을 해도 계속 자라나 해마다 단백질이 풍부한 먹을거리를 제공해 준다.

버섯 종균 관련 자료는 인터넷에 아주 많이 있다. 버섯 종균은 해외 배송 규제가 있기 때문에 외국에서 종균을 주문할 때는 꼭 이점을 확인해 보아야 한다. 지역에 사는 이웃에게 부탁하면 그 지역에 흔한 버섯 품종을 구할 수 있다. 종균은 톱밥과 함께 오거나, 곡물에 섞여서 오거나, 나무 마개나 나무못 같은 곳 위에 놓여서 오기도 한다. 독청버섯아재비 같이 지푸라기에서 자라는 균사는 후글컬처 언덕 위 멀칭한 곳에 이식해 볼 수 있다. 이렇게 하면 후글컬처 언덕 위에서 당근이나 완두 사이에서 올라오는 맛있는 버섯을 얻을 수 있다. 표고버섯 같은 버섯은 나무둥치나 통나무에 이식해서 기를 수 있고, 정원 안 그늘지고 구석진 곳에 이 버섯을 두고 자신만의 버섯 농장을 만들어 볼 수도 있다. 정원이나 집안에서 버섯을 기르기 위한 다양한 정보는 책 뒤에 있는 참고문헌에 나와 있다.

정원에서 다양한 시기마다 올라오는 야생 버섯은 먹어도 안전한지는 꼭 확인해 보아야 한다. 유럽의 경우 5퍼센트의 버섯만이 아주 치명적이고, 25퍼센트는 식용이 아닌 독성이 조금 있는 버섯이며, 70퍼센트는 먹을 수 있는 안전한 버섯이다. 먹을 수 있는 버섯 종류는 독성이 있는 버섯과 비슷하게 생겼기 때문에 이것을 완벽하게 구별할 수 있는 능력이 필요하다. 버섯 구별법을 안내하는 책들이 많지만 버섯을 구별하는 능력을 기르는 가장 좋은 방법은 균류학자, 식견이 높은 식물학자, 버섯을 따 본 경험이 많은 사람과 함께 시골이나 숲을 돌아다니며 직접 배우는 것이다.

일곱 번째 층 : 덩굴식물

덩굴식물은 다양한 방법으로 사용된다. 큰 나무를 덩굴식물 지지대로 쓸 계획이 있다면 숲정원이 성숙될 때까지 기다려야 한다. 자랄 만큼 다 자란 나무는 스트레스를 받지 않고도 나뭇가지를 타고 오르는 덩굴식물을 견딜 수 있고, 동시에 나무 위에 또 다른 생명들을 위한 서식지를 만들어 주며, 나무 아래에 있는 우리에게는 열매를 제공할 것이다.

많은 여러해살이풀 덩굴식물은 아주 높게 올라가기 때문에 열매를 따려면 사다리가 필요하다. 영속농업 전문가인 제프 홀저는 오스트리아 고지대에서 빨리 자라는 버드나무를 격자무늬 형태로 자라게 해 포도덩굴의 지지대로 만드는 기발한 방법을 생각해 냈다. 이 지역에서 포도나무를 성공적으로 재배하는 일이 흔하지 않았지만, 홀저는 연못에서 반사되는 열을 이용해 따뜻한 미기후를 만들어 포도 재배에 성공했다. 덩굴식물로 이것을 실험해 보고 싶으면 홀저의 방법을 사용해 보길 바란다.

완두, 오이, 호박 같은 특정 1년생 덩굴식물은 다른 식물과 함께 정원에 심으면 아주 좋다. 정원사가 이 식물을 좋아한다면 매해 이 식물을 심어 보길 권한다. 이 식물들은 남서쪽 방향에 있는 건물 벽에 격자 구조물을 설치해 타고 올라가게 하거나 후글컬처 언덕에 자라게 하면 좋다. 또한 덩굴식물이 여기저기 나뭇가지를 쌓아 올린 더미를 타고 올라가게 해 식물이 아름다운 형태로 땅을 덮을 수 있는데, 이것은 정말 좋은 야생 동물의 서식지가 되어 준다.

일곱 번째 층에 추천하는 식물

학명	이름	높이(미터)
Actinidia arguta	다래(하디키위) Bower actinidia Hardy kiwi	9

- 내한성이 있는 여러해살이 덩굴식물로 사토, 점토, 양토에서 잘 자란다. 알칼리성, 중성, 산성 토양에서 잘 자란다. 꽃가루받이가 일어나려면 암수 모두 함께 심어야 한다. 해가 잘 드는 곳이나 부분적으로 그늘이 지는 곳에서 자란다.
- ♦ 열매는 생으로 먹거나 조리해서 먹어도 맛이 아주 좋다. 11월에 열매가 익으며 열매는 저장성도 좋다.

Amphicarpaea bracteata	새콩 Hog peanut	1.5

- 여러해살이 덩굴식물로 부분적으로 그늘이 지는 것은 좋아하지만 완전 음지에서는 자라지 못한다. 사토, 점토, 양토에서 잘 자란다. 알칼리성, 중성, 산성 토양에서 잘 자란다. 자가수정을 하고 곤충이 꽃가루받이를 돕는다.
- 식물의 아랫부분에 달리는 씨앗 꼬투리는 스스로 땅 아래 묻혀 꽤 크게 자란다. 땅콩 대용으로 생으로 먹거나 요리를 할 수 있다. 겨울에 아주 귀한 수확물이다.
- 식물의 윗부분에서 자란 씨앗은 크기가 작고 먹기 전에 렌틸콩 요리할 때처럼 요리해야 하며, 작기 때문에 다루는데 손이 많이 가고 수확량 또한 적다.
- 질소 고정 식물이다.

Cucumis melo	멜론 Melon	1.5

- 1년생 덩굴식물이다. 햇빛이 잘 들어야 하고 따뜻한 미기후에서 잘 자란다. 사토, 점토, 양토에서 잘 자란다. 알칼리성, 중성, 산성 토양에서 자란다.
- 자가수정을 하며 곤충이 꽃가루받이를 돕는다.
- 가을에 물기가 많은 열매를 맺는다.

Cucumis sativus	오이 Cucumber	2

- 1년생 덩굴식물로 햇빛이 잘 드는 곳에서 잘 자란다. 사토, 점토, 양토에서 잘 자란다. 알칼리성, 중성, 산성 토양에서 잘 자란다. 자가수정을 하며 곤충이 꽃가루받이를 돕는다.
- 어리고 부드러울 때 수확하는 것이 가장 좋다. 생으로 샐러드에 넣어 먹거나 즙으로 사용한다.

Cucurbita maxima	서양호박 Autumn squash	높이 0.6미터, 너비 5미터까지 자란다.

- 1년생 덩굴식물로 해가 잘 드는 곳이나 그늘이 반 정도 지는 곳에서 자란다. 사토, 점토, 양토에서 잘 자란다. 알칼리성, 중성, 산성 토양에서 자란다.
- 자가수정을 하며 곤충이 꽃가루받이를 돕는다.
- 가을에 수확한 열매를 오븐에 구우면 맛이 좋고, 고구마와 비슷한 맛이다. 차가운 곳에서 저장이 잘되고 건조한 곳이면 9개월 정도 보관할 수 있다. 꽃은 튀김옷을

입혀 튀겨 먹을 수 있다.

Humulus lupulus	홉 Hop	6

- 내한성이 있는 여러해살이풀로 양지나 그늘이 부분적으로 지는 곳에서 자란다. 북동쪽 벽면에 격자 울타리를 설치해 키울 수 있다. 사토, 점토, 양토에서 잘 자란다. 알칼리성, 중성, 산성 토양에서 잘 자란다. 어린잎과 아스파라거스와 비슷한 새싹은 요리해서 먹으면 맛이 좋다. .

Ipomoea batatas	고구마 Sweet potato	3

- 빨리 자라는 여러해살이 덩굴식물로 지피식물에 비해 두 배의 역할을 한다. 사토나 양토에서 잘 자라고 산성과 중성 토양에서 자라고 알칼리성이 약간 있는 토양에서도 자란다. 햇빛을 잘 받아야 한다. 하나의 꽃에 암술과 수술이 모두 있다.
- ♦ 식물은 나무둥치나 나뭇가지를 타고 올라가게 할 수 있다. 다양한 품종이 있고 고구마는 참마와 비슷하지만, 실제 전혀 다르기 때문에 혼동하면 안 된다.
- 생뿌리에는 영양분이 풍부하게 들어 있으며, 감자처럼 요리할 수 있다. 어린잎과 식물의 끝부분에서 5~10센티미터 정도 자라난 줄기와 잎은 시금치처럼 요리해서 먹을 수 있다.
- ♦ 겨울 내내 뿌리를 저장하고 싶으면, 가을에 수확해 저장하기 전 1주일 이상 온도가 높은 곳에 둔다.

Lathyrus tuberosus	어스 체스넛 (연리초속 식물) Earth chestnut	1.2 다른 식물을 타고 움직인다.

- 내한성이 있는 여러해살이 덩굴식물로 해가 잘 들거나 부분적으로 그늘이 지는 곳에서 자란다. 양봉에 도움이 되는 식물이다. 사토, 점토, 양토에서 잘 자란다. 알칼리성, 중성, 산성 토양에서 자란다. 자가수정을 하며 벌이 꽃가루받이를 돕는다.
- ♦ 뿌리는 오븐에 구우면 고구마처럼 맛이 아주 좋지만 수확량은 정말 적은 편이다.
- 질소 고정 식물이다.

Passiflora incarnata	아프리코트 바인 (시계꽃속 식물, 메이팝) Apricot vine Maypop	6

- 내한성이 있는 상록 덩굴식물로 해가 잘 들거나 부분적으로 그늘이 드문드문 생기는 곳에서 자란다. 서남쪽 벽에 지지대를 세워, 지지대를 타고 오르게 하면 좋다. 사토, 점토, 양토에서 잘 자란다. 알칼리성, 중성,산성 토양에서 자란다. 자가수정을 하며 벌이 꽃가루받이를 돕는다.
- ♦ 열매는 생으로 먹거나 잼이나 젤리로 만들어 먹는다. 잎은 생으로 먹거나 조리해 먹을 수 있고 약용으로도 쓴다.

Passiflora mollissima	바나나 패션프루트 Banana passionfruit	5

- 내한성이 있는 여러해살이 덩굴식물로 서남쪽 벽에 지지대를 세워, 지지대를 타고 오르게 하면 좋다. 사토, 점토, 양토에서 잘 자란다. 알칼리성, 중성, 산성 토양에서 자란다. 자가수정을 하며 벌이 꽃가루받이를 돕는다.
- ♦ 가을에 열리는 열매는 아주 맛이 좋다.

Phaseolus coccineus	적화강낭콩 Scarlet runner bean	3 × 1

- 빨리 자라며 서리에 약하다. 여러해살이풀이지만 한해살이풀로 생각하고 길러야 하기 때문에 매해 씨를 뿌려야 한다. 사토, 점토, 양토에서 잘 자란다. 알칼리성, 중성, 산성 토양에서 자란다. 자가수정을 하며 벌이 꽃가루받이를 돕는다. 해가 잘 드는 곳에서 자란다.
- ♦ 다 익지 않은 씨앗 꼬투리는 부드러운 맛이 나고 생으로 먹거나 요리를 해서 먹을 수 있다.
- 질소 고정 식물이다.

Pisum sativum	완두 Garden pea	5

- 1년생 덩굴식물로 해가 잘 들어야 한다. 사토, 점토, 양토에서 잘 자란다. 알칼리성, 중성, 산성 토양에서 자란다. 자가수정을 하며 벌이 꽃가루받이를 돕는다.
- ♦ 꼬투리 안에 있는 콩은 아주 달다. 어린콩 맛이 나는 어린 새싹은 샐러드에 넣어 먹는다.

● 질소 고정 식물이다.		
Tropaeolum majus	한련화 Nasturtium	3.5 × 1.5
● 여러해살이풀로 서리에 약하다. 여러해살이풀이지만 한해살이풀로 생각하고 길러야 하기 때문에 매해 씨를 뿌려야 한다. 매우 빨리 자란다. 사토, 양토에서 잘 자란다. 알칼리성, 중성, 산성 토양에서 자란다. 자가수정을 하며 벌이 꽃가루받이를 돕는다. 해가 잘 드는 곳을 좋아한다. ♦ 잎과 꽃은 약간 매운맛이 나고 봄부터 첫서리가 오기까지 샐러드에 넣어 샐러드를 화려하게 장식할 수 있다. 어린 씨앗 꼬투리는 매운맛이 강하고 케이퍼 대신 초절임을 만들 때 사용할 수 있다. 다 자란 씨앗은 갈아서 고춧가루 대신 사용할 수 있다. 약재로도 사용된다.		
Vitis vinifera	포도 Grape vine	15
● 내한성이 있는 여러해살이 덩굴식물이다. 암수한그루이며 해가 잘 드는 곳이나 부분적으로 해가 드는 곳에서 자란다. 사토, 양토에서 잘 자란다. 알칼리성, 중성, 산성 토양에서 자란다. 척박한 땅에서도 자라지만 배수는 잘되어야 한다. 자가수정을 하고 곤충이 꽃가루받이를 돕는다. ♦ 열매는 가을에 생으로 먹을 수 있고 말려서 건포도로 만들 수 있다. 열매로 와인을 만들 수 있으며, 어린잎으로 다른 채소를 돌돌 말아 오븐에 구워 먹으면 맛있다.		

열심히

일하는 벌

벌은 꽃가루받이를 돕는 아주 중요한 곤충으로, 꽃이 피는 전 세계 25만4000가지의 식물 90퍼센트의 꽃가루받이를 돕는다. 꽃가루받이를 돕는 벌이나 다른 곤충들이 없다면 인간이라는 종도 오랫동안 지속될 수 없다. 사실 일반적인 예측으로는 벌과 곤충 없이 인간은 4년만 생존할 수 있다고 한다. 불행하게도 최근 새로 일어난 벌집 군집 붕괴colony collapse disorder 현상 때문에 수만 마리의 벌들이 갑자기 죽고 있다. 인간은 꿀벌에게 의존해 생존해 왔다. 그렇기 때문에 우리는 이들을 보호해야 하며 정원에서도 벌들의 안전한 안식처를 마련하는 등 벌을 위해서 무엇이든 해야 한다. 양봉은 처음에는 겁이 날지도 모르지만, 매우 배우기 쉽고 재미있으며 매력적인 일이다.

사회에서 무해하다고 여겨지는 화학물질, 기후변화, 공기 오염, 핸드폰에서 나오는 방사선, 벌이 길을 찾는 것을 방해하는 와이파이 신호 때문에 벌들은 점점 약해진다. 상업적인 목적으로 판매되는, 화려한 꽃을 피워 벌을 끌어들이는 식물에는 사실 극소량의 네오니코티노이드 물질이 함유되어 있다. 이 물질은 예상치 못하게 꽃가루받이를 돕는 곤충들에게 옮겨 간다. 언젠가부터 식물의 씨앗은 살충제로 입혀지기 시작했다. 네오니코티노이드는 지속성이 높아 식물의 한평생 동안 계속 식물에 잔류하며, 벌이 꽃가루를 옮길 때 함께 이동한다. 잘 알려진 예를 살펴보자. 옥수수 알갱이 하나에 입혀져 있는 네오니코티노이드는 8만 마리의 벌을 죽이기에 충분한 유효성분이다. 꽃가루에 있는 극소량의 이 물질은 곧바로 벌들을 죽이지는 않지만 벌들의 면역체계를 약화시키고, 벌이 꿀을 채집하고 집으로 돌아오는 능력 또한 약화시키면서 결과적으로 벌집 군집 붕괴 현상을 일으킨다.

글리포세이트 살충제가 최근 벌집 군집 붕괴에 관련이 있다고 알려졌다. 글리포세이트는 신경독으로 내분비계 호르몬과 면역력 체계 교란의 원인 물질이다. 이것은 또한 벌의 소화 과정에 꼭 필요한 유산균 같은 이로운 박테리아에 항생물질로 작용한다. 그래서 사람들은 벌집 군집 붕괴의 또 다른 원인으로 영양실조를 꼽고 있다.

분명 지속가능한 방식으로 화학물질을 쓰지 않고 양봉을 하는 방법이 있다. 이 방법은 벌들이 기생충을 견뎌 내고, 병균과 싸우며, 현대 세상의 어지러운 삶으로부터 생존할 수 있을 만큼 충분히 강력하다. 우리 정원을 유기농 씨앗과 식물만을 사용해 가꾸어 나간다면, 화학물질 없는 곳에서 벌들이 살아갈 수 있도록 그들의 안식처를 만들어 준다면, 우리는 이 작은 생명과 함께 사랑과 우정을 나누는 큰 기쁨을 누리게 될 것이다.

벌을 돕는 또 다른 방법은 벌이 자연스럽게 무리지어 살아갈 수 있게 해 주는 것이다. 인간은 벌들이 무리를 지어 살아가며 이 과정에서 또 다른 여왕벌이 새로운 무리를 만드는 것을 원치 않았다. 그래서 이제는 야생벌 군집은 찾아보기 어렵다. 일벌들은 본래 새로운 여왕벌이 나타나면 새로운 집을 찾기 위해 기존에 있는 무리의 반을 남겨 두고 새로운 여왕벌과 떠난다. 이것은 자연스러운 생명의 재분배이며 벌들이 새로운 세대를 만들어 가는 과정이다. 이런 과정이 진행되며 벌의 건강이 다시 회복되며, 이들이 떠나더라도 기존의 벌집에는 수천 마리의 벌이 남아서 살아간다. 그러나 만약에 어떤 지역에서 야생벌이 떼를 지어 사는 것을 받아들지 않게 되면, 이 문제는 양봉을 하는 사람들이 야생벌 무리를 없애면서 쉽게 정리되고 만다. 야생벌을 없애는데 들어가는 비용도 아주 적다.

우리가 만약 벌의 건강을 유지시키고, 식물의 꽃가루받이를 돕는 중요한 매개자인 벌을 보존하고 싶은 생각이 있다면, 최근에 밝혀진 벌의 건강을 악화시키는 벌집 디자인을 재검토해 보아야 한다. 인간이 만든 일반적인 사각형 벌집은 땅에 가까이 있어 꿀을 편하게 얻을 수 있지만, 벌의 건강에는 도움이 되지 않는다. 인간들은 가져가기만 하고 벌에게는 아무것도 주지 않고 있다.

나는 대안적인 양봉 방법을 찾으려고 아일랜드의 오래된 양봉 기술 관련 기록을 살펴보았다. 중세 아일랜드 수도승들은 양봉 기술을 발전시켜 왔고, 이들은 스켑skep이라 불리는 보릿짚, 밀짚, 귀리 짚으로 엮은 벌집을 사용했다. 가을에는 짚으로 밧줄 같은 끈을 만들고, 가시를 없앤 검은딸기나무 가지를 반으로 잘라 끈처럼 사용해 이 밧줄을 단단하게 묶었다. 짚을 밧줄 사이에 넣어 검은딸기나무 가지에 묶고, 원뿔의 형태를 만들기 위해 회오리 모양으로 겹쳐지게 엮었다. 그리고 그 위에 소똥을 발랐다. 수도승들은 야생벌이 곡선 형태의 집을 좋아한다는 사실을 관찰로 알아냈고 이런 모양을 선택했다.

이 벌집은 아름답고 만들기 쉬우며 꿀 수확보다 벌을 보호하고 벌이 꽃가루받이를 돕는데 집중한 결과로 만들어졌다. 왜냐면 이 벌집은 벌집을 부수지 않고는 벌이 얼마나 꿀을 모았는지 확인할 수 없기 때문이다. 벌의 주된 역할은 꽃가루받이를 돕는 것이고, 두 번째가 꿀을 생산하는 것이라 생각하는 자연양봉가들의 움직임이 커지고 있다.

이 운동의 주요 선구자는 야생벌 보호 단체Natural Beekeeping Trust(372쪽 참고)로 벌 무리의 건강을 지키며 양봉가들이 적절히 벌에게 접근할 수 있는 자연적인 벌집을 디자인하는 실험을 하고 있다. 그 디자인들 가운데 독일의 양봉가이자 조각가인 귄터 만케Günther Mancke가 만든 태양벌집Sun hive이 있다.

전통적인 벌집 제조 방식을 바탕으로 만든 태양벌집은 목재와 호밀 짚으로 만들었고 벌집의 단열을 위해 소똥을 덮었다. 만케의 태양벌집은 땅에서 2.5미터 위에 매달려 있고, 궂은 날씨로부터 안전할 수 있는 장소 아래 두도록 설계되었다. 벌집의 아래 부분은 벌들이 소통하고 꽃가루와 꿀을 저장하며 알을 품을 수 있도록 야생 벌집의 자연스러운 모양을 따서 설계되었다. 이 모양은 야생벌들과 비슷한 방식으로 벌들이 자신들의 알을 품는 보금자리를 만들 수 있도록 설계했고, 기존의 일반 벌집과 다르다.

야생벌 보호 단체는 이 태양벌집 디자인을 검토했고, 벌 무리를 찾아 거처로 마련해 주었는데, 결과적으로 벌들은 이 집을 좋아했다.

마지막으로 벌과 인간의 관계에서 다시 생각해 보아야 할 점이 있다. 바로 꿀 채취 문제다. 태양벌집은 꿀 수확이 아닌 벌 보호가 목적이다. 첫해가 지나 벌집 위에 작은 상자를 두면 꿀을 얻을 수는 있다. 이 상자 안에는 벌들이 남는 꿀을 모아 두기 때문에 벌 무리를 해치거나, 인간의 탐욕을 채우는 것을 목적으로 하지 않고도 꿀을 수확할 수 있다.

상자에서 수확할 수 있는 꿀을 발견하는 행운이 찾아오더라도 먼저 벌을 중요하게 생각해야 한다. 욕심을 내서는 안 된다. 첫해는 사실

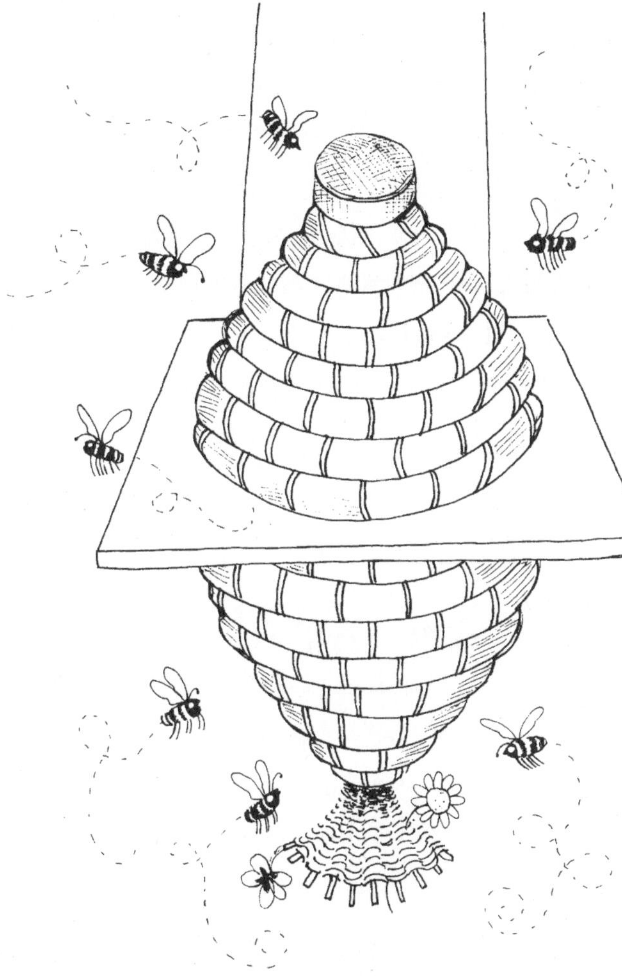

곡선형 태양벌집은 벌 무리가 자연스럽게
살아가는 모습을 보고 그 형태를 만들었다.

꿀을 채취하지 않는 편이 훨씬 좋다. 벌이 겨울을 날 때 꿀이 중요한 먹이가 되기 때문이다. 이미 현대사회에서 일반적으로 벌들의 면역력이 많이 떨어졌기 때문에 더욱 이렇게 해야 한다. 양봉을 하는 대부분의 사람은 모든 꿀을 채취하고 대신 벌들에게 설탕이나 물을 먹인다. 이는 인간이 무분별하게 눈앞에 이익만을 좇아서 생긴 일이다. 꿀은 영양분이 풍부한 건강한 음식이고, 설탕물은 영양분이 없다. 이런 인간의 무감각한 행동은 벌들의 면역체계를 위태롭게 하고 생존을 위협하고 있다. 우리는 정원사가 아니라 이런 작은 생명을 보호하고 돌보는 생명의 수호자가 되어야 한다. 정원사의 역할을 천천히 조금씩 바꾸어 나가야 한다.

농사짓는 조Joe의 이야기

조는 아일랜드에서 불모지라 불리는 몇천 제곱미터의 땅에서 50년 동안 농사를 짓고 있다. 나는 운 좋게 이분과 우정을 나눌 기회가 생겼다. 나는 조와 함께 그의 땅을 돌아다니며 성장을 멈춘 산사나무를 정리하거나, 새로 자란 산울타리의 가지치기를 하고, 과일나무 위를 풀로 덮어 주고, 벌집에서 꿀을 모으는 일을 도왔다.

조는 매일 고요와 평화에 젖어 뒷짐을 지고 땅을 거닐었다. 나와 이야기를 나누어야 한다는 부담감도 느끼지 않는 듯 했다. 그는 편안해 보였고 옆에 있는 나를 온전히 받아들인다는 느낌이 들었다. 그는 내가 오고 가는 것에 크게 마음 쓰지 않았다. 그는 죄의식에 사로잡혀 있지도 않았고, 어떤 것을 향한 기대도 없었으며, 자기 생각을 주장해야 한다거나 억지로 다른 사람을 즐겁게 해야 한다고 느끼지도 않는 듯 했다. 그는 온전한 자신으로 서 있었다.

오래전에 조는 자연적인 방식으로 농사를 짓기 시작했고, 마을에서 농사를 짓는 사람들은 그를 괴짜 취급했다. 그는 가진 것이 많지 않았지만 자신의 삶에 만족스러워 했다. 어느 날 나는 소유에 관한 질문을 했는데 그의 대답은 나를 혼란스럽게 만들었다. “그렇고말고. 내가 뭐가 더 필요하겠소?”

그는 대부분 시간을 자신의 땅을 관찰하는데 보냈다. 자신의 땅을 걸어 다니거나 앉아 있거나 했다. 좀 별나 보이게 가지치기를 했고, 땅을 풀로 덮어 주거나 열매를 거두어 들였다. 길들여지지 않은 과일나무가 자라는 곳이나 채소 텃밭을 거닐고 있으면 신비로운 곳을 여행을 하는 듯한 느낌이 들었다. 그의 땅은 생명력으로 넘쳐 흘렀다. 자생식물과 외래식물, 흔하지 않은 식물은 모두 제각각의 크기와 모양으로 조화롭게 자라나고 있었다. 조는 자신의 땅에서 자연이 본래 가지고 있는 모습과 가장 가깝게 농사를 짓기로 결심했다. 지금은 그의 생각이 숲농사forest farming라 부르는 일을 자신의 관점으로 자기만의 방식으로 풀어 냈다는 것을 안다. 그는 정말 마음을 평온하게 만드는 사람이다. 조는 내가 자연에 관심이 있다는 것을 알게 되었고 몇 가지를 가르쳐 주었다. 그러나 나는 조의 모습을 관찰하거나 그가 성실하게 손으로 땅을 돌보며 땅과 관계 맺어 나가는 모습을 보며 더 많은 것을 배울 수 있었다.

조와 나눈 이야기 가운데 잊을 수 없는 특별한 이야기가 있다. 어느 여유로운 여름날, 우리는 풀이 자란 초원 옆에 오래된 돌로 세워진 벽에 앉아 있었다. 벽은 덥수룩하게 자란 마른 풀들로 덮여 있었고, 이 풀은 오래된 부드러운 쿠션 같았다. 나는 조에게 신을 믿는지 물어보려던 참이었는데, 그는 혼자 웃고는 신과 종교에 관해 이야기를 꺼내기 시작했다.

그는 종교의 주변을 덮고 있는 것을 다 걷어 내고 종교가 처음 시작했던 곳으로 따라가면 종교는 하나의 뿌리에서 나왔다는 사실을 알 수 있다고 했다. 그는 아무에게도 도움이 되지 않는다는 이유로 이런 사실을 당연하다고 여겨지는 규율 체계 속에 집어넣어 왜곡시키고 바꾸어 버린 과거에 관해 이야기했다. 갑자기 그는 낯선 몇 마디를 불쑥 내뱉고는 잠시 침묵했다.

그러고 난 후 조는 몸을 구부려 꽃이 핀 줄기 하나를 뽑아 손에 잡고 있었다. 그때 나는 조의 말을 듣고 명료하고 단순한 진실을 목도했다. 그리고 한 대 얻어맞은 듯 얼어붙어 버렸다. 지금까지도 그가 한 말을 나는 잊지 못한다. 그는 꽃을 한참 동안 바라보며 이렇게 말했다.
"메리, 이 꽃이 바로 신이지요."

4.

대안적인 관리 방법
Alternative Management Practice

"버터를 발라 목을 조르는 것 이외에 돼지를 죽일 방법은 많다."
Is iomaí slí muc a mharú seachas í a thachtadh le h-im.

자연과 협력하는 것이야말로 지속가능한 정원 시스템을 만드는 유일한 방법이다. 자연에 맞서 싸우는 것은 그 자체로 바보 같은 일이다. 땅을 살아 있는 생명체처럼 다루고자 한다면 반드시 이 같은 관점에서 생각해야 한다. 대지가 진정 건강하고 자급자족할 수 있으려면 어떤 영양분이 필요할까? 물론 영양분이 필요하지만, 석유에서 추출한 화학적 영양분은 여기에 해당하지 않는다. 여기에서 말하는 영양분은 생명력과 에너지로 충만한 '살아 있는' 것을 의미한다. 순수하게 정제된 비타민과 미네랄 보충제만 먹여서 아이를 건강하게 키울 수 있다고 생각하는가?

땅이 스스로의 힘으로 강하게 성장할 수 있도록 해야 하는데, 이것은 우리가 화학비료와 살충제에 의존하는 태도와 결별해야 한다는 것을 의미한다. 화학적인 시스템에 의존하는 땅을 완전히 바꾸고자 한다면 땅이 스스로 힘을 기르고 준비할 수 있을 때까지 확실하게 뒷받침해 주어야 한다.

이 장에서는 멀치mulch(토양 표면에 식물 등 여러 가지 재료를 쌓아 올려 만든 층)를 활용해 가능한 한 빠른 시간 안에 땅을 자립적이고 강하게 만들 수 있는 방법을 소개한다. 멀칭mulching은 땅을 고르고 부드럽게

整地 해 주며, 작물을 훌륭하게 키울 수 있도록 도우며, 사람 손이 많이 가지 않게 하는 혁신적인 방법이다. 멀칭은 전통적인 잔디밭을 대체할 수도 있는 방법이다. 멀칭 외에도 당신의 정원을 유지·관리하고, 독성이 있는 화학물질에 의존하지 않고 벌레 피해나 병을 방지할 수 있는 전략과 기술을 알려 주려 한다. 또한 나무 재배하는 법과 숲이나 정원에서 풍성한 수확을 거둘 수 있는 방법을 깊이 있게 살펴볼 것이다.

멀칭

멀칭은 정원 전체의 체계를 관리하고 유지하는데 핵심적인 작업이다. 멀칭으로 땅을 보호하고, 땅이 충분히 성숙해질 때까지 아무것도 심지 않은 채 건강한 상태를 유지시킨다. 멀칭은 땅속 작은 동물이나 미생물에게 최고의 환경을 제공하고, 여름에는 시원하고 촉촉하게 겨울에는 따뜻하게 지면을 유지시켜 풀이 올라오는 것을 방지하는데 도움을 준다. 성장 첫 해에 멀칭해서 키운 어린 나무는 온갖 풀 속에서 자라는 나무에 비해 두 배나 빨리 큰다. 식물을 심는 즉시 멀칭을 하는 것이 좋은데, 특히 아무것도 심지 않은 땅이라면 더욱 그렇다. 멀치가 부패하면 부지런히 새롭게 채워 넣어야 한다. 여기에 바로 지속적으로 토양을 비옥하게 유지할 수 있는 장기적인 해법이 들어 있다.

멀칭은 토양의 생산성을 높이고, 바람이 잘 통하고 물이 잘 빠지게 하며, 토양이 갖추어야 할 기본 구조를 튼튼하게 해 줄 뿐만 아니라, 땅속 수분을 유지시켜 주는 역할을 한다. 또한 당신이 재배하는 식물이 토양 조성을 위한 첫 지표식물(특정 환경 속에서만 생존하는 식물로 그 식물을 보고 환경 상태를 파악할 수 있다)이라 하더라도, 인접한 식물과 성장 경쟁하는 것을 막아 준다. 토양 표면에 영양분을 공급하는 멀치는 이후에 자연적으로 형성된 삼림지대에서와 마찬가지로 땅 표면 흙과 함께 휩쓸려 나간다.

지표식물이 자라나면 가끔 잘라 주어야 하는데, 잘라 낸 식물은 떨어진 곳에 그대로 두거나 선별해 둔 나무 주변에 모아 둔다. 이것을 '잘라 내고 떨어뜨리기chop and drop' 방법이라고 부른다. 결국 동시에 두 가지 멀치 유형이 나타난다고 볼 수 있다. 첫 번째는 토양 표면에서 부패한 짚이고, 다른 하나는 그 위에서 자란 풋거름 식물에서 만들어지는 살아 있는 멀치다.

이상적인 멀치 두께는 최소 15센티미터 정도는 되어야 한다. 규모가 작은 구역에서는 멀치를 더하기 전에 흠뻑 적셔 놓고, 겹쳐 놓은 일반 상자용 종이를 사용해 시작하면 좋다. 규모가 큰 곳이라면 그냥 멀치만으로도 충분하다. 멀치 층은 부패하면서 얇아지는데 이때 멀치를 추가하면 된다. 사실 정원에서 일어나는 어떤 일이라도 멀치를 추가하면 해결할 수 있다.

멀치는 다양한 크기와 질감을 가진 재료들을 섞어 만드는 것이 가장 좋다. 이렇게 하면 공기가 자유롭게 순환하고, 식물에 여러 유형의 급성·완효성(효과가 빠르게 또는 느리게 나타나는) 비료를 공급할 수 있다. 부엽토, 정원에서 잘려 나간 부산물들(불필요한 이삭을 처음으로 제거한 이후 나오는 것들), 가정에서 나온 퇴비, 코코아 껍질, 커피 찌꺼기, 양조장의 홉 잔여물, 잘 썩은 거름, 나무껍질 부스러기 또는 자연스럽게 부패되는 어떤 것도 이용할 수 있다. 하지만 탄소 함유량이 높은 나무껍질은 바스라지면서 땅에 있는 질소를 많이 쓰기 때문에 사용하지 않는 것이 좋다.

해초는 훌륭한 비료를 만들 수 있는 탁월한 재료다. 하지만 정원을 가꾸기 위해 바닷가로 가서 해초를 직접 채취하는 일은 하지 말자. 우리 주변에서 구할 수 있는 것으로 사용하면 된다. 특히 올림밭인 경우 짚이 유용한데, 유기농이 아닌 경우 글리포세이트 제초제, 호르몬, 살진균제로 코팅되어 있으므로 꼭 유기농을 사용해야 한다. 공기 순환이 충분이 되어야 효과적으로 분해될 수 있기 때문에 다양한 질감의 멀치를 섞어야 한다. 하지만 베어 낸 풀은 흙으로 다시 돌아갈 수 있도록 해 준다.

나무와 관목에서 떨어진 가지들도 잘게 잘라서 멀치로 사용할 수 있지만 자연 그대로 둔다면, 야생 동물과 미생물에게 식량과 안식처를 제공할 것이고, 오랜 시간에 걸쳐 당신이 키우는 식물에 영양분을 공급할 것이다. 우리에게는 여러가지 선택지가 있지만, 말하려고 하는 핵심은 잘리거나 조각난 나뭇가지를 재배하는 식물 주변에 그대로 두는 것이다. 이렇게 하면 식물들 사이에서 벌어질 생존 경쟁을 줄이고 수분을 유지시키며 수확량을 늘릴 수 있다. 처음 해 보는 경우라면 멀치가 될 만한 재료들을 일부러 가져다 두어야 하겠지만, 머지않아 당신의 정원은 필요한 것을 자체적으로 공급할 수 있게 될 것이다.

땅을 일구는 방법

돼지

땅을 기계로 뒤집어엎는 일은 토양 생태계를 몇 년 전 상태로 되돌리는 작업이다. 그렇기 때문에 반드시 해야 하는 일이 아니라면 피해야 한다. 미생물을 온전히 보존하고 토양 구조를 해치지 않으면서 땅을 일굴 수 있을까? 돼지를 키운다면 쉬운 일이다. 돼지는 사랑스럽고 아주 똑똑한 동물일 뿐만 아니라 어떤 경작 도구나 경운기보다 뛰어나다. 돼지는 일을 하면서 땅을 비옥하게 하고, 먹을 벌레나 유충을 찾으려고 땅 아래위를 파헤치면서 해충 발생을 막아 준다.

돼지는 사회적인 동물이라 한 마리 이상 키워야 이상적이다. 생후 8주에서 10주 정도 된 새끼 돼지를 사서 직접 키우거나, 지역 농부에게 몇 마리 빌려 올 수도 있다. 혹은 특정 목적으로 운영되는 동물 협동조합에서 몇 마리 받아 오는 방법도 있다. 도축할 생각이 없다면 돼지를 빌려 오면 된다. 그러면 직접 키운 동물을 도축할 필요가 없다. 몇몇 돼지 종은 코가 짧아 땅 속을 깊이 파고들지 못한다. 예를 들면, 탬워스Tamworth 종은 로터베이터Rotavator 종만큼이나 땅을 깊이 팔 수 있지만, 미들화이트Middle White와 쿠네쿠네Kune Kune 종은 땅을 얕게 파며 땅 위에서 더 가만가만 움직인다.

일구어야 할 땅에 태양열이나 배터리로 작동하는 이동용 전기 울타리를 치고 돼지를 가두어 두면 좋다. 돼지는 잡식동물이라 눈에 보이는 풀을 뜯어먹거나 유충이나 벌레를 찾아 돌아다니면서 땅을 파헤친다. 돼지를 풀어놓으면 놀랄 만큼 짧은 시간 안에 뿌리와 들장미, 고사리, 온갖 풀이 자라던 땅이 깔끔하게 정리될 것이다.

작은 구획의 땅을 한번에 정리하고 싶다면 돼지를 구해 보자. 목초지의 잔디가 이미 많이 자라 있으면 먼저 짧게 다듬어야 한다. 잔디가 짧을수록 돼지들이 갈아엎기가 더 쉬워지기 때문이다. 또한 다년생 풀로 무성해진 골치 아픈 땅도 돼지들에게 일을 맡기면 뿌리부터 갈아엎어 정리해 준다. 일을 끝내고 난 후 돼지를 내보내고, 땅 표면을 부드럽고 고르게 갈퀴질만 해 주면 나무를 심을 만반의 준비가 끝난다.

삼림지대를 개간할 때도 돼지들은 효과적이다. 그러나 어린 나무를 상하게 하기 때문에 어린 나무를 키운다면 보호 장치를 미리 마련해 두어야 한다. 만약 돼지들이 전기 울타리에 닿았을 때 받을 수 있는 충격을 피하도록 훈련 받았다면, 전선이나 테이프를 볼 때마다 알아서 조심할 것이다. 이런 경우 각각의 나무 주위에 흰색의 가짜 전자 울타리 테이프를 붙여 두면 돼지들의 접근을 막을 수 있다.

돼지들을 같은 구역 안에 필요 이상으로 오래 두는 일은 피해야 한다. 땅이 정리되는 대로 돼지들을 이동시키지 않으면 돼지들이 울타리 너머에 있는 새로운 풀을 먹으려고 탈출 계획을 세울지도 모른다. 그리고 돼지들이 뒹굴면 땅이 단단하게 다져지는데 이런 일이 정원 전체에 벌어지는 것을 방지하려면 돼지들이 마음껏 토욕土浴(동물이 땅에 뒹굴며 몸을 비비는 행위)할 수 있는 구역을 하나 정해 두어야 한다. 작고 얕은 못을 판 뒤에 물을 채우거나, 비가 내릴 때를 기다려 빗물을 채우면 된다. 돼지들은 엄청 신이 날 것이다. 돼지들이 토욕을 마치면 그곳을 항상 흙으로 다시 채워 두자. 진흙이라면 돼지들이 몸을 굴리거나 뒹굴면서 못의 바닥과 가장자리가 다져질 테니 플라스틱 방수포를 사용하지 않아도 된다.

이 밖에도 악천후로부터 돼지를 보호하고 그늘을 제공하는 쉼터가 필요하다. 돼지는 자연 삼림지대에 사는 동물이라 화상을 쉽게 입을 수 있기 때문이다. 돼지들이 정말 좋아하는 또 다른 활동은 야외 샤워인데, 돼지우리나 근처에 있는 헛간 지붕에 고인 빗물을 활용하면 빠른 시간 안에 쉽게 샤워장을 만들 수 있다. 쏟아지는 물을 맞으며 기뻐서 '꽤액 꽥' 소리를 지르는 돼지를 보고 있으면 아무리 냉담한 농부라 하더라도 얼굴에 미소를 띠게 될 것이다.

염소

염소는 바위가 많거나 가파른 지형이라 기계가 접근하기 어려운 땅을 개간하는데 가장 알맞은 동물이다. 하지만 말뚝에 묶어 두거나 울타리를 쳐서 지속적으로 관찰해야 한다. 염소는 소리쟁이, 고사리, 엉겅퀴, 블랙베리는 물론 모든 식물을 말끔히 먹어 치워 버리는데, 보이는 것마다 족족 빨아들이듯이 먹는 특성 때문에 풀이 무성한 삼림지대의 관목이나 작은 나무들을 정리할 때 탁월한 효과를 볼 수 있다. 하지만 땅을 개간할 때 식물의 줄기나 잎을 남겨 두고 싶다면 염소보다는 양이 더 적합하다. 염소가 자연의 예초기라면, 양은 잔디깎이 기계라고 할 수 있다.

주변에 동물 협동조합이 있고, 염소를 키우고 돌볼 수 있는 조건이 충족된다면 며칠 동안 염소 한두어 마리를 빌려 보자. 거친 덤불이 있는 땅 약 4050제곱미터 당 3마리 정도의 염소가 필요하다. 모든 염소 품종이 땅 일구기에 적합하지만, 거주하는 지역에 맞는 품종을 선택하는 것이 가장 좋다. 캘리포니아 북부에서는 주로 앙고라염소를 키우는데, 봄철 앙고라염소의 털을 깎기 전에 나는 모헤어mohair가 추운 겨울을 따뜻하게 나게 해 주기 때문이다. 피그미염소 또한 일을 잘 하지만, 일을 마무리하는데 시간이 많이 소요된다. 식물이 빽빽하게 자란 황무지라 해도 여러 품종과 크기를 고려해 섞어 키우면 최선의 방책이 될 수 있다. 돼지나 염소를 키울 때에는 태양열이나 배터리 충전으로 작동하는 그물 모양의 전자 울타리를 쳐서 가두어 두면 되는데, 어린 염소들을 키운다면 어린 나무들을 먹을 수 있기 때문에 적절한 대비책을 마련해야 한다.

염소를 키우면 온갖 풀과 나무로 가득한 삼림지대를 개간할 때 매우 유용하게 활용할 수 있다. 염소는 화학물질을 전혀 사용하지 않고 눈에 보이는 땅을 말끔히 개간할 수 있는 최고의 방법이다. 염소는 닿을 수 있는 잎만 먹는 동물이지만, 불량 나무를 정리하는 데도 능력을 발휘한다. 일을 빨리 진행하려면 나무 윗부분을 미리 잘라 주면 좋다(367~368쪽 참고). 나무에 싹이 다시 올라오면 염소를 데려다 벗겨 내고, 그 다음 다른 지역으로 염소를 이동시키는데 이 과정을 반복하다 보면 머지않아 나무들이 죽는다. 죽은 나무들을 정리하면, 이제 제대로 된 지속가능한 생태계 조성 작업을 시작해도 되는 시기가 된 것이다.

염소에게는 비가 올 때나 저녁 시간 동안 머물 수 있는 쉼터가 있어야 한다. 깨끗한 물도 필요하다. 그리고 염소는 사람들이 자신을 존중하는 마음으로 대해 주면 그 마음을 알아채는 능력이 있다. 우리가 동물을 존중하면 그들도 이에 보답하지만, 그 반대도 성립한다는 점을 알고 조심해야 한다. 혹 염소가 어린 과일나무를 먹어 치워도 괘씸하게 생각하지 않기를 바란다. 염소는 단순히 특정 나뭇잎을 좋아하는 것뿐이다. 염소를 적절히 감시해야 하는 중요한 이유이기도 하다.

닭

닭은 돼지나 염소에 비해 훨씬 다루기 쉬운 동물이다. 사람들의 좋은 친구가 되어 줄 뿐만 아니라, 계속 알을 낳아 부엌살림을 풍성하게 해 주기도 한다. 닭은 씨를 뿌릴 수 있는 토양 환경을 조성하는데 아주 유용하다. 하지만 적절한 효과를 거두기 위해서는 적어도 5~6가지 조건을 충족해야 한다. 이 조류는 거의 맨 땅이 드러날 때까지 흙을 긁어내는데, 맨땅이 보이면 닭을 옆 구역으로 옮기고 땅에 씨 뿌릴 준비를 해야 한다. 나는 이 작업을 '조각보 퀼트patchwork quilt' 방법이라 부른다. 만약 이동식 닭장을 쓰고 있다면 쉽게 적용해 볼 수 있다.

지속가능성을 추구하는 숲정원이라면 닭 한 무리는 키워야 한다고 생각한다. 닭을 건강하게 키울 수 있는 가장 좋은 방법은 스스로 알에서 부화할 수 있도록 만들어 주는 것이다. 오늘날 우리가 키울 수 있는 대부분의 닭 품종은 달걀의 대량 생산을 염두에 두고 개량되었기 때문에 수명이 무척 짧다. 스스로 부화할 수 있어야 더 건강하고 다양하며 오래 사는 암탉을 길러 낼 수 있다. 처음 닭을 기른다면 배워야 할 정보들이 아주 많지만, 이 책에서 다룰 수 있는 부분은 수박 겉핥기 정도라 시작하는 초보자를 위해 참고문헌에 유용한 정보를 추가했다.

도시에 있는 정원의 경우, 오골계를 키우면 좋다. 몸집이 작고 조용하며, 매주 작지만 맛있는 달걀을 5개 정도 꾸준히 낳기 때문이다. 오골계는 정원 식물에 어떤 피해도 주지 않으면서 애벌레를 잡아먹고 여기저기 긁고 쪼아 대면서 비료가 땅 속에 스며들게 한다. 벤텀 종은 땅을 깊이 파거나 긁어내지 않고, 경작물보다 자연적으로 자란 식물을 선호하는 취향이기 때문에 좀 더 잘 자리잡은 숲정원에 풀어 놓기에 좋다.

닭은 우리의 존중을 받아 마땅한 뛰어난 동물이다. 닭을 존중하는 한 가지 방법은 닭이 마음껏 돌아다닐 수 있는 공간을 확보해 주는 것이다. 큰 닭장이 있다면 닭들은 낮 시간 중 먹이를 잡지 않거나, 벌레 사냥을 하느라 땅을 쪼지 않거나, 배설하지 않는 시간에 이곳저곳을 여유있게 돌아다닐 수 있다. 그리고 닭은 때때로 흙 목욕 하는 것을 아주 좋아해서 모래나 나무 재가 담겨 있는 구덩이를 만들어 두면 좋다.

닭에게는 깨끗한 물과 밤 시간에 따뜻하고 안전하게 머물 수 있는 닭장이나 우리가 필요하다. 접촉했을 때 전기 충격을 주는 울타리도 꽤 효과가 있다. 이때 사용하는 철조망 구멍이 일반적으로 사용하는 육각형 모양이라면, 닭의 천적이 뚫고 들어오지 못하도록 철조망 철사를 꼭 땅속 깊이 묻어 두자.

여우들은 머리 좋기로 악명이 높고, 배고픔을 해결하기 위해서라면 2미터 높이의 울타리도 훌쩍 뛰어넘는다. 그래서 낮 시간 동안에는 닭들이 정원을 돌아다닐 수 있도록 풀어 놓지만, 적어도 해가 지기 3시간 전에는 닭장으로 돌아올 수 있도록 우리 안으로 몰아야 한다. 이

때가 여우들이 가장 사냥하기 좋아하는 시간이기 때문이다. 아침 일찍 여우들이 모습을 드러내기도 하지만, 낮 동안에는 사람들이 지켜보고 있으니 여우가 공격한다면 그 순간을 포착할 수도 있다. 물론 여우가 아주 굶주려 있다면 사람에 대한 두려움도 뛰어넘을지 모른다.

닭은 단백질, 미네랄, 탄수화물을 공급받을 수 있도록 잡식을 해야 한다. 닭은 본래 자연 내 거주민이자 스스로 먹이를 찾는 수렵꾼이지만, 여러분의 정원이 완성되기 전까지 닭이 영양분을 고르게 섭취할 수 있도록 부족한 부분을 보충해 주면 좋다. 보조 사료는 건강하지 않을 뿐더러 지속가능한 방법이 아니기 때문에 되도록 구입하지 말자. 대신 여러분이 일상적으로 먹는 음식 중 조리하지 않은 채소 껍질이나 부엌에서 나온 잔반, 또는 주변 가게에서 유통기한이 지났거나 상처가 나서 버리려고 하는 과일과 채소를 구해서 주면 좋다. 단, 곰팡이가 피거나 썩은 음식은 피해야 한다.

닭은 부엌에서 나온 음식 쓰레기를 아주 빠르게 소화해, 좋은 비료가 되어 주는 영양분이 농축된 배설물을 내놓는다. 닭은 맛있는 음식 부스러기를 찾아 퇴비 더미를 샅샅이 뒤지는 것을 좋아하는데, 이러한 특성을 고려할 때 퇴비 더미 근처에 닭장을 두는 것이 합리적이다. 만약 충분한 먹이를 제공하기 어렵다면, 특히 먹이 찾기가 힘들어지는 겨울에는 하루에 두 차례 유기농 닭 모이를 공급해야 한다. 이빨이 없는 닭은 먹이를 그대로 삼키고, 함께 들어오는 모래는 모래주머니에 저장하는데, 이 모래가 먹이를 분쇄하고 달걀 껍데기를 만드는 역할을 한다. 용해되지 않는 모래 알갱이는 닭 몸속으로 들어온 먹이를 갈아 부수지만, 소화 흡수가 되지 않기 때문에 영양학적 가치는 전무하다.

이에 반해, 용해되는 모래알은 소화되기 쉽고, 칼슘이 들어 있어서 달걀 껍데기 형성에 도움이 된다. 닭을 방목해서 키울 것이 아니라면 이 두 종류의 모래를 모두 공급해 주어야 하는데, 부싯돌에서 떨어져 나온 모래나 작은 자갈, 그리고 달팽이 껍질이나 얇은 조개껍데기가 효과적이다.

시트 멀칭

시트 멀칭sheet mulching은 지력地力을 높이고, 제초제를 뿌리거나 땅을 갈지 않고도 온갖 풀과 다년생 식물을 정리하는 간단한 방법이다. 먼저, 해당 구역의 풀을 베고 왕성하게 자란 나무들을 자른다. 그 다음으로 종이 상자나 신문(광택이 있는 지면은 사용하지 않는다), 천, 삼이나 아마 깔개 혹은 평평한 양모 카펫을 한 겹으로 펼쳐 놓고, 그 위를 나뭇잎, 짚 또는 나무 조각으로 만든 두꺼운 유기농 멀치로 덮는다.

화약 약품 처리를 하지 않아 부패될 수 있는 재료면 어떤 것이든 활용할 수 있다. 멀치는 빛을 차단해서 한 두 계절 안에 풀을 모두 없애준다.

나는 종종 가을에 시트 멀칭을 한다. 봄이 되면 멀치가 비옥하고 잘 바스러지는 흙으로 분해되기 때문에, 땅을 개간하거나 별도의 준비를 하지 않아도 식물을 심을 수 있게 된다. 호장근과 바랭이처럼 뿌리에 에너지가 응집되어 있는 고집스러운 풀의 경우, 없애는데 시간이 더 걸릴 수 있다. 이 멀치 방법은 1장에 나와 있는 곰팡이류를 흙에서 되살리는 방법과 유사한데, 이 두 가지 방법을 같이 쓰면 완벽한 조합이 된다.

잔디밭과 잔디밭 관리

정원을 설계할 때 차분하고 소박한 공간을 만들고 싶다면 잔디밭을 만들어 보자. 이런 공간은 숲 사이의 빈터처럼 정원 내 테두리 식재 구역을 만들어 낸다. 만약 미적 가치만을 목적으로 잔디밭을 가꿀 예정이라면, 특히 잔디 위를 자주 걸어 다닐 생각이 없다면, 유지 보수가 쉽고 대안적인 방식을 추천하고 싶다. 정원 토양에 화이트클로버나 키 작고 튼튼한 지표식물이 일단 자리를 잡으면 사람들이 밟고 지나가도 잘 견딘다는 사실을 알게 되었는데, 이에 관한 내용과 다른 제안들을 살펴보도록 하겠다.

유지·보수가 쉬운 대안들과 세심한 관리가 필요한 잔디밭

이끼

적합한 장소만 있다면, 이끼는 잔디의 훌륭한 대안이 될 수 있다. 깎거나 손질할 필요도 없다. 이끼는 사람들이 밟고 지나가는 것에는 취

약하지만, 축축하고 그늘진 곳이라면 관리를 거의 하지 않아도 잘 자란다.

바위 몇 개를 두고 양치식물을 던져 놓으면, 별다른 노력을 들이지 않고서도 꿈속에서 본 듯한 아름다운 장소를 조성할 수 있다. 징검다리가 놓인 좁은 길도 만들어 놓을 수 있다. 이끼는 헛뿌리(영양분 흡수는 잘 못하지만 식물을 지탱하는 역할을 하는 뿌리)를 가지고 있는 식물인데, 한번 자리를 잡으면 헛뿌리로 몸을 단단히 고정시키고 공기와 땅의 표면에서 습기와 영양분을 얻는다.

이끼 만들기

다음과 같은 준비를 하면 정원에 새로운 이끼 구역을 조성할 수 있는데, 이 과정은 늦봄이나 여름에만 가능하다는 점을 기억하자. 이끼에는 여러 가지 종류가 있다. 어떤 종류는 건조하고 햇빛이 잘 드는 환경도 견디지만 대부분은 축축하고 그늘진 조건을 선호한다. 먼저, 이끼 잔디밭을 조성할 장소와 유사한 생육 조건을 가진 곳에서 이끼를 채취한다. 이때, 그곳에 있는 이끼를 모두 뜯어 와서는 안 된다.

이끼 준비 1

- 적합한 이끼 약 3컵 분량
- 버터 우유 또는 일반 요구르트 1리터
- 샘물 또는 빗물 1리터

이끼 준비 2

- 적합한 이끼 약 3컵 분량
- 맥주 2캔
- 설탕 또는 당밀 1티스푼
- 샘물 또는 빗물 1리터

1 모아 온 이끼에서 가능한 한 흙을 모두 털어 내고, 칼로 가늘게 썬다. 이끼의 구조가 손상되거나 성장 기능이 없어질 수 있기 때문에 갈지는 않는다.
2 모든 재료를 함께 섞고 그 혼합물을 맨땅에 칠한다.
3 수분이 공급될 수 있도록 유지하면 약 6주 후 이끼가 자라기 시작한다. 이끼는 주로 습한 곳이라면 부분적으로 그늘이 있는 곳에서도 자라므로, 건기에는 이끼가 자리 잡기 전까지 물을 뿌려 주어야 한다. 또한 다공성 벽이나 바위 위에 혼합물을 칠해서 자신만의 이끼 그래피티를 만들 수도 있다. 이끼가 뿌리를 내리는 동안 반갑지 않은 식물이 자랄 경우 손으로 뽑아 내고, 그 과정에서 토양을 훼손하지 않도록 주의하자.

사초과 식물

짧은 사초sedges과 식물*Carex*을 무리 지어 심으면 흥미롭고도 아주 단순한 잔디밭이 만들어진다. 꽃이 펴서 미적인 효과를 누릴 수도 있고, 더 격식 있게 정리된 모습으로 단장하려면 날이 잘 서 있는 낫이나 잔디 깎는 기계를 사용해 식물이 성장하는 동안 가끔 잘라 주기만 하면 된다. 일반적으로 그늘에서 자라지만, 몇몇 사초과 식물은 쨍한 햇빛도 잘 견딘다. 사초과 식물의 종류는 매우 다양하니, 각자의 토질에 어떤 식물이 적합한지 분명히 알아보아야 한다. 개화구근(꽃을 피울 수 있는 크기의 구근)과 사이심기(하나의 식물을 심은 이랑 사이에 다른 식물을 심어 가꾸는 일)도 가능한데, 이 과정이 즐겁길 바란다! 겨울이 지나면 사초과 식물이 다시 자랄 수 있도록 깎아 준다. 꽃이 피고 난 이후에는 씨앗이 원래 자리잡고 있었던 식물들 사이에 흩뿌려질 수 있도록 하고, 그 다음 다시 베어 주면 된다.

꿩의밥, 달래, 그리고 블루벨

꿩의밥*Luzula* 종류는 온대 기후에서 잘 자란다. 삼림 속 빈터에 멋진 녹지를 만들어 내고, 오고 가는 사람들의 가벼운 발걸음도 견뎌 낸다. 달래와 블루벨은 물론 다른 식물과도 멋지게 조화를 이루는데, 여러분의 땅에서도 잘 자라고 있을 꿩의밥을 찾아보자.

클로버

잔디 대신에 추위에 강하고 사철 푸르른 화이트클로버를 잔디밭 기초 식물로 심어 보자. 클로버는 한번 단단히 뿌리내리면, 사람들이 지나다녀도 끄떡없으며, 심지어 축구같이 거친 활동을 해도 아주 잘 견딘다. 클로버는 오랜 시간에 걸쳐 꽃을 피우는 식물로, 멀리까지도 천상의 향을 내뿜으며 벌과 다른 벌레에게 중요한 식량이 되어 준다. 클로버가 초기에 싹을 틔우려면 질 좋은 토양 경운이 필요하고, 온도 또한 씨앗이 싹을 틔우기에 충분할 만큼 높아야 한다. 아일랜드에서는 5월과 9월 사이에 잠깐 동안 클로버가 싹을 틔울 수 있을 정도로 땅의 온도가 올라가는 시기가 찾아온다. 몇몇 사람들은 클로버 씨앗의 내구성을 높이기 위해 짧은 큰조아재비 씨앗과 섞어 심는다.

클로버 잔디밭을 두껍게 조성하려면 위가 아닌 옆으로 자라게 해야 한다. 그렇게 하려면 초기에 정기적으로 깎아 주어야 하는데, 그 이후에는 깎거나 추가 관리할 필요가 없다. 몇 년 주기로 씨를 다시 뿌려 주면 클로버를 무성하게 유지할 수 있는데, 가장 좋은 방법은 클로버를 짧게 깎은 다음, 씨앗 공을 던져 놓고 늦봄과 초가을 사이에 고르는 작업을 하는 것이다.

비전통적이면서도 아주 다양한 스타일의 잔디밭

키 작은 허브는 아름답고 실용적인 잔디 대체 식물이다. 이러한 허브로는 서양톱풀*Achillea millefolium*, 꿀풀*Prunella vulgaris*, 서양백리향*Thymus serphyllum*, 코르시칸 민트*Mentha requienii* 그리고 히스 펄워스*Sagina subulata*(개미자리속 식물)가 있다. 오레가노(또는 마조람), 타임, 수영, 질경이, 민트 같은 키 큰 허브와 채소도 다양한 스타일의 잔디밭을 조성할 때 유용하다. 식물을 선택할 때 가끔 다듬어 주어도 괜찮거나, 가볍게 밟고 지나가도 견딜 수 있는 종류로 골라 보자. 더 밀도 있게 키우려면 이따금 잘라 주어야 한다. 여러 종류의 식물로 잔디밭을 조성하면 다양한 질감과 향기, 색으로 채워지는 놀라운 조각보 효과가 나타나는데, 이로 인해 먹을거리가 풍부해져 다른 생명체들이 살 수 있는 서식지가 마련된다.

데이지, 질경이, 꼬리풀과 별봄맞이꽃이 이곳에 보금자리를 만들 수 있도록 해 주자. 꽃이 많아질수록 즐거움은 더 커질 것이고, 우리의 간섭이 줄어들수록 잔디밭은 더 아름다워지고 다양해질 것이다. 엉겅퀴, 쐐기풀, 소리쟁이처럼 맨발로 걸을 때 아플 수 있는 식물이 있다면, 340쪽에 나와 있는 식초 분무액 몇 가지를 활용해 관리할 수 있다. 하지만 특정 장소를 정해 가시가 있는 식물을 키워 보는 것도 좋다. 특히 정원에서 꽃이 핀 엉겅퀴를 나비가 찾아낸다면 행복해 할 것이다.

잔디밭 관리

잔디 깎는 기계가 출현하기 전에 사람들은 어떻게 넓은 잔디를 관리했을까? 유럽의 대규모 사유지에서는 양을 활용했지만, 단순히 양을 방목해서 풀을 뜯게 했다면 잔디뿐만 아니라 다른 것도 먹어 치워 모든 식물이 남아나지 않았을 것이다. 수년 전, 유럽의 사유지 주택에서는 가축을 정원에 들이지 않는 '하-하ha-ha'라는 조경기법을 도입해 활용했다. '하-하'는 지면보다 아래에 세워져 있는 장벽 안쪽 면에 조성된 깊은 도랑을 일컫는다. 정원과 경계를 형성하지만 주택에서 바라보면 지면 아래에 있는 장벽과 도랑이 보이지 않기 때문에 잔디밭이 완벽하게 들판과 조화를 이루어 섞여 있는 것처럼 보인다. 결과적으로 사유지 정원 관리사들은 주택 주변 옆을 둘러싸고 있는 작은 잔디밭 구역만 관리하고, 나머지 구역은 가축들이 관리하는 셈이다.

거위는 풀 뜯는 일을 행복으로 여기는 초식동물로, 잔디 깎는 기계가 하는 일을 훌륭하게 대신 해 준다. 하지만 거위들을 자유롭게 풀어 둔다면, 오리처럼 정원 식물도 먹어 치우고 어린 나무도 훼손할 수 있어 잔디밭 구역 안에 가두어야 한다. 거위를 키우려면 거위가 수영할 수 있는 연못도 만들어 주어야 하는데, 땅이 넓거나 동물 협동조합의 조합원으로 거위를 공동 관리하지 않는 이상, 거위는 지속가능한 해결책이 되지 못한다. 거위는 배설물 양도 많아서 대부분의 사람들이 키울 때 곤란함을 겪곤 하지만, 불청객을 내쫓는 아주 훌륭한 경비 역할도 한다.

내 기억으로 잔디 깎는 기계의 칼날이 날카롭다면 누구나 잔디를 완벽하게 깎을 수 있지만, 잔디가 꽤 자랐을 때에는 기계를 움직이는 데 어느 정도의 노력이 들어갔다. 그래서 사람들은 길게 자란 잔디를 깎을 때 날카로운 낫을 사용했다. 엔진이 없는 수동식 잔디 깎는 기계나 양을 활용하는 방법을 내가 좋아하는 이유는 조용하기 때문이다. 기름 먹는 괴물이 내는 소음 방해 없이 평화로운 주말을 보낼 수 있다는 의미다.

알아 두어야 할 것

보통 비 오는 날 가축을 풀어놓으면 씨앗을 뿌려 놓은 잔디밭에 피해가 생길 수 있지만, 다양한 종의 씨앗을 뿌렸다면 식물 뿌리가 두껍게 엉겨 붙어 있어 토양 유실을 막을 수 있다. 오래된 목초지에는 다양한 허브와 잔디 종이 뿌리내리고 있어, 우기라 해도 지면 손상 없이 가축들이 자유롭게 풀을 뜯을 수 있도록 둘 수 있다. 우기에 오래된 목초지를 사용할 수 있다면, 축산 시설을 둘 필요도 줄어들고 겨우내 가축에게 먹일 식량 부담도 줄일 수 있다. 잔디밭 관리를 목적으로 양을 키울 계획이라면, 모든 계절에 가축을 방목할 수 있는 환경을 조성하기 위해 오래된 목초지 같은 조건이 되도록 다양한 종자(379~383쪽 참고)를 활용해 보면 좋다. 다양한 식물 종을 심으면 강하고 높은 회복력을 가진 생태계를 만들 수 있고, 꽃가루 매개자들을 위한 서식 환경도 제공할 수 있다.

병충해 방지

회복이 필요한 토양의 생태계를 균형 상태로 되돌리려면 초기에 종종 단기 처방이 필요하지만, 땅이 건강한 상태로 회복되면 이런 처방은 불필요해진다. 벌레와 풀 관리에 추천하는 일반적인 무독성 조치들은 초기 몇 년은 시간을 들여야 한다. 땅이 한번 개량되고 다양성이 회복되면, 식물은 스스로 병충해에 저항할 수 있을 만큼 강해진다. 또한 포식자들은 자연적인 방제를 시작할 것이며, 토양 개량을 위해 심어 놓은 지표식물들은 풀이 마구잡이로 올라오지 못하게 막아 줄 것이다. 조화와 균형이 표준이 되는 것이다.

의도 방법The intention method

산업형 농업이 출현하기 전에도 농부와 정원사는 오늘날과 동일하게 병해충 관리를 해야 했다. 하지만 생태계 균형을 맞추어 주는 자연의 포식자들이 더 많았기 때문에 지금보다는 상황이 덜 나빴다. 과거의 농부와 정원사들은 문제점을 극복하는 최선의 방법이 땅과 협력하는 것이라는 사실을 알고 있었다. 그 때만 해도 농부들은 땅과 직접 소통할 수 있었다.

농부들이 맞닥뜨리는 여러 문제들 중 하나가 큰 각다귀 유충의 공격이었다. 이 통통한 크림색 유충은 곡식이 될 작물이 땅 속에서 연한 싹을 밀어올리자마자 먹어 치우는데, 가끔 이 유충 때문에 완전히 농사를 망치기도 했다. 우리 부모님은 두 분 모두 아일랜드 동남부 지역의 농장에서 성장했다. 어머니는 아일랜드의 킬케니, 아버지는 웩스퍼드에서 자랐는데, 어릴 적 부모님은 봄이 되면 프란체스코회 수도원까지 자전거를 타고 몇 킬로미터를 가야 했다.

부모님은 수도원에서 '트레인즈traens'라 불리는 물을 잔뜩 사서, 작물이 자라나기 시작한 밭으로 들고 갔다. 아일랜드에서 흔히 하는 방식이었다. 이와 같은 전통은 이교 풍습에서 생겨나기 시작해, 수년에 걸쳐 기독교에 흡수되었다. 농부들은 날카로운 막대로 각 밭의 입구마다 땅 위에 십자가와 함께 원을 그렸다. 그 다음, 밭의 각 모서리에서 수도사들의 기도를 낭독하고(주로 물과 함께하는 기도다) 물을 땅에 흩뿌렸다. 이 특별한 물은 분명한 의도를 가지고 있었다. 바로 해충으로부터 작물을 지키는 것이었다.

재미있는 점은 농부들이 이 방식이 늘 효과가 있었다고 기억한다는 것이다. 하지만 화학 살충제와 살진균제를 쓰기 시작하면서부터 이 물은 더 이상 효과가 없었다. 사람들이 이 물의 효능을 믿지 않았기 때문이었다. '녹색혁명(20세기 후반, 품종 개량, 화학비료, 살충제와 제초제 등 기술 혁신이 가져 온 획기적인 농업생산성 증가를 일컫는 말)'이 도래했고, 이와 함께 오래된 전통 방식을 사람들이 더 이상 믿지 않게 되었으며, 새로운 농사법은 배고픔과 빈곤이 영원히 근절될 수 있다고 약속했다.

물론 이 약속은 결코 실현되지 않았다. 그런 실천들이 효과를 낼 수 있었던 열쇠는 '믿음'이었지만, 지금은 냉소와 멸시의 시선을 받고 있다.

생명역동농법은 땅을 관리할 때 여전히 전통적인 농법과 유사한 방법을 사용한다. 땅의 비옥화라는 측면에서 불은 물의 반대라고 여겨져 왔다. 그래서 생명역동농법에서는 땅을 비옥하게 만들기 위해 물을 사용하고, 해로운 벌레를 막기 위한 대비로는 불을 사용한다. 생물역학적 해충 방제를 위한 한 가지 방법은 문제가 되는 생물을 찾아-예를 들면 민달팽이- 죽이는 것이다. 잡은 민달팽이를 불로 태우고 남은 재를 땅에 뿌린다. 그리고 재가 퍼져 나가는 동안, 민달팽이에게 이 땅에서 떠나 달라고 요청한다. 이 의식을 반복하고 모든 것이 계획대로 진행된다면, 민달팽이 개체 수는 해를 거듭할수록 감소할 것이고, 약 4년 후에는 완전히 사라지게 될 것이다.

나는 거미 다리를 떼어 내거나 민달팽이를 태우고 싶지 않기 때문에 해충에게 떠나 달라고 요청하는 방식을 좋아한다. 필요한 먹이를 정원 한 쪽에 놓아두고, 주변 식물로부터 멀리 떨어져 달라고 요청하는 것인데, 지금까지 그 생물들은 지금까지 항상 내 말을 들어주었다. 나는 가끔 콜리플라워를 배고픈 애벌레에게 빼앗길지도 모른다. 하지만 애벌레들이 나의 호소를 전적으로 존중해 주지 않는다 해도, 주변에 심은 콜리플라워는 온전히 남아 있을 것이다. 생명역동농법의 성공은 이 방법이 효과가 있을 것이라는 당신의 믿음, 더욱 확고한 목적을 가질 수 있는 능력에 달려 있다. 스스로의 능력을 강하게 확신한다면 다른 의식은 행하지 않아도 된다.

우선 해충을 없애기 위한 최고의 방법은 적절한 시기에 작은 구역을 정해 두고 이 의도를 명확히 드러내는 '의도 방법'을 시도해 보는 것이다. 여기서 말하는 '적절한 시기'란 이 방법이 성공하든 실패하든 당신 혹은 가족의 안녕이 위험에 빠질 염려가 없는 시기를 말한다. 스스로 이 방법을 신뢰할 수 있는 유일한 방법은 실제로 해 보는 것이다. 굶주리는 것을 두려워하거나 마음이 불안과 분노로 가득 차 있다면, 이런 간단한 방법조차도 효과가 없을지도 모른다. 나는 늘 평화와 존중의 공간에서 요청한다. 인간과 함께 지구를 공유하고 있는 다른 생명체를 존중하는 마음으로 인정하며, 마음을 편안히 하면 그들과 직접 소통할 수 있는 길이 열린다. 존중은 친절로 되돌아오기 마련이다.

편안함과 자신감을 가지고 '의도 방법'을 활용할 수 있을 때까지, 그리고 땅이 다시 균형을 찾기 전까지 무독성 요법 해충 관리는 유용할 것이다.

민달팽이 관리

민달팽이는 많은 정원 관리사들에게 삶의 골칫거리다. 관리하지 않고 내버려 두면, 민달팽이들은 밤새 어린 묘목을 먹어 치우고 어떤 식물도 싹을 틔울 수 없게 한다. 민달팽이는 그늘지고 축축한 곳에 살기 때문에 새롭게 멀칭한 곳은 적어도 초기에는 최적의 민달팽이 서식지가 된다. 정원 생태계가 스스로 자리를 잡기 시작하면, 천적의 수가 증가하면서 민달팽이 개체수도 억제된다. 자연에서는 모든 것이 균형을 찾아 간다. 하지만 균형이 회복되기 전까지 민달팽이와 민달팽이 때문에 발생하는 어려움을 관리할 수 있는 방안을 마련해야 한다.

민달팽이는 야행성이라 낮에는 안전하면서 축축한 곳에 숨어 있다. 이빨이 없어 먹이를 먹는 동안 무언가를 찢는 소리를 내는데, 저녁에 아주 조용할 때 정원에 나가 보면 민달팽이들이 내는 소리를 들을 수 있다. 일반 원예용품점에 가서 민달팽이를 관리해야 한다고 이야기하면, 대부분의 가게에서는 이미 잘 알려져 있는 유독성 파란 펠릿(작은 환약이나 과립제)을 준다. 하지만 판매점에서 알려 주지 '않는' 사실이 있다. 민달팽이를 먹이로 하는 새나 개구리, 그리고 다른 작은 생명체가 펠릿을 삼킨 민달팽이를 잡아먹으면, 이 동물들도 펠릿 때문에 죽을 수 있다는 점이다.

독성을 가진 미끼로 민달팽이를 잡는 것은 매우 무책임한 일이라고 생각한다. 나는 결코 사용한 일이 없으며, 여러분에게도 사용하지 말아 달라고 간곡히 부탁한다.

새

새는 우리에게 친구가 되어 주기도 하고, 아름다움과 즐거움을 주는 원천이기도 하다. **그리고** 민달팽이나 달팽이는 새가 뿌리칠 수 없을 만큼 좋아하는 먹잇감이다. 우리는 이토록 현명하고 기발한 생명체를 초대하기 위해 할 수 있는 모든 일을 해야 한다. 새들이 집처럼 느낄 수 있는 둥지 상자나 서식지를 만들어 주는 방법이 있다. 땅이 건강해지고 다시 풍요로워진다면 여러분의 땅은 문자 그대로 '**바쁘고 활발하게 움직일**' 수 있다.

아버지는 나이가 들면서 자연을 달리 보기 시작했다. 아버지는 여섯 명의 자녀, 일, 그리고 농장일로 바쁘셨고, 너무 바빴기 때문에 자연에 친절한 관심을 보일 여유가 없었다. 하지만 아버지는 세월이 흐르면서 자신의 태도에 변화가 생길 정도로 의미 있는 경험을 하게 되었다. 기억에 남는 하나의 사건은 까마귀 가족에 관한 것이다. 아버지는 굶주린 새들 때문에 애써 기른 보리농사를 망치게 될까 걱정이 되어 하루는 먼저 까마귀를 공격해 쫓아내기로 마음먹었다. 새들에게 겁을 주려고 한 마리를 쏘아 죽이고, 밭 한가운데에 높은 장대를 세워 죽은 새를 매달아 두었다. 나머지 까마귀에게 보이지 않는 선을 넘어오면 무슨 일이 일어날지 경고하는 의미가 담겨 있었다.

그날 저녁 잠들기 전에 아버지는 침실 창 밖 평평한 지붕 위에 죽은 까마귀가 있는 것을 발견했다. 새를 집어 가지고 들어가 확인해 보았다. 그 새는 총에 맞은 상태였다. 이상하다는 생각을 하며 집 옆 숲 속으로 새를 집어 던졌다. 그 다음날, 죽은 까마귀는 아버지 방 창문 밖 지붕 위에 돌아와 있었다. 다시 집어 던졌고, 조용히 숨어서 무슨 일이 일어나는지 지켜보았는데, 곧 다른 까마귀들이 죽은 가족을 집어 올려 지붕 위에 올려놓는 모습을 볼 수 있었다. 아버지는 정성을 다해 죽은 새를 묻어 주었고, 총을 치워 버렸다. 그리고 그 사건 이후로 더욱 다른 생명체를 존중하는 마음을 품게 되었다.

선충류

선충류는 매우 미세한 벌레로 민달팽이 속으로 들어가 안에서부터 민달팽이를 먹어치운다(유쾌하게 들리지는 않지만 매우 효과적인 방식이다). 건강한 토양이라면 선충류는 항상 있기 마련이다. 하지만 불균형한 생태계 속에 우글거리는 민달팽이를 퇴치하기 위해서는 수많은 선충류가 필요하다. 온라인에서 분말로 된 선충류를 주문할 수 있는데, 땅에 분말을 풀어놓고 물을 주면 된다. 200제곱미터 구역을 한 번 처리하는데 약 20파운드(한화 약 3만원)의 비용이 들고, 효과는 한 달 정도 지속된다. 토양 속에 나타나 먹이를 찾기 시작한 선충류는 곧 먹이에 기생해 그들을 공격한다. 그러면 선충류에게 공격당한 민달팽이는 부어오르면서 수일 내에 죽는다.

이 방식의 문제점은 '**너무**' 성공적일 수 있다는 것이다. 정원에 있는 **모든** 민달팽이가 죽으면 민달팽이를 먹는 다른 포식자의 먹이가 사라지는 셈이다. 그리고 그 포식자들은 먹이가 있는 다른 곳을 찾아야만 한다. 이렇게 되면 자연스럽게 존재하던 포식자가 사라졌기 때문에 지속적으로 선충류의 수를 보충하지 않고서는 민달팽이 수를 통제하기 어려워진다. 선충류를 활용하는 방법이 일시적으로 편한 방법일 수는 있지만, 지속가능한 해결책은 아니다. 그럼에도 불구하고 독성 펠릿을 사용하는 것보다 여전히 나은 선택이라 할 수 있다.

고슴도치

고슴도치는 민달팽이로 차리는 맛있는 식사를 좋아한다. 이 야행성 동물이 정원을 자유롭게 오갈 수 있도록 하거나 유인하려면 정원 경계선 안으로 파이프 세트와 같은 고슴도치 통로를 지면 높이로 마련해 두면 된다. 정원이 담으로 둘러싸여 있다면, 담의 안정성을 떨어뜨리지 않는 한도 내에서 바닥 쪽에 구멍을 뚫어도 된다. 누구도 건드리지 않는 통나무 더미는 고슴도치의 거주지로 적합한 환경이 되어 고슴도치를 유인할 것이고, 이는 민달팽이 개체수 통제에 도움이 된다.

오리

여러분의 정원이 크다면, 오리는 민달팽이와 달팽이 모두를 관리하기에 아주 좋은 동물이다. 게다가 오리는 맛있는 알도 제공해 준다. 아주 큰 규모의 정원이라 해도 오리 두세 마리만 있으면 민달팽이 관리에 충분한데, 오리를 키울 때는 수오리 한 마리와 적어도 암오리 네 마리로 구성된 가족 단위로 키우는 것이 좋다. 이 단위가 매우 사회적 동물인 오리가 무리를 지어 행복하게 지낼 수 있는 조건이기 때문이다. 오리 중에서도 우리가 키울 수 있는 최고의 육식 오리 종으로는 정원에서 자라는 작물들을 먹지 않고 그대로 둘 가능성이 높은 러너 종과 카키캠벨 종이 있다.

오리를 키우려면 연못이나 통 같은 것이 필요하고, 정기적으로 청소해서 깨끗하게 유지해야 한다. 그리고 연못의 규모가 크지 않다면, 오리가 연못에 자라는 식물들을 모두 뜯어먹을 테니 수생식물이나 수경 재배 방식 등 식재 계획을 세울 때 이 점을 유의해야 한다. 수생식물을 키울 계획이라면, 오리를 두지 않는 연못을 추가로 조성하는 것도 방법이다.

오리들이 민달팽이를 순찰하러 밖에 나가는 일이 없을 때, 이들을 수용하기 위해 가두어 둘 수 있는 공간이 필요하다. 오리들이 마음대로 할 수 있도록 내버려 두면 채소와 꽃을 다 먹어치우기 때문에 정원과 떨어진 곳에서 뛰어다니도록 해야 한다. 매일 저녁에는 천적으로부터 오리를 지키기 위해 안전하게 가두어 놓고, 매일 아침에는 주변을 뛰어다니면서 먹이를 찾도록 풀어 준다.

오리들의 활동 범위를 조정하는 한 가지 방법은 전기 경계 울타리를 치는 것이다. 하지만 울타리를 세우더라도, 오리들이 민달팽이 잡기에만 집중하고 작물에는 관심을 두지 않는지 지켜보며 계속 확인해야 한다. 아니면, 정원 외 장소나 최근에 작물을 심은 곳에 두 번째 축사를 짓는 것도 좋다. 만약 오리들을 정원에서 멀리 떨어뜨려 두고 풀이 우거진 주변 길로만 뛰어다니게 한다면, 충분히 먹이를 먹을 수 있기 때문에 농작물을 심어 놓은 곳에 들어가지 않도록 사전에 막을 수 있다.

오리와 함께 농사를 짓는 일은 어떤 가축과 마찬가지로 중대한 약속이자 책임이 따른다. 그러므로 매일 주변에 있어 주고, 만약 멀리 떨어져 있게 될 경우 도움이 될 만한 믿을 수 있는 친구나 이웃을 미리 고려해 두면 좋다.

개구리

정원 규모가 상대적으로 작다면, 완만한 경사면이 있어 야생 동물의 접근이 가능한 작은 연못을 조성할 수 있는 공간을 찾아보자. 정원에 물이 있는 공간이 생기면, 개구리와 다른 양서류가 자연스럽게 찾아온다. 개구리는 오리 또는 앞서 언급한 다른 동물만큼 민달팽이 관리에 효과적이지는 않다 해도 도움이 되는 존재이며, 게다가 가까이 두면 즐거움을 선사하는 동물이기도 하다. 그러나 개구리의 천적이 오리인 만큼, 민달팽이 관리 프로그램을 계획할 때는 이점을 유의하자.

딱정벌레와 지네

일반적으로 딱정벌레와 그 유충, 그리고 지네는 민달팽이 알을 특별히 더 좋아하는 야간의 포식자다. 정원에 곤충들이 서식지를 만들 수 있도록 곤충 친화적인 공간을 만들면 좋은데(주위에 아이들이 있으면 아이들에게 아주 재미있는 공간이 될 것이다), 이 작업은 목재 팔레트, 벽돌, 화분, 골판지, 솔방울, 오래된 나뭇잎, 나뭇가지 등 재활용 재료들을 활용해 시도해 볼 수 있다. 딱정벌레가 쉼터로 삼을 만한 장소에 이런 재료들을 쌓아 틈이나 구석이 생길 수 있도록 하면 된다.

구리

민달팽이와 달팽이는 구리가 주는 작은 전기 충격 때문에 두꺼운 구리 장애물을 넘어갈 수 없다. 이런 이유로 작은 구역에서는 구리선이나 동판 테이프 조각을 활용해 민달팽이로부터 식물을 보호할 수 있다. 민달팽이가 틈새를 뚫고 들어오는 길을 찾을 수 있으니, 이 재료들로 식물을 완전히 둘러싸야 한다. 탁자 위에 모종탑재대seedling tray(모종 또는 모를 심을 때 사용하는 경사진 판상형 탑재대)를 놓고, 구리줄을 각 탁자 다리 아래 주변에 두르는 방식으로 보호하면 된다.

손으로 잡기

다른 방법은 저녁에 손전등을 들고 밖으로 나가서 현장에 출몰하는 끈적끈적한 범인을 직접 손으로 잡는 것이다. 손으로 민달팽이와 달팽이를 잡아서 떼어 놓고, 다음날 아침까지 병에 넣어 둔다. 그러고 나서 여러분의 뜻대로 처리하면 된다. 나는 종종 아침에 까마귀에게 먹이를 주려고 헛간 지붕에 잡아 둔 민달팽이와 달팽이를 풀어놓기도 한다.

비록 내가 민달팽이를 없애는 방법을 집중적으로 이야기하고 있지만, 이들 또한 생태계에서 중요한 역할을 맡고 있다는 사실을 꼭 기억해야 한다. 소개한 방법들은 민달팽이를 아예 뿌리 뽑자는 것이 아니라, 오히려 같은 영역을 공유하고 있는 새나 포유동물, 식물은 물론 다른 벌레들과 민달팽이 사이에 균형을 맞추는데 방점이 있다. 앞에서 설명한 모든 '해충' 관리 방법들 중에서도, 내가 가장 선호하는 다음의 방법을 꼭 시도해 보길 바란다. 확고하게, 하지만 정중하게 내년까지 이곳을 떠나 달라고 요청하거나, 특정 구역에서 살게 해 주는 대신 나머지 공간은 그대로 두도록 이 생물들과 타협하는 방법이다. 수년 동안 내가 탁월한 효과를 본 방법이기도 하다.

자연
요법

여기에 추천하는 모든 치료 요법들은 일반적인 부엌과 정원에 있는 재료들로 아주 쉽게 만들 수 있다. 대부분 분무액 형태로 쓸 수 있고, 특히 과실수나 1년생 작물을 기르는 밭에서 사용하기에 편리하다.

재료를 섞고 분무기로 살포하는 동안, 이것을 만들고 준비하면서 가장 염두에 둔 의도를 계속 생각해 보자. 분무기 용기에 완성된 혼합물을 붓고, 병 표면에 이것을 준비한 의도와 목적을 써넣자. 의도의 진정성을 유지하는데 도움이 된다.

분무액을 뿌리기 전에 주의해야 할 점

추천 요법들은 천연 재료들을 사용하지만, 여전히 눈과 피부에 자극을 줄 수 있다. 특히 고추가 사용되는 경우에 자극적일 수 있으므로 적절한 예방책을 갖추어야 한다.

아침과 저녁에만 뿌리거나, 시원하고 흐린 날 오후 중반쯤 뿌려야 한다. 온도가 26도 이상이 되면 식물이 타들어 가거나, 분무액에서 역반응이 나타날 수 있다. 오일이 함유된 분무액은 식물의 구멍을 막을 수 있어 잎의 표면을 흠뻑 적시기보다는 가볍게 뿌려 준다.

먼저 테스트를 해 보자. 부분적으로 약간의 용액을 분사하고 어떤 역효과가 나타나는지 하루 정도 기다리며 살펴본다.

여기서 알려 준 것 이상으로 분무액을 강하게 만들 필요는 없다. 분무액의 효과가 없어 보이면, 더 강한 농도로 만들어 볼 수 있지만, 꼭 먼저 부분적으로 테스트를 해 보아야 한다.

만능 슈퍼히어로 콜로이드 은

콜로이드 은colloidal silver 용액은 곰팡이, 박테리아, 바이러스에 대항하는 탁월한 만능 구제약이다. 이 마법의 용액 덕분에 수년 동안 나와 내 아이들은 항생제 없이 지낼 수 있었고, 키우고 있는 감자의 감자잎 마름병도 예방할 수 있었다.

콜로이드 은 용액은 단세포 박테리아, 바이러스 그리고 곰팡이가 산소 물질대사를 할 때 필요한 효소를 무력화시키는 효과가 있다. 뿐만 아니라 곰팡이 균사 타래에 있는 개체 세포에도 영향을 미친다. 병원균은 산소가 부족하면 죽는다. 콜로이드 은 용액은 식물, 동물 그리고 인간과 같은 다세포 생물에게는 완벽하게 안전한 물질이다.

식물을 심기 전 콜로이드 은 용액에 씨앗을 담가 놓으면 고사병(곰팡이 감염)을 일으키는 병원균과 발아기·초기 식물 성장과 관련된 질병을 예방할 수 있다. 이미 곰팡이나, 박테리아, 바이러스에 감염된 식물에 살포하면, 문제가 되는 유기체가 빠르게 제거된다. 이미 세균 포자로 예방접종을 했다면, 질소 고정 식물의 씨앗은 담가 두면 안 된다.

의료 목적으로 콜로이드 은 용액을 만들 때는 증류수를 사용하지만, 우리의 경우에는 샘물이 효과가 좋다. 만약 콜로이드 은 제조기를 구입한다면, 집에서 많은 양을 쉽고 저렴하게 만들 수 있다. 나 역시 어떠한 부작용도 없이 훌륭한 효과를 경험했다. 온라인에 콜로이드 은 용액 제조 방법을 알려 주는 교육용 영상 등 수많은 정보들이 있으므로 꼭 한 번 살펴보길 바란다(373쪽 참고).

콜로이드 은 용액 준비

콜로이드 은 제조기

75~100파운드(한화로 약 12~15만원) 정도 지불하면 온라인에서 주문할 수 있다. 간단하게 만들려면 배터리와 14게이지 은전선, 그리고 악어 입 모양의 집게가 달린 전극이 필요하다.

재료

- 소량의 식염수(물의 전도율을 높이기 위한 것)
- 증류수, 샘물 또는 빗물
- 필요에 따라, 은물 5~20리터 제조

분무기 개수를 추가하고, 분무기 위에 콜로이드 은 용액의 용도를 적는다. 적으면서 마음속으로 약제를 만드는 이유를 생각하며, 피해를 입은 잎의 윗면과 아랫면에 살포한다. 필요에 따라 매일 혹은 매주 반복한다.

천연 살진균제

아래에 나열한 병에 효과가 있는 천연 살진균제(곰팡이 방지약) 제조 방법을 소개한다.

- 식물 탄저병
- 조생종 토마토 마름병
- 잎마름병과 점
- 잎 붉은 곰팡이병
- 모자이크병
- 흰가루병 곰팡이
- 장미 흑반병

베이킹소다와 멀구슬나무

재료

- 중탄산나트륨(베이킹소다) 1테이블스푼
- 멀구슬 기름 2테이블스푼
- 카스티야 비누(올리브유와 수산화나트륨이 주원료) 1테이블스푼
- 샘물, 빗물 또는 우물물 5리터

피해를 입은 잎의 위쪽과 아래쪽에 가볍게 뿌리고 필요할 경우 매주 반복한다. 성분이 분리되지 않도록 분사하는 동안 계속 흔들어 준다.

멀구슬나무의 잎에서 추출한 멀구슬 기름은 가장 강력한 천연 살충제 중 하나다.

입자가 미세해 원예용 분무기로 살포할 때 막힘없이 잘 분사된다. 대부분의 원예용 품점에서 구할 수 있고, 건강·미용 제품에도 널리 쓰이기 때문에 건강식품 상점에서도 살 수 있다

사과 식초

재료

- 사과 식초 4테이블스푼
- 멀구슬 기름 2테이블스푼
- 카스티야 비누 1테이블스푼
- 샘물, 빗물, 또는 우물물 0.5리터

1. 마음속으로 분무액을 어디에 사용할지 그 목적을 생각하며 재료들을 함께 휘젓는다. 분무기 통에 붓고, 병 표면에 분무액의 용도를 적는다.
2. 잎의 윗면과 아랫면에 살포하고 필요한 경우 매주 반복한다. 성분들이 분리되지 않도록 살포하는 동안 계속 흔들어 준다.

엘더 잎

재료

- 엘더(서양딱총나무) 잎 450그램
- 카스티야 비누 1테이블스푼
- 샘물, 빗물, 또는 우물물 1리터

1 냄비에 물과 나뭇잎을 넣고 끓인다. 불을 줄이고 30분 동안 계속 끓인다.

2 비누를 추가해 넣고, 이 분무액의 용도를 마음속으로 생각하며 전체적으로 잘 섞이게 젓는다. 체에 내용물을 거른 액을 분무기 병에 붓고, 병에 분무액의 용도를 적는다.

3 잎의 윗면과 아랫면을 흠뻑 적시고, 필요한 경우 매주 반복한다.

마늘과 고추

재료

- 통마늘 1개
- 매운 고추chilli pepper 3개
- 레몬 1개
- 카스티야 비누 1테이블스푼
- 샘물, 빗물, 또는 우물물 1리터

1 모든 재료를 분쇄기에 넣고 곱게 다져질 때까지 간다. 냉장고에 하룻밤 동안 보관한다.

2 깨끗한 보관용 유리병에 체에 거른 내용물 액을 붓고, 그 다음 비누를 섞는다.

3 물 0.5리터에 만들어진 혼합물 4테이블스푼을 섞고, 나머지는 다시 냉장고에 보관한다.

4 마음속으로 분무액의 제조 목적을 계속 생각하며, 피해를 입은 잎의 윗면과 아랫면을 흠뻑 적신다. 필요한 경우 매주 반복한다.

아래에 제시한 병에 효과가 있는 천연 살진균제 제조 방법을 소개한다.

- 사과 붉은 곰팡이병
- 오이와 호박에 생기는 노균병

차이브(쪽파)

<u>재료</u>

- 잘게 다진 차이브 3컵
- 샘물, 빗물, 또는 우물물 1리터(팬 안의 차이브가 충분히 덮일 만큼)
- 카스티야 비누 1테이블스푼

1 물과 차이브를 냄비에 넣고 끓인다.
2 불을 줄이고 10분 동안 계속 끓인다. 그 다음 식힌다.
3 비누를 추가해 넣고 완전히 섞이도록 젓는다.
4 잎의 윗면과 아랫면, 그리고 피해를 입은 부분에 살포하고, 필요한 경우 1주일에 3회 반복한다.

마늘

<u>재료</u>

- 통마늘 1개
- 샘물, 빗물, 또는 우물물 1리터

- 카스티야 비누 1테이블스푼

1 마늘 껍질을 벗기고 찧은 다음 비눗물에 넣는다. 1~2시간 동안 담가 두고, 그 다음 분무기 병에 담는다. 병 표면에 분무액의 용도를 적는다.
2 잎의 윗면과 아랫면, 그리고 피해를 입은 부분에 살포하고, 필요한 경우 균이 사라질 때까지 하루에 2회 반복한다.

천연 살충제

재료를 섞고 분무기로 살포하는 동안, 이것을 만들고 준비하면서 가장 신경 쓴 의도를 계속 생각해 보자. 분무기 용기에 완성된 혼합물을 붓고, 병 표면에 이것을 준비한 의도와 목적을 써넣자. 의도의 진정성을 유지하는데 도움이 된다.

아래에 제시한 병에 효과가 있는 천연 살충제 만드는 법을 소개한다.

- 진딧물의 공격
- ♦ 병충해

고춧가루(카옌고추)

재료

- 고춧가루 1컵(약 45티스푼)

- 멀구슬 기름 2테이블스푼
- 로즈마리 기름 또는 정향유 5방울
- 샘물, 빗물, 또는 우물물 3리터

1 분무액의 용도를 마음속으로 생각하며 전체적으로 잘 섞이게 저은 후 분무기 병에 붓는다. 병 표면에 분무액의 용도를 적는다.
2 잎의 윗면과 아랫면, 그리고 피해를 입은 부분에 가볍게 살포한다. 해충이 사라질 때까지 하루에 2회 반복한다.

쐐기풀

재료

- 쐐기풀 넉넉히 한 줌
- 멀구슬 기름 2테이블스푼
- 샘물, 빗물, 또는 우물물 3리터

1 쐐기풀을 채집할 때 두꺼운 장갑을 착용한다. 대충 크게 썰어서 다른 재료에 넣는다. 분무액의 용도를 마음속으로 생각하며 전체적으로 잘 섞이게 젓는다. 혼합물을 24시간 동안 둔다.
2 분무기 병에 액을 붓고, 병에 분무액의 용도를 적는다.
3 잎의 윗면과 아랫면, 그리고 피해를 입은 부분에 가볍게 살포한다. 해충이 사라질 때까지 하루에 2회 반복한다.

마늘

재료

- ● 찧은 마늘 4쪽
- ♦ 잘게 다진 양파 2개
- ● 멀구슬 기름 2테이블스푼
- ♦ 샘물, 빗물, 또는 우물물 1리터

1 마늘과 양파, 멀구슬 기름을 물에 넣고 1~2시간 둔다.

2 혼합물을 체에 걸러 분무기 병에 붓고, 병에 분무액의 용도를 적는다.

2 잎의 윗면과 아랫면, 그리고 피해를 입은 부분에 가볍게 살포한다. 해충이 사라질 때까지 하루에 2회 반복한다. 혼합물은 병에 1주일까지 보관할 수 있다.

국화차

재료

- ● 말린 국화꽃 100그램
- ♦ 샘물 1리터
- ● 멀구슬 기름 1테이블스푼

1 말린꽃을 물에 넣어 끓이되, 팔팔 끓고 난 이후 20분 동안 더 끓인다.

2 꽃을 건져 내고 차갑게 식힌 다음, 분무기 병에 담는다.

3 잎의 윗면과 아랫면, 그리고 피해를 입은 부분에 가볍게 살포한다. 해충이 사라질 때까지 하루에 2회 반복한다. 혼합물은 몇 달 동안 병에 보관할 수 있다.

국화꽃은 '제충국'이라는 천연 살충제 성분을 포함하고 있다. 국화를 해충이나 벌레에 취약한 식물과 함께 사이심기를 하면, 해충으로부터 보호하는데 도움이 된다. 마리골드(천수국) 역시 방충 효과가 있다.

천연 제초제

"어떤 새라도 제 집은 더럽히지 않는다."

Is olc an t-éam shalaíonn a nead féin.

오늘날 사람들은 상업용 제초제의 무차별적 사용을 맹목적으로 수용하고 있다. 화학약품의 성분이 안전하다는 믿음으로 세뇌되었기 때문이다. 사실 이러한 제품들은 우리 자신의 건강과 자연스러운 삶의 주기를 유지하는데 치명적이다. 가장 흔하게 사용하는 제초제의 위험성을 알리는 수많은 정보들이 있지만, 어찌된 일인지 주류 언론이나 대중의 인식에까지 닿지 못하고 있다. "아, 그런데 현실적인 대안이 있기는 합니까?" 사람들에게 화학 제초제 사용을 그만 두어야 한다고 설득할 때마다 자주 듣는 말이다. 나는 "분명히 있습니다!"라고 대답한다. "하지만 우리가 그런 대안적 방법을 시도하게 되면 화학용품 제조사나 GMO 종자 회사들의 돈벌이가 없어지기 때문에 우리에게 선택권 자체가 주어지지 않는 것입니다." 나는 무독성 천연 제초제를 연구하는데 많은 시간을 쏟았고, 내가 가꾸는 정원에서 성공적으로 사용해 왔다. 내가 특히 좋아하는 천연 제초제를 여기에 소개한다.

비네거위드vinegar weed(파란 꽃이 피며 마른 모래땅에서 자라는 차조기과의 초본) - 제거 준비

재료

- 큰 오렌지 1개
- 에틸알코올로 만든 10퍼센트 산도의 화이트 식초 1리터
- 설탕 1테이블스푼
- 카스티야 비누 1테이블스푼
- 황산마그네슘 1/2컵

피부나 눈에 화상을 입을 수 있으므로 주의해서 다루어야 한다. 10퍼센트 산도의 식초를 구할 수 없는 경우, 보통 5퍼센트 산도로 판매되는 일반적인 증류 화이트 식초를 사용해도 된다.

1 벗겨 낸 오렌지 껍질을 식초에 담근다. 오렌지 기름을 추출하기 위해 하룻밤 그대로 둔다.
2 오렌지 껍질을 건져 낸 후, 황산마그네슘, 설탕, 비누를 넣는다. 식물은 설탕을 영양분으로 생각하기 때문에 설탕을 넣으면 흡수율이 높아진다. 비누와 오렌지 기름은 계면활성제(서로 다른

성질을 지닌 물과 기름이 섞일 수 있도록 두 경계면에 흡착해 성질을 변화시키는 물질) 역할을 한다. 재료들을 섞고, 분무기 통이나 배낭형 분무기에 담는다.

3 식물이 성장하는 시기 중 건조하고 맑은 날에 살포한다. 식물을 흠뻑 적시고 나서, 24시간 안에 3회 재살포한다.

이렇듯 간단하다. 곤충, 나비, 개구리, 벌 또는 새가 죽지도 않고, 정원을 가꾸는 사람이나 농부가 암에 걸릴 위험도 증가하지 않는다. 봄이 되어 이 작업을 하기에 충분할 만큼 뿌리에 빈 공간이 생겼을 때 밖으로 드러난 뿌리를 잘라 만들어 놓은 혼합물을 짜서 주입하면, 급속히 확산되는 호장근 같은 풀 관리에도 효과를 거둘 수 있다. 주입 작업은 바늘이 없는 가축용 주사기로도 할 수 있다. 황산마그네슘을 사용하지 않는 것이 토양 미생물에게는 더 좋지만, 강력한 기능이 필요하다면 추가해도 된다. 추가하더라도 화학 제초제보다는 훨씬 낫다!

오랫동안 사용해 온 전통적인 해결책

- 정원 관리용 장갑
- 무릎받이, 오래된 쿠션 또는 막혀 있는 오래된 뜨거운 물통
- 모종삽 또는 제초용 갈퀴, 그리고 손잡이가 긴 괭이

손으로 하는 제초작업을 생각해 본 적이 있는가? 작은 규모의 땅에서라면 손으로 풀을 뽑아도 된다는 사실을 사람들이 잊어버린 것 같아 놀라울 따름이다. 땅이 습기를 머금고 있을 때라면 언제든지 적은

힘을 들여 정원의 불청객인 풀의 뿌리를 뽑아 버릴 수 있다. 손으로 풀을 뽑을 수 있고, 이를 기꺼이 하려는 마음이 있다면, 이 작업은 우리의 마음을 느긋하게 만들어 줄 것이다. 심지어 명상적인 행위이기도 하다. 당장 눈앞에 있는 것을 제외하고 아무것도 생각할 필요가 전혀 없기 때문이다.

빈틈 메우기

자연은 헐벗은 토양을 그대로 두지 않고 회복시키기 위해 인근의 비탈에서 가져다 쓸 수 있는 것은 어떤 것이든 활용하려고 할 것이다. 토양이 훼손되면 그 속에 있던 풀 종자는 산소와 햇빛에 노출이 되는데, 마치 치유를 위해 상처에 딱지가 앉는 것처럼 풀싹이 나기 시작한다.

나지裸地가 되는 가장 흔한 이유는 인간들의 활동 때문이다. 따라서, 효과적인 '잡초 방제'를 원한다면 자연적인 땅의 상태를 건드리지 않는 것이 현명하다. 항상 땅이 다양한 초목으로 무성할 수 있도록 유지해야 한다. 교목, 관목, 다년생 식물, 지표식물 등이 다층적으로 무리를 이루어 살 수 있도록 빈 공간을 채워야 한다. 이렇게 되면, 풀이 뿌리내릴 곳이 사라져 제초제를 쓰지 않아도 된다. 땅 표면에 식물들이 없으면 정원을 관리할 때 나오는 쓸모없는 가지, 깎은 잔디, 유기농 짚, 나뭇잎 등 가까이에서 구할 수 있는 것을 활용해 멀칭을 두껍게 하자. 멀칭을 깊게 하면 땅이 보호되고, 영양분을 공급해 주며, 풀들이 올라오는 것을 억제하며, 덮개가 없을 때보다 식물들의 성장이 훨씬 빨라진다.

영양제, 비료,
섞어 심기와 나무 보호

지금부터는 자연과 협력하며 정원 가꾸는 법을 배운 수년 동안 유용하다고 생각했던 간단한 기술을 전달하고자 한다. 어떤 사람들은 이를 두고 '관습에 얽매이지 않은 독특한' 방법이라 말할 수도 있다. 하지만 내가 이해하기로 이 방법들은 간단하고 상식적이며, 비용 면에서도 경제적이고, 독성이 없는 방식들이다.

영양제와 비료

일반적으로 식물은 스트레스를 받는 상황에 놓이면 각종 질병에 시달리게 된다. 튼튼하게 자란 식물은 스스로 질병을 이겨 낼 수 있기 때문에, 가장 좋은 접근법은 충분한 영양이 공급되는 환경에서 식물들이 활력을 찾을 수 있도록 키워 문제를 사전에 예방하는 것이다. 앞으로 소개할 비료를 사용하면 식물을 건강하게 키우는 데 도움이 된다. 이는 자라나는 아이들의 면역력을 키우기 위해 허브를 원료로 한 종합 비타민제를 먹이는 것과 비슷하다.

영양제를 만들 때 재료로 대부분의 야생 초본 식물들을 사용할 수 있지만 특별히 유익한 식물 몇 종류가 있다. 영양분을 축적하는 연한 잎 식물이나(이 식물들의 목록을 보려면 3장 214~216쪽 참고) 해초를 활용하면 훌륭한 비료를 만들 수 있다. 이때, 자신의 경작지가 아닌 다른 곳에서 야생 식물을 채취하는 경우, 화학 제초제나 살충제 사용으로 토양이 오염되지 않았는지 확인해야 한다.

식물 영양제

- 다음의 초본 중 한 종류를 선택해 5컵 준비(마른 정도에 따라 약 250그램) : 컴프리, 쇠뜨기 또는 쐐기풀. 해초 또는 영양분을 축적하는 식물 중에 하나를 선택해도 된다.
- 에키나케아coneflower(*Echinacea*) 1컵(약 50그램) 또는 에키나케아 팅크tincture(동식물에서 얻은 약물이나 화학물질을 에탄올 또는 에탄올과 정제수의 혼합액으로 흘러나오게 해서 만든 액) 몇 방울
- 물 2리터, 가급적 샘물이나 빗물

에키나케아나 팅크 그리고 각자 선택한 식물을 하루 동안 물에 담가 두고, 가끔 저어 준다. 수돗물은 죽은 물인 데다, 식물의 면역체계를 공격하는 화학물질이 들어 있어 영양제를 만드는 목적에 적합하지 않다. 이 때문에 수돗물보다 샘물이나 빗물을 사용하는 것이 좋다. 24시간이 지난 후 액체 영양제를 식물에 직접 살포해도 된다.

강력한 비료를 만들려면 몇 주간 혹은 식물이 완전히 부드러워지거나 '용해'될 때까지 매일 혼합물을 저으면서 재료들을 물속에 그냥 담가 둔다. 준비가 되면, 한 컵 떠서 샘물 또는 빗물 5리터에 희석한다. 엽면살포(비료, 미량원소, 농약을 물에 알맞게 타서 식물의 잎에 뿌려 잎이 양분과 약액을 흡수하게 만드는 일) 방식으로 뿌리거나 뿌리 근처에 부어 준다.

식물의 면역체계 강화를 위해 만드는 모든 영양제 혼합물에는 에키나케아가 들어가야 한다. 정원에 에키나케아를 키울 수 있는 장소를 찾아보고, 꽃을 말려 저장하거나 팅크로 만들어 두자. 에키나케아를 키우면 그 땅의 면역체계도 강화된다.

거름(동물성 비료)

거름(동물성 비료)	이로운 점
암소 배설물로 만든 비료	탄산칼륨을 제공하며, 특히 뿌리작물에 효과적이다.
토끼 배설물로 만든 비료	튼튼한 잎과 줄기의 성장을 촉진한다.
닭 배설물로 만든 비료	풍부한 질소 제공원이다. 토마토와 같이 영양분이 많이 필요한 작물에 사용한다.
말 배설물로 만든 비료	잎 성장에 가장 좋은 비료다.
박쥐나 바닷새의 똥	발견하기 쉽지 않으나 가장 강력한 비료로, 질소, 인, 칼륨이 풍부하다.

1 큰 통에 신선한 샘물 또는 빗물을 채우고, 골라 놓은 거름 네 삽 분량을 넣는다. 매일 적어도 몇 분 동안 저어 준다. 마음속으로 만드는 목적을 떠올리면서, 소용돌이가 생길 정도로 휘젓는다. 더 좋은 방법은 큰 소리로 목적을 말하고, 통 옆면에 써 붙이는 것이다.

2 2주 후, 액체를 걸러 내고 필요한 곳에 사용한다. 이때는 엽면살포하지 않고 땅에 직접 사용해야 한다.

퇴비와 화분용 혼합물

이탄peat(탄화 정도가 가장 낮은 석탄의 일종으로 토탄이라고도 한다. 주로 저습지나 소택지 등에서 생물의 유체가 불완전 분해된 물질이 퇴적되어 만들어진다)은 오랫동안 정원 관리사들이 씨를 뿌리고 꺾꽂이를 시작할 때 선택해 온 기질基質(결합 조직의 기본 물질)이었다. 하지만 이탄 사용은 지속가능하지 않은 방식으로, 즉시 중단해야 한다. 이탄은 나무와 같은 방식으로 탄소를 포함하고 격리시키는 굉장히 중요한 자원으로, 과학자들은 이탄지대에 전 세계 탄소의 25퍼센트가 저장되어 있다고 예측한다.

전체 국토의 1/6이 습지로 분류되는 아일랜드는 핀란드를 제외한 유럽 내 어느 국가보다도 많은 이탄지대를 보유하고 있다. 하지만 지난 100년 동안 본래 이탄 습지였던 곳의 50퍼센트가 사라졌고, 원예 목적의 추출이 가장 큰 원인으로 지목되고 있다. 이탄은 재생 불가능한 자원으로 여겨야 할 정도로 아주 오랜 시간에 걸쳐 형성되지만, 우리는 마치 내일이 없는 것처럼 마구 채굴하고 있다. 이탄을 우리의 정원과 온실에 사용하는 방법은 지속될 수 없으니, 문 밖을 나서면 바로 찾을 수 있는 지렁이 배설물이나 부엽토, 부패한 쐐기풀 같은 다른 퇴비로 대체하면 어떨까?

지렁이 배설물

부엌에서 나오는 쓰레기나 음식 찌꺼기, 그리고 다른 유기물을 지렁이 분변토(지렁이의 소화기관을 통과해 배설된 지렁이 똥과 부식된 음식물 혹은 텃밭 부산물을 섞어서 만든 퇴비)로 만들기 위해서는 퇴비 통에 가장 일반적인 지렁이로 알려진 줄지렁이*Eisenia fetida*와 붉은지렁이*Lumbricus* *rubellus*를 사용하면 된다. 지렁이 배설물은 매우 강력한 토양 개량제이며, 이탄을 대체하는 물질로도 유용하다.

지렁이 사육장은 작은 공간에 설치하기 적합해서 도시 안에서 시도하기에 아주 좋다. 설치도 간편하고 냄새도 나지 않을 뿐더러, 전통적인 방식보다 더 빨리 퇴비가 만들어진다. 직접 작은 사육장을 만들 수 있도록 안내하는 책과 온라인 설명서가 많이 나와 있고, 지렁이 분변토 퇴비 통도 구입할 수도 있다. 퇴비화에 필요한 지렁이는 온라인이나 믿을만한 현지 유통업체에서 구입하면 된다.

부엽토

정원 내 구석진 곳에 큰 나뭇잎을 모아 더미를 만든다. 잎이 분해되는 과정에서 더미 아래쪽에 미세한 질감의 물질이 형성되는데 이것이 이상적인 다용도 퇴비가 된다. 씨앗을 발아시키기 위한 영양토 성분으로 특히 유용하다.

쐐기풀 퇴비

약 30센티미터 깊이로 구멍을 파고 그 안을 쐐기풀로 채워 구멍을 덮은 후 봄까지 그냥 둔다. 때가 되어 파 보면 그 자리에 잘 바스러지는 비옥한 퇴비가 만들어져 있을 것이다. 이 퇴비를 지렁이 배설물과 부엽토, 다른 토양 비료와 다양한 비율로 섞으면, 씨앗 발아를 위한 퇴비 혼합물이 된다.

쐐기풀을 묻어 둔 장소를 표시해 두면 다음 해에 쉽게 찾을 수 있다.

씨앗 발아를 위한 퇴비 혼합물

재료

- 50퍼센트 나뭇잎 또는 쐐기풀 퇴비 그리고/또는 (체로 거른) 지렁이 배설물
- 50퍼센트 골재(진주암 또는 부석 가루) 또는 모래

직접 만든 나뭇잎 또는 쐐기풀 퇴비를 배수를 촉진시키는 재료들과 섞어 수분 함유와 배수 기능 사이의 균형을 맞춘다. 토양이 너무 습한 상태로 유지되면 고사병으로 이어져 씨앗이 발아하기 전이나 잎이 난 직후에 식물이 죽을 수도 있다.

발근發根제

버드나무는 자연적으로 뿌리의 성장을 촉진하는 호르몬을 함유하고 있어, 합성 발근제를 대체할 쉽고 비용 부담 없는 대안이다. 종에 관계없이 어린 버드나무 가지를 약 2.5센티미터 길이로 자르고, 이것을 소량의 천연 샘물이나 빗물에 1주일 정도 담가 둔다. 어떤 종류의 꺽꽂이라도 만든 용액에 담가 두면 뿌리의 성장을 촉진시킬 수 있는데, 이 방법으로 돈을 쓰지 않고도 정원에 있는 많은 식물들을 번식시킬 수 있다.

사슴과 다른 방목 가축으로부터 나무껍질 보호하기

산림지대나 숲정원에서 나무를 키우는 사람들에게 사슴과 야생 염소, 토끼 그리고 방목해서 키우는 다른 가축들로부터 나무를 지키는

일은 큰 문제다. 이런 동물들은 어린 나무껍질을 좋아해서 나무를 약하게 하고, 때때로 나무를 죽이기도 한다. 수피에 물과 영양분이 이동하는 물관 체관이 있기 때문에 만약 나무 몸통 전체에 걸쳐 껍질이 제거된 상태라면 나무는 바로 죽어 버린다. 독성 없이 어린 나무들을 보호할 수 있는 몇 가지 방법들을 소개한다.

방법 1

각각의 어린 나무를 야생 자두나무, 야생 장미 또는 매자나무와 같이 큰 가시가 있는 덤불 식물들로 둘러싼다. 아일랜드에서 자라는 나무 중에서는 질소 고정 식물이기도 한 가시금작화gorse, *Ulex europaeus*가 탁월한 선택이 될 수 있다. 방목 가축들이 가시투성이 식물의 부드럽고 어린 싹을 선호하기 때문에 결과적으로 어린 나무가 강하고 무성하게 자라게 된다. 가시가 있는 덤불 식물의 잎들이 나무를 보호하는 일종의 보호막을 형성해 주는 것이다.

방법 2

정원 전체에 울타리를 친다. 하지만 큰 규모의 정원일 경우, 이 방법은 어렵기도 하고 비용이 많이 들기 때문에, 임시로 배터리나 태양열로 작동하는 전기 울타리를 사용하면 비용을 줄일 수 있다.

방법 3

나무 몸통을 배수관에 쓰는 것과 유사한 원통형 재료로 감싼다. 원통형 관의 한 쪽 부분을 자른 후 벌려서 나무 몸통을 감싸면 되는데,

이 때 나무 가장 아래쪽에 위치한 나뭇가지를 건드리지 않는 범위에서 가장 높은 곳에 위치할 수 있도록 고정한다.

방법 4

2장에서 설명한 '의도 방법'을 활용해 보자. 우리 자신을 자연과 연결하고 땅 위로 몸을 낮추면서 천적에게 식물을 가만히 내버려 두어 달라고 요청하는 것이다. 나는 이 방법을 믿고 있고 몇 년 동안 확실한 효과를 경험했다. 만약 회의적인 마음이 든다면 효과는 없을 것이다. 강하고 확고한 신념을 가질 때 기대하는 활기찬 효과를 거둘 수 있다. 동물들을 위해 정원의 일부분을 내어 주거나, 키우는 식물 대신 먹이가 될 수 있는 또 다른 식량 공급원을 제공해 보자. 자연 속에 방목하는 동물들은 우리에게 고통을 주기 위해 존재하는 것이 아니다. 단순히 살아남기 위해 노력하고 있을 뿐이다. 우리가 그러듯이.

나무 재배와 돌보기

나무는 땅의 수호자이며 어른이다. 우리는 땅과 인간 사이에 존재하는 사랑과 둘 사이의 상호 유익한 관계를 재건하기 위해 존경과 감사의 마음을 담아 나무를 대해야 하며, 영양을 공급해 나무가 번성할 수 있도록 해야 한다. 결국 나무가 필요로 하는 것은 우리 자신과도 관련되어 있다.

다음에 나오는 내용은 과실수의 필요성과 재배, 저목림작업coppicing(어린 나무가 빨리 자라도록 윗부분을 잘라 주는 일)과 가지치기, 접목 등에 관한 이야기다.

헝그리 갭

풍성한 수확이 있는 여름과 가을에 거둔 식량을 보존하는 법을 알아 두는 것은 매우 중요하다. 그래야만 풍성한 수확이 있는 늦봄과 여름이 다시 찾아오기 전 추운 겨울을 견뎌 낼 수 있다. 아일랜드에서는 이 기간을 '헝그리 갭hungry gap'이라고 한다. 숲정원을 가꾸면 1년 내내 먹을 수 있는 작물을 생산할 수 있어 이 공백을 메우는데 도움이 된다. 여유가 된다면 온실과 비닐 터널을 설치해 작물의 성장 시기를 늘릴 수 있는데, 이렇게 하면 헝그리 갭을 상대적으로 수월하게 넘길 수 있다.

어떤 나무와 식물을 심을지 결정할 때, 열매 맺는 시기가 1년 중 상·중·하반기로 다양하게 분산될 수 있도록 하자. 식량을 보존하고 저장하는 일은 자급자족 역량을 키우는데 매우 중요할 뿐만 아니라, 얻을 수 있는 만족감도 아주 크다. 이 주제와 관련한 유용한 책들이 많아 참고문헌에 정리해 두었다.

꽃가루받이, 꽃을 과일로 변신시키는 확실한 방법

키우려는 과실수 종류를 고를 때, 당신의 정원에서 잘 자랄 수 있는 종류인지, 그리고 다른 나무를 통해 성공적으로 꽃가루받이pollination가 이루어질 수 있는지 꼭 확인해야 한다. 나무가 열매를 맺으려면 꽃의 꽃가루받이 과정을 거쳐야만 하기 때문이다.

과일은 암꽃에서 시작되는데, 수꽃의 꽃가루가 암꽃에 수정되면 과일로 바뀐다. 보통 과일의 꽃가루받이 과정은 벌이나 날아다니는 곤충이 수술의 꽃가루를 암꽃으로 옮겨 일어나는데, 이러한 노력의 대가로 벌이나 곤충은 꿀을 얻는다. 개암나무와 같은 일부 식물들은 바람이 이 일을 해 주기도 한다.

몇몇 식물들은 하나의 나무에 암꽃과 수꽃이 모두 달려 자가수정이 가능하며, 꽃 하나에 암술과 수술이 모두 있는 경우도 있다. 이것은 정원에 식물이 단 하나만 있어도 꽃가루받이에 성공할 수 있다는 의미다. 작은 규모의 정원이라면, 자가수정이 가능한 나무를 심는 것이 좋다. 하지만 이렇게 '자가수정'이 가능하다 해도 여유 공간이 있다면 꽃가루를 공급하는 식물을 한 종류 이상 심어야 좋다는 것이 내 생각이다. 키위(양다래)나 감나무과인 고욤나무 같은 식물은 암그루와 수그루가 따로 있기 때문에 가까운 곳에 암그루와 수그루를 같이 키워야 과실을 얻을 수 있다.

하지만 대부분의 과실수는 혼자서 꽃가루받이를 할 수 없다. 즉, 같은 나무의 꽃가루를 사용해서는 꽃가루받이가 일어나지 않기 때문에 꽃가루받이를 위한 협력자가 있어야 한다. 일을 더 복잡하게 만드는 것은 꽃가루받이를 위한 식물이 같은 시기에 꽃을 피우는 동일한 종이

되, 변종이어야 한다는 사실이다.

과실수의 종이 같더라도 일부 품종들은 더 일찍 혹은 늦게 꽃을 피우기도 하므로, 신중하게 선택해야 한다. 사과나무, 대부분의 배나무, 많은 자두나무, 양벚나무, 밤나무, 호두나무, 그리고 블루베리가 이에 해당하는 나무다. 이 책에서 모두 다룰 수 없는 많은 가능성들이 있지만, 대부분의 묘목장에서 제공하는 카탈로그에서 관련 정보를 찾아볼 수 있다(379~384쪽 참고).

하지만 생각만큼 복잡하지는 않다. 동일한 종의 과실수를 두 가지 혹은 더 다양한 품종으로 심되, 나무 사이의 간격이 50미터를 넘지 않도록 하고, 같은 시기에 꽃이 피는 품종을 선택하면 된다. 직접 양봉을 하면 꽃가루받이의 성공이 보장되며, 그 과정에서 맛있는 꿀도 얻을 수 있다.

접목

판매되는 거의 모든 과실수들은 접붙인 종이다. 접붙이기는 기본적으로 살아 있는 식물의 다른 두 부분, 즉 접수(성장하는 나무의 윗부분)와 대목(뿌리와 낮은 부위 몸통)을 결합해 하나의 개체를 만드는 것이다. 종은 다르지만 비슷한 종의 식물을 대에 접붙이는 방식은 수천 년 동안 이루어져 왔다. 사실 내 증조부의 정원에 있는 모든 과실수는 '스킥스 sceachs(아일랜드어로 튼튼한 산울타리 나무와 거의 쓸모없는 덤불을 가리키는 말)'에 접목된 것이었는데, 과실수가 번성하는데 아주 좋은 접목 숙주로 산울타리 나무 대목이 쓰이는 경우가 일반적이었다.

나무를 직접 접목하거나 씨앗부터 키우기

나무를 직접 접목할 때는 처음부터 가지치기를 할 필요가 없다는 것이 장점으로 꼽힌다. 그리고 더 좋은 점은 스스로 삽목(식물의 영양기관인 가지나 잎을 잘라낸 후 다시 심어서 식물을 얻어 내는 재배 방식으로 꺾꽂이라고도 한다)이나 씨앗을 뿌리는 단계부터 키워 볼 수 있다는 것이다.

여러 숲정원 가꾸기 책과 온라인 설명서는 나무 접붙이기 방법 관련 정보를 제공하고 있다. 접목 과정은 쉽다. 우선 깨끗하고 날카로운 칼, 키우고 싶은 특정 나무나 품종의 튼튼한 삽목 또는 접수, 그리고 적합한 대목이 필요하다.

방식은 접수와 대목을 결합해 이 둘이 함께 성장해 나가며 하나의 식물이 되도록 하는 것이다. 대목은 나무의 크기를 결정하며, 흔히 땅속 특정 병원균에 강하다. 접수는 모母나무와 똑같이 성장하며, 모나무가 가진 바람직한 특징들을 모두 제공받아 발현한다. 버드나무 발근 혼합물(355쪽 참고)은 접목 부분이 빨리 활착되는데 유용하다. 견과류 나무들은 대부분의 과실수보다 접붙이기가 더 어렵지만, 시도해 볼 만 하다. 접목할 때 '의도 방법'을 활용하면서 정성을 다해 물을 주고 멀칭도 해 주자. 여기에 보살핌과 사랑의 마음을 더한다면 성공에 더욱 가까워질 것이다.

접목한 과실수를 살 때 발생하는 주요 문제점은 이미 묘목장에서부터 가지를 자른다는 것이다. 한번 가지를 자르면, 계속해서 가지치기를 해야 하거나, 나무들이 고통을 받게 된다. 달리 말하면, 나무가 살아 있는 동안 마치 의존적인 어린 아이처럼 되는 것이다. 가지치기를 하지 않은 과실수와 가지를 쳐 내고 접목한 나무를 비교하는 실험이 몇 년간 진행되었고, 일본의 자연농법 농부 후쿠오카 마사노부와 오스트리아의 영속농법 농부 제프 홀저는 같은 결론에 도달했다. 그들이 낸 결론은 처음부터 과수원 나무들을 자연 그대로 성장할 수 있도록 두어야 더 좋다는 것이었다. 대부분의 상업농들은 과일과 견과류 나무의 경우, 수확하기 쉽도록 낮고 넓게 가지치기를 하는데, 이는 나무에게 전혀 도움이 되지 않는 방식이다. 자연의 형태 그대로 자라는 나무에게 더 많은 수확을 거둘 수 있고, 키우는 사람 또한 나무가 야생의 상태와 유사하게 자유롭게 성장한다는 사실을 알게 되면서 만족감을 맛볼 수 있다.

더 나은 절충안은 씨앗부터 키우되, 키우고 싶은 나무의 접수를 같은 종의 야생종과 접붙이거나 삽목해서 키우는 것이다. 이렇게 하면 가지치기를 할 필요가 전혀 없다. 가지치기와 솎아 내기에는 차이점이 있는데, 솎아 내기는 나무가 어릴 때 정원의 낮은 곳까지 햇빛이 갈 수 있도록 낮은 곳에 있는 가지를 제거하는 전정 방식이고, 가지치기는 나무의 상층부를 자르는 방식이다.

접붙이기에 좋은 튼튼한 대목에는 사과나무 종류인 크랩애플crab apple, *Malus sylvestris*, 서양모과나무medlar 종류인 산사나무, 체리 종류인 야생 체리나무가 있다. 나무를 적합한 관계 종과 접붙이되 가지치기를 하지 않으면, 추가 작업 없이도 중소 규모의 정원에서 작은 나무들을 키워 얻는 혜택을 누릴 수 있다.

이런 방식으로 성장한 나뭇가지들은 쉽게 부러지지 않고 무거운 과일 무게를 견딜 수 있다.

가지치기를 하지 않은 과실수들은 열매를 매년 맺지 않는다. 매년 과일을 수확할 수 없다는 점이 오늘날처럼 생산에 집착하는 사회에서 이 방법을 기피하는 이유 중 하나가 되고 있지만, 나무들도 쉴 수 있는 시간을 가질 자격이 있다. 그렇지 않은가? 부모님 정원에 있던 오래된 과일 나무들이 몇 년 동안 어떤 열매도 맺지 않다가, 어떤 해 굉장한 풍작을 거두었던 것을 기억한다. 여기에 특별한 이유가 있었던 것 같지는 않다. 그저 어느 누구도 설명할 수 없는 미스테리 중 하나였다.

이미 묘목장에서 가지치기를 마친 접목 과실수가 있다면, 여름 가지치기summer-pruning로 전환해서 추가 손실과 일을 줄여 보자. 여름 가지치기는 말 그대로 여름에 가지치기를 하는 것인데, 이렇게 하면 다음 해 봄에 싹이 나게 될 순의 수를 줄일 수 있다. 수액이 상처 치료에 효과적이기 때문에 이 방식을 활용하면 가지치기가 이루어지는 동안 잘린 부분의 상처를 치유하는 나무의 능력이 향상된다.

나는 나무를 씨앗에서부터 키우는 방법을 아주 좋아한다. 하지만 나무가 얼마나 크게 자랄지, 어떤 열매를 맺을지 알 수 없다. 이 나무에 열리는 과일이 상품 가치를 갖는 경우는 드물겠지만, 보통은 신선하게 먹을 수 있을 정도로 상태가 좋고, 아니면 잼이나 설탕 절임용으로 충분히 사용할 수 있다. 나무를 씨앗에서부터 키우면 당신의 정원이자, 이 세상 속 당신만의 장소 한 구석에 유전적 다양성이 지켜질 수 있다. 때로 이 나무들이 훌륭한 표본으로 성장하기도 하는데, 나무가 자라나는 동안 놀라운 일들이 일어날 것이다.

자근수

자신의 뿌리로 스스로 성장할 수 있는 과실수는 해충과 질병의 공격에 더 강하다. 꽃가루받이도 더 쉽게 하고, 더 많은 씨앗을 만들며, 접붙인 나무들보다 수명도 길다. 열리는 과일 크기는 더 작을 수 있지만 맛은 비교도 안될 만큼 더 좋고, 저장 기간도 훨씬 길다. 이런 자근수自根樹, own-root trees의 유일한 약점은 원래 타고난 크기만큼 자라기 때문에 성장을 제한할 수 없다는 것이다.

대부분의 자근수는 일반적으로 가장 큰 접목 과실수로 알려진 MM 11이나 MM106 대목에서 성장한 나무들보다 크게 성장한다. 수확하기는 더 어려워지지만, 상업 목적의 재배가 아니라면 크게 문제될 것이 없다. 수확하지 않고 그대로 둔 과일은 새나 다른 야생 동물의 먹이가 될 것이고, 결국 다시 흙으로 돌아가는 길을 찾게 될 것이다.

키 큰 과실수를 키울 만큼 충분한 공간이 없다면, 나무의 키를 제한하는 특성을 가진 대목에 접을 붙인 어린 나무를 키워야 할지도 모른다(다음에 나오는 표 참고). 크기가 작은 나무들은 쉽게 흔들릴 수 있으므로, 땅에 단단히 고정될 수 있도록 무거운 바위 두세 개 정도를 나무 맨 아래 부분에 고여 놓으면 좋다. 바위는 낮 시간에 저장했던 열을 저녁에 천천히 배출해서 따뜻한 미기후를 조성하는 데에도 효과적이다.

왜성과수

왜성과수dwarf fruit trees는 극도로 왜성矮星(생물의 크기가 그 종의 표준 크기에 비해 작게 자라는 특성. 또는 그런 특성을 가진 품종)이 강한 대목에 접을 붙여 성장 발달을 저해하고 미성숙한 상태로 유지시켜 놓은 나무다. 건강한 과실수는 어린 나무일 때 일정 정도의 관리가 필요하지만(예를 들어 멀칭, 제초, 간혹 지지대 받침) 비교적 곧 독립적이고 자생적으로 성장해 나간다. 이와 대조적으로 왜성 종은 수명이 15~20여 년 밖에 되지 않지만 그 기간 동안 지속적인 관리가 필요하다. 우리 정원에서는 진짜 왜성과수를 활용하지는 않지만, 공간 활용 면에서 실용적이라는 이유로 섞어 심어 본 적이 있었다. 잘 알려져 있지 않지만 작은 정원에서도 왜성과수를 대신해 우리에게 먹을거리를 제공하는 대안적 식물들이 많이 있으니 '미래를 위한 식물Plants for a Future'데이터베이스를 찾아보길 권한다(382쪽 참고).

과수 대목rootstock

사과나무*Malus* spp.		
대목	원래 종 대비 왜성 효과(퍼센트)	성목의 크기(미터)
MM111	25	높이와 너비 6~7
M25	25	높이 6~7, 너비 6
MM106	35	높이와 너비 4~6
M26	50	높이 3~4.5, 너비 2.5~4
M9	65	높이와 너비 3
M27	75	높이와 너비 2

아몬드*Prunus dulcis*	
대목	성목의 크기(미터)
세인트 줄리안 ASt. Julien A	높이 4~5, 너비 3~4
토리넬Torinel	높이 4, 너비 3~4
살구나무*Prunus armeniaca*	
대목	성목의 크기(미터)
세인트 줄리안 A	높이 4~5, 너비 3~4
마이란Myran	높이 4, 너비 3~4
(신sour) 산양벚나무*Prunus cerasus*	
대목	성목의 크기(미터)
콜트Colt	덤불: 높이 4, 너비 3.5 부채꼴: 높이 2, 폭 4~5
(왜성) 기셀라 5Gisela 5	덤불: 높이 2, 넓이 1.5
서양모과나무*Mespilus germanica*	
대목	성목의 크기(미터)
산사나무 대목Hawthorn rootstock	높이와 너비 4~6
(모과나무 AQuince A)	높이와 너비 4
(모과나무 CQuince C)	높이와 너비 3
서양배나무*Pyrus communis*	
대목	성목의 크기(미터)
모과나무 MAQuince MA(모과나무 A)	높이와 너비 3~6
모과나무 MCQuince MC(모과나무 C)	높이와 너비 2~5

자두나무*Prunus domestica*		
대목	원래 종 대비 왜성 효과(퍼센트)	성목의 크기
브롬튼Brompton	25	높이와 너비 5.5~7
세인트 줄리안 A	40	높이 4, 너비 3
픽시Pixy	50	높이 2~4, 너비 2~3
VVA-1	60	높이와 너비 2~3

복숭아나무*Prunus persica*	
대목	벽의 격자 구조물 위로 다 자랐을 때의 크기(미터)
세인트 줄리안 A	가로 방향 철사 선을 타고 퍼질 때 폭 4~5, 너비 2
브롬튼	가로 방향 철사 선을 타고 퍼질 때 폭 5~7

저목림 작업과 두목갱신 작업을 위한 식물들

저목림 작업은 전 세계에서 수천 년 동안 실행되어 온 삼림 관리 방식 중 하나다. 휴면기 활엽수나 관목의 성장을 촉진하기 위해 주기적으로 나무를 지반면ground level까지 잘라 주는 작업이다. 잘린 그루터기에서 새롭게 돋아난 새순은 여러 갈래의 줄기로 성장한다. 두목갱신頭木更新, pollarding은 나무의 가지와 윗부분을 잘라 주는 전정 방법으로, 나무 윗부분에서 새로운 성장이 촉진되도록 돕는다(나무를 자른 부분에서 발생하는 맹아萌芽만 계속 벌채하게 되면 자른 단면이 사람의 머리 같은 형태가 된다고 해서 '두목'이라는 이름이 붙었다). 가축들이 새로 돋아난 순을 먹어치울 수 있기 때문에 나무줄기의 높이가 최소 2미터 이상이 되도록 자른다.

저목림 작업을 하고 나면 뿌리가 확실히 자리를 잡으면서 새순이 단일 줄기 나무에서보다 훨씬 빨리 자라나는 것을 볼 수 있다. 새순이 나면서 줄기 마디나 나뭇가지도 더 적게 생겨나는데, 이것은 특히 성장에 유리하다. 공간 여유가 있다면, 저목림 작업을 할 나무들을 위해 땅을 어떻게 할당할지 생각해 보자. 이렇게 하면 더 많은 나무를 옮겨 심지 않아도 지속적으로 나무를 공급할 수 있을 뿐만 아니라 바구니 세공품과 울타리를 엮을 수 있는 유연한 새 가지도 얻을 수 있고, 든든한 장작 공급처도 확보할 수 있다. 1.5미터 간격으로 나무를 심어 놓으면 5~10년마다 손작업으로 잘라 낼 수 있다.

많은 온대기후 나무에 저목림 작업이나 두목갱신을 할 수 있지만, 아래의 표에 더 유용한 나무 종류를 정리해 두었다.

저목림 작업과 두목갱신에 적합한 나무 종류

학명	이름	저목림 작업 주기
Acer campestre	필드메이플	4~15년
Asimina triloba	포포나무	5~15년. 저목림 작업 이후 다시 열매를 맺기까지 최소 4~5년은 걸린다.
Castanea sativa (좋은 열매를 맺는 품종이 많음)	밤나무	7~15년. 꽃가루받이를 위한 파트너가 필요하다. 키가 큰 나무지만 10년 정도 간격으로 저목림 작업을 한다면, 작은 정원에서도 더 많은 나무를 키울 수 있다. 저목림 작업 이후 최소 5년 동안 열매를 맺지 않기 때문에 가능하면 여러 그루를 키워 매년 다른 나무 그룹에 번갈아

		작업한다면 정기적으로 밤을 수확할 수 있다.
Corylus avellana	개암나무	5~15년. 저목림 작업 이후 견과가 다시 열리기까지 최소 4년은 걸린다.
Cretageus species	산사나무 교배종	저목림 작업 이후 산사나무 열매가 다시 열리기까지 최소 4년은 걸린다.
Diospyros kaki	감나무	5~7년. 저목림 작업 이후 견과가 다시 열리기까지 최소 4년은 걸린다.
Fagus sylvatica	너도밤나무	7~25년
Fraxinus excelsior	서양물푸레나무	7~25년
Ginkgo biloba	은행나무	7~25년. 저목림 작업 이후 열매가 다시 열리기까지 최소 4~5년은 걸린다.
Malus species	사과나무	7~15년. 저목림 작업 이후 열매가 다시 열리기까지 최소 4~5년은 걸린다.
Morus alba *M. rubra*	뽕나무	저목림 작업 이후 열매가 다시 열리기까지 최소 4년은 걸린다.
Prunus spp.	벚나무, 자두나무	5~15년. 저목림 작업 이후 열매가 다시 열리기까지 최소 4년은 걸린다.
Quercus spp.	참나무	7~50년
Salix spp.	버드나무	2~25년. 1~3년 된 새 가지는 생활용 버드나무 제품이나 바구니를 엮는데 아주 뛰어난 재료로 저목림 작업을 할 만한 가치가 있다.
Tilia cordata	작은잎 보리수나무	1~10년. 저목림 작업을 하면 봄부터 가을까지 먹을 수 있는 잎을 얻을 수 있다. 잎은 훌륭한 샐러드 재료다.

"조용한 물 위에서 파도가 일어날 것이다."

Éireoidh tonn ar uisce balbh.

나는 우리가 살고 있는 이 지구를 사랑한다. 내 심장이 지구라는 행성과 같은 모양으로 생겼다고 확신할 정도로 아주 많이 사랑한다. 자연을 거부하거나 완전히 잊고 살았던 적도 몇 차례 있었지만 나는 운 좋게도 집으로 다시 돌아오는 길을 찾을 수 있었다.

이 책은 여러분이 누군지, 그 '진실'에 도달할 수 있는 길을 찾게 해 줄 보물지도와 같다. 방향은 간단하다. 직관적이며 우리 조상들의 지혜에 의존하는 방법을 찾는 것이다. 가끔 우리는 스스로가 지구의 아이들이라는 사실을 잊고 산다. 우리의 '어머니 지구'는 지쳤고, 지금 우리를 필요로 한다. 그래서 우리는 성장해야 하고, 한 단계 발전해야 하며, 보살피는 사람이 되어야 한다. 지금은 가꾸는 사람이 아니라 수호자가 필요하다. 그저 속도를 늦추고, 여러분을 이 지구에 다시 소개한다면, 마법의 문이 여러분을 위해 열릴 것이다. 여러분의 땅을 보호하는데 헌신하고, 땅이 튼튼하고 건강하게 성장할 수 있도록 돕겠노라고 약속하자. 그러면 자연이 그 길로 여러분을 인도해 줄 것이다. 그러면 어느날 마음의 균열이 치유되고 자연과 여러분이 다시 하나가 되었음을 알 수 있을 것이다.

그것은 일생일대의 여행이다.

참고문헌

*국내 번역서가 있는 경우 국내 출간 제목으로 표기했다.

일러스트

루스 에반스Ruth Evans

---

www.thehedgerowgallery.com

이 책을 아름다운 일러스트로 가득 채워 준 재능 있는 작가, 루스 에반스의 홈페이지다.

이 책이 나오는데 도움을 준 특별한 참고문헌들

[벌과 양봉](295~300쪽 참고)

야생벌 보호 단체, 영국The Natural Beekeeping Trust, UK

https://www.naturalbeekeepingtrust.org/

이 사이트에서는 전통방식의 양봉보다는 벌에 포커스를 맞춘 정보와 벌집 관련 정보를 제공한다. 다른 활동 그룹 정보를 알 수 있는 링크, 수업, 컨퍼런스 외에도 많은 추천 기사와 도서 목록을 볼 수 있다.

[채종하기· 씨앗 발아시켜 재배하기](176~178쪽 참고)

Lee Buttala, Shanyn Siegel, 《씨앗정원: 씨앗을 지키기 위한 기술과 실천 The Seed Garden: The Art and Practice of Saving Seed》, Iowa, USA: Seed Savers Exchange, 2015

이 책은 'Seed Savers Exchange'와 'Organic Seed Alliance'의 구성원들이

집필했다.

Nancy Bubel, 《종자 초보자를 위한 새로운 안내서The New Seed-Starters Handbook》, Emmaus, Pennsylvania, USA: Rodale Press, 1988

[콜로이드 은 제조기](337~338쪽 참고)

헬스 리즈, 영국Health Leads, UK

https://www.healthleadsuk.com/colloidal-silver-generator.html

AC어댑터가 장착된 '디럭스 콜로이드 은 제조기'를 구매할 수 있는 곳이다.

아마존

www.amazon.com

아마존에서 여러 종류의 콜로이드 은 제조기를 구입할 수 있다.
'colloidal silver generator'로 검색하면 된다.

인스트럭터블스Instructables

http://www.instructables.com/id/How-to-make-COLLOIDAL-SILVER-Easy/

적은 비용으로 자기만의 콜로이드 은 제조기를 만들 수 있는 방법을 소개한다.

[사람의 대소변으로 퇴비 만들기](198~199쪽 참고)

조셉 젠킨스, 미국Joseph Jenkins, Inc., USA

http://josephjenkins.com/

사람의 대소변으로 퇴비를 만들 수 있는 도구와 재료를 온라인으로 판매한다. 이곳에서 판매하는 상품 중에는 '사랑스러운 화장실'이라는 이름의 친환경 퇴비 화장실도 있다.

Joseph Jenkins, 《똥살리기 땅살리기The Humanure Handbook : A Guide to Composting Human Manure》, 3rd edition, Grove City, Pennsylvania, USA: Joseph Jenkins, Inc., 2005

[야생의 식용 식물 채집하기](176~178쪽 참고)

야생 식물 가이드, 영국Wild Plant Guide, UK
https://wildplantguide.com/
야생 식물 채집과 관련한 온라인 자료를 제공한다.

먹을 수 있는 야생 식물, 미국Edible Wild Food, USA
https://www.ediblewildfood.com/
먹을 수 있는 야생 식물 채집과 관련한 온라인 자료를 제공한다.

Richard Mabey, 《공짜 음식Food for Free》, London, England: Collins(Gem series), 2012
야생 식물을 채집할 때 가볍게 참고할 수 있는 책이다. 100여 가지의 식용 식물 목록이 일러스트와 함께 정리되어 있으며, 오래 세월에 걸쳐서 전해 내려 온 식물 사용 방법과 요리법을 자세히 소개한다.

[겨울 채소 키우기 & 수확한 채소 보관](358쪽 참고)

Martin Crawford, Caroline Aitken, 《숲정원에서 수확한 먹을거리: 숲정원에서 기른 먹을거리를 보존하고 요리하는 방법Food from Your Forest Garden: How to Harvest, Cook and Preserve Your Forest Garden Produce》, Cambridge, England: Green Books, 2014

Charles Dowding, 《겨울 채소 기르는 법How to Grow Winter Vegetables》, Cambridge, England: Green Books, 2011

Sandor Katz, 《내 몸을 살리는 천연발효식품Wild Fermentation: The Flavor, Nutrition, and Craft of Live-Culture Foods》, White River Junction, USA: Chelsea Green Publishers, 2003
박테리아와 버섯의 '변화시키는' 능력을 사용해 집에서 음식을 만들고 저장하는 방법을 알려 준다.

Carol Hupping, 《저장하기: 내가 기른 농산물 자연스럽게 저장하는 법 Stocking Up : How to Preserve the Foods You Grow Naturally》, 3rd edition, Emmaus, Pennsylvania, USA: Rodale Press, 1990

[아일랜드의 토착 전통문화](029~030쪽 참고)

아남 홀리스틱 힐링 센터, 아일랜드Anam Holistic Healing Centre, Ireland www.anamspirit.com
위크로Wicklow에 위치한 휴식 센터. 수맥 탐사, 샤머니즘, 요가 외에도 다양한 힐링 프로그램, 자신을 새롭게 돌아보는 수업과 워크숍을 진행한다.

Joe Mullally, 《치유자의 비밀The Healer's Secret》, Kerry, Ireland: Anam
아일랜드 시골에 살고 있는 토착민들의 마음을 탐구한 책이다. 사람들이 땅과 다시 연결되면서 생기는 드라마틱한 각성의 과정과 전통 방식의 치유법이 갖고 있는 힘을 묘사하고 있다.

Peter Wyse Jackson, 《친절한 아일랜드의 자연: 과거와 현재의 아일랜드 야생 식물의 사용Ireland's Generous Nature: The Past and Present Uses of Wild Plants in Ireland》, St. Louis, Missouri, USA: Missouri Botanical Garden Press, 2014
아일랜드 야생 식물을 어떻게 사용해 왔는지, 그에 관한 역사와 오늘날의 모습을 보여 주는 서사적인 탐사. 아름다운 그림과 이해하기 쉬운 글이 함께 어우러져 있다.

[버섯](043~050쪽, 288~289쪽 참고)

완벽한 균류, 미국Fungi Perfecti, USA

www.fungi.com

미국의 균류학자로 널리 알려진 폴 스테이머츠Paul Stamets가 운영하는 사이트. 실용적인 정보들이 많이 있으며, 버섯 종균spawn과 재배 관련 재료들을 주문할 수 있다. 단, 버섯 종균을 주문하기 전에 국제 규제 사항을 반드시 확인해야 한다.

앤 밀러의 특별한 버섯, 스코트랜드Ann Miller's Speciality Mushrooms Ltd, Scotland

www.annforfungi.co.uk

버섯 종균과 버섯 재배와 관련 재료들을 주문할 수 있는 사이트다.

더 머시룸 패치, 오하이오, 미국The mushroom Patch, Ohio, USA

www.sporetradingpost.com

버섯 종균, 재배 키트, DVD, 책, 버섯 재배 도구 등을 판매한다.

로저스 머시룸스, 영국Rogers Mushrooms, UK

http://rogersmushroomsapp.com/

버섯 식별을 위한 관련 정보를 제공한다.

Paul Stamets, 《균사체의 움직임: 버섯이 세상을 구하는 방법Mycelium Running: How Mushrooms Can Help Save the World》, Berkeley, California, USA: Ten Speed Press, 1994

Paul Stamets, 《식용·약용 버섯 재배Growing Gourmet and Medicinal Mushrooms》, 3rd edition, Berkeley, California, USA: Ten Speed Press, 2000

[미생물과 퇴비차Compost Tea](047~050쪽 참고)

미생물을 이용하는 정원 가꾸기Gardening with Microbes
www.gardeningwithmicrobes.com
토양 미생물과 탄산가스를 함유하고 있는 퇴비차(퇴비를 일정한 기간 동안 물과 혼합하여 조제하는 액상추출물)의 중요성에 관한 정보를 제공한다.

단순하게 유지하라, 미국Keep It Simple, Inc., USA
https://www.kisorganics.com/pages/simplici-tea
퇴비차 양조장과 유기농 토양 개량에 필요한 상품을 판매하는 사이트다.

균근 응용, 미국Mycorrhizal Applications, Inc., USA
www.mycorrhizae.com
오리건주립대학교 미생물학과 교수 마이크 아마란서스Mike Amaranthus 박사가 운영하는 사이트. 액체·파우더·알갱이 형태의 균근균菌根菌, mycorrhizal fungi을 재배·판매하고 있다.

Jeff Lowenfels, Wayne Lewis, 《풍부한 미생물: 유기농 정원사를 위한 토양 먹이사슬 안내서Teeming with Microbes: The Organic Gardener's Guide to the Soil Food Web》, revised edition, Portland, Oregon, USA: Timber Press, 2010
미생물, 토양, 식물 사이에 일어나는 상호 작용을 잘 설명해 주는 책이다.

Michael Amaranthus, "A Look Beneath the Surface at Plant Establishment and Growth", 〈계간 플로리다 조경Florida Landscape Architecture Quarterly〉, Spring, 1999

[성스러운 건축물과 신화](103~106쪽, 116쪽 참고)

A.T. Mann, 《성스러운 건축물Sacred Architecture》, London, UK: Vega Books, 2003

Joseph Campbell, 《신화의 힘The Power of Myth》, New York, USA: Anchor Books, 1991

Joseph Campbell, 《야생 거위의 비행The Flight of the Wild Gander》, Novato, California, USA: New World Library, 2002

['의도를 담은 물' 실험](076~077쪽 참고)

에모토 피스 프로젝트, 일본
www.emotoproject.com
긍정적 또는 부정적인 메시지에 노출된 물 결정체 사진은 '의도를 담은 물'을 주제로 한 에모토 마사루 박사의 실험 결과를 보여 준다.

Masaru Emoto, 《물은 답을 알고 있다The Hidden Messages in Water》, New York, USA: Atria Books, 2005

Dean Radin, Gail Hayssen, Masaru Emoto, Takashige Kizu, "Double-Blind Test of the Effects of Distant Intention on Water Crystal Formation", 〈Explore the Journal of Healing〉, 2: 408-11, 2006

Dean Radin, Nancy Lund, Masaru Emoto, Takashige Kizu, "Effects of Distant Intention on Water Crystal Formation: A Triple-Blind Replication". 〈Journal of Scientific Exploration〉, 22(4): 481-93, 2008

[물 관리](191쪽 참고)

오아시스 디자인, 미국Oasis Design, USA
www.oasisdesign.net
다양한 사용 목적 중, 특히 정원에서 사용할 목적으로 설치하는 가정용 중수도greywater(빗물 또는 가정에서 사용한 물을 정화하여 부엌, 욕실에서 재사용할 수 있게 해 주는 설비) 정보를 비롯해 중수도 재사용 관련 정보와 기사, 사이트를 안내한다.

Art Ludwig, 《중수도가 있는 오아시스 만들기-중수도 시스템의 선택, 구축, 사용The New Create an Oasis with Greywater – Choosing, Building and Using Greywater Systems》, Santa Barbara, USA: Oasis Design, 2006
중수도 시스템을 구축할 수 있는 디자인 원리와 관련 세부사항을 제공하는 중수도 백과사전이다.

[지렁이 퇴비](353~354쪽 참고)

일하는 벌레들Working Worms
http://working-worms.com
적은 비용으로 DIY 방식의 지렁이 퇴비 시스템을 만들 수 있는 방법을 알려 준다.

Mary Appelhof, 《지렁이를 기른다고?Warms Eat My Garbage: How to Set Up and Maintain a Warm Composting System》, 2nd edition, Kalamazoo, Michigan, USA: Flower Press, 2003
지렁이 퇴비 시스템을 만들고자 하는 사람들을 위한 필수 도서다. 조금 엉뚱하지만 지렁이 퇴비를 만들기 위해 필요한 모든 정보가 담겨 있다.

식물과 종자에 관련한 일반적인 참고문헌

임업을 겸한 농업을 위한 연구 단체, 영국Agroforestry Research Trust*, UK
www.agroforestry.co.uk
숲정원 가꾸기 활동을 이끌고 있는 마틴 크로퍼드가 운영하는 연구기관이자 식물 판매 단체. 숲정원 가꾸기에 필요한 다양한 식물과 씨앗을 온라인으로 주문할 수 있다. 또한 다양한 교육 과정, 세미나, 방문 프로그램을 운영한다.

*트러스트trust란 모금되거나 빌린 돈을 투자해 그 수익금으로 자선 활동을 하는 단체를 의미한다.

배드거셋 연구소, 미네소타, 미국Badgersett Research Corporation, Minnesota, USA

www.badgersett.com

자칭 '나무 농업woody agriculture'이라 부르는 분야의 선구적 기관 중의 하나다.

갈색 봉투에 담은 씨앗, 아일랜드Brown Envelope Seeds, Ireland

www.brownenvelopeseeds.com

'웨스트 콕West Cork 지역에 위치한 농장에서 생산한 유기농 채소, 곡물, 허브의 씨앗'을 판매하는 아일랜드 회사. 이곳에서 판매하는 모든 씨앗은 자연적으로 수정된 씨앗OP, open-pollinated* 이다.

*간혹 씨앗을 구입했을 때 봉투에 OP 또는 F1이라 적혀 있는 것을 보게 된다. OP는 자연적으로 수정된 씨앗을 의미하며, 이런 표기가 있는 씨앗은 지속적으로 채종하고 재배할 수 있다. F1first generation이라 표기된 씨앗은 종자회사에서 한 번만 사용할 수 있도록 개량·판매하는 씨앗이다. F1 씨앗으로 식물을 키워 채종해 다시 키우면 똑같은 품질의 식물이 자라지 않는다. 즉, 지속적인 채종과 재배가 불가능하다는 의미다.

에코 커뮤니티, 미국Echo Community, USA

www.echocommunity.org

국제적으로 활동하는 비영리기구NPO로, 열대지방에서 행해지는 농업과 숲정원 만들기에 적합한 식물과 씨앗을 선별·보존하는 활동을 한다.

영국 과수 묘목장, 아일랜드English's Fruit Nursery, Ireland

www.englishsfruitnursery.ie

가족 경영으로 운영되고 있는 아일랜드 웩스퍼드Wexford에 위치한 과일나무·관목 판매 회사다.

푸드 포레스트 팜, 매사추세츠, 미국Food Forest Farm, Massachusetts, USA
www.foodforestfarm.com
여러해살이 채소, 나무, 영속농업이나 숲정원에 심을 수 있는 식물에 관한 좋은 자료가 있다.

포레스트 팜 묘목장, 미국Forest Farm Nursery, USA
www.forestfarm.com
숲정원과 영속농업에서 다양한 목적으로 유용하게 쓸 수 있는 식물을 구할 수 있다. 오리건주의 애플게이트 밸리에 있다.

과일과 견과, 아일랜드Fruit and Nut, Ireland
www.fruitandnut.ie
서양개암나무(야생 개암나무를 재배한 품종), 아몬드, 쪽가래나무, 밤나무, 잣나무와 같이 과수와 견과류 나무 묘목을 전문으로 취급하고, 자주 찾아 볼 수 있는 나무는 물론 흔하지 않은 다양한 과수 품종이 있다. 아일랜드나 아일랜드와 비슷한 기후에서 잘 자라는 품종이 있다.

미래의 숲, 아일랜드Future Forests, Ireland
www.futureforests.net
아일랜드에서 가장 많은 종류의 맨뿌리bare-root 묘목, 포트에 담긴 식물을 보유한 곳이다. 우편 배송 서비스를 받을 수 있지만 아일랜드 코크 지역에 있는 이 색다른 묘목장에 나들이 삼아 가 보는 것을 추천한다.

쥐라기식물 묘목장, 웨일즈Jurassicplants Nurseries, Wales
www.treeonlinenursery.co.uk
전문가인 가족이 함께 운영하는 식물 판매장이다.

아일랜드 토종씨앗 보존협회, 아일랜드Irish Seed Savers Association, Ireland

www.irishseedsavers.ie

"아일랜드의 생물다양성을 보존하기 위해 함께 협력"한다는 목표를 지닌 단체다. 우리는 모두 규모는 작지만 토종씨앗을 보존하는 이 같은 단체를 후원해야 한다. 이들의 씨앗을 사고 기부금도 내야 한다. 이 단체에는 '벌이 좋아하는 꽃씨 묶음'을 포함해 아주 다양한 씨앗이 있다.

놀린 강 견과류 나무 묘목장, 켄터키, 미국Nolin River Nut Tree Nursery, Kentucky, USA

www.nolinnursery.com

미국 동부 지역 낙엽수림에서 자라는 견과류 나무인 샤그바크, 피칸나무, 밤나무, 검은호두나무, 페르시안호두나무, 버터넛, 포포나무 등을 구할 수 있다.

미래를 위한 식물, 영국Plants for a Future, UK

www.pfaf.org

비영리단체인 이곳은 온대기후와 실외에서 자라며, 먹을 수 있고 쓸모 있는 식물을 연구하는 일을 후원하기 위해 출범했다. 1500가지가 넘는 식용식물을 실험했고, 최근 약 7000종의 식물로 구성된 식물 데이터베이스도 구축했다. 다양한 특성과 범위에 따라 식물 데이터베이스를 검색할 수 있고, 그리고 각각의 식물은 이 식물을 공급하는 사람과 연결되어 있다. 식물을 연구하기에 아주 안성맞춤인 곳이다.

레인트리 묘목장, 미국Raintree Nursery, USA

www.raintreenursery.com

레이니어산 언덕에 위치해 있고, 우편 배송 서비스를 받을 수 있는 묘목장이다. 서늘한 기후에서 자라는 다양한 품종의 식용식물과 숲정원에서 기를 수 있는 나무들을 보유하고 있다. 이 묘목장의 웹사이트와 카탈로그에는 뿌리줄기로 번식하는 식물, 꽃가루받이, 식물을 돌보는 방법에 관한 유용한 정보가 가득하다.

릭터 허브, 토론토, 캐나다Richters Herbs, Toronto, Canada

www.richters.com

먹을 수 있는 식물과 씨앗을 판매하는 곳으로 온라인에서 카탈로그를 볼 수 있다. 허브와 채소 특히 작은 크기의 허브와 채소를 전문적으로 취급한다.

시더홀릭, 아일랜드Seedaholic, Ireland

www.seedaholic.com

우편 배송 서비스를 받을 수 있고 다양한 여러해살이식물, 채소, 먹을 수 있는 야생 식물, 약용 식물, 요리 재료로 쓰이는 식물, 풋거름으로 사용할 수 있는 식물, 야생화, 공영식물companion plants(서로 혹은 한쪽이 도움을 주는 관계에 있는 식물)이 있다. '당신의 정원을 자연의 소리로 활기차게 만들기'라는 부분을 보면 벌과 여러 곤충을 찾아오게 하는 170가지 종류의 식물이 소개되어 있다.

종자 보존 나눔 조합, 미국Seed Savers Exchange, USA

www.seedsavers.org

비영리협동조합으로 토종씨앗을 보관하고 나누는 일을 한다. 방대한 종류의 씨앗을 보유하고 있고 씨앗을 채취하는 물건과 도구도 있다.

시스키유 종자, 미국Siskiyou Seeds, USA

www.siskiyouseeds.com

남부 오리건과 그 주변에 있는 농장에서 기른 식물에서 채종한 토종씨앗과 자연적인 꽃가루받이로 얻은 씨앗을 전문으로 취급한다.

미네소타대학교 식물 데이터베이스, 미국University of Minnesota Plant Database, USA

www.plantinfo.umn.edu

미국에 있는 씨앗과 식물을 쉽게 찾을 수 있다. 웹사이트에 들어가 식물 이름을 입력하면 육묘장을 찾을 수 있다.

숲정원 가꾸기
www.scottishforestgarden.wordpress.com
표고버섯 기르기 같은 흥미롭고 다양한 주제의 글이 있는 블로그다.
숲정원 가꾸기 관련 주제를 주로 다룬다.

Martin Crawford, 《숲정원 만들기: 자연과 함께 일하며 먹을 수 있는 작물 기르기Creating a Forest Garden: Work with Nature to Grow Edible Crops》, Cambridge, England: Green Books, 2010

Martin Crawford, 《정원과 과수원을 위한 나무, 그리고 영속농업Trees for Garden, Orchar, and Permaculture》, Hampshire, England: Permanent Publishing, 2015

Dave Jacke, Eric Toensmeier 《먹을 수 있는 식물을 기르는 숲정원Edible Forest Gardens》, Vols. 1 and 2, White River Junction, USA: Chelsea Green Publishing, 2005

Diana Beresford-Kroeger, 《세계의 숲: 나무가 우리를 구할 수 있도록 하는 40가지 방법The Global Forest: Forty Ways Trees Can Save Us》, New York, USA: Penguin Books, 2011

Patrick Whitefield, 《숲정원 만드는 법How to Make a Forest Garden》, 3rd edition, Hampshire, England: Permanent Publishing, 2002

[자연에 가까운 정원 가꾸기와 농사에 필요한 재료]

스스로 농사짓기, 아일랜드Grow It Yourself, Ireland
www.giyinternational.org
아일랜드를 기반으로 스스로 먹을거리를 길러 내는 사람들의 세계적인 네트워크다. 정원을 가꾸는데 필요한 책, 씨앗, 벌레 사육장, 선충류,

비닐터널, 작은 비닐하우스 등을 주문 받아 우편으로 판매한다.

[풀 관리와 땅 일구기에 도움을 주는 가축 방목]

방목 가축 프로젝트, 영국Grazing Animals Project, UK

www.grazinganimalsproject.org.uk

농부, 토지 관리자, 토지보존협회들이 공동으로 협력하는 프로젝트다. 웹사이트에는 사례 연구, 교육과정, 뉴스레터, 우리의 문화유산을 지키고 환경을 이롭게 하는 방목을 주제로 열린 포럼의 내용이 있다.

염소는 곧 우리 자신이다, 캘리포니아, 미국Goats R Us, California, USA

www.goatsrus.com

반추동물 빌려 주기, 워싱턴, 미국Rent a Ruminant, Washington, USA

www.rentaruminant.com

에코-고트, 메릴랜드, 미국Eco-Goats, Maryland, USA

www.eco-goats.com

유-니버설리 그린, 조지아, 미국Ewe-niversally Green, Georgia, USA

www.eweniversallygreen.com

*유ewe는 암양을 의미한다.

고트 레이디, 워싱턴, 미국The Goat Lady, Washington, USA

www.thegoatlady.com

[유기농 비GMOGMO-free 동물용 사료 공급처]

로빈 글렌 유기농 제품, 아일랜드Robin Glen Organic Produce, Ireland

www.robinsglen.ie

농장에서 키우는 가축에게 먹일 수 있는 유기농 곡물과 동물용 사료를 구할 수 있다. 1킬로그램 꾸러미부터 25킬로그램까지 무게별로 포장한 상품을 배달해 준다.

유기농 사료 회사, 영국The Organic Feed Company, UK

www.organicfeed.co.uk

가족이 함께 운영하며 100퍼센트 유기농으로 기른 농산물을 재료로 만든 다양한 사료를 제공한다.

[가금류]

헨키퍼협회, 영국Henkeepers' Association, UK

www.henkeepersassociation.co.uk

가금류를 기르는 사람들을 지지하기 위해 만든 정보 네트워크다. 작은 정원에 사는 닭을 보호하는 운동을 펼치고, 양계산업에서 닭의 동물복지가 실현될 수 있도록 캠페인을 벌인다.

키친가든, 영국The Kitchen Garden, UK

http://www.kitchen-garden-hens.co.uk/

다재다능한 프란신 레이몬드가 운영하는 사이트다. 그는 더 많은 사람들이 텃밭에서 시간을 보내기를 바라는 마음에서 이 사이트를 만들었다. 텃밭, 닭 키우기, 농부의 시장과 관련된 주제의 다양한 프란신의 기사와 글이 있고, 이 주제와 연관된 사이트 링크와 정보도 볼 수 있다.

뒷마당 가금류: 내실 있는 소규모 가금류 사육에 전념하기

Backyard Poultry: Dedicated to More and Better Small-flock Poultry, USA

www.backyardpoultrymag.com

격월간 잡지를 발행하며 웹사이트에 유용한 정보가 많다.

Harvey Ussery, 《소규모 가금류 기르기: 가정에서 농사를 짓거나 소규모로 농업을 하는 사람들을 위한 닭과 작은 가금류 자연사육법

The Small Scale Poultry Flock: An All Natural Approach to Raising Chickens and Other Fowl for Home and Market Growers》, White River Junction, USA: Chelsea Green Publishing, 2011

자연농법과 영속농업

[자연농법Nature Farming]

후쿠오카 마사노부, 《짚 한 오라기의 혁명The One-Straw Revolution: An Introduction to Natural Farming》, Emmaus, Pennsylvania, USA: Rodale Press, 1978
후쿠오카 마사노부의 자연농법 철학과 기술을 소개한 책이다.

후쿠오카 마사노부, 《사막에 씨 뿌리기: 자연농법, 전 지구적인 회복, 그리고 근본적인 식량 안전 보장Sowing Seeds in the Desert: Natural Farming, Global Restoration, and Ultimate Food Security》, White River Junction, USA: Chelsea Green Publishing, 2011
후쿠오카 마사노부는 자연농법으로 인간 때문에 사막이 된 곳을 다시 녹지화 할 계획과 그가 했던 여행 관련 이야기를 이 책에 담았다.

Larry Korn, 《짚 한 오라기의 혁명: 후쿠오카 마사노부의 철학과 실천 One-Straw Revolutionary: The Philosophy and Work of Masanobu Fukuoka》, White River Junction, USA: Chelsea Green Publishing, 2015
이 책은 후쿠오카의 제자인 래리 콘이 썼다. 콘은 후쿠오카의 과수원에 있는 작은 오두막에서 다른 제자들과 함께 살았던 이야기와 후쿠오카와 함께 미국을 여행한 내용을 이 책에 담았다.

[영속농업]

페르미스Permies

www.permies.com

영속농업을 주제로 한 웹사이트로 세계의 많은 사람들이 방문한다. 이 사이트는 먹을거리를 기르는 숲, 가축, 에너지, 생태건축, 자급자족하는 삶의 방식, 커뮤니티와 관련된 포럼을 주관한다. 여러 관련 단체의 링크도 있고, 제프 홀저와 관련된 정보도 많다.

온대기후에서 하는 영속농업Temperate Climate Permaculture

www.tcpermaculture.com

존 키스타이너가 운영하는 아주 좋은 사이트다.

Sepp Holzer, Anna Sapsford-francis, 《제프 홀저의 영속농업: 소규모로 상호 작용하는 농사와 정원 가꾸기를 위한 실전 가이드Sepp Holzer's Permaculture: A Practical Guide to Small-scale, Interactive Farming and Gardening》, White River Junction, USA: Chelsea Green Publishing, 2011

제프 홀저는 이 책에서 자신만의 독특한 눈으로 영속농업에 접근하는 방법을 설명하고, 어떻게 후글컬처 형식의 올림밭을 만드는지 이야기한다.

Toby Hemenway, 《가이아의 정원: 텃밭에서 뒷산까지, 퍼머컬처 생태디자인Gaia's Garden: A Guide to Home-Scale Permaculture》, 2nd edition, White River Junction, USA: Chelsea Green Publishing, 2009

퍼머컬처를 전반적으로 이해하기 위한 아주 좋은 책이다. 유익한 정보를 제공하는 그림과 식물 종 목록을 따라가면서 쉽게 읽을 수 있다.

Jessi Bloom, David Boehnlein, 《가정에서 즐기는 풍경, 지역사회, 전 지구를 위한 실질적인 영속농업Practical Permaculture for Home Landscapes, Your Community, and the Whole Earth》, Portland, Oregon, USA: Timber Press, 2015

〈영속농업〉, 영국Permaculture Magazine, UK
www.permaculture.co.uk
국제적인 영속농업 잡지다.

〈퍼머컬처 디자인〉, 미국Permaculture Design Magazine, USA
www.PermaCultureDesignMagazine.com
'퍼머컬처 액티비스트'의 전신이다. 자립을 위한 실제적인 해결책을 찾는 기사가 있다. 웹사이트에는 식물이나 씨앗 관련 자료가 있고, 전 세계의 퍼머컬처 관련 디렉토리가 있다.

다큐멘터리 영상Documentary Videos

〈미래를 위한 농업A Farm for a Future〉
본래 BBC 자연세계 시리즈의 일부로 상영되었고, 야생 동물 영상 제작자인 레베카 호스킹이 잉글랜드 데본 지역에서 자신의 가족 농장을 어떻게 변화시켰는지를 다룬 내용이 담겨 있다. 이 에피소드는 2008~9년에 나온 14번째 에피소드다. 온라인상에서도 볼 수 있다.

〈자연스럽지 못한 역사Unnatural Histories〉
2011년에 제작된 BBC 3부작 다큐멘터리로 인류가 야생을 상징하는 세 개의 지역(세렝게티국립공원, 옐로스톤국립공원, 아마존 열대우림)에 어떤 영향을 미쳤는지를 보여 준다. 온라인상에서도 볼 수 있다.

찾아보기

역자 후기

야생의 나, 야생의 자연 속으로

2013년 홍성으로 내려가면서, 나는 유기적인 방식의 농장과 정원을 가꾸는 삶을 곧장 시작할 수 있으리라 기대했다. 바로 손에 닿을 것만 같았던 그 시절의 꿈은 나에게 가장 아름다운 기억과 함께 가장 아픈 기억을 선사했다. 나는 혹은 우리는 그 시절 무엇을 두려워했을까? 이 질문을 쉽게 떨쳐 낼 수 없어, 그 뒤로 끈질기게 스스로에게 묻고 답하는 시간을 가져야만 했다.

나는 세상 어느 곳에서 살든, 어떤 일을 하든, 자기 자신을 잃어버리고 명분에 사로잡혀서는 행복할 수 없다는 사실을 깨달았다. 당시의 나는 도시를 떠나 시골에서 농장을 운영하는 삶에 지나친 환상을 품고 있었고, 빠른 결과를 원했으며, 나 자신의 의견과 개성 그리고 재능을 솔직하게 드러내는 일에 두려움을 가지고 있었다.

삶의 최종적인 정착지가 되기를 바랐던 농촌에서 거대한 장벽을 마주하게 된 덕분에 내가 원하는 진정한 기쁨이 무엇인지, 나의 개성과 재능은 무엇인지, 나의 욕구와 필요는 무엇인지, 비로소 솔직하게 그것과 마주할 수 있었다. 더불어 타인의 기준이나 평가와는 상관없이, 자연과 함께하는 나만의 삶의 방식을 묻고 찾아갈 수 있게 되었다.

무엇보다도 물리적인 공간을 소유하고 뿌리내리는 일에 급급하지 않고, 자신의 몸과 마음에 뿌리를 내려 얻는 힘이야말로 진정으로 나에게 필요한 일이라고 확신할 수 있게 되었다.

그렇게 미궁 속에서 진정한 나를 찾는 시간을 보내다가 2016년 봄, 우연히 메리 레이놀즈를 만나게 되었다.

메리를 처음 알게 된 계기는 이러하다. 어느 날, 지인 미오가 2016년 환경영화제 상영작 중에 〈데어 투비 와일드Dare to be Wild〉라는 영화가 있는데 내가 보면 좋아할 것 같다면서 추천을 해 주었다. 〈플라워쇼〉라는 제목으로 극장 개봉한 이 영화는 아일랜드의 정원디자이너인 메리 레이놀즈가 자연의 야생성을 담은 정원을 만들기 위해 첼시플라워쇼에 도전한 실화를 그린 작품이었다.

미오에게 영화 추천을 받고 며칠 뒤, 신기하게도 지인 서연님으로부터 환경영화제 상영작을 볼 수 있는 티켓을 선물 받았다. 우연한 선물처럼 찾아온 영화로 만나게 된 메리는 기대 이상으로 깊은 감동을 주었고, 큰 공감을 불러일으켰다. 더불어 영화와 메리의 삶을 보면서 야생의 자연을 배우고 싶다는 간절한 마음이 들었다. 극장에서 영화를 보고 집으로 돌아온 뒤, 메리 레이놀즈가 어떤 사람인지 호기심과 궁금증을 가지고 자료 조사를 하다가 메리의 홈페이지를 찾게 되었고, 나는 망설임 없이 그녀에게 메시지를 보냈다.

〈플라워쇼〉가 얼마나 감동적이었는지, 그리고 농사 현장에서 경험하게 된 환경과 인간 사회의 파괴와 같은, 우리가 처한 한계 상황 등 여러 주제의 이야기를 허심탄회하게 적었다. 메리에게서 금방 고맙다는 답장이 왔다. 마침 그 시점에 아일랜드에서 메리의 농사 철학과 경험을 담은 책이 나왔다는 것을 알게 되었기에 나는 메리에게 그 책을 한국에 번역해서 소개하고 싶다는 제안을 했다. 그렇게 《The Garden Awakening》이라는 책을 한국에 선보이게 되었다.

만약 내가 처음 농장을 운영하면서 실패와 아픔을 경험하지 못했다면, 다시 서울에 돌아와서 목수책방을 우연히 만나지 못했더라면, 일의 성공과 실패와 상관없이 나라는 존재를 소중히 여겨 주는 지인들과의 관계가 없었더라면, 어떻게 되었을까? 장담컨대 교만한 인간이 되어 농부라 불리는 삶에 홀로 도취되어 살아가지 않았을까.

이 책은 아일랜드의 풍요로운 자연 속에서 성장한 메리가 정원디자이너로 일하면서 경험한 정원 만들기 방법론은 물론, 겸손하고 신성한 태도로 자연을 대하는 그녀의 가치관을 깊이 있게 소개하는 책이다.

아일랜드는 한국과 비슷한 역사적 배경을 가지고 있다. 풍요로운 자연과 고유한 역사적 전통을 가지고 있던 아일랜드는 기독교의 유입과 현대화라는 역사적 흐름 속에서 많은 정신적인 가치를 잃어버렸다. 사람, 자연, 문화, 이 모든 것이 이전과는 다르게 억압받으면서 본래의 야생성이 훼손되었다.

메리는 우리에게 그동안 억압되었던 야생성을 되살리자고 제안한다. 그녀의 정원은 야생성 복원을 향한 간절한 마음을 담아 디자인 되었다. 정원을 스케치하고, 식물을 고르고, 정원에서 사용할 퇴비와 물을 준비하는 등 정원을 만드는 전 과정에 야생을 살려내겠다는 메리의 간절한 의도가 담겨 있다.

바로 이 점이 지금까지 소개된 정원 관련 책과는 차별되는 이 책만의 독특한 지점이며, 내가 반드시 이 책을 한국에 소개하고 싶다고 마음먹은 이유이기도 하다. 모쪼록 야생이 살아 있는 아름다운 자연과 정원에 관심을 가지고 있는 분들에게 이 책이 새로운 관점과 해방감을 안겨 주기를 바란다.

마지막으로 누군가와 다시 함께 일한다는 것이 주는 두려움을 극복하고, 함께 하는 기쁨을 알게 해 준 공동 번역자 친구들, 김우인, 박아영에게 깊은 감사의 마음을 전한다. 또한 이 책을 번역해서 출판하고 싶다는 제안에 공감하고 번역이 완성되기까지 긴 시간을 인내하고 격려해 준 출판사에도 다시 한 번 고마움을 전한다.

타인의 요구와 필요, 평가 때문이 아니라
자기 자신과 자연이 가장 사랑하는 방식으로
자연을 잠시 맡아서 가꾸는
자유로운 정원사들의 세상을 꿈꾸며

"나는 어디에도 뿌리내리기를 원하지 않는다. 자유롭기를 원한다."
I don't want any roots. I want to be free.
잉그리드 버그만

김민주

오래된 지혜, 내면의 목소리,
용기 있는 행동으로 빚어낸 생명의 정원

어느 여름밤, 내가 일하는 고등학교에 한 강사가 찾아와 콜롬비아에 사는 원주민 우와U'wa족 이야기를 들려주었다. 우와족은 스페인이 침략하기 전부터 아메리카 대륙에 살던 부족으로 자연을 신성하게 여기고 자신들의 야생성과 전통을 지키기 위해 오랜 시간 백인에게 저항하며 살았다. 그 당시 이들은 다국적기업 옥시덴탈 페트롤리움의 석유 개발에 격렬히 반대했는데, 이들의 눈에는 석유를 뽑아내는 행위가 어머니 지구에서 피를 뽑아내는 것과 다름없어 보였기 때문이다. 이 이야기를 듣는 내내 가슴에 절망과 희망이 오갔고, 우와족 소년의 맑은 눈망울을 보며 이들이 지키려고 하는 것을 나도 막연하게 지켜 내고 싶다는 소망을 품게 되었다.

우연히 대학시절부터 유럽과 아시아 시골에 있는 작은 생태마을을 찾아다녔다. 이 길 위에서 생각지도 못한 놀라운 사람들과 수많은 기적 같은 일을 보았다. 스코틀랜드 북쪽 핀드혼 마을을 찾아가 거친 모래밭 위에 만든, 인간과 자연이 함께 교감하며 일구어 낸 신비로운 정원을 보았고, 포르투갈의 타메라 마을에서는 사막화로 고통 받는 땅에 자연 호수를 만들어 죽어 가는 생명을 되살린 사람들도 만났다. 케냐에서 온 청년은 생태마을 운동은 서구 문명이 잠식해 망가진 전통 마을의 지혜와 정신을 되살리는 길이라고 간절히 내게 말했다. 이 긴 순례길 위에서 지금 자연과 인간의 끊어진 관계를 되살리려는 수많은 움직임이 전 세계에서 일어나고 있다는 것을 배울 수 있었고, 나 또한 가슴에 많은 꿈을 품고 돌아왔다. 학교에서 학생들을 만나며 공부할 자료를 찾다 막 출간된 메리 레이놀즈의 책을 만났다. 그러다 정말 우연히 이 책을 번역한다는 지인의 친구와 연락이 닿아 공동 번역자로까지 참여할 수 있었다.

이 책을 번역하며 놀랐던 사실은 메리가 해온 일들이 내가 여행하며 알게 된 많은 사람들과 실제로 연결되어 있고, 메리가 자연을 바라보는 눈, 지혜, 통찰력은 우와족처럼 각자의 땅에서 자연의 야생성을 지키고 땅을 신성하게 여기는 이들의 정신적 뿌리에 이어져 있다는 것이다. 그리고 메리는 국내에는 잘 알려져 있지 않지만, 우리 시대 자연과 인간의 관계 회복을 위해 아주 중요하고 훌륭한 역할을 하는 사람이라는 확신이 들었다. 그래서 자연을 사랑하는 많은 사람들이 이 책을 꼭 만나면 좋겠다는 소망을 품게 되었다.

메리는 이 책에서 정원을 만드는 방법을 소개한다. 그러나 인간의 입장에서 어떻게 하면 아름답게 꽃을 심을 수 있는지, 어떻게 하면 유기농 채소를 더 건강하게 기를 수 있는지에 관한 것만 이야기하지 않는다. 메리는 정원을 가꾸고 농사를 짓는 일이 철저히 인간과 자연의 공동 작업이라고 말한다. 그래서 정원을 만들 때 가장 먼저 할 일은 땅의 소리, 땅의 의도가 무엇인지에 귀 기울이는 것이라고 강조한다. 메리는 말한다. 정원 가꾸기는 땅을 치유하는 행위이며, 이 과정은 결국 인간의 내면을 치유하는 길이라고. 이 길 따라가다 보면 우리는 우리가 누구인지 알게 되고, 한 번도 상상하지 못했던 방식으로 삶을 변화transformation시킬 수 있는 신비의 문에 다다를 것이라고 말이다.

메리가 강조하는 이런 가치는 현대의 우리 문화를 생각해 보면 아주 낯설지만, 역사를 거슬러 올라가면 이 가치는 자연을 신성하게 여기던 고대 켈트족의 정신과 아일랜드 사람들의 전통과 영성의 뿌리에 닿아 있다. 메리는 아일랜드 사람으로 자신의 뿌리에 깊이 내려가 이 지혜를 배워 자신만의 독창적인 방식으로 정원을 만들었다. 이 길을 찾기 위해 수없이 흔들리고 실패했지만, 용기를 내어 내면에서 들리는 목소리를 따라갔다. 또한 자생식물, 전통 농사법, 자연농법, 숲정원 가꾸기, 영속농업 등을 끊임없이 연구했다. 메리의 정원은 오래된 지혜, 내면의 목소리, 용기 있는 행동으로 빚어 낸 위대한 창조물이며, 이 정원을 만나는 사람들의 마음을 깨워 신비로운 세계로 안내한다.

이 책을 함께 번역한 소중한 벗 김민주, 박아영과 책이 나올 수 있도록 무한한 신뢰를 보내며 이끌어 준 출판사 대표님, 식물 관련 전문용어를 번역하는 데 큰 도움을 주신 김시용 선생님, 번역문을 몇 번이나 함께 읽어 준 아버지에게 마음 깊이 감사드린다. 이 책을 번역하겠다고 결정한 날 메리가 꿈에 나와 '하나의 기적one miracle'이라고 말했다. 이 책을 만나는 이들도 마음을 열고 창조적으로 자신만의 길을 걸어 갈 힘과 영감을 얻길 바란다. 메리가 소망하듯 땅과 인간이 다시 연결되어 우리의 내면과 외면에 아름다운 생명의 정원을 가꾸게 되는 기적이 지금 여기에도 찾아오길 바란다.

김우인

자연이라는 ‘기본’으로 돌아가라

우리의 일상과 삶은 늘 자연 속에서 이루어지지만 개인적으로 자연과 강하게 교감할 수 있는 환경을 마주한 경험은 적었다. 하지만 나와 자연 사이의 거리가 어느 정도 이상 멀어졌을 때 본능적으로 마음 속에서 경보음이 들려왔다. 도시에서 자라 도시가 주는 편안함에 익숙해져 가던 어느 시점에 과거의 경험 어디에서도 의식하지 못했던 자연과의 연결성을 인식하게 된 것이다. 채식을 시작하면서 자연스럽게 우리의 먹을거리가 어디에서 오는지, 더 나아가 나와 우리, 그리고 자연이 유기적으로 관계 맺으며 일어나는 상호 작용에 관심이 생겼다. 그리고 머지 않아 다닥다닥 붙어 있는 콘크리트 공간 안에서 삭막함을 느끼며 계절의 변화를 사람들의 옷차림에서나 찾을 수 있었던 삶의 조건과 환경에 근본적인 의문이 생기는 순간이 찾아왔다. 일상에서 변화를 만들어 내기에는 어느 것 하나 바꿀 수 없어 답답해 하던 즈음 이 책이 찾아왔고, 세 사람이 모여 메리 레이놀즈의 책을 읽기로 한 모임이 매우 반가웠다.

매혹적인 일러스트가 돋보였던 이 책을 접한 이후 다큐멘터리와 영상을 보면서 메리 레이놀즈라는 작가의 생각을 다각적인 관점에서 바라볼 수 있었다. 온라인에서 메리 레이놀즈에 관한 여러 가지 자료들을 쉽게 찾을 수 있지만, 그중에서도 이 책에는 자연을 향한 메리 자신만의 영적인 태도와 관점, 그리고 자연과 인간의 관계를 규정하는 철학이 분명하고도 풍부하게 담겨 있다. 산업화된 농업이 일반화되고,

땅이 생명의 근원이 아니라 '부동산'으로만 여겨지는 시대, 그리고 개발과 발전이 인류 보편의 구호가 되고 있는 지금, 메리는 자연이라는 기본으로 돌아가라고 이야기한다. 그리고 자신의 경험을 들려주며 우리가 먹는 것, 숨 쉬는 것, 사는 것 모두 자연과 강력히 연결되어 순환되고 있다는 사실을 간과하고 있지는 않은지, 이러한 연결성을 잊고 혹은 잃고 살아오지는 않았는지를 독자들에게 묻는다. 그녀는 자연과의 연결을 회복해야 덜 고통 받고 더 사랑받을 수 있다는 점을 끊임없이 이야기하며 땅을 대하던 이전의 방식을 회복하기를 제안한다. 작금의 방식을 비판하고 통렬히 반대한다는 점에서 급진적일 수 있으나, 자연과 인간의 관계를 우리의 조상이 맺은 방식으로 회복하자고 주장한다는 점에서 역설적으로 급진적이지 않다. 그렇게 할 때만이 우리 모두 앞으로 나아갈 수 있다는 점에서 메리의 메시지는 미래지향적이다.

이 책의 여러 부분 중 가장 실용적인 부분을 우리말로 옮겼다. 저자는 어떻게 하면 땅과 정원을 잘 가꾸고 관리할 수 있는지, 그녀가 오랜 경험과 여러 시도를 거치며 터득한 구체적인 방법을 친절하게 제안한다(개인적으로 메리 레이놀즈의 비밀 레시피 북을 들여다본 기분이었다). 4장에는 나무, 풀 등 자연을 구성하는 생명체 모두의 특성을 알아봐 주고, 우리 주변의 땅과 정원이 가진 잠재성을 충분히 살려가면서 땅의 성장을 이끄는 메리만의 놀라운 노하우가 넘쳐난다. 재료를 새롭게 구입하거나 화학물질을 사용하지 않고도 우리 각자의 정원이 본래 가지고 있는 재료와 소재를 활용하고 새롭게 조합해 다시 정원에 돌려주는 방식으로도 충분히 정원 가꾸기를 할 수 있다고 말한다. 물론 이때 우리의 의도를 모든 과정에 반영해야 한다는 것도 메리가 늘 강조하는 부분 중 하나다. 사실 책의 내용 중 가장 반가운 것을 꼽으라면 이 모든 방법을 어렵지 않게 해 볼 수 있다는 점이다.

일찍이 자연을 깊이 생각해 본 적이 없거나, 정원 가꾸기가 그저 남의 일처럼 느껴진다 해도 메리 레이놀즈가 들려주는 자연과 인간의 조화, 자연 관찰 이야기를 들 수 있다는 것만으로도 이 책은 충분이 매력적이다. 자연과 나의 연결성을 미처 깨닫지 못한 사람이나 일개 개인이 무엇을 할 수 있을지 대답을 구하고 싶은 사람이라면 이 책을 읽어 보길 적극 추천한다.

마지막으로 서로가 서로를 알아보고 힘이 되어 준다는 것이 어떤 의미인지 알게 해 준 공동 번역자 김민주, 김우인, 그리고 이 책이 국내에 소개될 수 있도록 오랜 기간 애써 준 출판사 대표님께 감사의 마음을 전한다.

박아영

생명의 정원

세계 최고의 정원디자이너 메리 레이놀즈가 알려 주는 야생 정원 만들기의 모든 것

지은이 메리 레이놀즈
그린이 메리 레이놀즈(정원 도면과 스케치), 루스 에반스(일러스트레이션)
옮긴이 김민주, 김우인, 박아영

1판 1쇄 펴낸날 2018년 7월 15일
1판 3쇄 펴낸날 2022년 4월 10일

펴낸이 전은정
펴낸곳 목수책방
출판신고 제25100-2013-000021호
대표전화 070 8151 4255
팩시밀리 0303 3440 7277
이메일 moonlittree@naver.com
블로그 post.naver.com/moonlittree
페이스북 moksubooks
인스타그램 moksubooks

디자인 studio fttg
제작 야진북스

The Garden Awakening - Designs To Nurture Our Land & Ourselves
by Mary Reynolds

ISBN 979.11.88806.03.4 03520
가격 29,800원